21世纪高等教育会计通用教材
国家级一流本科课程教材
省级“十二五”规划教材
省级精品课程教材

审计（第七版）

Auditing

朱锦余　主编
杨静　李玥萤　副主编

东北财经大学出版社 大连
Dongbei University of Finance & Economics Press

图书在版编目（CIP）数据

审计 / 朱锦余主编. —7版. —大连：东北财经大学出版社，2024.9. —（21世纪高等教育会计通用教材）. —ISBN 978-7-5654-5333-5

Ⅰ.F239.0

中国国家版本馆CIP数据核字第2024E0K241号

东北财经大学出版社出版

（大连市黑石礁尖山街217号　邮政编码　116025）

网　　址：http://www.dufep.cn

读者信箱：dufep@dufe.edu.cn

大连天骄彩色印刷有限公司印刷　东北财经大学出版社发行

幅面尺寸：185mm×260mm　字数：450千字　印张：19.5　插页：1

2024年9月第7版　　2024年9月第1次印刷

责任编辑：高　铭　吴　茜　　责任校对：一　心

封面设计：原　皓　　版式设计：原　皓

定价：48.00元

教学支持　售后服务　　联系电话：（0411）84710309

如有印装质量问题，请联系营销部：（0411）84710711

第七版前言

《审计》（第七版）是在第六版的基础上修订而成的。本书出版后，受到了广大师生和读者的欢迎，这是我们修订完善本书的不竭动力。衷心感谢东北财经大学出版社以及广大读者的支持和鼓励！

本次修订的基本原则是：学习贯彻党的二十大精神，使教材内容体现审计法律制度和审计准则以及审计理论与实务的最新发展；突出审计基本理论，删除过于细微和烦琐的内容，注重可读性；增加审计案例分析，注重将审计理论应用于审计实务，培养审计实务能力；增加课程思政的内容。修订后，本教材的基本结构、主要风格、难易程度保持不变。

本次修订具有四大特色：一是保持内容的先进性，紧扣审计理论与实务的最新发展；二是突出理论的应用性，以较大篇幅阐述财务报表审计实务和国家审计、内部审计的代表性实务；三是丰富内容的思政性，以立德树人为目标，将思政元素融入审计专业内容；四是注重案例的时代性，选择新近发生的审计案例，引导学生关注审计现实问题，吸取经验教训，提升审计实务能力。

另外，在东北财经大学出版社的支持下，我们建设了本教材的配套资源库，包括教学大纲、课件、章后习题参考答案、教学日历、学时分配、考核方式以及习题库等，可大大减少授课教师的课前准备工作量，并丰富教学内容，欢迎各位老师同时选用并提出修改完善意见和建议。教师会员可登录东北财经大学出版社网站（http：//www.dufep）下载。

本教材第七版仍由朱锦余教授（会计学博士、博士生导师、全国会计学术类领军人才、云南省中青年学术和技术带头人、云南省高校教学与科研带头人、云南省首批高等学校教学名师、云南省会计学重点学科带头人、云南省委联系专家、云南省审计厅外部咨询专家）担任主编。修订分工是：第一、五、七、九、十、十六章和第十五章后三节，朱锦余教授；第六、十二、十三章和第十五章前四节，杨静副教授；第三、四、八章，曾纯副教授；第二、十一章，李玥萤博士；第十四章，陈红副研究员；第十七章，罗莉教授。朱锦余对全部内容进行了审阅并总纂、定稿。

尽管我们十分用心地编写本教材，但仍然可能存在缺憾，敬请各位师生与读者朋友批评指正，以便进一步完善。

作　者

2024年6月

目 录

第一章 绪 论

我国“审计”一词最早出现于宋代，但我国历史悠久，只是称谓不同。我们在本章先略述审计发展史及动因，再对审计的职能、对象、目标、定义、分类进行介绍，最后概述审计过程。

第一节 审计的产生与发展

一、我国审计的产生与发展概况①

（一）我国古代审计的产生与发展

据推断，商代可能是我国审计的初步萌芽时期，但确信西周“冢宰司会宰夫”制度标志着我国审计制度初步成形。据《周礼》记载，审计由冢宰总抓大事，司会和宰夫进行具体工作。冢宰命令各官府于年终正确处理其所治文书，接受汇报，经审查后报告给周王，以决定对该官的升迁或罢黜；司会以所执书契版图的副本为依据，交叉考核各地情况，报告给冢宰和周王，决定奖励或处罚；宰夫则按照朝廷政策，考核府郡都县的政绩，报请冢宰加以奖励或处罚。司会是冢宰的属官，相当于现在的内部稽核；宰夫是相对独立的外部审计监督。西周审计制度对中国后世审计产生了深远影响。春秋建立“复计著”报告制度，《管子》还提出“明法审数”的主张，被誉为我国乃至世界上最古老的审计原则。

战国推行“上计”制度，是一种定期报告审核制度，其侧重点是审查各地的年度财政收支情况。秦汉推行御史监察制度，即由御史大夫主持“上计”制度，汉代还颁布“上计律”，将审计监督用法律形式固定下来。隋唐时期推行比部制度和御史台制度，并制定了考核审计人员②的标准，“明于勘覆，稽失无隐，为勾检之最”③。宋朝实行审计院制度。宋代于公元992年专置审计院，归属比部，恢复唐代财审分立制度，专门审查财政收支情况。元朝实行监察审计制度，仿效唐制设御史台为最高监察机关，从中央到地方有一套较完善的监察审计制度。明清实行都察院审计制度，出现了单一的审计机构，负责对中央和地方财政收支活动逐级进行审计。④

（二）中华民国时期的审计——现代审计制度形成

在中华民国时期，国民政府重视审计制度建设，如民国元年（1912年）由大总统批准施行《审计处暂行章程》，对财政收支、国库、国债、工程与买卖借贷等的审计作出了规定。1925年颁布实施《审计法》。1929年公布《审计部组织法》，规定审计部直属于国民政府监察院，监督财政预算执行、核定收支命令、审核财政决算、稽查财政收支上的不

---

① 本部分编写所涉及的史料主要参考了“肖清益，谭建之．中国审计史纲要［M］．北京：中国审计出版社，1990；李金华．中国审计史［M］．北京：中国时代经济出版社，2004”。

② 审计人员（auditor）是对从事审计工作的人员的统称。在我国，在国家审计机关和内部审计机构中，称其为审计人员；在注册会计师行业，称其为注册会计师。在本教材中，一般用“审计师”。用“审计人员”或者“注册会计师”，是为了遵照法律或法规的称谓，或有特指。

③ 审计官员要反复审查账籍并弄得清晰明白，稽核过失不得因私隐匿。

④ 李金华将中国古代审计分为五个发展阶段：官计审计阶段（夏商西周）；上计审计阶段（春秋秦汉）；比部审计阶段（隋唐）；三司勾磨审计阶段（宋代）和科道审计阶段（元明清）。详见“李金华．中国审计史［M］．北京：中国时代经济出版社，2004”。

法或不忠行为。

在此时期，中国共产党领导的新民主主义革命政权也十分重视审计工作。如1930年，有些革命根据地成立了经济审查委员会或者其他具有审计职能的类似机构；1932年，中央设立审计处，省级设立审计科；1934年，设立中央审计委员会；在抗日战争和解放战争时期，各级地方政府和军队设立审计机构，负责审核财政收支、预算执行和财政干部忠于职守的情况。

清末民初，中国民族资本主义有了一定发展，催生了民间审计制度。1918年，中国银行总司账谢霖先生向农商部和财政部呈请开办会计师事务所并获得批准，成立谢霖会计师事务所；农商部颁布《会计师暂行章程》，谢霖先生领到了中国第一号会计师证书，标志着我国民间审计伊始。1930年国民政府颁布《会计师条例》，确立了会计师职业的法律地位；1945年颁布《会计师法》。

在民国时期，政府部门的内部稽核、军队的会计审查、铁路系统和银行业的内部稽核等内部审计也得到了发展。如1912年，《农林部会计暂行规则》规定农林部总务厅会计科设立“核对稽查”组，负责内部稽核事项。1912年，陆军成立会计审查处，隶属陆军总长，负责监督陆军年度收支及一切会计审查事宜，并在1913年公布《陆军会计审查处暂行章程》。1931年，铁道部修正颁布《铁道部特派驻路总稽核职掌规程》，规范各路局稽核室的运作，平汉、粤汉等主要铁路局建立了较为完善的内部审计制度。

（三）中华人民共和国改革开放之后——现代审计制度蓬勃发展

自中华人民共和国成立至20世纪70年代末，我国全面学习苏联，实行财政与审计合一制度，未建立独立的审计制度。

1982年12月通过的《中华人民共和国宪法》（以下简称《宪法》）规定，我国在国务院和县级以上的各级人民政府设立审计机关，对国务院各部门和地方各级政府的财政收支，对国家财政金融机构和企事业组织的财务收支进行审计监督。1983年9月，国务院成立审计署，标志着我国现代国家审计制度的恢复。1988年11月，国务院发布《中华人民共和国审计条例》。1994年8月，通过《中华人民共和国审计法》（以下简称《审计法》），这标志着我国现代化的国家审计制度日趋成熟。2006年、2021年，我国先后两次修订《审计法》。1999年之后，我国领导干部经济责任审计制度化；2018年3月，中国共产党中央审计委员会成立，作为党中央决策议事协调机构，优化了党领导审计工作体制，随后，各级地方党委也相应成立审计委员会。至此，中国特色社会主义审计制度日臻完善。

【课堂拓展】

中国特色社会主义国家审计制度

我国国家审计经过多年的发展，特别是党的十八大以来的发展，形成了具有中国特色的国家审计制度。这些特色主要有：

一是构建了党委审计委员会制度，全面加强了党对审计工作的领导，进而构建了集中统一、全面覆盖、权威高效的审计监督体系，更好地发挥了审计在党和国家监督体系中的重要作用。

二是构建了领导干部经济责任审计制度和自然资源资产审计制度，把审计监督与党管干部、纪律检查、追责问责结合起来，把经济社会建设与生态文明建设有机结合起来，促进了领导干部更好地履职尽责和廉洁从政，实现了高质量发展。

三是构建了完善的审计结果运用机制，建立健全了审计与组织人事、纪检监察、公安、检察以及其他有关主管单位的工作协调机制，把审计监督与其他监督有机结合，并把审计结果及整改情况作为考核、任免、奖惩领导干部的重要依据。

1980年12月，财政部发布《关于成立会计顾问处的暂行规定》，规定了注册会计师资格、工作规程、业务范围等，标志着我国重建注册会计师制度。1981年，全国一些大中城市相继成立事务所，开展民间审计与会计咨询服务业务。1986年，国务院发布《中华人民共和国注册会计师条例》。1993年，《中华人民共和国注册会计师法》（以下简称《注册会计师法》）颁布；1995年12月，财政部开始发布独立审计准则并自1996年1月1日起施行，这标志着我国现代民间审计走向成熟。2006年2月，财政部发布了与国际会计师联合会制定的国际审计准则全面趋同的《中国注册会计师执业准则2006》，并自2007年1月1日起施行。之后，我国多次修订审计准则，确保中国注册会计师审计准则与国际审计准则持续趋同。截至2023年年底，我国共有会计师事务所1万余家，执业注册会计师10余万人，从业人员40万人，全面开展了财务报表审计、企业改组改制、税务代理、工程竣工决算审核、司法会计鉴定、会计咨询等业务，涵盖了各类行业各类性质的单位，促进了经济社会稳健发展。

我国现代内部审计制度也得到蓬勃发展。1985年12月，审计署发布《关于内部审计工作的若干规定》，强调内部审计是部门、单位加强财政财务监督的重要手段。1989年12月，审计署发布《关于内部审计工作的规定》，并于1995年、2003年、2018年进行修订，对内部审计机构的设置、职责与权限、审计结果运用等作了适应新形势的全面修订，为各类企业、组织开展内部审计提供政策支持。2003年，中国内部审计协会发布内部审计准则，之后多次修订，这使我国内部审计更加规范化，更适应社会经济发展需求。目前，我国上市公司、大中型企业、大中型行政事业单位均建立了相对健全的内部审计制度。

二、国外审计的产生与发展概况①

（一）国外政府审计的产生与发展概况

古埃及、古希腊是国外古代政府审计的典型。古埃及大约在公元前3 500年就创设了一种机构，负责对全国各机构的官吏是否忠实履行委托事项、准确记录财政收支进行监督，这成为政府审计的萌芽。古希腊在2 000多年前就建立了官吏卸任审计制度，即由审计官对他们报送的账簿记录进行审查，确认其不存在重大工作差错和贪腐行为后才允许他们卸任离职，否则就送交法院裁决。

英国、法国是国外近代政府审计的典型。公元11世纪，英国财政部下设的上院就负

---

① 本部分编写所涉及的史料主要参考了“文硕. 世界审计史［M］. 2版. 北京：企业管理出版社，1996”。

责审查下院编制的账簿，处理财政收支方面的纠纷；1215年，英王签发了对审计发展具有重大意义的《大宪章》；1314年，英国任命了第一任国库审计长。1256年，法国国王颁布“伟大法令”，其中要求各城邦的市长每年11月10日携带城市的收支账目到巴黎接受王室审计官的审查；1320年，法国设立审计院，负责对王室的所有会计账目进行审计监督，并可对有差错和舞弊行为的官员进行刑事处罚。

英国是最早迈进政府审计现代化的国家。1785年，英国组建五人审计委员会，拥有审查各部门公共账目的最大且最严格的权力。1866年，英国议会通过《国库与审计部法案》，规定政府的一切收支应由代表议会、独立于政府之外的主计审计长实施审查；主计审计长由英王任命，但只有经过议会两院一致同意才能解任。这不仅标志着英国现代政府审计制度的建立，而且宣告世界上第一个立法模式政府审计制度的诞生。随后，伴随着资本主义民主思想的广泛传播和发展、国家政治民主化的推动，强调独立性和权威性的政府审计制度得到蓬勃发展。迄今为止，全世界有190多个国家和地区建立了现代政府审计制度。

（二）国外民间审计的产生与发展概况

16世纪末期，意大利地中海沿岸城市出现了合伙形式的经营贸易组织，由于财产所有权与经营权分离，所有者需要对经营管理者进行监督，便出现了所有者聘请专人审查经营者会计账目的情形。这便是早期的、处于萌芽状态的民间审计。

现代意义的民间审计产生于资本主义最先发达的英国。1720年，名噪一时的南海公司突然宣告破产，使正陶醉在黄金美梦中的债权人和投资者大为震惊。这些利害关系者向议会发出了严惩欺诈者并赔偿损失的呼声。英国议会被迫聘请伦敦市一位习字兼会计教师查尔斯·斯内尔（Charles Snell）对南海公司的分公司索布里奇商社的会计账目进行审查。1721年，斯内尔编制了一份审计报告书，指出该公司存在舞弊行为。英国议会根据该审计报告没收了全部董事的个人财产，还逮捕了一名负有直接责任的经理。斯内尔被公认为世界第一位会计师。南海公司的破产，推动了民间审计的发展。

1844年，英国议会颁布《股份公司法》，规定董事有登记会计账簿的义务并接受董事以外的第三者审查，必要时可聘请会计师协助办理审计业务。这推动了职业会计师审计的发展。1854年，英国爱丁堡会计师协会在苏格兰成立，是世界上第一个注册会计师专业团体[①]。民间审计遂在社会经济监督中发挥着日益重要的作用。

伴随着英国资本的输出，英国民间审计制度向世界传播。英国资本流入美国进而带动英国特许会计师远涉重洋到美国开展民间审计业务，推动了美国民间审计迅猛发展。1886年，美国公共会计师协会成立；1957年，改名为美国注册会计师协会（American Institute of Certified Public Accountants，AICPA），并成为世界上规模最大、影响力最强的民间审计专业团体之一。

19世纪前，英国是民间审计的领导者和先行者；自20世纪初起，美国成为民间审计的领导者和先行者。民间审计的发展先后经历了详细审计阶段（形成之初至20世纪初）、资产负债表审计（也称“信用审计”）阶段（20世纪初至20世纪20年代）、财务报表审

① 该协会现为苏格兰特许会计师协会（The Institute of Chartered Accountants of Scotland，ICAS），总部位于英国苏格兰爱丁堡市。

计阶段（20世纪30年代至今）。当前，许多国家和地区都建立了民间审计制度，组建了强大的会计职业团体。

（三）国外内部审计的产生与发展概况

国外内部审计产生于封建社会时期。在公元11世纪前后，寺院制度在西欧广为流传，其管理也较为严密，并经常从具有一定会计知识的僧侣中选拔审计师，审查会计人员编制的会计账目和财产清单，处理差错、舞弊与浪费行为。中世纪，西欧庄园主还专门设置审计师，定期检查总收入官编制的会计账簿是否正确、开支原因是否合理，陈述审计意见并提交给庄园主。这种寺院审计与庄园审计就是早期的内部审计。

国外现代企业内部审计产生于资本主义时期。1844年，英国《股份公司法》规定公司实施监事审计制度，从而确立了现代企业内部审计的雏形。1875年，德国克虏伯公司实行了内部审计制度，实施合规审计与经营审计。19世纪末，美国铁道部就配备了内部审计师，负责巡查各铁路售票机构，审查现金记录的正确性。

随着企业规模扩大、管理层次增加，出现了分权管理。企业最高管理者需制定各种管理方针与政策，并确保各级管理部门在经营管理中认真执行，这就需对其执行情况进行监督与评价。于是，企业管理者就从内部选拔那些具有经营管理能力与经验的人才，从企业自身利益出发，对各管理层的经济责任履行情况进行经常性的监督与评价。这就是企业内部审计，他们做最高管理层“应该做而没有时间、精力去做的事情”，成为大中型企业加强内部管理不可或缺的重要组成部分。

三、审计产生与发展的动因

从上述中外审计产生与发展的历史可以看出，审计是社会经济发展到一定阶段的产物，并随着社会经济的发展而发展。

（一）受托经济责任关系是审计产生的社会基础

受托经济责任是指由于委托或受托经营管理经济资源而产生的受托人（资源财产的经营管理者或下级经营管理者）对委托人（资源财产的所有者或最高经营管理者）所承担的责任，它包括按委托人的规定要求经营管理经济资源的责任（以下简称“经管责任”）和按特定要求向委托人报告其资源财产经营管理过程及其结果的责任（以下简称“报告责任”）。受托经济责任关系是指由于受托经济责任而产生的委托人与受托人之间的相互关系。显然，受托经济责任关系是社会经济发展到一定阶段的产物。

在受托经济责任关系中，委托人总希望受托人的经营管理行为能够体现自己的意志，符合一定的要求，这就需要对受托人进行审查，以确定其是否忠实履行了应承担的责任；受托人则需要对自己的日常经营管理行为进行必要记录，定期形成报告，并请求委托人对其履行经济责任情况进行审查，以表明自己的忠诚能干并解除责任。委托人所需的监督，受托人主动要求的审查，当然最好是由委托人自己来执行。但当委托人因某方面的原因不能亲自监督经济责任履行情况时（如没有足够的时间和精力，或者不具有相应的技能，或者因委托人众多等），就需要委派或授权第三者——审计人对受托人履行经济责任的情况进行审查，这样就产生了审计（如图1-1所示）。

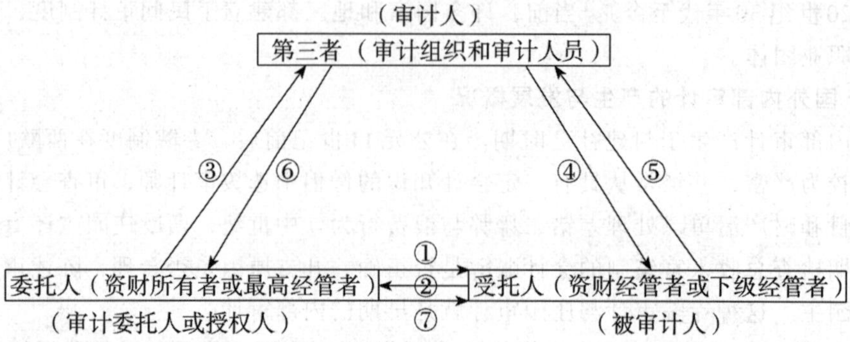

说明：委托人与受托人之间是受托经济责任关系；委托人与审计人之间是审计的授权与受权或委托与受托关系；审计人与受托人之间是审计与被审计的关系。

①受托人将资源财产委托或授权受托人经营管理；

②受托人接受委托或授权并对委托人承担相应的经济责任；

③委托人授权或委托审计人对受托人进行审计；

④审计人对受托人经济责任履行情况进行审计；

⑤受托人接受审计人的审计；

⑥审计人将受托人经济责任履行情况以审计报告的形式报告委托人；

⑦委托人根据审计报告考核和评价受托人，以确立或解除其经济责任。

图1-1　受托经济责任与审计关系图

最早的受托经济责任关系产生于帝王与主管财赋的官吏之间。在奴隶制国家，帝王向人民征纳贡赋，并委派官吏进行管理，从而在帝王与主管财赋的官吏之间就形成了财赋管理的授权与受权的经济责任关系。帝王为了考察这些主管官吏是否忠于职守、有无营私舞弊行为，便需要设置专门机构，委派专职人员进行审查，对侵犯王室利益、贪赃枉法的官吏加以弹劾惩处，以维护帝王利益，巩固其统治。这种初始的审计思想和审计行为，便是官厅审计的雏形。

西方中世纪的庄园主等财产所有者将其资源财产授权给总管、账房或管家进行管理，这样在他们之间就形成了授权与受权管理资源财产的经济责任关系。当庄园主不能亲自去监督他们经济职责履行情况的时候，同样只有依靠庄园主委派的第三者——审计师去审查他们在资源财产管理过程中是否存在弊端、会计账目是否真实可靠、资源财产是否安全完整。这便是早期的内部审计。

股份公司出现后，财产所有权与经营管理权分离。公司股东人数众多，但并不参与经营管理，而是委托董事、经理代行经营管理职能。这样，在股东与经理之间就形成了一种委托与受托经营管理经济资源的经济责任关系。经理不仅有责任把公司经营管理好以实现资产的保值增值，而且有责任保证资产的安全完整，保证向股东提供的财务报表是真实可靠的。众多股东希望审查经理是否尽职尽责、忠于职守，是否真正保护了自己的利益。由于股东众多，加上其技能有限，不可能由股东对公司经理进行审查监督。这样，众多股东和经理都希望有一个独立、公正、精通会计的第三者——审计师来代行审查职责。因此，一种服务于众多股东的民间审计应运而生。

（二）受托经济责任内容的复杂化与经济管理和控制的加强是审计发展的动力

随着社会经济的发展，受托经济责任的内容也不断丰富和发展。从受托经济责任中的经管责任来说，最初只是一种保管责任，保护受托资财的安全完整，其行为符合法律就可以了，但现在还要求其符合道德的、技术的和社会的要求，同时要求受托人要按照经济性、效率性、效果性，甚至公平性和环保性来使用和管理受托资财。[①]随着受托经济责任内容的不断丰富、发展和复杂化，审计由最初的财务收支审计发展到财务收支审计与经济审计、效率审计、效果审计、公平审计、环保审计并重，从而日益丰富和复杂。

伴随着对经济效益的追求，人们加强了对经济的管理与控制，通过对生产过程和经济活动进行严格的计划管理与控制，实现经济效益最大化。这样，在对经济管理与控制的推动下，审计由事后审计发展到事后审计、事中审计与事前审计并重；由单一的财务审计发展到财务审计与经济效益审计并重。

第二节 审计的对象、职能和目标

一、审计的对象

（一）审计对象的含义与概括

审计的对象是审计实践活动的对象，是审计工作指向的客体，包括“审计谁”和“审计什么”。由于审计产生于受托经济责任关系，是代资财所有者对资财经管者受托经济责任履行情况进行监督与评价，因此，“审计谁”就是审计资财经管者，包括单位与个人，我们用“被审计单位”来概括；“审计什么”就是审计受托经济责任的履行情况，我们用“受托经济责任”来概括。这样，审计的对象就可概括为被审计单位的受托经济责任。

（二）审计对象的进一步解释

通常，被审计单位履行受托经济责任，必然首先表现为被审计单位的财务收支活动及相关经营管理活动，履行经管责任；需形成相应的记录，以便定期向资财所有者提供书面报告，履行报告责任，并随时接受审查。这些记录主要表现为会计凭证、账簿、报表等会计资料，有关预测与决策方案、计划与预算，经济合同、经济分析资料、技术资料等其他资料。因此，我们要监督与评价被审计单位受托经济责任的履行情况，就可以通过审查其财务收支及相关经营管理活动的记录——财务报表及其相关资料来进行。

因此，审计的对象也可以表述为：被审计单位与受托经济责任履行相关的财务收支活动和经营管理活动，以及相关的财务报表和其他相关资料。财务报表和其他相关资料只是审计对象的表现形式，其反映的受托经济责任履行情况才是审计对象的实质。

在具体审计业务中，审计对象是特定的、具体的，如财务报表审计的对象是被审计单位财务报表；财务收支审计的对象是被审计单位财务收支活动及相关经济活动。

二、审计的职能

审计职能是指审计本身所固有的内在功能，它决定于社会经济条件和经济发展的客观需要，并随着社会经济的发展而发展。现代审计具有经济监督、经济鉴证、经济评价和经

① 王光远．管理审计理论［M］．北京：中国人民大学出版社，1996：171.

济问责等职能。

（一）经济监督职能

监督就是监察和督促。经济监督就是指监察和督促被审计单位为履行受托经济责任而产生的全部或某一特定经济活动在规定的范围内正常进行。经济监督职能主要表现在：通过对被审计单位财务收支及相关经营管理活动的审查，认定其真实性、合法性、效益性，揭露弄虚作假、违法违纪、损失浪费等现象；通过对财务报表和其他相关资料的审查，确定其正确性、合法性、公允性，揭露弄虚作假、虚报浮夸等现象。

（二）经济鉴证职能

鉴证就是鉴定和证明。经济鉴证就是鉴定和证明被审计对象的经济资料是否客观、公允地反映和说明了其经济活动的实际情况，确定其可信赖程度并作出书面证明。经济鉴证职能主要体现在：通过审计，确定反映和说明被审计单位财务收支活动及受托经济责任履行情况的财务报表和其他相关经济资料是否真实、合法、公允，并作出书面证明，为被审计单位的股东与债权人、监管部门、职工等利益相关者考核和评价被审计单位财务状况、经营成果等提供可靠依据。

（三）经济评价职能

评价就是评估和建议。经济评价就是评估被审计单位经济决策、经济计划和方案是否先进可行，经济活动是否按照既定目标进行，经济效益的高低，相关管理制度是否健全有效，进而提出改进建议，促进被审计单位更有效地履行受托经济责任。经济评价职能主要体现在：通过审计，评价被审计单位财务收支的真实性、合法性、效益性；评价财务报表及其他相关资料的正确性、合法性和公允性；评价被审计单位经济决策与方案是否先进可行；评价相关管理制度是否健全、有效等；针对发现的问题，提出相应的解决方案或改进建议。这是一个肯定成绩、发现问题、帮助改进的过程。

（四）经济问责职能

问责就是分清责任和做出处理。经济问责就是在审查和评价被审计单位及其领导干部是否恰当履行其受托经济责任的基础上，分析存在的主要问题与原因、应承担的责任，并追究或移送追究其相应的责任。经济问责通常需要审计机构具有一定的权限。在我国，审计机关是行政机构，具有行政执法权，因而具有经济问责职能；一些单位也会赋予其内部审计机构一定的经济处罚权，因而也可以履行一些经济问责职能；会计师事务所作为社会中介机构，通常不具有经济问责职能。对于超出审计机构职责权限范围但需要依法追究责任的，需移送相关部门进行处理，相关部门需将处理结果书面反馈给审计机构。

在审计职能中，经济鉴证是基础，没有正确的经济鉴证，就不可能有正确的经济评价、监督与问责；经济鉴证和评价职能，审计人员就可以履行，但经济监督和问责则必须由审计人员、审计授权人、审计结果利用者等共同来履行。在每次审计中，均体现出这四种职能，但明显程度不同，有所侧重。

三、审计的目标

审计目标是审计师作用于审计对象，履行审计职能后应当实现的目的。审计的总体目标就是促进被审计单位受托经济责任的有效履行，通常分解为真实性和公允性、合规性和合法性、合理性和效益性、责任性和问责性。

（一）真实性和公允性

真实性和公允性目标既与经管责任相关，也与报告责任相关，且与审计的经济监督和鉴证职能相关。真实性目标主要包括审查和评价被审计单位为履行经管责任而发生的相关财务收支活动、经营管理活动是否真实，揭露弄虚作假行为；审查和评价被审计单位为履行报告责任而形成的书面记录和编制的报告是否真实，揭露虚构、伪造、变造书面记录和报告的行为。公允性目标主要审查和评价被审计单位为履行报告责任而编制的报告是否根据适用的报告标准，正确、完整、恰当、不偏不倚地反映了受托经济责任的履行过程和结果，如被审计单位财务报表是否根据企业会计准则的规定编制，在所有重大方面恰当地反映其财务状况、经营成果和现金流量。

（二）合规性和合法性

合规性和合法性目标主要与经管责任相关，且与审计的经济监督和评价职能相关。合规性目标主要审查和评价被审计单位财务收支活动和经营管理活动是否符合被审计单位内部管理制度、与相关单位签订合同、相关监管部门发布规章等的规定；合法性目标主要审查和评价被审计单位财务收支活动和经营管理活动是否符合国家法律法规的规定等。合规性和合法性目标的主要差异体现在审计评价标准的层次性和权威性上。合规性的审计评价标准范围广泛、层次较多，包括被审计单位内部制定的管理制度、被审计单位上级部门制定的制度和发布的相关要求、被审计单位与其他主体签订的经济合同所做的约定等；合法性的审计评价标准只能是国家法律和法规，层次高，权威性大。

（三）合理性和效益性

合理性和效益性目标主要与经管责任相关，且与审计的经济评价职能相关。合理性目标主要审查和评价被审计单位经济决策、经济计划和方案、相关管理制度是否符合经济发展规律，是否符合被审计单位实际情况，是否科学合理、先进可行；效益性目标主要审查和评价被审计单位的经营管理活动是否按照既定目标进行，经济效益的有无高低等。

效益性目标还可以进一步细分为经济性（Economy）、效率性（Efficiency）、效果性（Effectiveness）、公平性（Equity）和环保性（Environment）等目标。经济是指如何以更少的投入实现目标；效率是指如何以较少的投入产出更多的产品或服务；效果是指投入的资源是否达到了既定目标；环保是指经济活动是否有效利用了自然资源，促进了环境保护、美化和优化；公平是指资源的分配及再分配是否公平并促进了社会和谐，提升了人民群众满意度。在我国，经济性、效率性、效果性也合称经济效益；公平性也称为社会效益；环保性也称为环境效益。

（四）责任性和问责性

责任性与问责性目标既与经管责任相关，又与报告责任相关，且与审计的经济问责职能相关。责任性目标主要审查和评价被审计单位及其领导干部是否恰当履行其受托经济责任及其原因、应承担的相应责任；问责性目标主要是在此基础上，追究或移送追究其相应的法律责任，如国家审计机关对被审计单位存在的违反国家财经法纪的行为作出相应的经济处罚，将相关责任人移送其主管部门或者国家纪检监察机关进行处理等。

由于审计目标的丰富性和多样化，任何一次审计业务均不可能覆盖全部审计目标，而只能涉及其中的某一个或几个目标，这取决于审计委托人的要求、相关法律法规的规定，以及审计对象的特性。如在财务报表审计中，审计目标就是审查和评价被审计单位财务报表的合法性和公允性；在财务收支审计中，审计目标主要是审查和评价被审计单位财务收支活动的真实性、合法性、效益性以及问责性。

第三节　审计的定义与分类

一、审计的定义

审计是由具有胜任能力的独立人员对特定主体财务报表和其他相关资料进行审查，并将结果传达给利益相关者，以监督、鉴证、评价并促进受托经济责任履行的活动。

为更好地理解审计的定义，我们对其中的一些关键术语作些解释：

（一）独立人员

独立人员实质上就是审计师。为避免循环定义，我们以“独立人员”来表述，同时也强调了审计的本质特征——独立性。审计师在整个审计过程中要保持形式上和实质上的独立性，以保证审计结果客观公正、不偏不倚。

（二）具有胜任能力的独立人员

审计师只有独立性是不够的，还必须具有专业胜任能力——既熟悉相关的既定标准，又能够获取充分、适当的审计证据，形成可靠的审计结论。同时，专业胜任能力也是保证实质上的独立性的必要条件。职业资格是衡量专业胜任能力的标志之一，继续教育是保持专业胜任能力的重要途径。

（三）审计的对象

审计的对象为被审计单位与受托经济责任履行相关的财务收支活动和经营管理活动，以及相关财务报表和其他相关资料。为避免循环定义，我们以“特定主体”来代替“被审计单位”，以“特定主体财务报表和其他相关资料”来代替审计的对象。

（四）审计的利益相关者

审计的利益相关者就是影响审计或被审计影响的单位和个人，他们都将关心和利用审计结果。就上市公司年度财务报表审计来说，审计利益相关者包括五个层面：一是审计委托者，包括股东、治理层等；二是被审计单位及其管理层；三是政府监管部门，如中国证监会、交易所、财政税务部门、市场监管部门等；四是资本市场参与者，如证券投资者、券商等；五是其他相关方，如该公司的债权人、供应商和客户、员工及社会公众等。

（五）审计的结果

审计的结果包括审计组织得出的审计结论、形成的审计意见、提出的审计建议和作出的审计决定等，通常采用审计报告来呈现。虽然审计报告可以采用口头形式或电子形式，但通常采用书面形式。

（六）审计的职能

审计的职能是经济监督、鉴证、评价和问责。定义中明确提及了前三个职能，“促进受托经济责任履行”则隐含了经济问责职能。

（七）审计的根本目标

审计的根本目标是促进被审计单位更好地履行受托经济责任。

二、审计的分类

（一）审计的基本分类

1.按审计主体不同分类

审计主体是指实施审计行为的审计组织和审计师。审计组织分为政府审计机关、内部审计机构、民间审计组织三类。因此，按审计主体不同，审计可分为政府审计、内部审计、民间审计。

政府审计（Governmental Audit）也称为国家审计（National Audit），是指由政府审计机关所执行的审计。任何国家都有一定的公共资金、国有资源和国有资产（以下统称“三资”），并通过法律授权方式将“三资”分配给政府机构、事业单位、国有企业等管理和使用。为监督和评价这些单位履行受托经济责任的情况，国家制定审计法律制度，设置政府审计机关，开展“三资”审计，以保护“三资”的安全完整，提高“三资”运用的合法性和效益性。

内部审计（Internal Audit）是指由内部审计机构所执行的审计。最高管理层在本单位内部设置专职内部审计机构，授权它们对下属单位财务收支活动、经营管理活动及其经济效益情况进行审计，其主要目的是查错防弊、改善管理和实现目标。

民间审计（Non-governmental Audit）是指由民间审计组织所执行的审计。在我国，民间审计也称为社会审计。典型的民间审计组织是会计师事务所，而注册会计师是事务所的骨干成员，且在审计报告上签名并盖章，因此，民间审计也称为注册会计师审计（CPA Audit）。由于注册会计师的独立性非常明显，因而民间审计又称为独立审计（Independent Audit）。民间审计的特点是受托审计。民间审计组织只有接受审计委托者的委托，才能开展审计业务。没有审计委托，就没有民间审计。

2.按审计内容和目的不同分类

审计按内容和目的不同，可分为财政财务审计、合规审计、绩效审计和经济责任审计。

财政财务审计（Financial Audit），是指对被审计单位财政财务收支的真实性、合法性、效益性及其财务报表与其他相关资料的公允性所执行的审计。其主要内容是被审计单位财政财务收支活动及其财务报表与相关资料；主要目的是验证被审计单位财政财务收支活动的真实性、合法性和效益性，以及相关财务报表与经济资料的正确性和公允性。注册会计师实施的财务报表审计实质上是财务审计，因其突出审查被审计单位财务报表的合法性与公允性而得名。

合规审计（Compliance Audit），也称为符合性审计，是指对被审计单位某些财务活动或经营活动是否符合特定标准所进行的审计。其主要内容是被审计单位财务收支活动或经营活动某些方面；主要目的是验证这些经济活动是否符合特定标准，发现其存在的问题。特定标准的来源较多：有国家财经法纪，此时合规审计又称为财经法纪审计；有国家环境保护方面的法律法规，此时合规审计又称为环境审计；有经济合同中规定的要求，此时合规审计又称为合同审计。

绩效审计（Performance Audit），也称为效益性审计，是指对被审计单位财务收支及其经营管理活动的经济效益、社会效益和环境效益所进行的审计。其主要内容是被审计单位财务收支活动及其经营管理活动；主要目的是验证这些经济活动的绩效高低，发现影响绩效的事项，提出改进建议，帮助改善经营管理，进而提高绩效水平。

经济责任审计（Economic Responsibility Audit）是领导干部经济责任审计的简称，是对领导干部任职期间经济责任履行的真实性、合法性和效益性以及对未恰当履行职责应承担的责任所进行的审计。其主要内容是被审计领导干部经济责任的履行情况；主要目的是审查和评价经济责任履行的真实性和公允性、合规性和合法性、合理性和效益性，以及审查和评价其责任性并进行问责等。

（二）审计的其他分类

1.按审计涉及的范围分类

按审计涉及的范围不同，可分为全部审计与局部审计。全部审计又称为全面审计，是指对被审计单位一定期间全部财务收支和相关经营管理活动及其全部资料所进行的审计。这种审计范围广、资料多、审查比较全面彻底，但工作量大、成本高，一般只适用于规模小、业务简单或内部管理不健全、存在问题多的被审计单位。

局部审计是指对被审计单位一定期间部分财务收支和相关经营管理活动及其部分资料所进行的审计。这种审计在确定应审查的范围与资料时，有目的、有重点、有针对性，因而审计工作量小、成本低，但可能遗漏某些重大问题。专项审计是局部审计的一种特殊情形，是对被审计单位某一特定项目所进行的审计，如存货管理审计、固定资产投资审计、某类专项资金审计等。

2.按实施审计的时间分类

按实施审计的时间不同，可分为事前、事中和事后审计，也可以分为定期与不定期审计，还可以分为期中与期末审计。

事前审计是指在经济业务发生之前所进行的审计，一般是指对预算或计划的编制、经济事项的预测与决策所进行的审计。事前审计有利于预防错弊、减少损失，提高经济活动的合理性与有效性。事中审计是指在经济业务执行过程中进行的审计，有利于及时发现并纠正偏差，保证经济活动的合法性、合理性和效益性。事后审计是指在经济业务完成以后所进行的审计。财务审计属于典型的事后审计。事后审计主要评价经济业务的真实性、合法性与合规性及相关经济资料的正确性、合法性和公允性。

定期审计是指按照事先规定的时间所进行的周期性审计，如上市公司年度财务报表审计。不定期审计是指根据需要而临时安排进行的审计，如根据举报而临时安排的对违法乱纪嫌疑人所进行的财经法纪审计。

期中审计是指在会计年度中期或经济活动进行过程中所进行的审计，如上市公司中期财务报表审计。期末审计是指在会计年度结束后或经济活动完成后对整个年度经济活动及其相关经济资料所进行的审计，如年度财务报表审计。

3.按实施审计的地点分类

按实施审计的地点不同，可分为就地审计和报送审计，也可分为现场审计与非现场审计。

就地审计是指派出审计组到被审计单位所在地所进行的审计。它便于深入被审计单位进行调查研究、全面了解和掌握其实际情况。这比较常见。报送审计又称为送达审计，是指被审计单位将相关经济资料报送到审计主体所在地所进行的审计。它主要适用于对规模较小、业务简单的被审计单位进行财务审计。报送审计可节省审计成本，但不便于全面了解和深入调查被审计单位的实际情况。

现场审计是指在被审计单位所在地以及审计对象事项发生地所实施的审计。现场审计通常是就地审计，但特别强调要到被审计单位经济活动实际发生现场进行实地审计。非现场审计就是在非审计对象事项发生地所实施的审计。报送审计就是非现场审计。以互联网为手段所实施的审计（联网审计）将是非现场审计的主要方式。非现场审计具有审计及时、成本低等特点。在非现场审计中发现重大不确定事项时，需要结合现场审计进行确认。

4.按审计的动机分类

按审计的动机不同，可分为强制审计和任意审计。强制审计是指无论被审计单位是否愿意都必须接受的审计。它一般是根据法律法规规定，被审计单位必须接受的审计。我国审计机关依法实施的审计就属于强制审计。上市公司年度财务报表审计是根据《公司法》和《证券法》而实施的审计，也属于强制审计。

任意审计是指根据被审计单位自身需要所进行的审计。它一般没有法律法规的强制性规定，而是由被审计单位自愿要求所进行的审计，如被审计单位聘请注册会计师开展的绩效审计。

5.按实施审计前是否通知被审计单位分类

按实施审计前是否通知被审计单位，可分为通知审计和突击审计。通知审计是指在审计实施之前，通过下发审计通知书或签订业务委托书的方式通知被审计单位后进行的审计。它有利于被审计单位做好充分准备，便于审计工作的开展。一般性的财务审计和绩效审计多采用通知审计。

突击审计是指被审计单位在事先不知情的情况下突然进行的审计。它能够有效防止被审计单位弄虚作假、掩盖事实真相，便于取得较好的审计效果。对于贪污盗窃和违法乱纪行为所进行的财经法纪审计，通常采用这种方式。

第四节　审计过程概述

一、审计过程的逻辑顺序

审计过程是对审计从开始到结束的整个过程的总称。以注册会计师从事财务报表审计为例，整个审计过程的逻辑顺序和审计过程如图1-2所示。在审计过程中，有许多重要审计概念：如审计目标与审计计划（第三章）、风险评估和风险应对（第七章）、审计风险与重要性（第四章）、审计证据与审计工作底稿（第五章）、内部控制及其测试（第六章）、审计报告（第十四章）等。

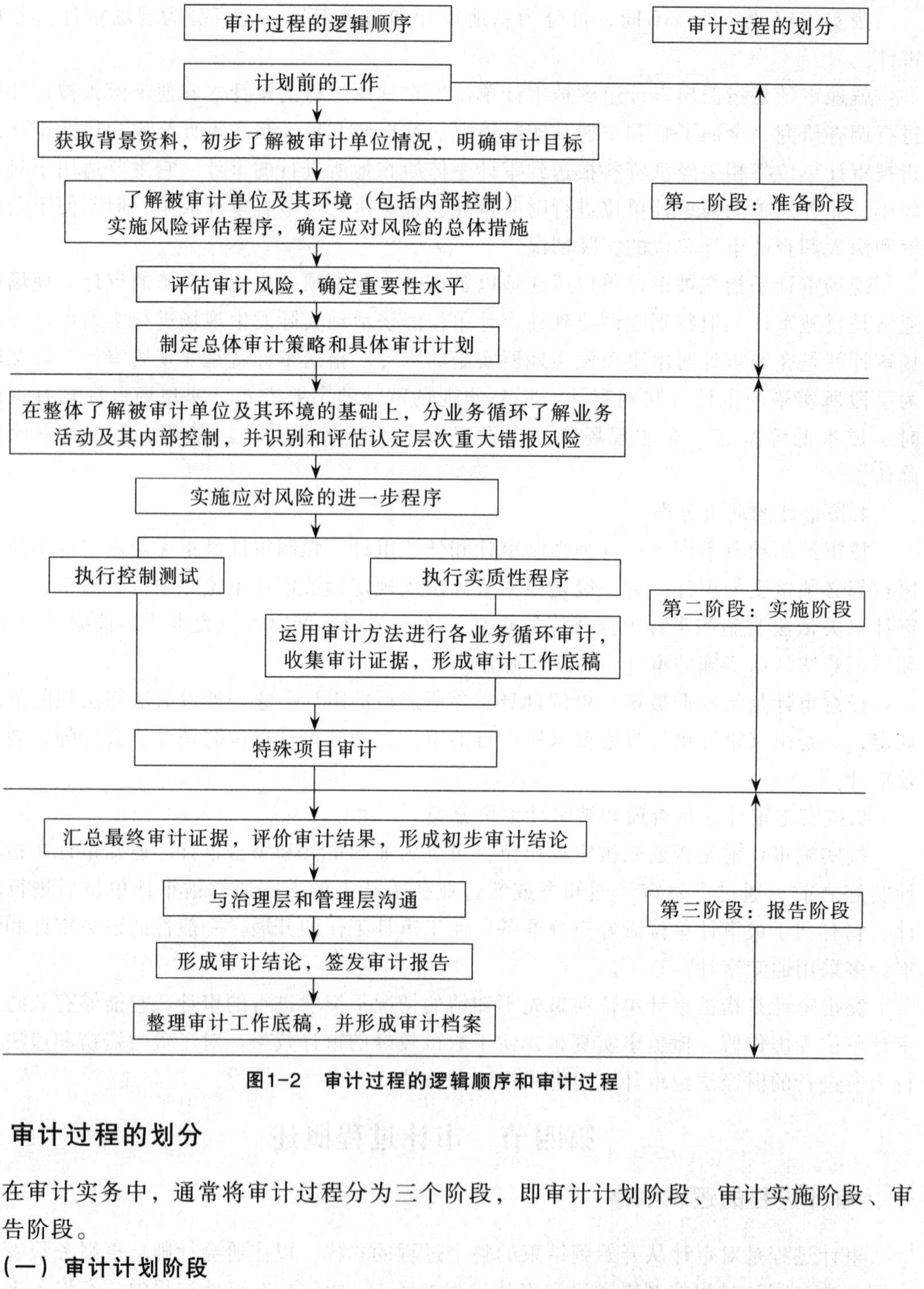

图1-2 审计过程的逻辑顺序和审计过程

二、审计过程的划分

在审计实务中，通常将审计过程分为三个阶段，即审计计划阶段、审计实施阶段、审计报告阶段。

（一）审计计划阶段

审计计划阶段，也称为准备阶段，是从洽商审计项目开始至进驻被审计单位之前的阶段。主要工作包括：洽商审计项目，接受业务委托，签订审计业务约定书；获取被审计单位相关背景资料，了解其基本情况；确定审计目标，明确相关要求（如审计范围、出具审计报告的时间等）；了解被审计单位及其环境（包括内部控制），实施风险评估程序，确定应对风险的总体措施；评估审计风险，确定重要性水平；制订审计总体策略和具体审计计划。

（二）审计实施阶段

审计实施阶段，也称为外勤阶段，是审计工作的核心阶段，一般指从审计组进驻被审计单位起至撤离止的阶段。核心工作是实施应对风险的进一步审计程序，主要包括控制测试和实质性程序。控制测试包括对内部控制的了解与描述、设计测试与执行测试，以评价内部控制的有效性及其控制风险；实质性程序就是对各业务循环所进行的审计，包括对交易和事项、账户余额及相关披露的实质性分析程序和细节测试，以发现认定层次的重大错报。

在本书中，我们将财务报表审计划分为销售与收款循环审计（第八章）、采购与付款循环审计（第九章）、生产与存货循环审计（第十章）、筹资循环审计（第十一章），投资循环审计（第十二章）、货币资金循环审计（第十三章）。此外，实质性程序还包括对特殊项目的审计，如期初余额审计、会计政策和会计估计变更及会计差错更正审计、债务重组审计、非货币性交易审计、关联方及其交易披露审计、或有事项与期后事项审计、现金流量表审计等。在审计实施阶段，要运用审计抽样和审计技术方法对相关经济活动和经济资料进行审查，以获取充分、适当的审计证据，并编制审计记录，形成审计工作底稿。

（三）审计报告阶段

审计报告阶段，也称为终结阶段，即自审计小组撤离被审计单位起至完成全部审计工作止的阶段。主要工作包括：汇总、整理与评价审计证据；评价审计结果，形成初步审计结论；与被审计单位治理层和管理层沟通；形成审计结论，签发审计报告；整理审计工作底稿，形成审计档案。

【延伸阅读】

1.《关于加强审计工作的意见》（2014）。

2.《“十四五”国家审计工作发展规划》（2021）。

【复习思考题】

1.简述我国审计发展中的重要史实以及国外审计发展中的重要史实。

2.审计产生与发展的动因是什么？

3.如何理解审计对象、审计职能和审计目标？

4.怎样理解审计的定义？

5.审计的基本分类有哪些？审计还可以进行哪些分类？

6.审计过程的逻辑顺序是怎样的？可划分为哪些阶段？每一阶段的重点工作有哪些？

【案例分析题】

国务院关于2022年度中央预算执行和其他财政收支的审计工作报告（节选）

委员长、各位副委员长、秘书长，各位委员：

我受国务院委托，报告2022年度中央预算执行和其他财政收支的审计情况，请予审议。

2022年是党和国家历史上极为重要的一年。面对风高浪急的国际复杂环境和艰巨繁重的国内改革发展稳定任务，在以习近平同志为核心的党中央坚强领导下，各地区各部门坚持以习近平新时代中国特色社会主义思想为指导，深入贯彻党的十九大和十九届历次全会精神，认真学习贯彻党的二十大精神，按照党中央、国务院决策部署，严格执行十三届全国人大五次会议有关决议，加大宏观调控力度，实现了经济平稳运行、发展质量稳步提升、社会大局保持稳定，全年发展主要目标任务基本完成，取得来之不易的新成就。

——宏观调控持续创新完善，着力稳住经济基本盘。及时出台实施稳经济一揽子政策和接续措施，高效统筹疫情防控和经济社会发展。安排新增地方政府专项债券3.65万亿元，对地方转移支付规模同比增长16.9%，保持财政支出强度和对经济恢复的支持力度。持续加大减负纾困力度，全年新增减税降费及退税缓税缓费超4.2万亿元。落实中央八项规定及其实施细则精神和过紧日子要求，中央部门支出下降3.5%。引导金融机构增加信贷投放，降低融资成本，对普惠小微贷款阶段性减息。

——坚持保基本兜底线，持续增进民生福祉……

——统筹发展和安全，有效防范和化解重点领域风险……

——审计整改总体格局初步成型，审计工作“下半篇文章”更加权威高效。建立起全面整改、专项整改、重点督办相结合的审计整改总体格局。至2023年4月，对2021年度审计发现的问题，已整改问题金额8 501.11亿元，完善制度2 900多项，追责问责1.4万多人。重点督办的问题线索总体进展顺利，铲除了一些阻碍改革发展和长期未解决的顽瘴痼疾。

一、中央财政管理审计情况

此次重点审计了税务和海关部门组织财政收入、中央预算分配和投资计划管理、中央决算草案编制、对地方财政监管等4方面情况。

……

财政部、国家发展改革委、税务总局等部门认真贯彻落实党中央、国务院决策部署，强化财政资源统筹，保障重点支出需要，宏观调控政策靠前发力并保持接续稳定，预算收入、分配和投资计划执行情况与经济发展状况基本匹配、总体较好，但审计也发现一些问题：

（一）税务和海关部门组织财政收入不够严格，规范性有待提高。重点审计了税务总局和海关总署的税费征管、进口监管等履职情况。发现的主要问题：一是执法不够严格。至2022年底，税务部门应征未征耕地占用税、消费税、土地使用权出让收入等253.38亿元；未及时对已达到清算条件的39个房地产项目清算土地增值税9.49亿元。25个海关单位少征关税、进口环节税及滞纳金等66.99亿元。二是减税降费政策未能全面落实。至2022年底，条件不符的纳税人享受增值税留抵退税优惠179.19亿元，符合条件的纳税人应享未享留抵退税327.73亿元。35个海关单位未及时退还税款和保证金等8.2亿元。三是人为调节收入规模。28省市部分区县税务局为完成收入目标，征收过头税费43.14亿元；15省市部分区县税务局在完成任务后，延压税款入库128.78亿元。

（二）预算分配管理还存在诸多薄弱环节，现代预算制度改革需向纵深推进……

……

二、中央部门预算执行审计情况

……

三、重大项目和重点民生资金审计情况

……

四、国有资产管理审计情况

……

五、重大违纪违法问题线索

2022年5月以来，审计共发现并移送重大违纪违法问题线索300多起，涉及1 800多人。主要有以下表现：

（一）行业性、系统性腐败突出，资金密集、资源富集领域是重灾区。特别是一些国企负责人利用强势地位或国企光环，对外以国企名义承揽业务，私下却中饱私囊、个人侵占。如某国企时任董事长赵某自2018年以来在投资建设一科技产业园项目中，先以该国企名义与地方政府洽谈，再利用职权，将项目实施主体最终确定为本人实际控制、与该国企名称相似但毫无关系的民企，并以低于市场价33%的价格获得住宅用地，少缴土地出让金16.15亿元；违反住宅用地仅限于产业园项目及员工生活配套的协议要求，将部分土地用于开发商品房，至2022年8月取得售房收入31亿元，大多转入本人实际控制的民企。

……

六、审计建议

（一）推动宏观调控政策统筹兼顾，增强时效性和精准性。一是推动积极的财政政策加力提效。保持必要的支出强度，合理安排财政赤字率和增加地方政府专项债券规模，支持地方正常融资需求。继续加大对地方转移支付力度，更多向困难地区倾斜。进一步规范转移支付分类设置，优化财政支出结构，加大对科技攻关、区域重大战略、基本民生等薄弱环节和关键领域的投入。二是推动稳健的货币政策更加精准有力。引导金融机构按照市场化、法治化原则满足实体经济有效融资需求，督促加大对小微企业、科技创新、绿色发展等领域支持力度。三是做好各项政策之间的衔接协同。强化年度间政策衔接，分类采取延续、优化、调整、加强等举措，防止出现政策断档或急转弯。做好宏观政策取向一致性评估，促进各项宏观政策形成系统集成效应，汇聚集中力量办大事的合力。

……

资料来源：审计署. 国务院关于2022年度中央预算执行和其他财政收支的审计工作报告［EB/OL］.［2023-06-26］. https: //www.audit.gov.cn/n5/n26/c10338025/content.html.

讨论题：

（1）审计工作报告中涉及了哪些审计业务或类型？请从不同视角对审计进行分类，并分别简述其主要审计目标和审计对象。

（2）请分析说明审计工作报告体现了国家审计的哪些职能与目标？分别是如何体现的？

（3）体会和感悟国家审计在国家治理中的作用。思考如何成长为一名优秀审计人员，为促进经济社会健康发展做出贡献。

第二章　审计组织与审计职业规范体系

审计职能由审计组织和审计师来履行。他们在履行审计职能的过程中必须遵循相应的职业规范，以确保审计质量，更好地服务于审计利益相关者。本章在介绍审计组织模式的基础上，重点阐述我国国家审计机关的权利与责任、我国注册会计师职业规范体系。

第一节　审计组织

建立和健全审计组织，并配备合格的审计师，是实行审计制度的必要前提和组织基础。当今世界上多数国家都分别建立了国家（政府）审计机关、内部审计机构和民间审计组织。

一、国家（政府）审计机关及政府审计人员

（一）国家（政府）审计机关的模式①

国家（政府）审计机关是代表国家依法行使审计监督权的国家机关，它具有法律赋予的独立性和权威性。政府审计不仅是最早的审计，也是现代各国审计组织体系的重要组成部分。尽管各国审计机关称呼不一，但都是国家政权的重要组成部分。由于世界各国文化传统和政治体制不同，190多个国家或地区的最高审计机关的隶属关系和地位也有很大差别。其主要类型有以下五种：

1.立法型模式

立法型模式，即最高审计机关隶属立法机关，依照国家法律赋予的权力行使审计权，一般直接对议会或国会负责，并向议会或国会报告工作。目前，世界上大多数国家的最高审计机关属于立法型。英国是这一类型审计制度的先驱，其最高审计机关——国家审计署隶属于议会。此外，俄罗斯联邦审计院向联邦议会报告工作，奥地利审计院直接隶属于国民议会，加拿大审计长每年向众议院报告审计工作，美国政府受托责任审计总署（Government Accountability Office，GAO，也译为“问责署”）隶属于国会。立法型审计机关地位高、独立性强、权威性大，不受行政当局的干预，因而是一种较为理想的政府审计机关设置模式。

2.司法型模式

司法型模式，即最高审计机关隶属于司法部门，一般以审计法院的形式存在，拥有很强的司法权，从而强化了政府审计职能。法国是这一类型审计制度的起源国家，其审计法院拥有审判权，直接向两院报告审计结果。此外，意大利审计法院、西班牙审计法院也拥有司法权。司法型审计机关可以直接行使司法权力，具有司法地位，因而具有很高的权威性。

3.行政型模式

行政型模式，即最高审计机关隶属于政府部门，根据政府赋予的权限，对政府所属各

---

①　参阅了“刘家义. 中国特色社会主义审计制度研究［M］. 北京：商务印书馆、中国时代经济出版社，2016”。

级、各部门、各单位的财政财务收支活动以及其他有关活动进行审计，对政府负责。例如：泰国审计长公署向内阁总理呈报；瑞典审计局认为有必要报告有关情况时，则应首先向负责部门或有关机构报告，如认为无此必要，可直接向政府报告。行政型审计机关依据政府法规进行审计工作，其独立性相对较低。

4.独立型模式

独立型模式，即最高审计机关独立于立法权、司法权和行政权之外，这样可以确保政府审计不带政治偏向、公正地行使审计监督权。例如，日本审计院既不属于议会，也独立于内阁，其审计报告向媒体公开；德国联邦审计院是独立的财政监督机构，只受法律约束，只对法律负责，不受议会领导，但向联邦议会和联邦政府提供审计成果。

5.综合型模式

综合型模式的最高审计机关受多重机构领导，但各有侧重。中国是这一模式的典型代表。我国最高审计机关审计署在重大方面受中央审计委员会领导；在日常工作方面受国务院总理领导；每年还需代表国务院向全国人大常委会做“中央预算执行和其他财政收支的审计工作报告”，必要时，全国人大常委会可以对审计工作报告作出决议。这是我国国家审计制度的特色，可构建集中统一、全面覆盖、权威高效的审计监督体系。

（二）国家（政府）审计机关的国际组织——最高审计机关国际组织

最高审计机关国际组织（International Organization of Supreme Audit Institutions, INTOSAI），也称为世界审计组织，是由联合国成员国最高审计机关组成的国际性组织，是一个独立自治、专业、非政治性的国际组织。该组织通过准则制定、能力开发、知识共享来提供相互支持、促进国家善治、提升全球专业能力，促进各国政府审计部门持续改进绩效。

1953年，由古巴审计署发起，34个最高审计机关和伙伴组织在哈瓦那召开了第一届国际大会，宣告INTOSAI成立，并规定每三年在不同地点召开会议。INTOSAI于1968年通过章程，总部和秘书处设在维也纳。该组织目前拥有195个正式成员、5个准成员和2个附属机构成员[①]。我国于1982年正式成为INTOSAI成员国。

（三）我国国家审计机关

1.隶属领导关系

我国最高政府审计机关——审计署属于综合型模式。我国《宪法》第九十一条规定：“国务院设立审计机关，对国务院各部门和地方各级政府的财政收支，对国家的财政金融机构和企事业组织的财务收支，进行审计监督。审计机关在国务院总理领导下，依照法律规定独立行使审计监督权，不受其他行政机关、社会团体和个人的干涉。”[②] 2018年中央审计委员会成立，坚持中国共产党对审计工作的领导。

目前，我国地方审计机关共分三级：省级审计厅（局）、市（州）级审计局、县（区）级审计局。此外，中国人民解放军系统也设置了审计机构。

我国地方审计机关实行“多重领导体制”，即分别在本级党委审计委员会、政府行政

① 参见INTOSAI官方网站“https://www.intosai.org/about-us/members”。

② 我国早在《宪法》（1982）就有这样的规定。《宪法》（1982）经历了1988年、1993年、1999年、2004年、2018年五次修正，但这一条保持不变。

首长（省长、市长、县长）和上一级审计机关的多重领导下，组织领导本行政区的审计工作，负责对本级政府所属单位和下一级政府的财政财务收支情况以及其他情况进行审计。地方审计机关的审计业务以上级审计机关领导为主；日常行政以本级人民政府领导为主。

此外，我国审计机关受本级人民政府委托，应当每年向本级人大常委会提出审计工作报告，且后续报告审计指出问题的整改情况和处理结果，必要时，人大常委会可以对审计工作报告作出决议。[①]

审计机关根据工作需要，可以在重点地区、部门设立派出机构开展审计工作。例如，审计署向重点地区、城市派驻的审计署驻××市特派员办事处，其负责人称为审计特派员，代表审计署执行审计业务，开展审计工作，直接对审计署负责并报告工作。

2.审计机关职权

国家审计机关是依照《宪法》和《审计法》建立的，《审计法》明确规定了其职责和权限。

（1）国家审计机关的主要职责

① 审计监督职责。审计监督的对象包括：本级和下级政府预算执行情况、决算草案以及其他财政收支情况；中央银行和国家的事业组织，以及使用财政资金的其他事业组织的财务收支情况；国有企业、国有金融机构[②]的资产、负债、损益以及其他财务收支情况；政府投资和以政府投资为主的建设项目的预算执行情况和决算，其他关系国家利益和公共利益的重大公共工程项目的资金管理使用和建设运营情况；政府部门管理的和其他单位受政府委托管理的社会保险基金、全国社会保障基金、社会捐赠资金以及其他公共资金的财务收支情况；国际组织和外国政府援助、贷款项目的财务收支情况；被审计单位贯彻落实国家重大经济社会政策措施情况等。这些被审计单位或事项的共同特点是：占有、管理和运用公共资金、国有资产或国有资源。

② 经济责任审计职责。审计机关按照国家有关规定，对党政主要领导干部和国有企事业单位主要领导人员任职期间的经济责任履行情况和自然资源资产监管情况进行审计监督。

③ 专项审计调查职责。审计机关有权对与国家财政收支有关的特定事项，向有关地方、部门、单位进行专项审计调查，并向本级人民政府和上一级审计机关报告审计调查结果。

（2）政府审计机关的权限

① 要求提供资料权：要求被审计单位按照规定提供财务、会计资料以及与财政财务收支有关的业务、管理等资料，包括电子数据和有关文档。被审计单位不得拒绝、拖延、谎报。同时，被审计单位负责人应当对本单位提供资料的及时性、真实性和完整性负责。向被审计单位核实有关情况的，被审计单位应当予以配合。此外，国家政务信息系统和数

① 《中华人民共和国审计法》第四条规定，“国务院和县级以上地方人民政府应当每年向本级人民代表大会常务委员会提出审计工作报告。审计工作报告应当报告审计机关对预算执行、决算草案以及其他财政收支的审计情况，重点报告对预算执行及其绩效的审计情况，按照有关法律、行政法规的规定报告对国有资源、国有资产的审计情况。必要时，人民代表大会常务委员会可以对审计工作报告作出决议。

国务院和县级以上地方人民政府应当将审计工作报告中指出的问题的整改情况和处理结果向本级人民代表大会常务委员会报告。”

② 本书提到的“国有企业、国有金融机构”包括国有资本占控股地位或者主导地位的企业或金融机构。下同。

据共享平台应当按照规定向审计机关开放。

② 审计检查权：有权检查被审计单位的财务、会计资料以及与财政财务收支有关的业务、管理等资料和资产，有权检查被审计单位信息系统的安全性、可靠性、经济性，被审计单位不得拒绝。

③ 审计调查权：有权就审计事项向有关单位和个人进行调查，并取得有关证明材料，有关单位和个人应当支持和配合；审计机关经负责人批准，有权查询被审计单位以及被审计单位以个人名义在金融机构开立的账户。

④ 违规行为制止权：有权制止被审计单位转移、隐匿、篡改、毁弃财务、会计资料以及与财政财务收支有关的业务、管理等资料，和转移、隐匿、故意毁损所持有的违反国家规定取得的资产的行为，以及其他正在进行的违反国家规定的财政财务收支行为。

⑤ 审计结果公布权：可以向政府有关部门通报或者向社会公告审计结果。

⑥ 请求其他政府机关协助权：审计机关为履行审计监督职责，可以提请公安、财政、自然资源、生态环境、海关、税务、市场监督管理等机关予以协助，有关机关应当依法予以配合。

⑦ 一定的行政处罚权：可以根据《审计法》及国家相关规定，对违反国家财经法规的单位或个人作出通报批评、警告、责令限期缴纳应当上缴的收入等处罚。

⑧ 行政处罚建议权：可以根据《审计法》及国家相关规定，对存在严重违反国家财经法规的单位，以及直接负责的主管人员和其他直接责任人员，建议监察机关和有关主管机关、单位等依法给予行政处分。有关机关、单位应当将处理结果书面告知审计机关。

⑨ 移送司法处理权：可以将严重违反国家财经法规、触犯刑律的个人，移送国家司法机关进行处理。

（四）中央和地方审计委员会

为加强党中央对审计工作的领导，构建集中统一、全面覆盖、权威高效的审计监督体系，更好地发挥审计监督作用，我国于2018年3月组建中国共产党中央审计委员会，作为党中央决策议事协调机构。其主要职责是：研究提出并组织实施在审计领域坚持党的领导、加强党的建设方针政策，审议审计监督重大政策和改革方案，审议年度中央预算执行和其他财政支出情况审计报告，审议决策审计监督其他重大事项等。目前，中央审计委员会设主任一人，由中共中央总书记担任；副主任两人，分别由国务院总理、中纪委书记担任；办公室设在审计署，由审计长担任办公室主任。[①]县级以上各级地方党委也成立本级党委审计委员会，其职责、人员构成与中央审计委员会类似。

【课堂拓展】

习近平强调要发挥审计在推进党的自我革命中的独特作用

二十届中央审计委员会第一次会议于2023年5月23日召开。中共中央总书记、国家主席、中央军委主席、中央审计委员会主任习近平主持会议并发表重要讲话。他强调，在强国建设、民族复兴新征程上，各级审计机关担负重要使命，要立足经济监督定

① 2023年5月组建的二十届中央审计委员会，主任是中共中央总书记习近平，副主任是国务院总理李强和中央纪律检查委员会书记李希，办公室主任为审计署审计长侯凯。

位，聚焦主责主业，更好发挥审计在推进党的自我革命中的独特作用；要坚持以新时代中国特色社会主义思想为指导，深入学习贯彻党的二十大精神，完整、准确、全面贯彻新发展理念；聚焦全局性、长远性、战略性问题，加强审计领域战略谋划与顶层设计，进一步推进新时代审计工作高质量发展，以有力有效的审计监督服务保障党和国家工作大局。

会议强调，审计是党和国家监督体系的重要组成部分，是推动国家治理体系和治理能力现代化的重要力量；做好新时代新征程审计工作，总的要求是在构建集中统一、全面覆盖、权威高效的审计监督体系，更好发挥审计监督作用上聚焦发力。要如臂使指，增强审计的政治属性和政治功能，把党中央部署把握准、领会透、落实好。要如影随形，对所有管理使用公共资金、国有资产、国有资源的地方、部门和单位的审计监督权无一遗漏、无一例外，形成常态化、动态化震慑。要如雷贯耳，坚持依法审计，做实研究型审计，发扬斗争精神，增强斗争本领，打造经济监督的“特种部队”；做好与其他监督的贯通协同，形成监督合力。

（五）我国国家审计人员

国家审计人员是指审计机关依法行使审计监督权的人员，即审计“公务员”，包括各级审计机关负责人和审计工作人员。

审计长是审计署的行政首长，由国务院总理提名，全国人民代表大会常务委员会决定，国家主席任命。审计署实行审计长负责制，审计长是国务院组成人员。审计长每届任期五年，可以连任。

地方审计机关行政首长审计厅（局）长由本级人民代表大会常务委员会决定任免，是本级人民政府的组成人员。为了保障地方审计机关依法独立行使职权，地方各级审计机关负责人的任免，应当事先征求上一级审计机关的意见。

二、内部审计机构及审计人员

（一）内部审计机构的基本模式

内部审计机构是指在部门、单位内部从事审计工作的机构，负责对本部门、本单位及所属单位的财务收支及经济活动进行审计。以企业为例，常见的内部审计机构领导体制有三种：①受财务总监或主管财务的副总裁领导并向其报告工作；②受总经理或总裁领导并向其报告工作；③受董事会审计委员会领导并向其报告工作。内部审计机构隶属领导层次越高，独立性越强，权威性越高，越有利于发挥其作用。

（二）内部审计机构的国际组织——国际内部审计师协会

1941年春，美国成立了内部审计师协会（The Institute of Internal Auditors，IIA），并于1944年4月在加拿大多伦多和1948年2月在伦敦建立分会，标志着IIA超越美国国界而成为国际性组织。IIA现拥有200多个分会、17万余名会员，负责制定国际内部审计准则。中国内部审计学会（2002年更名为中国内部审计协会）于1987年加入IIA。

从1974年开始，IIA正式进行注册业务，称为注册内部审计师（Certified Internal Auditor，CIA）。中国内部审计协会自1997年起组织参加CIA资格考试。

（三）内部审计人员

内部审计人员是指在本部门、本单位内部从事审计业务的人员。内部审计人员除包括熟悉会计、财务、审计等方面的知识专业人才外，还可视工作需要配备其他专业人员，如经济师、工程师、律师、程序员等。随着内部审计领域的广泛化和业务的复杂化，内部审计机构对审计人员的素质要求越来越高，要求其至少是某一方面的专家，最好是一专多能的复合型人才。

三、民间审计组织及注册会计师

（一）民间审计组织的基本形式

民间审计组织即事务所，是注册会计师依法承办业务的机构，有四种组织形式：独资、普通合伙制、有限责任公司制、有限责任合伙制。

1.独资事务所

独资事务所由具有注册会计师执业资格的个人独立开业，并承担无限责任。由于对执业人员的需求不多，因而容易设立，执业灵活，在代理记账、代理纳税等方面能很好地满足企业对注册会计师业务的需求。但由于其固有的局限性，它无力承担大型业务，缺乏发展后劲。

2.普通合伙制事务所

普通合伙制事务所是由两名及两名以上注册会计师组成的合伙组织。合伙人以各自的财产对事务所的债务承担无限连带责任。其优点是：在风险牵制和共同利益的驱动下，促使事务所强化专业发展，扩大规模，提高规避风险的能力。缺点是：任何一个合伙人在执业中的违法行为，都可能给整个事务所和其他合伙人带来灭顶之灾。

3.有限责任公司制事务所

有限责任公司制事务所是由注册会计师出资设立，并以其认购的股份对事务所承担有限责任，事务所以其全部财产对其债务承担有限责任的事务所。其优点是：可通过股份制形式集聚一大批注册会计师，组建大型事务所，承办大型业务。缺点是：降低了风险责任对执业行为的高度约束，弱化了注册会计师的个人责任。

4.有限责任合伙制事务所

有限责任合伙制事务所是以其全部资产对其债务承担有限责任，各合伙人对本人执业行为承担无限责任，但对其他合伙人执业行为只承担有限责任的组织。其最大特点是：既融入了普通合伙制和有限责任公司制事务所的优点，又摒弃了它们的缺点。这种组织形式顺应了社会经济发展对注册会计师行业的要求，于20世纪90年代初兴起。目前，“四大”国际会计师事务所，即毕马威（KPMG）、安永（Ernst & Young，EY）、德勤（Deloitte & Touche，DT）、普华永道（Price waterhouse Coopers，PwC），均为有限责任合伙制事务所。它们凭借良好的声誉、高质量的服务赢得了审计及会计服务行业的大部分市场份额。

（二）我国事务所的基本形式及设立条件

在我国，事务所是经批准依法设立并独立承办注册会计师业务的机构。注册会计师只有加入事务所才能承接业务。当前，我国事务所有三种组织形式：有限责任制、普通合伙制和特殊普通合伙制。其设立条件见表2-1。设立事务所，应当由全体合伙人或者全体股东提出申请，由拟设立地的省级财政部门批准。事务所应当设立主任会计师。

表2-1　　　　　　　　　　**我国会计师事务所设立条件比较**

<table>
<tr><th rowspan="2">事务所类型</th><th colspan="2">对股东或合伙人的要求</th><th rowspan="2">其他设立条件</th><th rowspan="2">主要特征</th></tr>
<tr><th>数量要求</th><th>共性要求</th></tr>
<tr><td>有限责任事务所（当前不再审批）</td><td>（1）有5名以上的股东；
（2）应当设立主任会计师，由法定代表人担任，法定代表人应当是事务所的股东</td><td rowspan="3">（1）股东具有注册会计师执业资格；
（2）成为股东前3年内没有因执业行为受到行政处罚；
（3）最近连续3年在事务所从事审计业务且在事务所从事审计业务时间累计不少于10年，或者取得注册会计师执业资格后最近连续5年在事务所从事审计业务；
（4）成为合伙人（股东）前3年内没有因欺骗、贿赂等不正当手段申请事务所执业许可而被省级财政部门作出不予受理、不予批准或者撤销事务所执业许可的决定；
（5）在境内有稳定住所，每年在境内居留不少于6个月，且最近连续居留已满5年</td><td>（1）不少于人民币30万元的注册资本；
（2）股东共同制定的章程；
（3）有经营场所</td><td>事务所以其全部资产对其债务承担责任，出资人承担的责任以其出资额为限</td></tr>
<tr><td>普通合伙事务所</td><td>（1）有2名以上的合伙人；
（2）应当设立首席合伙人，由执行合伙事务的合伙人担任</td><td>（1）书面合伙协议；
（2）有经营场所</td><td>合伙人按出资比例或者协议的约定，以各自的财产对事务所的债务承担无限连带责任</td></tr>
<tr><td>特殊普通合伙事务所</td><td>（1）有15名以上由注册会计师担任的合伙人；
（2）有60名以上注册会计师；
（3）应当设立首席合伙人，由执行合伙事务的合伙人担任</td><td>（1）书面合伙协议；
（2）有经营场所</td><td>既融入了普通合伙事务所和有限责任事务所的优点，又摒弃了它们的不足</td></tr>
</table>

资料来源：财政部. 会计师事务所执业许可和监督管理办法［EB/OL］.［2019-01-02］. http：//tfs.mof.gov.cn/caizhengbuling/201901/t20190104_3113772.htm.

（三）民间审计组织的国际组织——国际会计师联合会

国际会计师联合会（International Federation of Accountants，IFAC）成立于1977年。目前，其成员为130多个国家与地区的175个职业会计师团体，会员超过300万人。该联合会制定国际会计、审计准则，协调世界范围内会计职业的合作与发展，谋求会计师职业工作质量的提高。它下设国际审计与鉴证准则委员会（International Auditing and Assurance Standards Board，IAASB），代表联合会理事会制定并颁布《国际审计准则》。中注协于1997年加入IFAC。

（四）注册会计师

注册会计师是指依法取得注册会计师证书并在事务所从事审计和会计咨询、会计服务业务的执业人员。要成为注册会计师，通常要满足三个方面的条件：教育要求、职业资格、执业经验。

在我国，《注册会计师法》规定，注册会计师的最低教育要求为大专毕业。

我国目前注册会计师资格考试分为两个阶段：第一阶段为专业阶段，主要测试考生是否具备注册会计师所需的专业知识、基本技能和职业道德要求，分为会计、审计、财务成本管理、公司战略与风险管理、经济法和税法六科；第二阶段为综合阶段，主要测试考生是否具备在执业环境中运用专业知识，保持职业价值观、职业态度与职业道德及有效解决实务问题的能力，设职业能力综合测试一科。第一阶段六科合格后才能参加第二阶段考试。全科成绩合格的，才能取得全科合格证书和注册会计师资格，并可申请加入中注协，成为非执业会员。

要取得执业资格，还必须加入事务所，具有两年以上审计工作经验，并符合其他审批条件。只有经批准注册并获得证书，方可执行注册会计师业务。

（五）注册会计师行业监管

1.注册会计师行业监管基本模式

注册会计师行业监管的主要内容有：注册会计师执业资格的认定（现行主要是通过资格考试等程序）与注册管理、事务所的审批与管理、执业准则与职业道德准则的制定与审批及督促执行、执业质量的检查监督、事务所与注册会计师的奖惩等。当前，注册会计师行业监管模式可分为三种：自律监管模式、政府（行政）监管模式和独立监管模式。

自律监管模式即注册会计师行业管理事务主要由注册会计师职业组织来实施，政府很少干预。其主要优点是具有较大的灵活性与适应性，能较好地发挥职业组织的专业优势，对经济环境变化的反应及时、有效；缺点是难以保护公众利益、缺乏形式上的独立性，权威性不够、约束力不足。在2002年之前，美国注册会计师行业是典型的自律监管模式。

政府（行政）监管模式即注册会计师行业管理事务主要由政府指定行政部门来实施，职业组织设立也需政府批准并接受政府监管。其主要优点是具有较强的独立性、较高的权威性和足够的强制力，能最大限度地保护公众利益；缺点是缺乏灵活性与适应性，对经济环境变化的反应滞后，可能使注册会计师行业缺乏应有的活力。

独立监管模式即注册会计师行业管理事务由既独立于自身，又独立于政府的独立监管机构来实施。如果有来自政府与职业组织的权威支持，这一模式能够保留自律监管模式和政府监管模式的优点，又在一定程度上克服这两种模式的缺点。但如果独立监管机构与政府、职业组织的关系处理不当，就有可能不具有两者的优点，却保留了两者的缺点。在2002年之后，美国注册会计师行业变革为典型的独立监管模式。

2.我国注册会计师行业监管

《中华人民共和国注册会计师法》第五条规定，国务院财政部门和省、自治区、直辖市人民政府财政部门，依法对注册会计师、事务所和注册会计师协会进行监督、指导。财政部于2002年11月发布的《关于进一步加强注册会计师行业管理的意见》规定，财政部门有关职能机构行使注册会计师行业行政管理职能，具体包括：①监督与指导注册会计师、事务所、注册会计师协会；②审批事务所的设立；③备案注册会计师的注册情况；④审批注册会计师执业规则和准则；⑤对事务所与注册会计师进行监督检查与行政处罚等。中注协行使行业自律管理职能，具体包括：①对注册会计师公正执业和遵守职业道德情况进行自律性指导与督促；②执业标准的建设与业务指导；③组织注册会计师资格考试与后续教育；④向政府部门反映注册会计师的意见与建议；⑤向注册会计师提供专业援助，维护其合法权益；⑥与国际同行进行交流与合作。

可见，我国注册会计师行业监管实行的是“以政府监管为主，行业自律为辅”的模式。

第二节　审计职业规范体系

审计职业规范体系包括审计准则、审计质量管理准则、审计职业道德准则和审计法律规范。由于注册会计师职业规范体系最为完善，政府审计和内部审计规范体系均是在借鉴注册会计师规范体系基础上发展起来的，因此本节以注册会计师职业规范体系[①]为主进行介绍。

一、审计准则

审计准则是审计师从事审计工作时必须遵循的行为规范，是衡量审计工作质量的标准。制定和实施审计准则，可以提高审计工作质量，赢得社会公众的广泛信赖；可以维护事务所和注册会计师的合法权益；可以促进审计经验的广泛交流。

（一）国际审计准则

国际审计准则（International Standards on Auditing，ISA）由国际会计师联合会下设的国际审计与鉴证准则委员会（IAASB）发布。该委员会同时还发布其他相关业务准则，如图2-1所示。

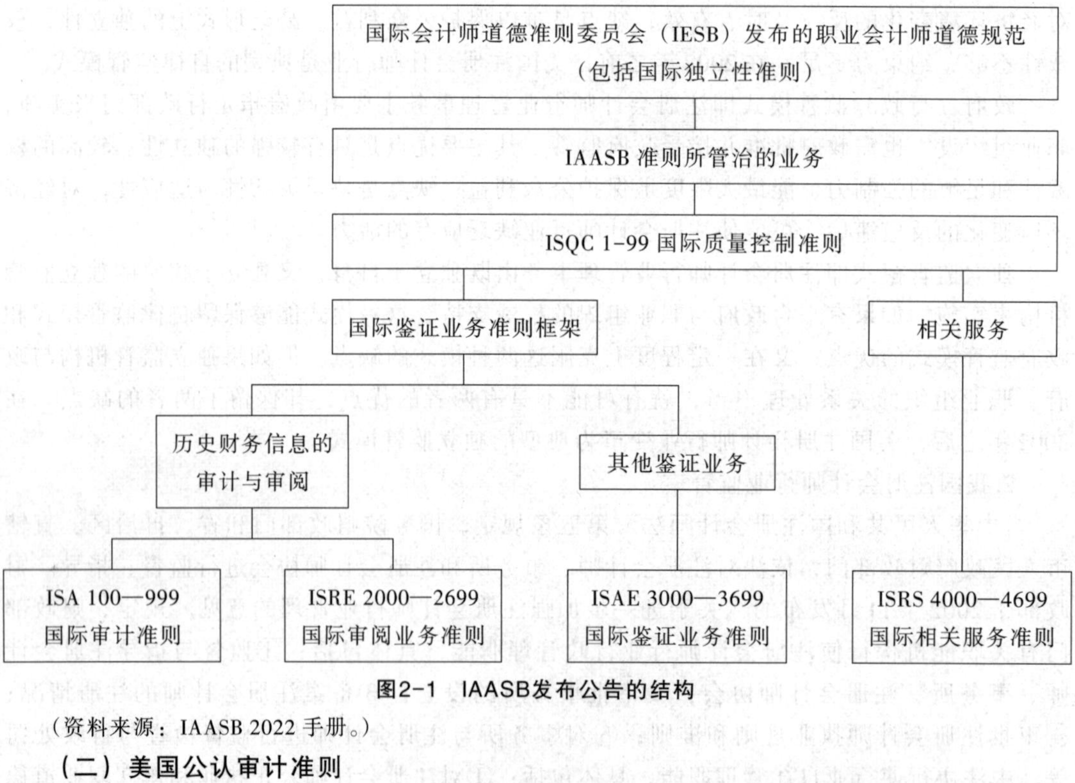

图2-1　IAASB发布公告的结构

（资料来源：IAASB 2022 手册。）

（二）美国公认审计准则

美国注协制定的《公认审计准则》（Generally Accepted Auditing Standards，GAAS）是

① 由于中国注册会计师职业规范已在2006年实现了与国际会计师联合会（IFAC）所建立的规范的趋同，因此，除审计准则介绍了国际审计准则（ISA）和美国公认审计准则外，均只介绍相关的中国注册会计师职业规范。

世界上影响最大、最广泛的审计准则。狭义的公认审计准则就是指《公认审计准则》（共10条），广义的公认审计准则还包括《审计准则公告》（Statements on Auditing Standards，SAS）。《公认审计准则》由审计程序委员会于1947年制定，当时只有9条。经过多次修订后的主要内容如下：

1.一般准则

（1）充分的专业训练和胜任能力——审计应由一位或多位经过充分技术培训，并精通业务的审计师执行。

（2）精神状态的独立性——对所有与审计相关的事项，审计师均应保持精神状态上的独立性。

（3）应有的职业谨慎——在执行审计工作和编写审计报告时，审计师必须运用应有的职业谨慎。

2.外勤工作准则

（1）适当的计划和督导——审计师应充分计划审计工作，若有助理人员参加，必须予以适当督导。

（2）充分了解被审计单位及其环境，包括内部控制——审计师必须充分了解被审计单位及其环境，包括内部控制，以便评估财务报表因错误或舞弊导致的重大错报风险，并设计进一步审计程序的性质、时间安排及范围。

（3）充分、适当的审计证据——审计师必须实施审计程序获取充分、适当的审计证据，以便为被审计财务报表发表意见提供合理基础。

3.报告准则

（1）财务报表是否按照公认会计原则（GAAP）编制——审计师必须在审计报告中说明财务报表是否按照公认会计原则的规定编制。

（2）公认会计原则未被一贯遵循的情况——审计师必须在审计报告中指出公认会计原则在本期和上期未被一贯遵循的各种情况。

（3）信息披露的充分性——当审计师确定信息披露不是合理充分的，审计师就必须在审计报告中作出充分陈述。

（4）对财务报表意见的表述——审计师必须在审计报告中就财务报表整体发表意见，或者声明不能发表意见。当审计师不能发表整体意见时，审计师应当在审计报告中陈述理由。在任何情况下，审计师的姓名一旦与财务报表相关联，审计师就应当在审计报告中清楚地说明其工作的特性（如果已实施工作）及其所负责任的程度。

（三）中国注册会计师审计准则

1.中国注册会计师执业准则体系

中注协负责拟定中国注册会计师执业准则，报财政部批准后施行。中注协于1989年开始发布执业规则；1995年起，发布独立审计准则、职业道德规范、质量管理准则和后续教育准则；2005年起，修订并发布与IAASB所发布准则全面趋同的注册会计师执业准则，并保持与国际准则持续趋同。目前，中国注册会计师执业准则体系包括质量管理准则、鉴证业务准则（包括基本准则与审计准则、审阅准则、其他鉴证业务准则）、相关服务准则。其基本关系如图2-2所示。

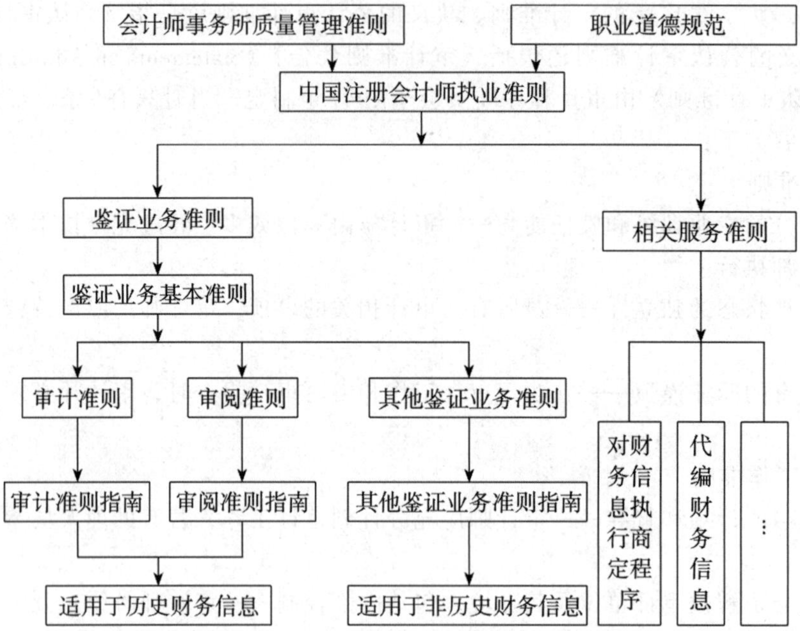

图2-2　中国注册会计师执业准则体系图

2.已发布的中国注册会计师审计准则目录

国际审计准则与中国注册会计师审计准则（截至2024年3月）的比较见表2-2。

表2-2　**国际审计准则与中国注册会计师审计准则的比较**　（截至2024年3月）

项　目	国际审计准则（ISA）	中国注册会计师审计准则（CSA）
基本准则	国际鉴证业务框架	中国注册会计师鉴证业务基本准则
一般原则和责任（200—299）	ISA 200 独立审计师的总体目标和按照国际审计准则执行审计	CSA 1101 注册会计师的总体目标和审计工作的基本要求
	ISA 210 就审计业务约定条款达成一致意见	CSA 1111 就审计业务约定条款达成一致意见
	ISA 220 财务报表审计的质量管理	CSA 1121 对财务报表审计实施的质量管理
	ISA 230 审计书面记录	CSA 1131 审计工作底稿
	ISA 240 审计师在财务报表审计中与舞弊相关的责任	CSA 1141 财务报表审计中与舞弊相关的责任
	ISA 250 财务报表审计中对法律和法规的考虑	CSA 1142 财务报表审计中对法律法规的考虑
	ISA 260 与治理层的沟通	CSA 1151 与治理层的沟通
	ISA 265 与治理层和管理层沟通内部控制缺陷	CSA 1152 向治理层和管理层通报内部控制缺陷
		*CSA 1153 前任注册会计师和后任注册会计师的沟通

续表

项　目	国际审计准则（ISA）	中国注册会计师审计准则（CSA）
风险评估及其应对措施（300—499）	ISA 300 计划财务报表审计	CSA 1201 计划审计工作
	ISA 315 识别和评估重大错报风险	CSA 1211 重大错报风险的识别和评估
	ISA 320 计划和执行审计时的重要性	CSA 1221 计划和执行审计工作时的重要性
	ISA 330 审计师针对评估的风险采取的应对措施	CSA 1231 针对评估的重大错报风险采取的应对措施
	ISA 402 对被审计单位利用服务机构的审计考虑	CSA 1241 对被审计单位使用服务机构的考虑
	ISA 450 评价审计过程中识别出的错报	CSA 1251 评价审计过程中识别出的错报
审计证据（500—599）	ISA 500 审计证据	CSA 1301 审计证据
	ISA 501 审计证据——对已选项目的特殊考虑	CSA 1311 对存货、诉讼和索赔、分部信息等特定项目获取审计证据的具体考虑
	ISA 505 外部函证	CSA 1312 函证
	ISA 510 首次审计业务——期初余额	CSA 1331 首次审计业务涉及的期初余额
	ISA 520 分析程序	CSA 1313 分析程序
	ISA 530 审计抽样	CSA 1314 审计抽样
	ISA 540 审计会计估计和相关披露	CSA 1321 会计估计和相关披露的审计
	ISA 550 关联方	CSA 1323 关联方
	ISA 560 期后事项	CSA 1332 期后事项
	ISA 570 持续经营	CSA 1324 持续经营
	ISA 580 书面声明	CSA 1341 书面声明
利用他人的工作（600—699）	ISA 600 特殊考虑——集团财务报表审计（包括组成部分审计师的工作）	CSA 1401 对集团财务报表审计的特殊考虑
	ISA 610 利用内部审计师的工作	CSA 1411 利用内部审计人员的工作
	ISA 620 利用审计师的专家的工作	CSA 1421 利用专家的工作
审计结论和报告（700—799）	ISA 700 对财务报表形成审计意见和出具审计报告	CSA 1501 对财务报表形成审计意见和出具审计报告
	ISA 701 在独立审计师报告中沟通关键审计事项	CSA 1504 在审计报告中沟通关键审计事项
	ISA 705 在独立审计师报告中对意见的修正	CSA 1502 在审计报告中发表非无保留意见

续表

项　目	国际审计准则（ISA）	中国注册会计师审计准则（CSA）
审计结论和报告（700—799）	ISA 706 独立审计师报告中的强调事项段和其他事项段	CSA 1503 在审计报告中增加强调事项段和其他事项段
	ISA 710 比较信息——对应数据和比较财务报表	CSA 1511 比较信息：对应数据和比较财务报表
	ISA 720 审计师对其他信息的责任	CSA 1521 注册会计师对其他信息的责任
特殊业务领域（审计实务说明）（800—899）	ISA 800 特殊考虑——按照特殊目的框架编制的财务报表的审计	CSA 1601 对按照特殊目的编制基础编制的财务报表审计的特殊考虑
		*CSA 1602 验资
	ISA 805 特殊考虑——单一财务报表和财务报表的特定要素、账户或项目的审计	CSA 1603 审计单一财务报表和财务报表特定要素的特殊考虑
	ISA 810 对简要财务报表出具报告的业务	CSA 1604 对简要财务报表出具报告的业务
		CSA 1611 商业银行财务报表审计
		CSA 1612 银行间函证程序
		CSA 1613 与银行监管机构的关系
		CSA 1631 财务报表审计中对环境事项的考虑
	IAPN 1000 审计金融工具的特殊考虑	CSA 1632 衍生金融工具的审计
		CSA 1633 电子商务对财务报表审计的影响

说明：（1）国际审计准则（ISA）来源于 IAASB 2022 手册。（2）有两个带*的准则，为我国特有的审计准则；凡是国际审计准则，我国均有相应的准则与其对应。（3）我们以国际审计准则为依据，将我国相应审计准则与其对应，因此，我国个别审计准则的排序有些交叉。（4）IAASB 在 2013 年废除了与我国 CSA 1611、CSA 1612、CSA 1613、CSA 1631、CSA 1632、CSA 1633 相对应的国际审计实务公告，而我国目前仍保留这些准则。此外，IAASB 发布了国际审计实务说明《IAPN 1000 审计金融工具的特殊考虑》（International Auditing Practice Notes，IAPN）。

3.《CSA 1101 注册会计师的总体目标和审计工作的基本要求》的主要内容

CSA 1101 主要确定注册会计师在财务报表审计中的总体目标，相应审计工作的性质和范围、应承担的责任。该准则在财务报表审计中具有重要的指导作用，此准则分为总则、定义、财务报表审计、总体目标、要求（包括与财务报表审计相关的职业道德要求、职业怀疑、职业判断、审计证据和审计风险、按照审计准则的规定执行审计工作五节）、附则共六章38条。

（1）重要概念的定义

CSA 1101 对注册会计师、财务报表、历史财务信息、适用的财务报告编制基础、管理层、治理层、执行审计工作的前提、错报、审计证据、合理保证、审计风险、重大错报风险、固有风险、控制风险、检查风险、职业判断、职业怀疑等重要概念进行了界定。我们在此仅介绍部分重要概念，其他概念参见本书的其他章节。

财务报表，是指依据某一财务报告编制基础对被审计单位历史财务信息作出的结构性表述，旨在反映某一时点的经济资源或义务，或者某一时期经济资源或义务的变化。财务报表通常是指整套财务报表，有时也指单一财务报表，包括披露。披露包括财务报告编制基础所要求的、明确允许的或者由于其他原因（如实务惯例）作出的解释性或描述性信息。披露是财务报表不可分割的组成部分，通常包括在财务报表附注中，也可能在财务报表表内反映，或者通过财务报表的交叉索引作出提示。

适用的财务报告编制基础，是指法律法规要求采用的财务报告编制基础；或者管理层和治理层（如适用）在编制财务报表时，就被审计单位性质和财务报表目标而言，采用的可接受的财务报告编制基础。财务报告编制基础分为通用目的编制基础和特殊目的编制基础。通用目的编制基础，是指旨在满足广大财务报表使用者共同的财务信息需求的财务报告编制基础，主要是指会计准则和会计制度，如我国企业编制财务报告时采用的《企业会计准则》、行政机关和事业单位编制财务报告时采用的《政府会计准则》、非营利组织编制财务报告时采用的《非营利组织会计制度》。特殊目的编制基础，是指旨在满足财务报表特定使用者财务信息需求的财务报告编制基础，包括计税核算基础、监管机构的要求和合同约定等。

管理层，是指对被审计单位经营活动的执行负有经营管理责任的人员。在某些被审计单位，管理层包括部分或全部的治理层成员，如治理层中负有经营管理责任的人员，或参与日常经营管理的业主（准则中一般简称"业主兼经理"）。

治理层，是指对被审计单位战略方向以及管理层履行经营管理责任负有监督责任的人员或组织。治理层的责任包括监督财务报告过程。在某些被审计单位，治理层可能包括管理层，如治理层中负有经营管理责任的人员，或业主兼经理。

执行审计工作的前提，即与管理层和治理层责任相关的执行审计工作的前提，是指管理层和治理层（如适用）认可并理解其应当承担下列责任，这些责任构成注册会计师按照审计准则的规定执行审计工作的基础：①按照适用的财务报告编制基础编制财务报表，并使其实现公允反映；②设计、执行和维护必要的内部控制，以使财务报表不存在由于舞弊或错误导致的重大错报；③向注册会计师提供必要的工作条件，包括允许注册会计师接触与编制财务报表相关的所有信息（如记录、文件和其他事项），向注册会计师提供审计所需的其他信息，允许注册会计师在获取审计证据时不受限制地接触其认为必要的内部人员和其他相关人员。

合理保证，是指注册会计师在财务报表审计中提供的一种高水平但非绝对的保证。注册会计师只能获取合理保证，是因为审计受制于成本效益原则，且在审计中运用抽样测试方法、被审计单位内部控制具有局限性、财务报表编制过程中存在大量的判断和估计、获取的审计证据是说服性的而非结论性的、审计中涉及大量的专业判断等。

（2）财务报表审计及其总体目标

财务报表审计的目的是提高预期使用者对财务报表的信赖程度，通过注册会计师对财务报表是否在所有重大方面按照适用的财务报告编制基础编制发表审计意见得以实现。

注册会计师财务报表审计的总体目标是：对财务报表整体是否不存在由于舞弊或错误

导致的重大错报获取合理保证，使得注册会计师能够对财务报表是否在所有重大方面按照适用的财务报告编制基础编制发表审计意见；按照审计准则的规定，根据审计结果对财务报表出具审计报告，并与管理层和治理层沟通。

（3）职业怀疑

职业怀疑，是指注册会计师执行审计业务的一种态度，包括采取质疑的思维方式，对可能表明由于错误或舞弊导致错报的迹象保持警觉，以及对审计证据进行审慎评价。注册会计师应当保持职业怀疑的情形通常包括：①存在相互矛盾的审计证据；②对文件记录和对询问的答复产生怀疑；③可能存在舞弊的情况。在计划和实施审计工作时，注册会计师应当保持职业怀疑，识别和应对可能导致财务报表发生重大错报的情形。

（4）职业判断

职业判断，是指在审计准则、财务报告编制基础和职业道德要求的框架下，注册会计师综合运用相关知识、技能和经验，作出适合审计业务具体情况、有根据的行动决策。在计划和实施审计工作时，注册会计师应当运用职业判断。

注册会计师应当在整个审计过程中运用职业判断。其中重要审计环节主要包括：①识别和评估舞弊或错误导致的重大错报风险；②设计和实施恰当的应对措施；③决策重要性水平和可接受的审计风险水平；④评价已获取审计证据的充分性和适当性；⑤从获取的审计证据中得出结论，对财务报表形成审计意见。

（5）审计证据和审计风险

审计证据是指注册会计师为了得出审计结论和形成审计意见而使用的信息，包括构成财务报表基础的会计记录所含有的信息和其他信息。审计风险是指当财务报表存在重大错报时，注册会计师发表不恰当审计意见的可能性。审计风险取决于重大错报风险和检查风险。

二、审计质量管理准则

（一）审计质量管理准则的含义与作用

审计准则规定了审计工作应达到的质量水平，要使审计工作真正达到规定的质量水平，必须实行质量管理。审计质量管理是事务所为了确保事务所及其人员遵守审计准则、职业道德规范和法律法规的规定，以确保审计质量而建立和实施的控制和程序。

审计质量管理准则是事务所和注册会计师在实施审计质量管理过程中应当遵循的行为规范。它有两个基本作用：一是作为指导、监督事务所质量管理的指南和依据；二是作为衡量、判断和评价不同质量管理程序有效性的标准。

我国目前有三个与质量管理相关的准则：《会计师事务所质量管理准则第5101号——业务质量管理》《会计师事务所质量管理准则第5102号——项目质量复核》（以下分别简称“质量管理5101号”和“质量管理5102号”）和《CSA 1121对财务报表审计实施的质量管理》（以下简称“CSA 1121”）[①]。前两个适用于事务所执行的所有业务。质量管理5101号主要规定了事务所制定质量管理政策和程序应当考虑的要素，包括事务所的风险评估程序、治理和领导层、相关职业道德要求、客户关系和具体业务的接受与保

① 本书统称“审计质量管理”。

持、资源、业务执行、信息与沟通、监控和整改程序等。质量管理5102号适用于项目质量复核，规定了有关项目质量复核人员的委派和资质要求，以及项目质量复核实施和记录的要求。CSA 1121是根据质量管理5101号和质量管理5102号制定的，适用于财务报表审计业务。

（二）审计质量管理职责的主要内容

在审计业务层面实施质量管理程序，是为了合理保证在审计工作中遵守审计准则和相关法律法规的规定，并出具恰当的审计报告。审计质量管理准则的主要内容有：

1.管理和实现审计质量的领导责任

项目合伙人应当对管理和实现审计项目的高质量承担总体责任，包括为审计项目组营造强调事务所文化和审计项目组成员行为期望的环境。项目合伙人应当充分、适当地参与整个审计过程，从而能够根据审计项目的性质和具体情况，确定审计项目组作出的重大判断和据此得出的结论是否适当；应当通过指导、监督审计项目组成员并复核其工作，对管理和实现审计项目的高质量承担总体责任。

项目合伙人是指事务所中负责某项审计业务及其执行，并代表事务所在审计报告上签字的合伙人。他需对该业务承担无限连带责任。

2.相关职业道德要求

项目合伙人应当了解适用于审计业务的性质和具体情况的相关职业道德要求，包括与独立性相关的要求。项目合伙人应当负责确保审计项目组其他成员知悉适用于审计业务的性质和具体情况的相关职业道德要求，以及事务所的相关政策和程序，包括与下列方面相关的政策和程序：①识别、评估和应对对遵守相关职业道德要求的不利影响；②可能导致违反相关职业道德要求的情形，以及当审计项目组成员意识到这种违反时应当承担的责任；③当审计项目组成员意识到被审计单位存在违反法律法规的迹象时应当承担的责任。

在签署审计报告之前，项目合伙人应当负责确定相关职业道德要求已经得到遵守。

3.客户关系和审计业务的接受与保持

项目合伙人应当确定事务所就客户关系和审计业务的接受与保持制定的政策和程序已得到遵守，并且得出的相关结论是适当的。如果审计项目组在接受或保持某项客户关系或审计业务后获知了某些信息，这些信息可能会导致事务所接受或保持该客户关系或审计业务不再恰当，则项目合伙人应当立即与事务所沟通该信息，以使事务所和项目合伙人能够立即采取必要的行动。

4.业务资源

项目合伙人应当结合审计项目的性质和具体情况、事务所的政策和程序，以及在执行审计项目过程中可能发生的任何变化，确定充分、适当的资源已被及时分配给审计项目组用于执行审计项目，或使审计项目组能够及时获取业务资源。

5.业务执行

项目合伙人应当负责对审计项目组成员进行指导、监督并复核其工作。项目合伙人应当确定指导、监督和复核的性质、时间安排和范围符合下列要求：①按照适用的法律法规和职业准则的规定，以及事务所的政策和程序进行计划和执行；②符合审计项目的性质和具体情况，并与事务所向审计项目组分配或提供的资源相匹配。

项目合伙人应当在审计过程中的适当时点复核审计工作底稿，包括与下列方面相关的工作底稿：①重大事项；②重大判断，包括与在审计中遇到的困难或有争议事项相关的判断，以及得出的结论；③根据项目合伙人的职业判断，与项目合伙人的职责有关的其他事项。

6.监控与整改

项目合伙人应当负责监控与整改方面的工作包括：①了解从事务所的监控和整改程序获取的信息；②确定这些信息与审计项目的相关性及其对审计项目的影响，并采取适当行动；③在整个审计过程中，对可能与事务所的监控和整改程序相关的信息保持警觉，并将此类信息通报给对监控和整改程序负责的人员。

（三）遵循审计质量管理准则的记录

注册会计师应当在审计工作底稿中记录下列事项：①针对下列方面识别出的事项、与相关人员进行的讨论以及得出的结论：履行与遵守相关职业道德要求相关的责任；客户关系和审计业务的接受与保持。②在审计过程中进行咨询的性质、范围、得出的结论，以及这些结论是如何得到执行的。③如果审计项目需要实施项目质量复核，则应当记录项目质量复核已经在审计报告日或之前完成。

三、审计职业道德

注册会计师职业道德，是对注册会计师的职业品德、执业纪律、业务能力、工作规则及所负责任等思想方式和行为方式所作的基本规定和要求。注册会计师在本质上是为广大社会公众服务，其发生过失则可能使成千上万人蒙受损失。因此，为促使注册会计师更好地履行职责，遵循行为规范，保证执业质量，树立良好职业形象和职业信誉，赢得社会公众的尊重和信任，就必须强调审计职业道德。

我国目前注册会计师职业道德守则包括《职业道德基本原则》、《职业道德概念框架》、《提供专业服务的具体要求》、《审计和审阅业务对独立性的要求》和《其他鉴证业务对独立性的要求》，涵盖了注册会计师业务承接、收费报价、专业服务工作的开展等所有环节可能遇到的与职业道德相关的情形，并提出了明确的要求，全面规范了注册会计师的职业道德行为，并为注册会计师解决职业道德问题提供了方法指导。

（一）我国注册会计师职业道德基本原则

为履行相应的社会责任，维护公众利益，注册会计师应当遵守的职业道德基本原则有六个：诚信、客观和公正、独立性、专业胜任能力和勤勉尽责、保密、良好职业行为。

1.诚信

诚信，即应当在所有的职业活动中保持正直，诚实守信。诚信是我国社会主义核心价值观的重要内容，也是注册会计师行业存在和发展的基石。注册会计师如果认为业务报告、申报资料、沟通函件或其他方面的信息存在下列问题，则不得与这些信息发生关联：①含有虚假记载、误导性陈述；②含有缺乏充分根据的陈述或信息；③存在遗漏或含糊其辞的信息，且可能会产生误导。注册会计师如果注意到已与有问题的信息发生关联，应当采取措施消除关联。

2.客观和公正

客观和公正，即应当公正处事、实事求是，不得由于偏见、利益冲突或他人的不当影响而损害自己的职业判断。如果存在对职业判断产生过度不当影响的情形，注册会计师不得从事与之相关的职业活动。

3.独立性

独立性，即在执行鉴证业务时，应当从实质和形式上保持独立性，不得因任何利害关系影响其客观公正。独立性是指人的意志不易受他人的影响或控制，按照一定规则行事。实质上的独立性是一种内心状态，使得注册会计师在提出结论时不受损害职业判断的因素影响，诚信行事，遵循客观公正原则，保持职业怀疑；形式上的独立性是一种外在表现，使得一个理性且掌握充分信息的第三方，在权衡所有相关事实和情况后，认为注册会计师没有损害诚信原则、客观公正原则或职业怀疑。事务所在承接鉴证业务时，应当从事务所整体层面和具体业务层面采取措施，以保持事务所和项目团队的独立性。

4.专业胜任能力和勤勉尽责

专业胜任能力和勤勉尽责是注册会计师提供高质量专业服务的前提。注册会计师应当：①获取并保持应有的专业知识和技能，确保为客户提供具有专业水准的服务；②通过教育、培训和执业实践获取和保持专业胜任能力；③持续了解并掌握当前法律、技术和实务的发展变化，将专业知识和技能始终保持在应有的水平；④在运用专业知识和技能时，合理运用职业判断；⑤勤勉尽责，遵守职业准则的要求并保持应有的职业怀疑，认真、全面、及时地完成工作任务；⑥采取适当措施，确保在其授权下从事专业服务的人员得到应有的培训和督导；⑦使客户或专业服务的其他使用者了解专业服务的固有局限。

5.保密

保密，即应当对职业活动中获知的涉密信息保密，注册会计师应当遵守下列要求：①警觉无意中泄密的可能性，包括在社交中无意泄密的可能性，特别要警觉无意中向关系密切的商业伙伴或近亲属泄密的可能性；②对所在事务所内部的涉密信息保密；③对职业活动中获知的涉及国家安全的信息保密；④对拟承接的客户向其披露的涉密信息保密；⑤在未经客户授权的情况下，不得向事务所以外的第三方披露其所获知的涉密信息，除非法律法规或职业准则规定注册会计师在这种情况下有权利或义务进行披露；⑥不得利用因职业关系而获知的涉密信息为自己或第三方谋取利益；⑦不得在职业关系结束后利用或披露因该职业关系获知的涉密信息；⑧采取适当措施，确保下级员工以及为注册会计师提供建议和帮助的人员履行保密义务。

但在下列情形下，保密原则是可以豁免的，注册会计师可能会被要求披露涉密信息，或者披露涉密信息是适当的，不被视为违反保密原则：①法律法规要求披露，例如为法律诉讼准备文件或提供其他证据，或者向适当机构报告发现的违反法律法规行为；②法律法规允许披露，并取得了客户的授权；③注册会计师有职业义务或权利进行披露，且法律法规未予禁止的情形，主要包括：接受注册会计师协会或监管机构的执业质量检查，答复注册会计师协会或监管机构的询问或调查，在法律诉讼、仲裁中维护自身的合法权益，遵守职业准则和职业道德要求，法律法规和职业准则规定的其他情形。

6.良好职业行为

良好职业行为，即应当遵循良好职业行为原则，爱岗敬业，遵守相关法律法规，避免发生任何可能损害职业声誉的行为。注册会计师在向公众传递信息以及推介自己和工作时，应当客观、真实、得体，不得损害职业形象；应当诚实、实事求是，不得夸大宣传提供的服务、拥有的资质或获得的经验；不得贬低或无根据地比较其他注册会计师的工作。

（二）我国注册会计师职业道德概念框架

1.职业道德概念框架的内涵

职业道德概念框架是指解决职业道德问题的思路和方法，用于指导注册会计师识别对职业道德基本原则的不利影响，评价不利影响的严重程度以及可以采取的消除或降低不利影响的防范措施。

在运用职业道德概念框架时，注册会计师应当运用职业判断。如果发现存在可能违反职业道德基本原则的情形，应当识别、评价其对职业道德基本原则的不利影响。如果认为不利影响超出可接受的水平，还应当确定是否能够采取防范措施消除不利影响或将其降低至可接受的水平。

2.对遵循职业道德基本原则产生不利影响的因素

影响注册会计师遵循职业道德基本原则的不利因素主要有五种，包括自身利益、自我评价、过度推介、密切关系和外在压力。其主要内容见表2-3。

表2-3　**对遵循职业道德基本原则产生不利影响的因素及例子**

不利因素	例子
自身利益	（1）注册会计师在客户中拥有直接经济利益； （2）事务所的收入过分依赖某一客户； （3）事务所以较低的报价获得新业务，而该报价过低，可能导致注册会计师难以按照适用的职业准则要求执行业务； （4）注册会计师与客户之间存在密切的商业关系； （5）注册会计师能够接触到涉密信息，而该涉密信息可能被用于谋取个人私利； （6）注册会计师在评价所在事务所以往提供的专业服务时，发现了重大错误
自我评价	（1）注册会计师在对客户提供财务系统的设计或实施服务后，又对该系统的运行有效性出具鉴证报告； （2）注册会计师为客户编制用于生成有关记录的原始数据，而这些记录是鉴证业务的对象
过度推介	（1）注册会计师推介客户的产品、股份或其他利益； （2）当客户与第三方发生诉讼或纠纷时，注册会计师为该客户辩护； （3）注册会计师站在客户的立场上影响某项法律法规的制定
密切关系	（1）审计项目团队成员的主要近亲属或其他近亲属担任审计客户的董事或高级管理人员； （2）鉴证客户的董事、高级管理人员，或所处职位能够对鉴证对象施加重大影响的员工，最近曾担任注册会计师所在事务所的项目合伙人； （3）审计项目团队成员与审计客户之间长期存在业务关系
外在压力	（1）注册会计师因对专业事项持有不同意见而受到客户解除业务关系或被事务所解雇的威胁； （2）由于客户对所沟通的事项更具有专长，注册会计师面临服从该客户判断的压力； （3）注册会计师被告知，除非其同意审计客户某项不恰当的会计处理，否则计划中的晋升将受到影响； （4）注册会计师接受了客户赠予的重要礼品，并被威胁将公开其收受礼品的事情

3.评价不利影响的严重程度

如果识别出对职业道德基本原则的不利影响，注册会计师应当评价该不利影响的严重程度是否处于可接受的水平。需要注意的是，在评价不利影响的严重程度时，注册会计师应当从性质和数量两个方面予以考虑，并且如果存在多项不利影响，应当将多项不利影响组合起来一并考虑。

4.应对不利影响的措施

根据不利影响的具体情况，应对不利影响的措施有：

（1）消除产生不利影响的情形

根据具体事实和情况，某些不利影响可以通过消除产生该不利影响的情形予以应对。例如，事务所的收入过分依赖某一客户，那么可以通过扩展事务所客户群的方式缓解这一情况。

（2）采取可行并有能力采取的防范措施

防范措施随事实和情况的不同而有所不同。包括：①向已承接的项目分配更多时间和有胜任能力的人员，应对因自身利益产生的不利影响；② 由项目组以外的复核人员复核已执行的工作或在必要时提供建议，应对因自我评价产生的不利影响；③向鉴证客户提供非鉴证服务时，指派鉴证业务项目团队以外的其他合伙人和项目组，并确保鉴证业务项目组和非鉴证服务项目组分别向各自的业务主管报告工作，应对因自我评价、过度推介或密切关系产生的不利影响；④由其他事务所执行或重新执行业务的某些部分，应对因自身利益、自我评价、过度推介、密切关系或外在压力产生的不利影响；⑤由不同项目组分别应对具有保密性质的事项，应对因自身利益产生的不利影响。

（3）拒绝或终止特定的职业活动

在某些情况下，产生不利影响的情形无法被消除，并且注册会计师也无法通过采取防范措施将不利影响降低至可接受的水平。此时，应通过拒绝或终止特定的职业活动应对该不利影响。

（三）注册会计师审计和审阅业务对独立性的要求

1.独立性的概念框架

独立性是鉴证业务的灵魂，是专门针对注册会计师从事审计和审阅业务、其他鉴证业务而提出的职业道德基本原则。独立性包括实质上的独立性和形式上的独立性。

独立性概念框架是指解决独立性问题的思路和方法，用以指导注册会计师识别对独立性的不利影响，评价不利影响的严重程度，必要时采取防范措施消除不利影响，或将其降低至可接受的水平，或者不接受审计业务委托，或终止审计业务。在运用独立性概念框架时，注册会计师应当运用职业判断，并应当从性质和数量两个方面考虑不利影响的严重程度。

2.影响独立性的因素和情形

（1）经济利益

注册会计师在审计客户中拥有经济利益，可能因自身利益产生不利影响。不利影响存在与否及其严重程度主要取决于下列因素：①拥有经济利益人员的角色；②经济利益是直接还是间接的；③经济利益的重要程度。

拥有经济利益人员的角色，是指就审计客户而言，拥有经济利益的人员在事务所或审计项目组中的角色。拥有经济利益人员的角色不同，对审计独立性的影响不同。按照对审计独立性影响的强弱排序，包括：①事务所；②审计项目组成员（包括项目合伙人，下同）或其主要近亲属；③审计项目组成员的其他近亲属；④为审计客户提供非审计服务的其他合伙人、管理人员或其主要近亲属；⑤与执行审计业务的项目合伙人同处一个分部的其他合伙人或其主要近亲属；⑥事务所的其他合伙人、专业人员或其主要近亲属；⑦与审计项目组成员存在密切私人关系的人员。

受益人可能通过投资工具拥有经济利益。确定经济利益是直接还是间接的，取决于受益人能否控制投资工具或具有影响投资决策的能力。如果受益人能够控制投资工具或具有影响投资决策的能力，则为直接经济利益；如果受益人不能控制投资工具或不具有影响投资决策的能力，则为间接经济利益。前者如拥有某企业30%股权的主要股东；后者如合伙人张三是拥有甲企业20%股权的股东，甲企业拥有审计客户乙企业5%的股权，则张三就在乙企业拥有间接经济利益。通常，拥有直接经济利益对独立性产生的不利影响较大。

经济利益的重要性，即所拥有的经济利益占其个人财富的比重。通常，在一个企业中拥有的经济利益占其个人财富的比重越大，对独立性产生的不利影响就越大。

影响独立性的经济利益因素可能情况有：在审计客户中拥有经济利益；在控制审计客户的实体中拥有经济利益；作为受托管理人拥有经济利益；与审计客户拥有共同经济利益；无意中获取的经济利益；其他情况下的经济利益。

（2）其他因素

另外，可能对独立性产生不利影响的因素还包括审计收费，薪酬和业绩评价政策，礼品和款待，诉讼或诉讼威胁，贷款和担保，商业关系，家庭和私人关系，审计项目团队成员最近曾担任审计客户的董事、高级管理人员或特定员工，兼任审计客户的董事或高级管理人员，与审计客户发生雇用关系，临时出借员工，与审计客户长期存在业务关系，为审计客户提供非鉴证服务，含有使用和分发限制条款的特殊目的财务报表审计报告等。

3.影响独立性的防范措施

当存在影响独立性的情形时，事务所和项目组应当考虑存在该因素的成员的角色、对审计独立性影响的具体因素（分析其是自身利益、自我评价、过度推介、密切关系还是外在压力）以及影响程度，进而采取相应的防范措施。

防范措施，可以采取以下一种或多种：①不将该客户的业务作为审计业务和其他鉴证业务；②将该成员调离审计项目组；③将存在密切私人关系的审计项目组成员调离审计项目组；④不允许该审计项目组成员参与有关审计业务的任何重大决策；⑤尽快处理全部或部分经济利益，以使剩余经济利益不再重大；⑥由审计项目组以外的注册会计师复核项目组成员已执行的工作。

【课堂拓展】

审计职业道德与社会主义核心价值观

社会主义核心价值观是中国特色社会主义的价值追求，包括富强、民主、文明、和谐，自由、平等、公正、法治，爱国、敬业、诚信、友善。审计职业道德和社会主义核心价值观有着密切的内涵联系：①社会主义核心价值观引领审计职业道德建设。社会主义核心价值观是审计职业道德规范的根本引领和指引，它鼓励审计人员诚信公正，保障审计工作的公信力和权威性。②审计职业道德与社会主义核心价值观具有共同价值取向。审计职业道德中审计人员应当以国家利益和公共利益为重，并且审计工作需要忠于党和人民的事业，具备高度的社会责任感，这与社会主义核心价值观强调爱国、富强、敬业等价值观念一致。③社会主义核心价值观在审计工作中得以具体体现。审计人员在执行审计任务时应当坚持诚信、公正与客观、勤勉尽责、良好职业行为等职业道德，就是践行社会主义核心价值观的具体体现。审计人员只有树立高尚的职业道德，具备良好的职业素养，才能忠实履行审计职责。审计人员应当始终坚持社会主义核心价值观，将其融入审计工作中，努力做到忠诚敬业、公正廉洁，为党和人民的事业贡献自己的力量。

四、审计法律规范

审计法律规范是调整审计过程中审计主体与其他相关方面的法律关系的总称。我国与注册会计师相关的法律规范体系可分为四个层次：一是《中华人民共和国注册会计师法》，这是规范事务所及注册会计师的专门法律；二是其他相关法律，如《中华人民共和国刑法》[①]《中华人民共和国公司法》《中华人民共和国证券法》《中华人民共和国民法典》等，规定了事务所与注册会计师的特定职责与法律责任；三是财政部门颁布的规章，如《违反注册会计师法处罚暂行办法》；四是其他与注册会计师相关的规定。这些法律规范规定了事务所及注册会计师应当履行的职责以及应当承担的法律责任。

（一）事务所和注册会计师承担法律责任的原因

事务所和注册会计师承担法律责任，主要是因为存在违约、过失和欺诈等行为，并给利益相关者造成了损害或损失后果。

1.违约

注册会计师执业，通常需要与委托人之间签订具有合同性质的业务约定书，明确双方的权利与义务。注册会计师如果未能按照约定提供服务而给委托人造成经济损失，就可能承担违约责任。

2.过失

注册会计师在执业中没有保持合理的职业谨慎，未严格按照执业规范的要求执业，给利益相关者造成损害或损失时，就应当承担过失责任。

按照过失程度的不同，将过失分为一般（普通）过失和重大过失。一般过失是指注册会计师没有完全遵循执业准则的要求，缺乏足够的职业谨慎；重大过失则是指根本没有遵

① 《中华人民共和国刑法》（2020）第二百二十九条规定：“承担资产评估、验资、验证、会计、审计、法律服务、保荐、安全评价、环境影响评价、环境监测等职责的中介组织的人员故意提供虚假证明文件，情节严重的，处五年以下有期徒刑或者拘役，并处罚金；有下列情形之一的，处五年以上十年以下有期徒刑，并处罚金：（一）提供与证券发行相关的虚假的资产评估、会计、审计、法律服务、保荐等证明文件，情节特别严重的；（二）提供与重大资产交易相关的虚假的资产评估、会计、审计等证明文件，情节特别严重的；（三）在涉及公共安全的重大工程、项目中提供虚假的安全评价、环境影响评价等证明文件，致使公共财产、国家和人民利益遭受特别重大损失的。有前款行为，同时索取他人财物或者非法收受他人财物构成犯罪的，依照处罚较重的规定定罪处罚。第一款规定的人员，严重不负责任，出具的证明文件有重大失实，造成严重后果的，处三年以下有期徒刑或者拘役，并处或者单处罚金。”

循执业准则的基本要求，缺乏起码的、最低要求的职业谨慎。

“重要性”和“执业准则”是区分普通过失和重大过失的两个关键概念。如果财务报表存在单个重大错报，注册会计师按照执业准则的要求，执行常规审计程序就应当能够发现，但由于工作极端不负责任，没有保持起码的职业谨慎而未能发现，则有可能被判断为存在重大过失。如果财务报表中存在多处错报，虽然每一处都不重大，但汇总后使财务报表整体存在重大错报，则通常会被判断为存在一般过失或者没有过失，因为即使按照执业准则的要求实施了常规审计程序，发现这些错报的概率也较小。

3.欺诈

欺诈又称舞弊，是指注册会计师为达到欺骗、坑害或误导他人的目的，明知被审计单位财务报表存在重大错报，却出具了严重不实的审计报告。

是否存在蓄意欺骗、坑害或误导他人的目的，是区分欺诈和重大过失的关键因素。由于舞弊动机十分复杂且难以判断，因此，注册会计师的重大过失也可能被判断为推定欺诈，即虽然没有确实的蓄意欺骗动机，但存在极端的不负责任行为。

（二）事务所和注册会计师承担法律责任的具体形式

注册会计师如果因工作上的违约、过失或欺诈，造成了利益相关者的损害或损失时，可能导致承担三种法律责任，即行政责任、民事责任和刑事责任。

行政责任是在违反注册会计师行业管理规范时应当受到相关政府部门给予的处罚。对事务所的行政处罚包括警告、没收违法所得、罚款、暂停执业、撤销等。其中，罚款是业务收入一倍以上十倍以下；没有业务收入或者业务收入不足五十万元的，罚款五十万元以上五百万元以下。对注册会计师的行政处罚包括警告、罚款、暂停执业、取消执业资格等，其中：罚款是二十万元以上二百万元以下。

民事责任则指因违规违法给利益相关者造成损害或经济损失应当承担的责任，包括消除影响、赔礼道歉、给予经济赔偿等，但主要指赔偿受害人经济损失。通常是事务所被遭受损失的第三方（如购买被审计单位证券的投资者、向被审计单位提供贷款的金融机构等）作为第二被告（第一被告通常是被审计单位）甚至第N被告被要求承担连带民事赔偿责任。

刑事责任是注册会计师在执业过程中存在欺诈行为或者极端不负责任的行为，并且造成严重社会危害而应当受到的刑罚制裁，包括“提供虚假证明文件罪”和“出具证明文件重大失实罪”，相关的处罚包括罚金、没收财产、判处有期徒刑等。依据《中华人民共和国刑法》第二百二十九条的规定，“提供虚假证明文件罪”是指注册会计师故意提供虚假证明文件，情节严重的“处五年以下有期徒刑或者拘役，并处罚金”；情节特别严重的“处五年以上十年以下有期徒刑，并处罚金”。“出具证明文件重大失实罪”是指注册会计师严重不负责任，出具的证明文件有重大失实，造成严重后果的，处三年以下有期徒刑或者拘役，并处或者单处罚金。

三种责任是不同的，但并不相互排斥。例如，注册会计师违反规定受到行政处罚时，也可能受到刑事和民事制裁；注册会计师在触犯刑律被刑事起诉时，也可能被判处附带民事赔偿，且一定会受到行政处罚，如被取消职业资格。

（三）事务所和注册会计师防范法律责任风险的对策

事务所和注册会计师可以采用以下对策来防范和减轻自己的法律责任：

1.只承接正直、诚信客户且预期能够高质量完成的审计业务

与客户比较，事务所和注册会计师处于信息劣势。在承接客户时，应当评估客户，特别是其管理层的正直性和诚信程度，只承接正直、诚信客户的审计业务。

2.签订审计业务约定书，明确双方的权利与义务

事务所应当与所有客户签订业务约定书，明确业务范围、要求条件、双方的权利与义务，提示业务的局限性等，表述应清楚易懂、没有歧义。

3.严格遵循职业道德规范和审计准则以及质量管理准则，高质量完成审计业务

注册会计师要保持独立性，要正直、客观，并具备胜任工作的能力，严格遵循职业道德规范要求；在审计中必须遵循相关审计准则和法律法规要求，保持合理职业怀疑和应有职业谨慎，获取充分、适当的审计证据，确保审计质量；事务所建立健全审计质量控制政策并有效执行；恰当记录和保持审计工作底稿，以便证明自己的勤勉尽责，避免或减轻法律责任。

4.深入了解被审计单位及其行业的情况

必须全面、深入地了解被审计单位及其环境，并恰当评估重大错报风险。不太了解被审计单位及其所在行业性质和特征是导致审计失败的重要因素。

5.聘请熟悉和精通注册会计师责任的法律顾问，积极反击诉讼

注册会计师应经常同法律顾问探讨所有可能存在的法律问题并采取相应对策。遇到法律诉讼时，事务所和注册会计师应当积极反击诉讼，避免或减轻法律责任。为自己辩护的基本策略有四个：一是没有合同义务，即业务约定书中没有约定事务所和注册会计师应当履行导致客户损失或损害的相应义务；二是不存在过失或欺诈，即事务所和注册会计师已经严格按照执业准则和相关法律法规的规定高质量地执行了业务，不存在过失，也没有欺诈行为；三是共同过失，即客户也存在相应的过失，因此应由双方共同承担责任；四是不存在因果关系，即利益相关者遭受的损失或损害与注册会计师的过失没有直接因果关系，而是其他原因导致的。

【课堂拓展】

注册会计师尤应遵循独立性和勤勉尽责的职业道德要求

注册会计师全面遵守职业道德基本原则，是确保审计质量、获得社会认可和尊敬的前提和基础。但近年来，监管部门处罚的审计失败案例均指出，注册会计师在审计过程中未保持独立性和未勤勉尽责。例如，中国证监会对正中珠江所的行政处罚决定书中载明：

正中珠江对康美药业审计中未勤勉尽责，主要表现为：一是未对康美药业的业务管理系统实施相应审计程序，而康美药业业务流程从业务管理系统发起并处理，与财务系统存在钩稽关系，在审计中需要从业务管理系统中获取审计证据；二是未实际执行审计计划中拟定的部分审计程序；三是部分审计程序的执行未按照审计准则要求由注册会计

师执行，而是过度依赖于康美药业财务人员，如未亲自到开户银行获取银行对账单，而是由康美药业提前制作了虚假的银行对账单后交给注册会计师；四是未对明显异常或相互矛盾的审计证据保持应有的职业怀疑，未执行进一步审计程序消除疑虑。

正中珠江对康美药业审计的项目经理未保持独立性，主要表现为：一是连续多年担任康美药业年报审计的项目经理；二是知悉康美药业实际经营业绩与账面经营业绩存在差别而未予以指出；三是未对应收账款函证过程保持有效控制，反而与康美药业财务人员串通拦截询证函；四是将伪造的走访记录、虚假的询证函和银行流水等作为审计证据。

正中珠江对康美药业审计失败案例警醒注册会计师行业：审计过程中务必保持独立性；务必勤勉尽责；保持合理职业怀疑，获取充分、适当的审计证据。

资料来源：根据“中国证监会．中国证监会行政处罚决定书（广东正中珠江会计师事务所、杨文蔚、张静璃、刘清、苏创升）〔2021〕11号［EB/OL］．［2021-02-20］．http：//www.csrc.gov.cn/csrc/c101928/c9a654df415374f6aa6a1a5e46e4e8221/content.shtml”改编。

【延伸阅读】

1.《CSA 1101 注册会计师的总体目标和审计工作的基本要求》（2022）。

2.《CSA 1121 对财务报表审计实施的质量管理》（2020）。

3.《中华人民共和国审计法》（2021）。

4.《中华人民共和国注册会计师法》（2014修正）。

5.《中国注册会计师职业道德守则第1号——职业道德基本原则》（2020）。

6.《中国注册会计师职业道德守则第2号——职业道德概念框架》（2020）。

7.《中国注册会计师职业道德守则第4号——审计和审阅业务对独立性的要求》（2020）。

8.《中华人民共和国刑法》（2020）第二百二十九条、《中华人民共和国公司法》（2018）第二百零七条①《中华人民共和国证券法》（2019）第二百二十三条和第二百二十四条②。

9.上网查阅并了解最高审计机关国际组织（http：//www.intosai.org）、国际审计与鉴证准则委员会（http：//www.iaasb.org）、国际内部审计师协会（http：//www.theiia.org）及其

① 《公司法》（2018）第二百零七条规定：“承担资产评估、验资或者验证的机构提供虚假材料的，由公司登记机关没收违法所得，处以违法所得一倍以上五倍以下的罚款，并可以由有关主管部门依法责令该机构停业、吊销直接责任人员的资格证书，吊销营业执照。承担资产评估、验资或者验证的机构因过失提供有重大遗漏的报告的，由公司登记机关责令改正，情节较严重的，处以所得收入一倍以上五倍以下的罚款，并可以由有关主管部门依法责令该机构停业、吊销直接责任人员的资格证书，吊销营业执照。承担资产评估、验资或者验证的机构因出具的评估结果、验资或者验证证明不实，给公司债权人造成损失的，除能够证明自己没有过错外，在其评估或者证明不实的金额范围内承担赔偿责任。”

② 《证券法》（2019）第二百二十三条规定：“未勤勉尽责，所制作、出具的文件有虚假记载、误导性陈述或者重大遗漏的，责令改正，没收业务收入，并处以业务收入一倍以上十倍以下的罚款，没有业务收入或者业务收入不足五十万元的，处以五十万元以上五百万元以下的罚款；情节严重的，并处暂停或者禁止从事证券服务业务。对直接负责的主管人员和其他直接责任人员给予警告，并处以二十万元以上二百万元以下的罚款。”第二百二十四条规定：“发行人、证券登记结算机构、证券公司、证券服务机构未按照规定保存有关文件和资料的，责令改正，给予警告，并处以十万元以上一百万元以下的罚款；泄露、隐匿、伪造、篡改或者毁损有关文件和资料的，给予警告，并处以二十万元以上二百万元以下的罚款；情节严重的，处以五十万元以上五百万元以下的罚款，并处暂停、撤销相关业务许可或者禁止从事相关业务。对直接负责的主管人员和其他直接责任人员给予警告，并处以十万元以上一百万元以下的罚款。”

审计准则和职业道德规范。

【复习思考题】

1. 简述世界上政府审计机关的主要类型及其主要特征。

2. 我国国家审计机关有哪些方面的职责和权限？

3. 简述内部审计机构的基本形式。

4. 世界上会计师事务所的主要类型有哪些？各有什么优缺点？

5. 我国会计师事务所有哪些组织形式？其设立的基本条件是什么？

6. 什么是审计准则？它有什么主要作用？

7. 简述美国公认审计准则的主要内容。

8. 简述国际审计准则、我国注册会计师审计准则包括哪些主要内容？有何异同？

9. 什么是审计质量管理？它有什么重要意义？

10. 简述我国审计质量管理准则的基本内容。

11. 我国注册会计师职业道德基本原则有哪些？其基本要求是什么？

12. 对注册会计师职业道德基本原则产生不利影响的因素有哪些？通常可以采取哪些防范措施？

13. 影响注册会计师审计独立性的因素有哪些？应当分别采取怎样的防范措施？

14. 导致事务所和注册会计师承担法律责任的主要原因有哪些？

15. 事务所和注册会计师因执业可能承担的法律责任有哪些？如何避免承担法律责任？

【案例分析题】

1. 某日报登载一家会计师事务所的开业启事，其中部分内容为："本所是在国家市场监督管理总局登记注册的全国第一家中外合作事务所，值此隆重开业之际，谨向多年来与我公司合作并给予支持的国内外各界朋友致以深切谢意，并愿继续竭诚为各界人士、各国客商提供会计、审计、企业咨询、税务等方面世界一流的专业服务。"

请问开业启事中哪几处违背了注册会计师职业道德规范？为什么？

2. 李红是某会计师事务所的主任注册会计师，光明公司是该事务所的客户之一，假定李红为：

（1）光明公司2×22年度的财务总监；

（2）光明公司总经理的女儿；

（3）光明公司总经理的好朋友。

该事务所2×24年1月对光明公司2×23年度财务报表进行审计，针对上述三种情况，分别说明李红是否应回避？为什么？

3. 北京天煜晟健会计师事务所（以下简称"天煜晟健"）和安瑞普会计师事务所（以下简称"安瑞普"）两名注册会计师出具虚假审计报告被判处有期徒刑。

经法院审理查明，天煜晟健和安瑞普两名注册会计师出具虚假审计报告。

安瑞普出具北京杰讯传承文化传媒有限公司（以下简称"北京杰讯"）和珠海杰讯传承文化传媒有限公司（以下简称"珠海杰讯"）2017—2018年度虚假审计报告。2019年5

月，天煜晟健执行事务合伙人、注册会计师肖某编造虚假的北京杰讯和珠海杰讯2017—2018年度审计报告底稿，并要求与其合作的安瑞普出具正式审计报告。安瑞普的注册会计师张某军在没有履行任何审计职责的情况下，直接为北京杰讯和珠海杰讯出具2017—2018年度审计报告。

天煜晟健和安瑞普出具北京智安邦科技有限公司（以下简称"智安邦"）2016—2018年度虚假审计报告。2019年8月，天煜晟健肖某编造虚假的智安邦2016—2018年度审计报告，并以天煜晟健的名义出具正式审计报告。2019年10月，肖某继续编造虚假的智安邦2016—2018年度审计报告底稿，并要求安瑞普出具正式审计报告；同样，安瑞普和张某军在没有履行任何审计职责的情况下，直接为智安邦出具2016—2018年度的审计报告。

经以上操作，肖某获得违法所得人民币共计10余万元，还将部分违法所得3 300元支付给安瑞普。

上述涉及的虚假审计报告，分别被企业用于向银行贷款。其中：肖某和安瑞普为北京杰讯和珠海杰讯出具的2017—2018年审计报告，被用于向北京银行大钟寺支行贷款3.3亿元；天煜晟健和安瑞普为智安邦出具的两份2016—2018年度审计报告，同样分别被用于向北京银行大钟寺支行贷款0.8亿元、4亿元。北京银行表明上述虚假审计报告给北京银行有关支行共计造成直接经济损失约为15亿余元。

北京市房山区法院认为，被告人肖某提供虚假证明文件罪、被告单位安瑞普及被告人张某军犯出具证明文件重大失实罪的事实清楚，证据确实、充分，罪名成立。最终法院判决被告人肖某犯提供虚假证明文件罪，判处有期徒刑1年，缓刑1年，并处罚金5万元；被告单位安瑞普犯出具证明文件重大失实罪，判处罚金2万元；被告人张某军犯出具证明文件重大失实罪，判处有期徒刑8个月，缓刑1年，并处罚金5 000元；向被告人肖某追缴犯罪所得10.9万元，向被告单位安瑞普追缴犯罪所得3 300元，均予以没收，上缴国库。

资料来源：根据"北京市房山区人民法院．北京安瑞普会计师事务所有限公司等提供虚假证明文件一审刑事判决书［EB/OL］．［2022-07-20］．https：//wenshu.court.gov.cn"改编。

讨论题：

（1）案件中这两名注册会计师违反了哪些职业道德规范？

（2）案件中这两名注册会计师的违法犯罪行为表现在哪些方面？违反了哪些法律的哪些具体条款？

（3）法院对他们的刑事处罚恰当吗？法律依据有哪些？

（4）遭受损失的银行是否可以追究涉案会计师事务所的民事赔偿责任？

（5）本案例给注册会计师行业哪些教训？

（6）涉案会计师事务所在审计质量管理方面可能存在哪些重大失误？事务所应当如何实施质量管理，以规避类似失败？

第三章 财务报表审计目标与审计计划

审计目标对审计工作起着导向作用，直接影响审计计划和应实施的审计程序。审计计划是对如何实现审计目标的具体规划。本章以注册会计师财务报表审计为基础，阐述审计目标的演进、内涵和确定方式，以及审计计划的内容及其编制过程中应当考虑的因素。

第一节 财务报表审计目标

财务报表审计目标是审计委托者期望通过财务报表审计达到的结果，可分为总目标、一般目标和具体目标三个层次。总目标规范一般目标和具体目标，一般目标和具体目标则是总目标的具体化。

一、财务报表审计总目标

（一）我国注册会计师财务报表审计的总目标

在执行财务报表审计工作时，注册会计师的总体目标：一是对财务报表整体是否不存在由于舞弊或错误导致的重大错报获取合理保证，使得注册会计师能够对财务报表是否在所有重大方面按照适用的财务报告编制基础编制发表审计意见；二是按照审计准则的规定，根据审计结果对财务报表出具审计报告，并与管理层和治理层沟通。目标一是财务报表审计的实质性目标，包含了揭弊查错和评价财务报表编制的合法性和反映的公允性；目标二是财务报表审计的形式目标，是将目标一的结论以审计报告的方式呈现出来，并与管理层和治理层沟通[①]。

财务报表审计目标对注册会计师审计工作起导向作用，它界定了注册会计师的责任范围，直接影响注册会计师计划和实施的审计程序的性质、时间安排和范围，决定了注册会计师如何发表审计意见。例如，注册会计师关注被审计单位违反法规的行为，是因为这些行为影响财务报表，而不是对被审计单位是否存在违反法规的行为提供鉴证。

（二）如何评价财务报表的合法性和公允性

1.评价财务报表的合法性

评价财务报表的合法性就是评价财务报表是否按照适用的财务报告编制基础编制。此时，注册会计师应当考虑下列内容：①财务报表是否充分披露了选择和运用的重要会计政策；②选择和运用的会计政策是否符合适用的财务报告编制基础，并适合被审计单位的具体情况；③管理层作出的会计估计是否合理；④财务报表反映的信息是否具有相关性、可靠性、可比性和可理解性；⑤财务报表是否作出了充分披露，使财务报表使用者能够理解重大交易和事项对被审计单位财务状况、经营成果和现金流量的影响；⑥财务报表所使用的术语（包括每一财务报表的标题）是否适当。

---

① 由于财务报表是单位财务收支及其经济活动的总括性说明，在被审计单位存在错误或舞弊行为时，必将导致财务报表存在错报，而当错报重大时，就会导致财务报表的反映不公允；我国是成文法国家，按照适用的财务报告编制基础编制财务报表，是确保财务报表公允反映的前提。因此，审计目标可以简要概括为“对财务报表的公允性出具审计报告”。为突出注册会计师在财务报表审计中揭弊查错的职责与目标，便于审计利益相关者了解审计，这样分开来更充分地表述是有必要的。

2.评价财务报表的公允性

评价财务报表的公允性就是评价财务报表是否作出公允反映。此时，注册会计师应当考虑下列内容：①经管理层调整后的财务报表是否与注册会计师对被审计单位及其环境的了解一致；②财务报表的列报、结构和内容是否合理；③财务报表（包括相关附注）是否公允地反映了相关交易和事项。

二、管理层对财务报表的认定

认定是指管理层对财务报表组成要素的确认、计量、列报与披露作出的明确或隐含的表达。认定与审计目标密切相关，注册会计师的基本职责就是确定被审计单位管理层对其财务报表的认定是否恰当。

当管理层声明财务报表已按照适用的财务报告编制基础编制，在所有重大方面作出公允反映时，就意味着管理层对各类交易和事项、账户余额的确认、计量、列报与披露作出了认定。管理层对财务报表的认定有些是明确表达的，有些则是隐含表达的。例如，管理层在资产负债表中列报存货及其金额，意味着作出了下列明确的认定：①记录的存货是存在的；②存货以恰当的金额包括在财务报表中，与之相关的计价和分摊调整已恰当记录。同时，管理层也作出下列隐含的认定：①所有应当记录的存货均已记录；②记录的存货都由被审计单位所有。

管理层对财务报表各组成要素均作出了认定，财务报表审计就是要确定管理层的认定是否恰当。因此，管理层的认定与审计目标密切相关。在审计中，注册会计师主要运用两类相关认定。

（一）关于所审计期间各类交易和事项的认定

关于所审计期间各类交易和事项的认定通常分为以下类别：

（1）发生：记录或披露的交易和事项已发生，且与被审计单位有关。

（2）完整性：所有应当记录的交易和事项均已记录，所有应当包括在财务报表中的相关披露均已包括。

（3）准确性：与交易和事项有关的金额及其他数据已恰当记录，相关披露已得到恰当计量和描述。

（4）截止：交易和事项已记录于正确的会计期间。

（5）分类：交易和事项已记录于恰当的账户。

（6）列报与披露：交易和事项已被恰当地汇总或分解且表述清楚，相关披露是相关的、可理解的。

（二）关于期末账户余额的认定

关于期末账户余额的认定通常分为以下类别：

（1）存在：记录的资产、负债和所有者权益是存在的。

（2）权利和义务：记录的资产由被审计单位拥有或控制，记录的负债是被审计单位应当履行的偿还义务。

（3）完整性：所有应当记录的资产、负债和所有者权益均已记录，所有应当包括在财务报表中的相关披露均已包括。

（4）准确性、计价和分摊：资产、负债和所有者权益以恰当的金额包括在财务报表中，与之相关的计价和分摊调整已恰当记录，相关披露已得到恰当计量和描述。

（5）分类：资产、负债和所有者权益已记录于恰当的账户。

（6）列报与披露：资产、负债和所有者权益已被恰当地汇总或分解且表述清楚，相关披露是相关的、可理解的。

三、审计的一般目标和具体目标

一般目标应用于每类业务；具体审计目标应用于各类特定业务，是一般目标在具体审计业务中的运用。注册会计师了解管理层认定，是为了确定每个项目的具体审计目标，并以此作为评估重大错报风险以及设计和实施进一步审计程序的基础。

（一）与所审计期间各类交易和事项的审计目标

这是注册会计师在对各类交易和事项进行审计时应实现的审计目标。

1.一般目标

（1）发生：由发生认定推导的审计目标，即确认已记录的交易是真实的、已经发生的。它所要解决的问题是管理层是否把那些不曾发生的项目（如虚构的销售业务）列入财务报表，主要与财务报表组成要素的高估有关。例如，如果没有发生销售交易，但在销售明细账中记录了一笔销售，则违反了该目标。

（2）完整性：由完整性认定推导的审计目标，即确认已发生的交易已经记录。例如，如果发生了销售交易，但没有在销售明细账和总账中记录，则违反了该目标。

发生和完整性两者强调的是相反的关注点。发生目标针对潜在的多记、虚构交易（高估），而完整性目标则针对潜在的隐瞒或漏记交易（低估）。

（3）准确性：由准确性认定推导出的审计目标，即确认已记录的交易是按正确金额记录和反映的。例如，如果在销售交易中，发出商品的数量与账单上的数量不符，开具账单时使用了错误的销售价格，账单中的乘积或加总有误，或在销售明细账中记录了错误的金额，则违反了该目标。

（4）截止：由截止认定推导出的审计目标，即确认接近资产负债表日的交易记录于恰当的会计期间。例如，如果将本期交易推到下期，或将下期交易提到本期，则违反了截止目标。

（5）分类：由分类认定推导出的审计目标，即确认被审计单位记录的交易经过适当分类，记入恰当的明细账户和总账账户。例如，如果将赊销形成的应收账款记录为其他应收款，或将出售经营性固定资产所得的收入记录为营业收入，则导致交易分类的错误，违反了分类目标。

（6）列报与披露：由列报与披露认定推导出的审计目标，即确认被审计单位的交易和事项已被恰当地汇总或分解且表述清楚，相关披露是相关的、可理解的。

2.具体审计目标

将与各类交易和事项相关的一般审计目标应用于特定的交易和事项中，就形成了与特定交易和事项相关的具体审计目标。表3-1以销售业务为例，列示了认定、与交易和事项相关的一般审计目标和与销售业务相关的具体审计目标之间的关系。

表3-1　认定、与交易和事项相关的一般审计目标和与销售业务相关的具体审计目标之间的关系

认定	与交易和事项相关的一般审计目标	与销售业务相关的具体审计目标
发生	发生	已入账的销售业务是真实发生的、符合销售收入确认条件的商品交易
完整性	完整性	已发生的所有销售业务均已入账
准确性	准确性	已入账的销售业务的金额是准确的，是已发出商品并已正确开具账单的销售额
分类	分类	销售业务已适当分类，如按产品、地区分类，并记入恰当的账户
截止	截止	销售业务记录在正确的会计期间
列报与披露	列报与披露	销售业务已被恰当地汇总或分解且表述清楚，相关披露是相关的、可理解的

（二）与期末账户余额相关的审计目标

这是注册会计师在对各账户期末余额进行审计时应实现的审计目标。

1.一般目标

（1）存在：由存在认定推导的审计目标，即确认已记录的项目和金额确实存在。例如，不存在某顾客的应收账款，在应收账款明细账中却列入了对该顾客的应收账款；某固定资产并不存在，但固定资产明细账和总账中记录了该项固定资产，则违反了存在目标。

（2）权利和义务：由权利和义务认定推导的审计目标，即确认资产归属于被审计单位，负债属于被审计单位的义务。例如，将他人寄售商品列入被审计单位的存货中，违反了权利目标；将不属于被审计单位的债务记入账内，则违反了义务目标。

（3）完整性：由完整性认定推导的审计目标，即确认已存在的金额均已记录。例如，如果存在某顾客的应收账款，而应收账款明细账中没有列入对该顾客的应收账款，则违反了完整性目标。

（4）准确性、计价和分摊：由准确性、计价和分摊认定推导的审计目标，即确认资产、负债和所有者权益以恰当的金额包括在财务报表中，与之相关的计价和分摊调整已恰当记录。

（5）分类：由分类认定推导出的审计目标，即确认资产、负债、所有者权益已记录于恰当的账户。

（6）列报与披露：由列报与披露认定推导出的审计目标，即确认资产、负债、所有者权益已被恰当地汇总或分解且表述清楚，相关披露是相关的、可理解的。

2.具体审计目标

将与期末账户余额相关的一般审计目标应用于特定的期末账户余额中，就形成了与特定期末账户余额相关的具体审计目标。表3-2以应收账款期末余额为例，列示了认定、与期末账户余额相关的一般审计目标和与应收账款期末余额具体审计目标之间的关系。

表3-2 **认定、与期末账户余额相关的一般审计目标和与应收账款期末余额相关的具体审计目标之间的关系**

认 定	与期末账户余额相关的一般审计目标	与应收账款期末余额相关的具体审计目标
存在	存在	在资产负债表日，所有已记录的应收账款确实存在
权利和义务	权利和义务	所有应收账款均系被审计单位所拥有的，除已披露外，应收账款未作质押或担保
完整性	完整性	所有符合销售收入确认条件的赊销金额已计入应收账款，应收账款的增减变动均已入账
准确性、计价和分摊	准确性、计价和分摊	应收账款预计可收回，并已按既定政策足额计提坏账准备
分 类	分 类	应收账款已记录于恰当的账户
列报与披露	列报与披露	应收账款已被恰当地汇总或分解且表述清楚，相关披露是相关的、可理解的

可见，认定是确定审计目标的基础。注册会计师通常将认定转化为能够通过审计程序予以实现的审计目标。针对财务报表每一项目所表现出的各项认定，注册会计师相应地确定一项或多项审计目标，然后通过执行一系列审计程序获取充分、适当的审计证据以实现审计目标。认定、审计目标和审计程序之间的关系举例见表3-3。

表3-3 **认定、审计目标和审计程序之间的关系举例**

认 定	审计目标	审计程序
存在	资产负债表列示的存货存在	实施存货监盘程序和观察程序
完整性	销售收入包括了所有已发货的交易	检查发货单和销售发票的编号，追查至是否已全部记入销售明细账
准确性	应收账款反映的销售业务是否基于正确的价格和数量，计算是否正确	比较价格清单与发票上的价格、发货单与销售订购单上的数量是否一致，重新计算发票上的金额是否准确，并检查已入账金额是否准确，且与相应会计凭证金额一致
截 止	销售业务记录在恰当的期间	比较上一年度最后几天和下一年度最初几天的发货单日期与记账日期是否一致
权利和义务	资产负债表中的固定资产确实为被审计单位所有	查阅该固定资产的所有权证书、购货合同、结算单和保险单
计价和分摊	以净值记录应收款项	检查应收账款账龄分析表、评估计提的坏账准备是否充足
列报与披露	应收账款在财务报表中的列报与披露是否充分、恰当	检查应收账款在资产负债表中的列报是否恰当，财务报表附注中与应收账款相关的会计政策、具体描述是否充分恰当，表述清楚，易于理解

在审计过程中，注册会计师应紧紧围绕具体审计目标收集证据。把这些证据累积起来，注册会计师就可对管理层的各认定是否正确形成结论，再把对各认定的结论综合起来，就可形成对财务报表整体合法性和公允性的审计意见。

第二节　审计计划

计划审计工作对于注册会计师顺利完成审计工作和控制审计风险具有重要意义。审计计划分为总体审计策略和具体审计计划两个层次。注册会计师应当针对总体审计策略中所识别的不同事项制订具体审计计划，并通过有效利用审计资源来实现审计目标。制定总体审计策略和具体审计计划是注册会计师的责任。审计计划应当在具体实施前下达至审计组的全体成员，还应当视审计情况的变化及时修订审计计划。

一、总体审计策略

总体审计策略用以确定审计范围、时间安排、性质和方向，并指导具体审计计划的制订。在制定总体审计策略时，应当考虑以下主要事项：

（一）审计范围

注册会计师应当确定审计业务的特征，包括适用的财务报告编制基础[①]、特定行业的报告要求以及被审计单位组成部分的分布等，以界定审计范围。在确定审计范围时，需要考虑下列事项：

（1）编制财务报表适用的会计准则和相关会计制度，包括是否需要将财务信息调整至按照其他财务报告编制基础编制；

（2）特定行业的报告要求，如某些行业监管机构要求提交的报告；

（3）预期审计工作涵盖的范围，包括需审计的集团组成部分的数量及所在地点；

（4）母公司和集团组成部分之间存在的控制关系的性质，以确定如何编制合并财务报表；

（5）由组成部分注册会计师审计组成部分的范围；

（6）拟审计的经营分部的性质，包括是否需要具备专门知识；

（7）外币折算，包括外币交易的会计处理、外币财务报表的折算和相关信息的披露；

（8）除为合并目的执行的审计工作之外，对个别财务报表进行法定审计的需求；

（9）内部审计工作的可利用性及对内部审计工作的拟依赖程度；

（10）被审计单位使用服务机构的情况，以及注册会计师如何取得有关服务机构内部控制设计和运行有效性的证据；

（11）预期利用在以前期间审计工作中获取的审计证据的程度，如获取的与风险评估程序和控制测试相关的审计证据；

（12）信息技术对审计程序的影响，包括数据的可获得性和预期使用计算机辅助审计技术的情况；

---

① 在我国，对大中型企业而言，适用的财务报告编制基础就是财政部发布实施的《企业会计准则》及其应用指南和解释；对小规模企业而言，适用的财务报告编制基础就是财政部发布实施的《小企业会计准则》；对国家机关和事业单位而言，适用的财务报告编制基础就是财政部发布实施的《政府会计准则》及相关会计制度。

（13）协调审计工作与中期财务信息审阅的预期涵盖范围和时间安排，以及中期财务信息审阅所获信息对审计工作的影响；

（14）与被审计单位人员的时间协调和相关数据的可获得性。

（二）审计报告的目标、审计的时间安排及所需沟通的性质

总体审计策略应当包括明确审计业务的报告目标、审计的时间安排和所需沟通的性质，包括提交审计报告的时间要求、预期与管理层和治理层沟通的重要日期等。为此，需要考虑下列事项：

（1）被审计单位对外报告的时间表，包括中间阶段和最终阶段；

（2）与管理层和治理层进行会谈，讨论审计工作的性质、范围和时间安排；

（3）与管理层和治理层讨论拟出具报告的类型和时间安排以及沟通的其他事项（包括书面沟通和口头沟通），包括审计报告、管理建议书和向治理层沟通的其他事项等；

（4）与组成部分的注册会计师沟通拟出具的报告的类型和时间安排，以及与组成部分审计相关的其他事项；

（5）项目组成员之间沟通的预期性质和时间安排，包括项目组会议的性质和时间安排，以及复核已执行工作的时间安排；

（6）是否需要与第三方沟通，包括与审计相关的法定或业务约定的报告责任；

（7）与管理层讨论预期就整个审计过程中审计工作进展及审计结果的沟通。

（三）重要因素、初步业务活动和从其他业务获得的经验

制定总体审计策略还应当考虑影响审计业务的重要因素，以确定项目组工作方向，包括确定适当的重要性水平，初步识别的重大错报风险较高的领域、重要组成部分和账户余额，评价是否需要执行控制测试，识别被审计单位、所处行业、财务报告要求及其他相关方面最近发生的重大变化等。这需要考虑下列事项：

1.重要因素方面

重要因素方面具体包括：

（1）为计划目的确定重要性；

（2）为组成部分确定的重要性且就此与组成部分的注册会计师进行沟通；

（3）在审计过程中重新考虑的重要性；

（4）初步识别重要的组成部分和重要的交易和事项以及期末账户余额。

2.初步业务活动方面

初步业务活动方面具体包括：

（1）初步识别重大错报风险较高的审计领域；

（2）财务报表层次重大错报风险的评估对审计指导、监督及复核的影响；

（3）强调在审计过程中保持职业怀疑的必要性；

（4）在以往审计中对内部控制运行有效性的评价结果，包括所识别的控制缺陷及应对措施。

3.从其他业务获得的经验

从其他业务获得的经验具体包括：

（1）与事务所内部为被审计单位提供其他服务的人员讨论可能对审计产生影响的

事项；

（2）有关管理层对设计、执行和维护健全的内部控制重视程度的证据，包括适当记录这些内部控制的证据；

（3）业务交易量规模，基于审计效率的考虑确定是否依赖内部控制；

（4）被审计单位全体人员对内部控制重要性的认识；

（5）影响被审计单位的重大业务变化，包括信息技术和业务流程的变化，关键管理人员的变化，以及收购、兼并和分立；

（6）重大的行业发展情况，如行业法规变化和新的报告规定；

（7）财务报告编制基础的重大变化，如适用的会计准则的变化；

（8）其他重大变化，如影响被审计单位的法律环境的变化。

（四）审计资源的性质、时间安排和范围

总体审计策略应能恰当地反映所考虑的审计资源的性质、时间安排和范围，并清楚地说明：

（1）项目组成员（必要时包括项目质量管理复核人员）的选择以及对项目组成员审计工作的分派，包括向重大错报风险较高的审计领域分派具备适当经验的人员；

（2）项目预算，包括为重大错报风险较高的审计领域预留适当的工作时间。

表3-4是一个总体审计策略的例子。

表3-4 **总体审计策略表**

被审计单位：现代公司　编制人：李豪　日期：2×24/01/25　索引号：A02-8

会计期间：2×23年度　复核人：张强　日期：2×24/01/25　页次：1/1

一、委托审计的目的、范围 审计现代公司2×23年12月31日的资产负债表和该年度利润表、现金流量表和所有者权益变动表
二、审计策略（是否实施预审，是否进行控制测试，实质性程序按业务循环还是按报表项目实施等） 不进行预审。由于现代公司是常年客户，不进行全面控制测试，但对于变动较大的项目实施双重目的的测试；按业务循环实施实质性程序
三、评价内部控制和审计风险 内部控制制度尚健全，但由于本年度企业由盈转亏，可能存在某种程度的财务问题，审计风险较大
四、重要会计问题及重点审计领域 1.营业收入、营业成本项目； 2.影响利润的其他业务收支、期间费用、营业外支出项目； 3.应收账款项目； 4.存货项目； 5.在建工程项目
五、重要性水平初步估计 按照营业收入总额的0.5%来估计。 按前3年平均营业收入总额：33 644×0.5%=168.22（万元） 按2×23年营业收入总额：28 399×0.5%=141.995（万元） 综合考虑现代公司的审计风险，现代公司财务报表总体重要性水平可初步估计为140万元

续表

六、计划审计日期 外勤工作自2×24年1月26日至2×24年2月12日，编制报告自2×24年2月13日至2月23日			
七、审计小组组成及人员分工			
姓名	职务或职称	分　工	备　注
王鸣	副主任会计师、合伙人	审批审计计划、复核底稿、签发报告	
张强	部门经理	二级复核，参加重大问题的讨论	
李豪	注册会计师	编制审计计划、综合类底稿、复核底稿	项目经理
王景	注册会计师	销售与收款循环项目、生产与仓储循环项目	
张雷	注册会计师	采购与付款循环项目、投资循环项目、融资循环项目	
杨义	高级会计师	现金收支循环项目、员工服务循环项目、特殊项目、复核项目经理的底稿	
赵华	助理人员	参与盘点	
周文	助理人员	发函证、协助王景审计销售与收款循环项目	
八、修订审计计划记录			

二、具体审计计划

（一）具体审计计划和总体审计策略之间的关系

制订具体审计计划和总体审计策略的过程紧密联系，并且两者的内容也紧密相关。注册会计师应当针对总体审计策略中所识别的不同事项，制订具体审计计划，以便有效利用审计资源，实现审计目标。通常，编制总体审计策略的过程在具体审计计划之前，但是两项计划活动并不是孤立的、不连续的过程，而是紧密联系的。例如，注册会计师在了解被审计单位及其环境的过程中，注意到被审计单位对主要业务的处理依赖复杂的计算机信息系统，因此，计算机信息系统的可靠性及有效性对其经营、管理、决策以及财务报告可靠性具有重大影响。对此，注册会计师可能会在具体审计计划中制定相应的审计程序，并相应调整总体审计策略的内容，作出聘用信息风险管理专家的决定。

因此，注册会计师将制定总体审计策略和具体审计计划相结合进行，也可以将总体审计策略和具体审计计划合并为一份审计计划，以提高编制及复核工作的效率，增强其效果。

（二）具体审计计划包括的内容

具体审计计划比总体审计策略更加详细，其内容包括为获取充分、适当的审计证据拟实施的审计程序的性质、时间安排和范围，包括风险评估程序、计划实施的进一步审计程序和其他审计程序。

1.风险评估程序

风险评估程序是指注册会计师为充分识别和评估财务报表重大错报风险而实施的审计程序，应当考虑计划实施的风险评估程序的性质、时间安排和范围。

2.计划实施的进一步审计程序

计划实施的进一步审计程序是指，注册会计师针对评估的认定层次的重大错报风险，计划实施的进一步审计程序的性质、时间安排和范围。

通常，计划风险评估程序在审计开始阶段进行，计划进一步审计程序则需要依据风险评估程序的结果进行。因此，为达到编制具体审计计划的要求，注册会计师需要完成风险评估程序，识别和评估重大错报风险，并针对评估的认定层次重大错报风险，计划实施进一步审计程序的性质、时间安排和范围。

进一步审计程序可以分为总体方案和具体审计程序两个层次。总体方案主要是指注册会计师针对各类交易和事项、账户余额决定采用的总体方案（包括实质性方案或综合性方案）。具体审计程序则是对进一步审计程序的总体方案的延伸和细化，包括控制测试和实质性程序的性质、时间安排和范围。完整、详细的进一步审计程序的计划包括对各类交易和事项、账户余额实施的具体审计程序的性质、时间安排和范围，以及抽取的样本量等。

3.其他审计程序

在计划审计工作时，注册会计师还需要兼顾其他准则中规定的、针对特定项目在审计计划阶段应执行的程序及记录要求，如根据《CSA 1141 财务报表审计中与舞弊相关的责任》考虑舞弊、根据《CSA 1142财务报表审计中对法律法规的考虑》考虑违法违规行为、根据《CSA 1323关联方》考虑关联方及其相关披露、根据《CSA 1324持续经营》考虑持续经营以及环境事项、电子商务等应执行的审计程序。

在实际工作中，具体审计计划一般可通过编制审计程序表的方式来体现。典型的审计程序表见表3-5。

表3-5　**主营业务收入实质性程序表**

被审计单位：现代公司　审计师：王景　日期：2×24/01/29　索引号：Y1-6

审计期间：2×23/01/01—2×23/12/31　复核人员：张强　日期：2×24/01/30

审计目标：（1）确定主营业务收入的内容、数额是否真实、正确、完整；（2）确定销货退回、销售折扣与折让的会计处理是否适当；（3）确定主营业务收入的会计处理是否正确；（4）确定主营业务收入的列报与披露是否恰当。

审计重点	审计程序	执行情况说明	索引号
按常规审计，注意是否存在跨期销售收入及虚构销售收入情况	1.获取或编制主营业务收入明细表，复核加计是否正确，并与明细账和总账、报表的金额核对	1.核对相符	Y1-7
	2.将本年度的主营业务收入与上年度的主营业务收入进行比较，分析产品销售的结构和价格变动是否合理，并分析异常变动的原因	2.无异常	Y1-7

续表

审计重点	审计程序	执行情况说明	索引号
按常规审计，注意是否存在跨期销售收入及虚构销售收入情况	3.比较本年度各月主营业务收入波动情况，分析其变动趋势是否正常，并查明异常现象和重大波动的原因，注意是否有企业内部各部门或企业间相互原价开票转账，虚增销售收入的情况	3.主营业务收入有波动，但每年如此，属于正常	Y1-7
	4.抽查销售业务的原始凭证（发票、送货单据、收货回执），并追查至记账凭证及明细账，确定主营业务收入是否真实，销售记录是否完整，销售截止是否恰当	4.销售收入真实，无跨期情况	Y1-8
	5.实施截止测试，抽查资产负债表日前后若干日的销售收入与退货记录，检查销售业务的会计处理有无跨年度现象，对跨年度重大销售项目应予调整	5.销售收入真实，无跨期情况	Y1-8
	6.结合对资产负债表日应收账款的函证程序，查明有无未经认可的大额销售	6.已核对	Y1-9
	7.检查销售退回与折让手续是否符合规定，是否按规定进行了会计处理	7.无	N/A
	8.检查以外币结算的主营业务收入的折算方法是否正确	8.无	N/A
	9.获取产品价格目录，抽查售价是否符合定价政策，并注意销售给关联方或关系密切的重要客户的产品价格是否合理，有无低价或高价结算以转移收入的现象	9.已检查	Y1-10
	10.检查有无特殊的销售行为，确定恰当的审计程序进行审核	10.无	N/A
	11.调查集团内部销售的情况，记录其交易价格、数量和金额，并追查在编制合并财务报表时是否已予以抵消	11.无	N/A
	12.调查向关联方销售的情况，记录其交易品种、数量、价格、金额以及占营业收入总额的比例	12.无	N/A
	13.验证主营业务收入在利润表中的列报是否恰当，在财务报表附注中的披露是否充分	13.已披露	
审计说明与结论	经实施相应审计程序，未发现不符情况，可确认主营业务收入的恰当性		
复核说明与结论	已复核，无异议		

三、审计过程中对计划的修改

计划审计工作是一个持续的、不断修正的过程，贯穿于整个审计业务的始终。由于未预期事项、条件的变化或在实施审计程序中获取的审计证据等原因，注册会计师在必要时应当对总体审计策略和具体审计计划作出修订。

如在制订审计计划时，注册会计师根据对材料采购相关控制的初步测试结果认为其设计合理并有效运行，因此将其评价为低风险领域并计划执行控制测试。但在执行控制测试时，注册会计师认为材料采购交易的控制并没有得到有效执行，此时，就需要修正对该类交易的风险评估，并相应修改审计方案，如采用实质性方案。

四、指导、监督与复核

注册会计师应当制订计划，确定对项目组成员的指导、监督以及对其工作进行复核的性质、时间安排和范围。这需要考虑下列因素：

（1）被审计单位的规模和复杂程度；

（2）审计领域；

（3）评估的重大错报风险；

（4）执行审计工作的项目组成员的专业素质和胜任能力。

当评估的重大错报风险增加，或者项目组成员的专业素质和胜任能力还有待提高时，通常需要扩大指导与监督的范围，增强及时性，并对其工作执行更详细的复核。

五、对审计计划的记录

注册会计师应当记录总体审计策略和具体审计计划，包括作出的任何重大修订。

（一）记录的内容

1.对总体审计策略的记录

对总体审计策略的记录应当包括为恰当计划审计工作和向项目组传达重大事项而作出的关键决策，如对审计工作的总体范围、时间安排及执行所作出的关键决策。

2.对具体审计计划的记录

对具体审计计划的记录应当能够反映下列内容：

（1）计划实施的风险评估程序的性质、时间安排和范围；

（2）针对评估的重大错报风险计划实施的进一步审计程序的性质、时间安排和范围。

可以使用标准的审计程序表或审计工作完成核对表，但应当根据具体审计业务的情况作出适当修改。

3.对计划的重大修改的记录

对计划的重大修改的记录应当记录对总体审计策略和具体审计计划作出的重大修改及其理由，导致此类修改的事项、条件，以及最终采用的总体审计策略和具体审计计划，以表明对审计过程中遇到的重大变化作出了恰当应对。

如果审计计划的修订只是局部的，如只针对某个或某几个方面修订，可以保留原有的总体审计策略和具体审计计划，只需将重大修改情况记录在进一步审计程序表和重大事项概要中。如果是重大修改，涉及整个计划的各个方面，包括多个类别的交易和事项、账户余额及相关披露，就需要重新编制总体审计策略和具体审计计划，并保留原有的总体审计策略和具体审计计划。

（二）记录的形式和范围

注册会计师应当根据被审计单位的规模和复杂程度、重要性、具体审计业务的情况等事项来确定记录审计计划的形式和范围。

六、与管理层和治理层的沟通

与管理层和治理层的沟通审计计划，有助于协调某些计划的审计程序以及与被审计单位人员之间的关系，从而有利于执行和管理审计业务，提高审计效率与效果，因此，注册会计师可以就审计计划的基本情况与被审计单位管理层和治理层进行沟通。沟通的内容包括审计的时间安排和总体策略、审计工作受到的限制及管理层和治理层对审计工作的额外要求等。

在沟通过程中，注册会计师应当保持职业谨慎，防止因具体审计程序被管理层或治理层预见而损害审计工作的有效性。

【延伸阅读】

1.《CSA 1101 注册会计师的总体目标和审计工作的基本要求》（2022）。

2.《CSA 1201 计划审计工作》（2022）。

3.《第2101号内部审计具体准则——审计计划》（2013）。

4.《中华人民共和国国家审计准则》（2010）第三章“审计计划”。

【复习思考题】

1.财务报表审计总目标由哪些因素决定？其发展演变经历了哪些阶段？

2.当前财务报表审计的总目标是什么？

3.被审计单位管理层对财务报表的认定有哪些？其具体内容是什么？

4.与交易和事项相关的审计目标有哪些？其主要内容是什么？其与被审计单位管理层对财务报表的认定是什么关系？

5.与期末账户余额相关的审计目标有哪些？其主要内容是什么？其与被审计单位管理层对财务报表的认定是什么关系？

6.试述总体审计策略的内容。如何编制总体审计策略？

7.试述具体审计计划的内容及其与总体审计策略的关系。

【案例分析题】

光美股份有限公司是电子行业的上市公司，2×21年发行社会公众股并上市交易，受政府优惠政策的支持，有较好的经营业绩，上市当年的每股收益为0.872元。随后，电子行业竞争日趋激烈，光美股份有限公司的经营业绩也开始出现下滑的趋势。

光美股份有限公司打算聘请德宝会计师事务所对其2×23年度的财务报告进行审计。

德宝会计师事务所在接受该公司委托前通过各种渠道了解到如下信息：

（1）同行业2×22年、2×23年平均每股收益分别为0.253元和0.186元；

（2）同行业2×22年、2×23年平均流动比率分别为1.135和1.138；

（3）同行业2×22年、2×23年平均总资产报酬率分别为21.13%和18.38%；

（4）2×22年度，前任注册会计师给该公司出具的是无法表示意见的审计报告；

（5）2×22年度，公司拒绝向前任注册会计师提供董事会会议记录；

（6）2×23年11月15日，公司公告了其进行资产重组的消息；

（7）公司职能部门的办公楼与生产部门的车间位于相距较远的不同地点；

（8）据说公司总经理兼董事长工作很忙，很难见到他；

（9）公司内部审计部门与纪检监察部门合并设立为一个部门；

（10）公司在2×23年1月16日投资组建了一家电子商务网络公司，并已投入运营。

讨论题：

在编制审计计划时，针对了解到的上述信息应作何种安排、实施哪些程序？

第四章　审计风险与重要性

影响审计质量的一个重要因素是审计风险。审计风险对事务所和注册会计师的社会形象、生存和发展具有重大影响。计划和实施审计程序、进行审计质量管理的目的，就是将审计风险降至可接受的低水平。重要性是与审计风险密切相关的一个重要概念。本章以注册会计师财务报表审计为基础，阐述这两个重要概念。

第一节　审计风险

一、审计风险的含义

审计风险是指财务报表存在重大错报时注册会计师发表不恰当审计意见的可能性。确定可接受的审计风险，需要考虑事务所对审计风险的态度、审计失败对事务所可能造成损失的大小等因素。其中，审计失败对事务所可能造成的损失大小又受所审计财务报表的用途、使用者的范围等因素的影响。审计是一种保证程度较高的鉴证业务，可接受的审计风险应当足够低，以便合理保证经审计的财务报表不含有重大错报。审计风险取决于重大错报风险和检查风险：

审计风险=重大错报风险×检查风险

二、重大错报风险

重大错报风险是指财务报表在审计前存在重大错报的可能性。重大错报风险与被审计单位的风险相关，且独立于财务报表审计而存在。在设计审计程序以确定财务报表整体是否存在重大错报时，注册会计师应当从财务报表层次和各类交易、账户余额认定层次方面考虑重大错报风险。

（一）财务报表层次的重大错报风险

财务报表层次重大错报风险与财务报表整体存在广泛联系，可能影响多项认定。此类风险通常与控制环境有关，但也可能与其他因素有关，如经济萧条。此类风险难以限定于某类交易、账户余额及披露的具体认定；相反，此类风险增大了许多类不同认定发生重大错报的可能性，与注册会计师考虑由舞弊引起的风险特别相关。

注册会计师应对财务报表层次重大错报风险的措施包括：强调保持职业怀疑；考虑审计项目组核心成员的专业胜任能力及是否需要专家的介入；考虑对助理人员进行适当的监督指导；考虑是否存在影响被审计单位持续经营假设合理性的事项或情况；实施未被预期的审计程序等。

（二）认定层次的重大错报风险

认定层次的重大错报风险又可以进一步细分为固有风险和控制风险。

1.固有风险

固有风险是指在考虑相关的内部控制之前，某类交易、账户余额的某一认定易于发生错报，该错报单独或连同其他错报可能是重大的之可能性。

某些类别的交易、账户余额的认定的固有风险较高。影响固有风险的定性因素包括：复杂性、主观性、变化、不确定性、管理层偏向和其他舞弊风险因素。例如，复杂的计算比简单计算更可能出错；受重大计量不确定性影响的会计估计发生错报的可能性较大。导致经营风险的外部因素也可能影响固有风险，例如，技术进步可能导致某项产品陈旧，进而导致存货易于发生高估错报（计价认定）。被审计单位及其环境中的某些因素还可能与多个甚至所有类别的交易、账户余额有关，进而影响多个认定的固有风险，如流动资金匮乏、被审计单位处于夕阳行业等，见表4-1。

表4-1 **影响固有风险的定性因素及其示例**

影响固有风险的因素	可能存在认定层次重大错报风险的事项或情况示例
复杂性	在高度复杂的监管环境中开展业务； 存在复杂的联营或合资企业； 涉及复杂过程的会计计量； 使用表外融资、特殊目的实体以及其他复杂的融资安排
主观性	某项会计估计具有多种可能的衡量标准，如管理层确认折旧费用或建造收入和费用； 管理层对非流动资产（如投资性房地产）的估值技术或模型的选择具有较强的主观性
变化	在经济不稳定（如货币发生重大贬值或经济发生严重通货膨胀）的国家或地区开展业务； 在不稳定的市场开展业务，如期货交易； 持续经营和资产流动性出现问题，如重要客户流失； 被审计单位经营所处的行业发生变化； 供应链发生变化； 开发新产品或提供新服务，或进入新的业务领域； 开辟新的经营场所； 被审计单位发生变化，如发生重大收购、重组或其他非常规事项； 拟出售分支机构或业务分部； 关键人员变动，包括核心执行人员的离职； 信息技术环境发生变化； 安装新的与财务报告有关的重大信息技术系统； 采用新的会计准则； 获取资本或借款的能力受到新的限制； 经营活动或财务业绩受到监管机构或政府机构的调查； 与环境保护相关的新法规的影响
不确定性	涉及重大计量不确定性（包括会计估计）的事项或交易及相关披露； 存在未决诉讼和或有负债，如售后质量保证、财务担保和环境补救
管理层偏向和其他舞弊风险因素	管理层和员工编制虚假财务报告的机会，包括遗漏披露应包含的重大信息或信息晦涩难懂； 从事重大的关联方交易； 发生大额非常规或非系统性交易，包括公司间的交易和在期末发生大量收入的交易； 按照管理层特定意图记录的交易，如债务重组、资产出售和交易性债券的分类

2.控制风险

控制风险是指某类交易、账户余额的某一认定发生错报，该错报单独或连同其他错报是重大的，但没有被内部控制及时防止或发现并纠正的可能性。与财务报表编制有关的内部控制的有效性决定了控制风险的高低。由于内部控制的固有局限性，控制风险始终存在。

由于固有风险和控制风险不可分割地交织在一起，有时无法单独进行评估，因而将这两者合并称为“重大错报风险”。但注册会计师既可以对两者进行单独评估，又可以对两者进行合并评估。

注册会计师同时考虑各类认定层次的重大错报风险，有助于确定认定层次应实施的进一步审计程序的性质、时间安排和范围，进而在各类认定层次获取审计证据，将审计风险降至可接受的低水平。

三、检查风险

检查风险是指如果存在某一错报，该错报单独或连同其他错报可能是重大的，注册会计师实施审计程序后没有发现该错报的可能性。

检查风险取决于审计程序设计的合理性和执行的有效性。由于注册会计师通常并不对所有交易、账户余额进行检查以及其他原因，检查风险不可能降低为零。其他原因包括注册会计师可能选择了不恰当的审计程序、审计过程执行不当，或者错误解读了审计结论。这可以通过适当计划、在项目组成员之间进行恰当的职责分配、保持职业怀疑态度以及监督、指导和复核项目组成员所执行的审计工作加以解决。

四、检查风险与重大错报风险的关系

在既定的审计风险水平下，可接受的检查风险水平与认定层次重大错报风险的评估结果呈反向关系。评估的重大错报风险越高，可接受的检查风险越低；评估的重大错报风险越低，可接受的检查风险越高。检查风险与重大错报风险的反向关系用数学模型表示如下：

审计风险=重大错报风险×检查风险

由于注册会计师只能通过降低检查风险来控制审计风险，审计风险模型就需要转化为对注册会计师更具有指导意义的形式：

可接受的检查风险=可接受的审计风险÷评估的重大错报风险

可接受的审计风险通常按照1%～10%确定。在确定可接受审计风险时，需要考虑被审计单位的经营风险和审计师的风险偏好。通常，被审计单位经营风险越高，审计师可接受的审计风险就越低；风险厌恶型的审计师，其可接受的审计风险就低。审计师在评价经营风险对可接受审计风险的影响时，需要考虑下列因素：①外部使用者依赖财务报表的程度。当外部使用者会在更大程度上依赖财务报表时，审计师应适当降低可接受的审计风险。这需要考虑客户规模、所有权分布、负债性质和金额。②在签发审计报告之后客户发生财务困难的可能性。审计师如果认为客户审计后发生财务困难的可能性很大，就应降低可接受的审计风险。这需要考虑客户的流动性状况、以前年度的收益或损失、融资增长的方式、客户经营的性质、管理层的能力等。③审计师对管理层正直与诚信的评价。如果客户的管理层存在不正直或不诚信的情况，审计师需将可接受审计风险评价为较低水平。这需要考虑客户关键管理人员以前的行为被定罪或接受监管部门的调查、与前任审计师或者监管机构频繁的意见分歧、关键财务人员和内部审计师的频繁更换等。

评估的重大错报风险是注册会计师在实施风险评估程序后评估确定的。详见第七章风险评估和风险应对。

根据这个模型，假设针对某一认定，注册会计师将可接受的审计风险水平设定为5%，实施风险评估程序后将重大错报风险评估为25%，则可接受的检查风险则为20%。此时，注册会计师应当合理设计审计程序的性质、时间安排和范围，并有效执行审计程序，以将检查风险控制在20%以下。在实务中，注册会计师不一定用绝对数量表达这些风险水平，而是选用“高”“中”“低”等文字进行定性描述。

第二节　重要性

对重要性的运用贯穿于整个审计过程。在计划审计工作时，注册会计师应当考虑导致财务报表发生重大错报的原因，并在了解被审计单位及其环境的基础上，确定一个可接受的重要性水平，即首先为财务报表层次确定重要性水平，以发现在该金额之上的重大错报。同时，评估各类交易、账户余额认定层次的重要性，以便确定进一步审计程序的性质、时间安排和范围，将审计风险降至可接受的低水平。在审计实施阶段，要合理保证能发现重大错报。在审计报告阶段，利用重要性水平来确定未更正错报是否重大，以便确定审计意见类型。

一、重要性的含义

无保留意见的审计报告的意见段是这样表述的：“我们认为，后附的××公司财务报表在所有重大方面按照企业会计准则的规定编制，公允反映了××公司2×23年12月31日的财务状况以及2×23年度的经营成果和现金流量。”

这里，“重大方面”是注册会计师针对重要性这一概念向财务报表使用者传达的一种提示。它表明：注册会计师执行审计业务，并非保证财务报表百分之百正确，而只是表明他们认为财务报表从总体上公允反映了被审计单位的财务状况、经营成果和现金流量，不存在重大错报。

所谓重要性，是指财务信息被错报的严重程度，在特定环境下，这些被错报的信息可能影响或改变理性的财务信息使用者的判断或决策。这是会计中所使用的重要性的概念。在审计中，注册会计师直接借用会计中的概念。《CSA 1221 计划和执行审计工作时的重要性》对“重要性”作了如下阐述：

（1）如果合理预期错报（包括漏报）单独或汇总起来可能影响财务报表使用者依据财务报表作出的经济决策，则通常认为错报是重大的。

（2）对重要性的判断是根据具体环境作出的，并受错报的金额或性质的影响，或受两者共同作用的影响。

（3）判断某事项对财务报表使用者是否重大，是在考虑使用者整体共同的财务信息需求的基础上作出的。由于不同使用者对财务信息的需求可能差异很大，因此不考虑错报对个别使用者可能产生的影响。

显然，重要性就是注册会计师对财务报表总体能够容忍的最大错报。

二、重要性水平的确定

在计划审计工作时，注册会计师应当确定一个可接受的重要性水平，以发现在该金额之上重大的错报，同时也要确定性质严重的错报。注册会计师在确定计划的重要性水平时，需要考虑对被审计单位及其环境的了解、审计目标、财务报表各项目的性质及其相互关系、财务报表项目的金额及其波动幅度，同时，还应当从性质和数量两个方面合理确定重要性水平。

（一）从性质方面考虑重要性

在某些情况下，金额相对较小的错报也可能对财务报表使用者产生重大影响。下列事项可能从错报金额上来考虑是不重要的，但从性质上来分析可能是重要的：

（1）能够改变获利能力趋势的错报。例如，某项错报使收入每年递增1%的趋势变为本年收入下降1%，或使亏损变为盈利等，就具有重要性。

（2）可能引起履行合同义务或法律义务的错报。例如，某项错报使得企业的营运资金增加了几百元，从数量上看并不重要，但这项错报使营运资金从低于贷款合同规定的数量变为稍稍高于贷款合同规定的数量，这就产生了需要履行贷款合同所规定的义务，因此是重要的。

（3）涉及舞弊和违法行为的错报。舞弊与违法行为反映了管理层或其他人员的诚实和守法意识存在问题；蓄意错报比相同金额的无意识错报更重要。

（4）管理层报酬（奖金等）计算依据的错报。因为这可能使管理层获得了本不应获得的报酬，容易产生对管理层经营能力和诚信的疑虑。

（5）不期望出现的错报。例如，发现现金、银行存款和实收资本账户存在错报，就应当引起高度重视。

（6）反复出现的小额错报。这是因为许多小额错报累积起来可能成为较大金额的错报，进而影响使用者的决策，也可能反映出管理层通过精心设计系列小额错报来达到粉饰其财务状况、经营成果的目的，是故意为之。

（二）从数量方面考虑重要性

从数量方面（错报金额的大小方面）来考虑重要性，就是重要性水平，包括财务报表层次重要性水平和认定层次（包括特定类别交易、账户余额）的重要性水平。

1.财务报表层次的重要性水平

由于财务报表审计的目标是对财务报表整体的公允性发表审计意见，因此，注册会计师首先应当从财务报表整体层次来考虑重要性水平。通常，在制定总体审计策略时，就应当确定财务报表层次的重要性水平。

确定多大金额的错报会影响使用者所做的决策，需要注册会计师运用职业判断。通常先选定一个基准，再乘以某一百分比作为财务报表层次的重要性水平。在选择基准时，需要考虑的因素包括：

（1）财务报表要素，如资产、负债、所有者权益、收入和费用；

（2）是否存在特定财务报表使用者特别关注的项目，如为了评价财务业绩，使用者可能更关注利润、收入或净资产；

（3）被审计单位的性质、所处的生命周期阶段以及所处行业和经济环境；

（4）被审计单位的所有权结构和融资方式，例如，如果被审计单位仅通过债务而非权益进行融资，使用者可能更关注资产及资产的索偿权，而非被审计单位的收益；

（5）基准的相对波动性。

基准的选择应当考虑被审计单位的具体情况，通常可以选择各类报告收益，如利润总额、净利润、营业收入，或者总资产、所有者权益或净资产。当这些基准波动幅度较大时，可以按照近几年的平均数来确定财务报表层次的重要性水平。

为选定的基准确定百分比需要运用职业判断。通常，确定重要性水平的基准与对应比率为：利润总额的5%～10%、净利润的10%～20%、营业收入的0.5%～1%、总资产的0.5%～1%、净资产的1%～2%。通常，在下列情形下选用较低的百分比：

（1）首次接受委托的审计项目；

（2）被审计单位为上市公司的，因财务报表使用者众多且为其作出相关决策的依据；

（3）被审计单位可能陷入财务困境的；

（4）连续审计项目，以前年度审计调整较多的；

（5）项目总体风险较高，例如处于高风险行业、管理层能力欠缺、面临较大市场竞争压力或业绩压力等；

（6）存在或预期存在值得关注的内部控制缺陷。

当按照不同基准所确定的财务报表层次的重要性水平不同时，应当选择其中的最低者。这是为谨慎起见，宁愿扩大审计范围、实施较多的审计程序、收集较多的审计证据，以便提高发现金额相对较小的错报的可能性，将审计风险降低至相对更低的水平。

2.特定类别交易、账户余额的重要性水平

根据被审计单位的特定情况，下列因素可能表明存在一个或多个特定类别的交易、账户余额，其发生的错报金额虽然低于财务报表整体的重要性水平，但合理预期将影响使用者依据财务报表作出的经济决策：

（1）法律法规或适用的财务报告编制基础是否影响使用者对特定项目（如关联方交易、管理层和治理层的薪酬）计量或披露的预期；

（2）与被审计单位所处行业相关的关键性披露（如制药企业的研究与开发成本）；

（3）使用者是否特别关注财务报表中单独披露的业务的特定方面（如新收购的业务）。

在根据被审计单位的特定情况考虑是否存在上述交易、账户余额时，注册会计师需要了解治理层和管理层的看法和预期。

（三）实际执行的重要性

实际执行的重要性，是指注册会计师确定的低于财务报表层次重要性水平的一个或多个金额，旨在将未更正和未发现错报的汇总数超过财务报表层次重要性水平的可能性降至适当的低水平。

通常，实际执行的重要性还包括注册会计师确定的低于特定认定层次重要性水平的一个或多个金额，旨在将这些交易、账户余额层次中未更正与未发现错报的汇总数超过其认定层次重要性水平的可能性降至适当的低水平。

确定实际执行的重要性水平也需要注册会计师运用职业判断。实际执行的重要性水平通常为财务报表层次重要性水平的50%～75%。其选用百分比的高低同样需要注册会计师作出职业判断，且与财务报表层次重要性水平的确定类似。

（四）审计过程中修改重要性水平

在制订审计计划阶段确定的重要性水平，由于存在下列原因，可能需要修改财务报表层次和特定认定层次的重要性水平：

（1）审计过程中发生重大变化（如被审计单位决定处置一个重要组成部分）；

（2）获取了新信息；

（3）通过实施进一步审计程序，对被审计单位及其经营的了解发生了重大变化。例如，在审计过程中发现，实际利润总额与计划阶段预期利润总额存在较大差异。

（五）重要性与审计风险的关系

重要性与审计风险之间存在反向关系。审计重要性水平越高，即可容忍的财务报表层次重大错报金额越大，审计风险越低；审计重要性水平越低，即可容忍的财务报表层次重大错报金额越小，审计风险越高。重要性水平是注册会计师从财务报表使用者的角度进行判断的结果。40万元的重要性水平比30万元的重要性水平高。如果重要性水平是40万元，则意味着低于40万元的错报就不是重大错报，不会影响财务报表使用者的决策，此时注册会计师需要执行审计程序合理保证能发现高于40万元的错报即可。但是，如果重要性水平是30万元，则金额在30万元以上的错报就为重大错报，这就需要注册会计师执行审计程序合理保证能发现金额在30万元以上的错报，即在重要性水平是40万元的基础上，还需要实施审计程序，合理保证能够发现金额在30万～40万元的错报（单独或汇总）。显然，重要性水平为30万元时，在审计中不能发现超过30万元的错报的可能性（审计风险），要比重要性水平为40万元时的高。重要性水平越低，审计风险就越高，这就要求注册会计师收集更多、更有效的审计证据，以便将审计风险降至可接受的低水平。因此，重要性和审计证据之间也是反向变动关系。

但是，注册会计师不能通过不合理地人为调高重要性水平来降低审计风险。因为重要性水平是从使用者的角度所作的判断，不是由注册会计师的主观期望决定的。

由于重要性和审计风险存在上述反向关系，并将直接影响注册会计师将要执行的审计程序的性质、时间安排和范围，因此，注册会计师应当综合考虑各种因素，合理确定重要性水平。

三、评价审计过程中识别出的错报

（一）错报的定义

错报，是指某一财务报表项目的金额、分类、列报或披露，与按照适用的财务报告编制基础应当列示的金额、分类、列报或披露之间存在的差异。错报可能是由于错误或舞弊导致的，如：

(1) 收集或处理用以编制财务报表的数据时出现错误；

(2) 遗漏某项金额或披露；

(3) 由于疏忽或明显误解有关事实，作出不正确的会计估计；

(4) 注册会计师认为管理层对会计估计作出不合理的判断或对会计政策作出不恰当的选择和运用。

(二) 累积识别出的错报

注册会计师可以将低于某一金额的错报界定为明显微小的错报，对这类错报不需要累积，因为注册会计师认为这些错报的汇总数明显不会对财务报表产生重大影响。明显微小错报的数量级很小，无论单独或者汇总起来，还是从规模、性质或其发生的环境来看，都是明显微不足道的。明显微小的错报不需要累积，但其他错报则需要累积。

为评价审计过程中累积错报的影响以及管理层和治理层沟通错报事项，通常将错报区分为事实错报、判断错报和推断错报。

1.事实错报

事实错报是毋庸置疑的错报。这类错报产生于被审计单位收集和处理数据的错误、对事实的忽略或误解、故意舞弊行为。例如，注册会计师在审计测试中发现最近购入存货的实际价值为150万元，但账面记录的金额却为100万元，存货和应付账款分别被低估了50万元。这里，被低估的50万元就是已识别的对事实的具体错报。

2.判断错报

判断错报即为注册会计师与管理层就会计估计作出的判断或选择和运用会计政策的判断存在的差异。这类错报源于两种情况：一是管理层和注册会计师对会计估计值的判断差异，如管理层作出的会计估计值超出了注册会计师确定的合理范围而导致出现的判断差异；二是管理层和注册会计师对选择和运用会计政策的判断差异，如管理层认为选用的会计政策是适当的，但注册会计师认为不恰当，就导致出现判断差异。

3.推断错报

推断错报即注册会计师对审计总体存在的错报作出的最佳估计数，通常根据在审计样本中识别出的错报来推断审计总体的错报。例如，应收账款年末余额为2 000万元，注册会计师抽查10%的样本（但账面金额为500万元，占年末余额的25%），发现样本金额有100万元的高估，高估部分为样本账面金额的20%（100÷500×100%），注册会计师据此推断出总体的错报金额为400万元（2 000×20%），那么，上述100万元就是已识别的具体错报，其余300万元（400−100）即推断错报。

(三) 对审计过程识别出的错报的考虑

错报可能不会孤立发生，一项错报的发生还可能表明存在其他错报。例如，注册会计师识别出由于内部控制失效而导致的错报，或被审计单位广泛运用不恰当的假设或评估方法而导致的错报，均可能表明还存在其他错报。

抽样风险和非抽样风险可能导致某些错报未被发现。因此，审计过程中累积错报的汇总数接近财务报表层次重要性水平，则表明存在较高的审计风险，即未被发现的错报连同审计过程中累积错报的汇总数可能超过重要性水平。

此时，注册会计师可以要求管理层检查某类交易、账户余额，以使管理层了解错报产生的原因，采取措施确定认定层次实际发生错报的金额，并对财务报表作出适当的调整，从而使未更正错报的累积汇总数低于重要性水平，降低审计风险。

（四）错报的沟通和更正

及时与适当层级的管理层沟通错报事项，以便使管理层评价这些事项是否为错报，并采取必要行动；如有异议，则告知注册会计师，以便注册会计师实施相应的审计程序。适当层级的管理层是指有责任和权限对错报进行评价并采取必要行动的管理层。

管理层更正所有错报（包括注册会计师通报的错报），能够保持会计账簿和记录的准确性，降低与本期相关的、非重大且尚未更正错报的累积影响，从而降低未来期间财务报表的重大错报风险。

（五）评价未更正错报的影响

未更正错报，是指注册会计师在审计过程中累积的，且被审计单位未予更正的错报。当未更正错报超过重要性水平时，注册会计师应当提请被审计单位纠正错报，或者实施进一步审计程序，或者发表保留意见或否定意见。

注册会计师需要考虑每一单项错报，以评价其对相关类别的交易、账户余额的影响，包括评价该项错报是否超过该认定层次重要性水平。如果注册会计师认为某一单项错报是重大的，则应当提请被审计单位纠正错报，或者发表保留意见或否定意见。

确定一项分类错报是否重大，需要进行定性评估，如考虑分类错报对负债或其他合同条款的影响、对单个财务报表项目或小计数的影响、对关键比率的影响，进而考虑恰当的行动，如提请被审计单位纠正错报，或者发表保留意见或否定意见。

【延伸阅读】

1.《CSA 1221 计划和执行审计工作时的重要性》(2019)。

2.《CSA 1211 重大错报风险的识别和评估》(2022)。

3.《CSA 1251 评价审计过程中识别出的错报》(2022)。

【复习思考题】

1.什么是重要性？为什么注册会计师在审计过程中要考虑重要性概念？

2.重要性水平应如何确定？

3.在审计过程中应如何运用重要性？

4.试述审计风险的含义及其组成要素，以及组成要素之间的关系。

【案例分析题】

确定重要性水平及可接受的审计风险水平

A注册会计师正在对上市公司甲股份有限公司（以下简称“甲公司”）2×23年度财务报表进行审计。表4-2是甲公司2×21—2×23年度主要会计数据和财务指标比较表。

表4-2　　甲公司20×1—20×3年主要会计数据与财务指标比较表

项目	20×3年	20×2年	本年比上年增减	20×1年
营业收入（万元）	3 637 391.90	3 274 276.68	11.09%	2 966 467.39
归属于上市公司股东的净利润（万元）	280 362.16	551 607.22	−49.17%	418 372.76
归属于上市公司股东的扣除非经常性损益的净利润（万元）	333 862.51	289 887.76	15.17%	228 923.82
经营活动产生的现金流量净额（万元）	522 327.83	382 890.66	36.42%	210 474.48
基本每股收益（元/股）	2.21	4.32	−48.84%	3.28
稀释每股收益（元/股）	2.18	4.31	−49.42%	3.28
加权平均净资产收益率	7.58%	14.46%	−6.88%	10.31%
	20×2年年末	20×1年年末	本年末比上年末增减	20×0年年末
总资产（万元）	5 229 276.56	5 521 944.82	−5.30%	4 965 804.91
归属于上市公司股东的净资产（万元）	3 822 613.69	3 805 255.00	0.46%	3 793 809.73

资料来源：甲公司20×3年度报告。

补充资料：（1）20×2年年末，甲公司股东人数为14.74万人；（2）20×1—20×3年度每10股派发现金红利依次为30元、39元和16元（含税），20×3年度另每10股送红股4股（含税）；（3）A注册会计师已对甲公司年度财务报表实施了3年审计，其经验表明，甲公司管理层是诚信正直的，在过去的审计中审计调整项目较少。

要求：

（1）请确定甲公司20×3年度财务报表审计中的计划的重要性水平，并简要说明理由。

（2）请确定甲公司20×3年度财务报表审计中实际执行的重要性水平，并简要说明理由。

（3）假如甲公司管理层在20×3年度中没有发生重大变化，其经营业务稳定，请帮助注册会计师评估确定甲公司20×3年度财务报表审计中的可接受的审计风险水平，并简要说明理由。

第五章　审计证据与审计工作底稿

为实现审计目标、形成审计结论，审计人员实施必要的审计程序，收集充分、适当的审计证据。审计工作底稿是审计人员记录已实施的审计程序、收集的审计证据、形成的审计结论的主要手段。

第一节　审计证据

一、审计证据的意义与分类

（一）审计证据的意义

审计证据是审计人员在执行审计业务过程中获取的，为证实审计事项、得出审计结论和形成审计意见的所有信息，包括会计记录所含有的信息和其他信息。其他信息包括审计人员从被审计单位内部或外部获取的会计记录以外的信息，如通过询问、观察和检查等程序获取的信息，以及自己编制或获取的信息。

审计的目的是对被审计单位履行受托经济责任的情况作出评价、得出结论。审计人员只有采用各种审计方法，收集充分、适当的审计证据，才能确保审计结论的客观性与公正性，确保审计质量。因此，审计证据的质量决定了审计质量。整个审计过程就是审计证据的收集与评价过程。

（二）审计证据的分类

1.审计证据按其存在形式分类

审计证据按其存在形式，可分为实物证据、书面证据、电子视听证据、口头证据和环境证据五大类。这是审计证据的基本种类。

（1）实物证据：通过实际观察或清点获得，用以确定某种实物资产是否存在及其数量的证据。例如，可以通过监盘确定库存现金、有价证券、存货和固定资产的实有数量和质量状况。实物证据通常是证明实物资产是否存在及其数量的最有说服力的证据，但并不能证实被审计单位对其拥有所有权，也不能确定其计价的合理性。例如，年终盘点的存货可能包括受托保管的商品；固定资产可能是租入的；影响实物资产价值的质量好坏、性能高低难以通过实物证据来确定。

（2）书面证据：通过审查各种书面记录所获取的证据。其最初存在形式包括与审计有关的各种原始凭证、会计记录（记账凭证、会计账簿和各种明细表）、会议记录和文件、合同、通知书、报告书及函件等。书面证据是注册会计师获取的最基本、数量最大的证据，是审计证据的主体，因此，常常被称为基本证据。书面证据的可靠性取决于其获得的途径。一般而言，从被审计单位内部获得的书面证据，其可靠性低于从被审计单位外部获得的。

（3）电子视听证据：通过检查电子数据或以影音形态存在的资料所获得的证据，其最初存在形态为电子数据和影音资料。当前，电子视听证据所占比重越来越大。电子视听证据不能用肉眼直接观察，必须通过专用设备才能阅读或观看；很容易被修改或复制，且一般不会留下痕迹。这就需要审计人员熟悉其特征，掌握和熟练运用信息技术，并保持高度职业谨慎。

（4）口头证据：有关人员对审计人员的提问进行口头答复所形成的证据，也称为言辞证据。例如，审计人员向被审计单位有关人员询问实物资产的保管情况、采取特别会计政策的理由、生产经营的基本情况、逾期应收账款收回的可能性等。审计人员应对各种重要的口头证据进行记录，并注明是何人、何时、在何种情况下所作的口头陈述，必要时还应获得被询问者的签名确认。由于口头证据常常带有被询问者的个人感情色彩或偏见，因此，其证明力较弱，本身并不足以证明事情的真相，但可发现一些重要线索，以利于确定下一步审计重点与方向。

（5）环境证据：也称为状况证据，是指对被审计单位产生影响的各种环境事实。例如，被审计单位内部控制、会计机构和人员素质、组织机构及管理人员素质、被审计单位文化氛围、当地经济发展情况、所在行业经营及发展情况等。环境证据一般不属于基本证据，但它是审计人员进行判断所必须掌握的资料，可以帮助了解被审计单位及其环境，把握其经营总体情况，以便分析其相关经济资料的合理性，掌握审计线索和审计重点。

2.审计证据按其来源分类

审计证据按其来源分类，可分为亲历证据、外部证据和内部证据。

（1）亲历证据：审计人员直接、亲自获得的各种证据，如亲自监盘或清点所获得的实物证据；通过现场观察或调查获得的环境证据；通过审查或亲自计算获得的书面证据；通过询问与调查获得的口头证据等。

（2）外部证据：被审计单位以外的第三方所提供资料、证词等，如从外单位获得的发票、运单、对账单，函证所收到的回复等。外部证据一般具有较强的证明力，是一类非常重要的证据。外部证据可分为两类：一类是由被审计单位以外的第三方编制并直接递交给审计人员的各种证据，如函证的回函、律师等其他独立专家提供的证明函件等，其证明力较强。另一类是由被审计单位以外的第三方编制，但由被审计单位持有并提交给审计人员的书面资料，如银行对账单、应收票据、购货发票和有关合同或协议等，应警惕其被涂改或伪造的可能性。

（3）内部证据：被审计单位内部产生并保存的各种资料，如被审计单位的会计记录、声明书和其他文件（业务核算资料、各种定额及其完成情况、经济合同、会议记录和决议）等。通常，内部证据不如外部证据可靠。审计人员在评价其可靠性时，应当考虑三个因素：一是该证据是否经过外部流转，并获得其他单位或个人的承认，如销售发票、付款支票等。二是产生该证据的内部控制是否健全有效。内部控制有效，则内部证据相对可靠。三是该证据是否有其他证据相互印证。有其他证据相互印证，能够形成证据链的内部证据较可靠。

（三）审计证据基本种类与一般审计目标之间的关系

财务报表审计要实现的一般审计目标有9个：总体合理性[①]、发生或存在、完整性、权利和义务、准确性、截止、计价和分摊、分类、列报与披露。不同种类的审计证据可以

① 我们在前文的一般审计目标基础上增加了“总体合理性”，主要是因为在审计实务中，审计师均要从总体上判断被审计事项是否合理，是否与其了解的实际情况总体相符。

用来实现不同的审计目标。在收集审计证据时，注册会计师应当选择能以最低成本实现相关审计目标的证据，力求做到审计证据的收集既经济又有效。表5-1列示了审计证据基本种类与一般审计目标之间的关系。

表5-1　　审计证据基本种类与一般审计目标之间的关系

审计证据种类	一般审计目标								
	总体合理性	发生或存在	完整性	权利和义务	准确性	截止	计价和分摊	分类	列报与披露
实物证据		√	√						
书面证据	√	√	√	√	√	√	√	√	√
电子视听证据	√	√	√	√	√	√	√	√	√
口头证据	√	√	√	√		√	√	√	√
环境证据	√								

二、审计证据的特征

审计证据的特征可从数量和质量两个方面来考虑。充分性是其数量特征；适当性是其质量特征。

（一）审计证据的充分性

充分性是对审计证据数量的衡量，即审计证据足以支持审计人员的审计意见，是形成审计意见所需审计证据的最低数量要求。由于需要考虑审计效率，审计人员通常把审计证据的数量降至可接受的低水平。审计证据的数量受以下因素的影响：

1.具体审计项目的重要性

重要性和审计风险是决定所需审计证据数量的主要因素。通常，审计项目越重要，所需证据就越多。在考虑重要性时，需要考虑质量与数量特征。质量特征主要包括：

（1）涉及舞弊与违法行为；

（2）可能引起履行合同义务；

（3）影响收益趋势；

（4）不期望出现的不当行为。

凡是具备上述特征之一的事项，所需收集审计证据就较多。数量特征主要考虑计划的重要性水平以及各账户或交易层次的可容忍误差。重要性水平越低，所需审计证据就越多。

2.重大错报风险

通常，重大错报风险越高，所需审计证据就越多。在考虑重大错报风险时，一般应当考虑以下因素：

（1）项目的性质。如果所审计的项目具有投机冒险的性质，则需要收集较多的审计证据。通常，在对某单位进行第一次审计时，要有意识地增加审计证据。

（2）内部控制的有效程度。内部控制越有效，其审计风险相对越小，所需审计证据就越少。

（3）经济业务的性质。经济业务越复杂，重大错报风险就越大，所需审计证据就越多。

（4）管理层的诚信度。管理层越诚信，固有风险越小，其认定和声明越可靠，所需审计证据就越少。反之，其认定和声明越不可靠，特别容易出现重大舞弊行为，就需要审计人员格外注意这方面的迹象，提高警惕，从不同途径收集所需审计证据，因而需增加审计证据的数量。

（5）财务状况和经营成果的好坏。当财务状况或经营成果不佳时，管理层可能采取不正当手段加以掩饰，特别是当经营成果与企业、管理层的某种资格和利益息息相关时更是如此。此时，审计人员就必须增加审计证据。

（6）频繁或仓促地更换事务所。若被审计单位经常、无正当理由，或在临近规定截止期限时仓促更换事务所，大多是因为与前任注册会计师在重大会计、审计问题方面存在分歧。此时，后任注册会计师需要提高警惕，务必增加审计证据。

3.审计人员及其业务助理的审计经验

审计中需要大量的专业判断。丰富的审计经验可以提高审计判断的正确性。因此，审计人员及其业务助理的审计经验丰富，就可降低对审计证据数量的依赖，所需审计证据可相对少些；相反，则需增加审计证据。

4.在审计过程中是否发现错误或舞弊

在审计过程中一旦发现被审计事项存在错误或舞弊，则被审计单位其他方面存在问题的可能性就会增加，因此，注册会计师就需要扩大审计范围，增加抽查数量，获取较多的审计证据。

5.审计证据的类型和获取途径

如果大多数审计证据都是从独立于被审计单位的第三方处获取的，由于这些审计证据本身不易伪造，其可靠性较高，则所需审计证据就可减少；反之，如果审计证据经过被审计单位职员之手，而且本身又极易被伪造，则所需审计证据就应增加。

6.审计的总体规模和特征

在现代审计中，经常采用抽样法来收集审计证据。因此，总体项目越多，规模越大，所需审计证据就越多。总体特征是指总体项目之间的同质性和变异性，即总体各项目之间的差别。差别越大，离散程度越高，所需审计证据就越多。

（二）审计证据的适当性

审计证据的适当性是对审计证据质量的衡量，即审计证据在支持审计意见方面具有的相关性和可靠性。审计证据的适当性会影响其充分性。一般而言，审计证据的相关性与可靠性越高，则所需审计证据就越少。

1.审计证据的相关性

审计证据的相关性是指审计证据与审计目标之间的逻辑关系。审计人员只能利用与审计目标相关的审计证据来证明或否定相关事项。例如，审计目标是确定存货是否存在，那么只有通过存货监盘所获得的实物证据才是相关的，但这些实物证据不能证明存货的计价和所有权情况。

审计人员通过控制测试获取审计证据时，应考虑的相关事项包括：内部控制是否存在、在不同时点是如何运行的、由谁执行、在被审计期间是否得到一贯执行、以何种方式运行。

审计人员通过实质性程序获取审计证据时，应考虑与交易、账户余额相关的审计目标。以账户余额为例，主要应考虑：资产或负债在某一特定时日是否存在（存在目标），是否归属于被审计单位（权利和义务目标）；是否有未入账的资产、负债（完整性目标）；资产或负债的入账金额、计价或分摊是否恰当（准确性、计价和分摊目标）；资产或负债的分类是否恰当（分类目标）；资产或负债是否在财务报表中进行了恰当列报与披露（列报与披露目标）。

2.审计证据的可靠性

审计证据的可靠性是指审计证据本身是否真实、客观和可验证。这受其来源和性质的影响，并取决于获取审计证据的具体环境。通常，审计人员可按照下列原则考虑审计证据的可靠性：

（1）从被审计单位外部独立来源获取的审计证据比从其他来源获取的更可靠；

（2）相关内部控制有效时的内部证据比相关内部控制薄弱时的更可靠；

（3）审计人员直接获取的审计证据比间接获取或推论得出的更可靠；

（4）以文件记录形式（包括纸质、电子或其他介质）存在的审计证据比言辞证据更可靠；

（5）从原件获取的审计证据比从传真、复印或通过拍摄、数字化或其他方式转化为电子形式的文件获取的更可靠；

（6）能够相互印证的不同来源或不同性质的审计证据较为可靠。

审计人员获取审计证据时，可以考虑成本效益原则，但对于重要审计项目，不应将成本的高低或获取的难易程度作为减少必要程序的理由。如果获取最理想的审计证据需花费高昂的审计成本，则审计人员可采用其他替代程序，转而收集质量稍逊但仍能满足审计目标的其他证据。审计人员如果无法取得充分、适当的审计证据，则应视情况发表保留意见或无法表示意见。

审计工作通常不涉及鉴定文件记录的真伪，但应当考虑审计证据的可靠性。如果在审计过程中识别的情况使其认为文件记录不可靠（如有篡改痕迹、明显不合理等），审计人员应当作进一步调查，包括直接向第三方询证，或考虑利用专家的工作以评价其真伪。

三、获取审计证据的程序

获取审计证据的程序也称为获取审计证据的技术方法，主要包括检查、观察、询问、函证、重新计算、重新执行、分析程序七类。审计人员根据具体情况，将这七类程序用作风险评估程序、控制测试和实质性程序（包括细节测试和实质性分析程序）。

（一）检查

检查包括检查记录或文件和检查有形资产。

1.检查记录或文件

检查记录或文件，是指审计人员对被审计单位内部或外部生成的，以纸质、电子或其他介质形式存在的记录或文件进行审查，包括审阅和核对。审阅是指对记录或文件进行审查和研究，以确定其是否真实、合法，包括审阅原始凭证、记账凭证、会计账簿、财务报表等会计资料和审阅经营计划、预算、投资计划、筹资计划、决策资料、各种合同、会议记录、会议决议等非会计资料；核对就是将相互联系的两个或两个以上的记录和数据进行比较，验证其是否相符，同时查明各个记录间的连续性。核对能够寻找不同记录间存在的差异，并分析差异产生的原因及其导致的后果，通常包括证证核对、账证核对、账账核对、账表核对、表表核对、会计资料与业务资料核对、内外核对以及对发票和其他票据号码连续性的核对。

在审计过程中，审阅、重新计算与核对常常是交叉进行的。检查账簿记录的程序也称为“账户记录分析法”，即在检查明细账、日记账的过程中，结合审计人员对被审计单位经济业务的了解和自身经验，发现疑点，为进一步审查指明方向。一般在有下列情况时，应进一步审查：

（1）摘要不清楚：可能存在不合规的经济业务而故意将摘要写得模糊。

（2）内容不合理不正确。

（3）业务发生时间不正常：如在夏天发烤火费、冬天发降温费、非节假日时间发过节费等，以及临近期末的巨额交易等。

（4）经济业务发生额异常：过大、过小或为整数。例如，数额巨大的销售收入，可能意味着虚构销售收入；金额为整数，如购买200 000元的办公用品，则可能意味着不是购买办公用品，而是用在不合法的地方。

（5）经济业务发生频率不正常：应当频繁发生的经济业务只是偶尔发生，或应当偶尔发生的经济业务却频繁发生，则意味着不正常。例如，制造业主要材料的收发不频繁，则可能意味着该被审计单位不再需要该种主要材料，应重新考虑其计价。

（6）明细账户名称不恰当：如应当采用人名或单位名称的，使用了物名或地名，则可能有问题。

（7）明细账户期末余额不合理：过大、过小均可能有问题。

（8）期末余额方向不合理：方向不对，则很可能有问题。例如，货币资金、材料采购明细账户出现了贷方余额，则可能有问题。对于发现的疑点，应采用其他审计方法进行进一步的审查，直到证实或排除怀疑。

2.检查有形资产

检查有形资产，是指审计人员通过现场监督被审计单位各种实物资产及货币资金、有价证券等的实地盘点，同时实施适当的抽查，以确定其是否真实存在及账实是否相符，查明有无短缺、毁损及贪污、盗窃等问题。

检查有形资产通常能收集到最可靠的证据，但它只能对实物资产是否存在提供有力的支持，却不能保证被审计单位对该资产拥有所有权，并且也不能对该资产的价值提供证明。在盘点过程中，不但要查清资产的实有数量，还要注意资产的质量。例如，在存货的盘点过程中，要注意存货有无库存时间过长、超过保质期、存在霉烂变质等质量问题；对于机器设备、交通运输工具、房屋建筑物等，要注意其技术水平、当前可使用情况等。对于存在质量问题的实物资产，应当单独建表反映，并重点考虑其减值准备计提的合理性。

（二）观察

观察是指审计人员察看相关人员正在从事的活动或执行的程序，如在现场对被审计单位的经济活动及其管理、内部控制的执行、仓库保管情况等进行的查看和调查。

对于一些资产的管理，如存货管理，观察可以成为重要的审计技术；有些重要控制及其执行情况，如职责划分，可由直接观察来核实。观察是发现疑点、为进一步审查指明方向的有用方法。例如，审计人员在审计过程中发现被审计单位有出租房屋的情况，则通过现场观察和询问了解已出租房屋的数量、面积、租金等，就可估算被审计单位租金收入情况，与已入账租金收入进行比较，就可初步确定有无未入账的租金，是否有“账外账”的情况。这通常要靠机智提问、仔细查看、观察结果的保存（如摄影、录像）等程序及其他有关证据加以佐证。

（三）询问

询问，也称为访谈，是指审计人员以书面或口头形式向被审计单位内部或外部知情人员获取信息，并对答复进行评价。

询问方式有个别询问和集体询问两种。个别询问是随时进行的，可及时获取证据或为进一步审计指明方向；集体询问也称为座谈会，一般由多人参加，就共性问题提供信息，虽可相互启发，但可能彼此有顾虑而不能畅所欲言。在询问中，应当做好记录，必要时请被询问人签名确认。此外，还可采用问卷调查法、举报箱法等询问方法。在审计中，通常需要询问被审计单位治理层和管理层、财务和内部审计及其他人员，以及被审计单位的重要客户和供应商、律师或法律顾问等外部人员。

询问可能提供尚未获悉的信息或佐证证据，但不足以获取充分、适当的审计证据，还必须实施其他审计程序。

（四）函证

函证是审计人员以书面发函方式直接从第三方（被询证者）获取书面答复的程序。书面答复可以采用纸质、电子或其他介质形式，但通常是纸质形式。

由于函证来自被审计单位之外的第三方，因而获取的是可靠性程度较高的外部证据。函证通常被用于银行存款、债权债务、对外投资、委托加工与保管、保证、抵押或质押、或有事项、重大或异常事项等的审计。函证不必局限于账面余额，还可询证审计人员关心的其他事项，如被审计单位与第三方之间的协议和交易条款以及是否经过修改、修改的详细信息等，以及影响收入确认的“背后协议”等。

【课堂拓展】

在实施函证程序时需要警惕被审计单位“狸猫换太子”

函证程序发现被审计单位虚构业务、虚增资产的有效审计程序，但如果审计师未对函证过程实施有效控制，则很可能被被审计单位“狸猫换太子”，未能实现函证程序的目的。

如A事务所在对M上市公司年度财务报表进行审计时，对其3家银行4个银行账户实施函证程序，且均执行现场函证程序，跟函人员均为张某，M公司陪同人员均为黄某。但是，黄某提前以M公司内部审计的名义、使用A事务所询证函模板向银行进行函证，张某和黄某进行现场函证时，黄某再将询证函需要银行盖章回复的确认页替换为原来以内部审计名义函证的确认页，伪造A事务所收到银行确认无误的询证函回函；另一家银行的询证函回函不是在A事务所的询证函上盖章，而是采用了银行固定格式的资信证明，M公司提前安排人员伪造银行资信证明，再由黄某交给张某。

A事务所由于未对银行账户函证过程保持有效控制，导致其银行存款函证程序失败，未能发现M公司虚构巨额银行存款的舞弊行为。A事务所及其签字注册会计师因此被中国证监会重罚。

（五）重新计算

重新计算是审计人员以人工方式或使用计算机辅助方式，对记录或文件中的数据准确性所进行的核对。

审计人员实施重新计算程序，其目的在于验证数据的准确性。通常，重新计算包括对被审计单位会计凭证、账簿和报表中有关数字的验算以及有关项目的加总或其他运算。这种计算并不一定按照被审计单位原来的计算顺序进行。在计算时，审计人员在关注计算结果正确性的同时，还要对其他可能的差错予以关注，如重新计算折旧或摊销费用、营业成本、应交税费等。

（六）重新执行

重新执行是审计人员以人工方式或使用计算机辅助方式，重新独立执行被审计单位内部控制的部分程序或控制。这主要用于内部控制的执行测试。

（七）分析程序

分析程序是审计人员通过分析不同财务数据之间以及财务数据与非财务数据之间的内在关系，对财务信息的合理性作出评价。分析程序还包括调查识别出的、与其他相关信息不一致或与预期数据严重偏离的波动和关系。

在整个审计过程中，审计人员都可以运用分析程序：在审计计划阶段，将其作为风险评估程序，评估财务报表重大错报风险；在审计实施阶段，利用分析程序发现和确定重要项目或异常变动项目；在审计报告阶段，则用分析程序对财务报表整体进行复核，以评价其公允性。

分析程序常用的方法有比较分析法、比率分析法、结构分析法和趋势分析法四种。

1.比较分析法

比较分析法是将某一财务报表项目与既定标准进行比较，以发现重要或异常变动项目。既定标准包括上期已审计数、本期计划数或预算数、同行业标准、注册会计师预期结果、非财务数据等。表5-2列示了比较分析法在财务报表审计中的应用，通过将本年未审计数与上年已审计数进行比较，发现重要或异常变动项目。

表5-2　　比较分析法在财务报表审计中的应用

（龙腾股份有限公司资产负债表的比较分析及其审计策略表（局部））

2×23年12月31日　　金额单位：千元

项　目	本年未审计数	上年已审计数	增减金额	增减百分比	审计策略
流动资产：					
货币资金	713 731.65	64 456.93	649 274.72	1 007.30%	增幅大，重点审计
应收票据	2 153.10	3 222.27	−1 069.17	−33.18%	减幅较大，一般审查
应收账款	70 665.07	76 092.31	−5 427.24	−7.13%	减幅较小，一般关注
预付款项	1 910.59	46 997.04	−45 086.45	−95.93%	减幅大，重点审计
其他应收款	305 681.43	162 013.61	143 667.82	88.68%	增幅大，重点审计
存货	17 587.32	51 045.73	−33 458.41	−65.55%	减幅大，重点审计
其他流动资产	670.67	1 758.77	−1 088.10	−61.87%	减幅大，重点审计
流动资产合计	1 112 399.83	405 586.66	706 813.17	174.27%	
非流动资产：					
债权投资	10.82	15.94	−5.12	−32.12%	减幅大，重点审计
长期股权投资	482 695.41	302 523.09	180 172.32	59.56%	增幅大，重点审计
固定资产	29 046.93	147 802.92	−118 755.99	−80.35%	减幅大，重点审计
在建工程	3 865.14	4 602.49	−737.35	−16.02%	减幅较小，一般审查
无形资产	25 795.11	26 944.03	−1 148.92	−4.26%	减幅较小，一般关注
长期待摊费用	1 100	1 650	−550	−33.33%	减幅大，重点审计
其他非流动资产	0	0	0		
非流动资产合计	542 513.41	483 538.47	58 974.94	12.20%	
资产总计	1 654 913.24	889 125.13	765 788.11	86.13%	

注：主要项目大幅增减，应从整体上查找原因。

2.比率分析法

比率分析法是通过计算与比较财务比率，以识别异常项目。如通过计算毛利率，并与以前年度、行业平均、合理毛利率等进行比较，就可判断被审计年度毛利率水平是否有重大问题，从而可初步判断主营业务收入、主营业务成本的合理性。表5-3是A公司2×21—2×23年度部分重要财务指标趋势分析表，比较分析了这些财务指标变动的合理性，并确定相应的审计策略。

表5-3　　A公司2×21—2×23年度部分重要财务指标趋势分析表

比率指标	2×23年（未审数）	2×22年（已审数）	2×21年（已审数）	分析结论及审计策略
流动比率	267.84%	333.63%	327.68%	A公司的流动比率总体向较差方向变化，但均远高于200%的理想状态，意味着2×23年末流动资产和流动负债的重大错报风险较低，实施常规审计
资产负债率	34.42%	34.51%	35.56%	资产负债率总体向较好的方向变化，且均远好于50%的理想状态，意味着2×23年末的资产总额和负债总额的重大错报风险较低，即2×23年度资产负债表重大错报风险较低，实施常规审计
应收账款周转率（次数）	14.41	19.71	22.14	应收账款周转率总体向较差方向变化，且降幅较大，这意味着2×23年度营业收入和应收账款的重大错报风险（高估风险）较高；但总体来说，A公司的应收账款周转率还是比较高的，2×23年度营业收入和应收账款的重大错报风险不太高。 无论营业收入和应收账款重大错报风险评估结果如何，均需将其作为高风险领域，实施重点审计
销售毛利率	30.52%	31.25%	29.88%	虽然A公司的销售毛利率有波动，但总体较为均衡，波动不大，且销售毛利率较高，这意味着2×23年度营业收入、营业成本的重大错报风险不高。 无论营业收入的重大错报风险评估结果如何，均需将其作为高风险领域，实施重点审计
净资产收益率	10.83%	11.31%	11.92%	虽然A公司的净资产收益率有波动，但总体较为均衡，波动不大，且净资产收益率较高，这意味着2×23年度净资产、净利润的重大错报风险不高。由于净资产、净利润是总括性的项目（是不能够直接审计的项目），这意味着A公司2×23年度财务报表的整体重大错报风险不高，实施常规审计
合理性分析及应对审计策略	比较A公司2×21—2×23年部分重要财务比率指标发现，虽然流动比率、应收账款周转率的变动幅度较大，且总体向较差的方向变动，但均好于理想标准或保持较高指标；资产负债率、销售毛利率、净资产收益率的波动幅度不大，且保持较好的态势和维持在较高的水平，说明A公司2×23年度财务报表的整体重大错报风险较低，实施常规审计程序			

3.结构分析法

结构分析法是通过财务报表的结构分析，以确定各个项目的重要程度及审计策略。在资产负债表结构分析中，通常以资产总额为基础，计算各项目占资产总额的百分比；在利润表中，一般则以营业收入总额为基础，分别计算各项目占营业收入的百分比，进而确定对占比高或波动幅度大的项目进行重点审计。表5-4列示了结构分析法在财务报表审计中的应用。

表5-4　　结构分析法在财务报表审计中的应用

（龙腾股份有限公司资产负债表的结构分析及其审计策略表（局部））

2×23年12月31日　　金额单位：千元

项　目	本年度		上年度		审计策略
	未审计数	占资产总额的百分比	已审计数	占资产总额的百分比	
流动资产：					
货币资金	713 731.65	43.13%	64 456.93	7.25%	所占比重大，增幅很大，重点审计
应收票据	2 153.10	0.13%	3 222.27	0.36%	所占比重很小，减幅小，一般审计
应收账款	70 665.07	4.27%	76 092.31	8.56%	所占比重小，减幅大，一般审计
预付款项	1 910.59	0.12%	46 997.04	5.29%	所占比重很小，但减幅大，一般审计
其他应收款	305 681.43	18.47%	162 013.61	18.22%	所占比重大，虽增幅很小，重点审计
存货	17 587.32	1.06%	51 045.73	5.74%	所占比重小，但减幅很大，一般审计
其他流动资产	670.67	0.04%	1 758.77	0.20%	所占比重较小，减幅小，可不审计
流动资产合计	1 112 399.83	67.22%	405 586.66	45.62%	
非流动资产：					
债权投资	10.82	0	15.94	0	所占比重很小，减幅小，可不审计
长期股权投资	482 695.41	29.17%	302 523.09	34.02%	所占比重大，减幅较大，重点审计
固定资产	29 046.93	1.76%	147 802.92	16.62%	所占比重很小，但减幅很大，重点审计
在建工程	3 865.14	0.23%	4 602.49	0.52%	所占比重很小，减幅小，一般审计或者不审计
无形资产	25 795.11	1.56%	26 944.03	3.03%	所占比重小，减幅很大，一般审计
长期待摊费用	1 100	0.07%	1 650.00	0.19%	所占比重很小，减幅小，可不审计
其他非流动资产	0		0		
非流动资产合计	542 513.41	32.78%	483 538.47	54.38%	
资产总计	1 654 913.24	100.00%	889 125.13	100.00%	

注：货币资金、其他应收款、长期股权投资所占比重大，而存货、固定资产所占比重过小，不符合企业一般情况，均应重点查明原因。

4.趋势分析法

趋势分析法是通过连续若干期某一财务报表项目变动情况进行趋势分析，以识别异常变动项目。趋势分析需要连续3～5期的资料，见表5-3。

上述这些分析程序同样可用于主要账户的发生额和期末余额的分析，如主营业务收入、主营业务成本、应收账款、材料采购、管理费用、销售费用、生产成本、制造费用等账户，以确定进一步审计方向。

在审计过程中，不能孤立地使用其中的某一种程序，而应当结合使用这些程序，从不同途径收集审计证据，通过审计证据之间的相互补充和验证，提高其可靠性和证明力。审计程序与审计证据类型之间的关系见表5-5。

表5-5 审计程序与审计证据类型之间的关系

审计证据 审计程序	实物证据	书面证据	电子视听证据	口头证据	环境证据
检查记录或文件		√	√		√
检查有形资产	√				
观　察	√				√
询　问				√	√
函　证		√			
重新计算		√			
重新执行		√			
分析程序		√			

四、审计证据的整理、分析与评价

审计人员所收集的审计证据，首先表现为分散的、个别的证据。为了使其具有充分的证明力，以便形成恰当的审计结论，必须对其进行整理、分析与评价，以便发现已有证据的不足，为进一步收集审计证据指明方向。

（一）审计证据的整理与分析方法

审计证据的整理与分析没有固定模式，但其基本方法是分类、计算、比较与综合。

1.分类

分类即将各种审计证据按问题大小、时间与目标，证明力的强弱，或与审计目标之间的关系进行分类整理，使之条理化和有序化。

2.计算

计算即按照一定方法对数据方面的审计证据进行计算，从而得出所需的新的证据。

3.比较

比较即将各种证据进行反复比较，从中分析被审计单位经济业务的变动趋势及其特征，并确定证据的可靠性；将审计证据与审计目标进行比较，判断其是否足以形成审计结论，是否还要收集更多的审计证据。

4.综合

综合即对审计证据进行归类综合，形成具有说服力的局部审计结论；再将局部审计结论进行综合，以便最终形成整体审计结论。

（二）审计证据的评价

审计证据的评价实质上就是复核其质量的过程。一般应注意以下事项：

1. 审计证据的取舍

审计人员没有必要也不可能将审计证据反映的内容全部写进审计报告，因而必须对审计证据进行适当取舍，只选择那些具有代表性、典型性的审计证据在审计报告中加以反映。其取舍标准主要有：

（1）金额的大小。将金额大、足以对被审计单位财务状况和经营成果的公允反映产生重大影响的审计证据加以保留，舍弃那些影响不大的审计证据。

（2）问题性质的严重程度。将那些金额并不大，但问题的性质较为严重，可能导致其他重大问题或与其他重大问题有关的审计证据加以保留。

2. 评价审计证据所反映的本质

某些审计证据所反映的可能是一种假象，审计人员必须对其进行分析与研究，透过现象评价其所反映的本质，不能被假象所迷惑。

3. 评价审计证据的可靠性

不同来源的审计证据，其可靠性可能存在差异。此外，被审计单位等审计资料的提供者可能出于某种动机而伪造证据。因此，审计人员必须对获取的审计证据的可靠性进行评价，排除伪证，以可靠证据作为形成审计结论的基础。

从不同来源获取的审计证据或不同性质的审计证据存在不一致，表明某项证据不可靠。例如，治理层、管理层、内部审计师和其他人员对相同或类似问题的答复不一致，则必定存在某人的答复不可靠。此外，还应当关注资料是否存在被篡改的痕迹、函证中回函地址与发函地址不一致等情形，这表明这些资料或证据不可靠。此时，审计人员应当修改或追加审计程序予以解决。

4. 评价审计证据应考虑的主要因素

在评价审计证据时，审计人员应当运用职业判断，从总体上评价是否已经获取了充分、适当的审计证据，并将审计风险降至可接受的低水平。考虑的主要因素包括：

（1）认定发生潜在错报的重大性，以及潜在错报单独或连同其他潜在错报对财务报表产生重大影响的可能性；

（2）管理层应对和控制风险的有效性；

（3）在以前审计中获取的存在类似潜在错报的经验；

（4）实施审计程序的结果，包括审计程序是否识别出舞弊或错误的具体情形；

（5）可获得信息的来源和可靠性；

（6）审计证据的说服力；

（7）对被审计单位及其环境的了解。

通过评价，如果认为还没有获取充分、适当的审计证据，审计人员应实施进一步的审计程序，以获取进一步的审计证据。如果不能获取充分、适当的审计证据，则应当发表保留意见或无法表示意见。

【课堂拓展】

未获取充分、适当的审计证据是审计失败的根源

充分、适当的审计证据是得出审计结论、形成审计意见的基础。大量审计失败案例表明，未获取充分、适当的审计证据是审计失败的根源。如在对营业收入进行审计时，审计人员只检查财务系统中营业收入金额，未检查业务系统中营业收入金额，未获取两者是否一致的证据；未对重要客户营业收入实施函证程序和访谈程序；发现销售合同中的金额远低于营业收入明细账中的金额、纳税申报表中列示的全年计税基础远低于全年营业收入和利润总额，但未实施进一步审计程序查明其原因等，就属于营业收入未获取充分、适当的审计证据的典型情形。

因此，为确保审计结论的可靠性，审计人员应当勤勉尽责，严格按照审计准则实施充分的审计程序；保持合理的职业怀疑，遇到相互矛盾的审计证据一定要实施进一步审计程序查明原因；在审计证据整理与分析中要恰当识别审计证据不充分、不恰当的情形，进而要求实施进一步审计程序，获取更充分、适当的审计证据。

第二节　审计工作底稿

一、审计工作底稿的定义与作用

（一）审计工作底稿的定义

审计工作底稿是审计人员对制订的审计计划、实施的审计程序、获取的相关审计证据，以及得出的审计结论所作出的全部记录。审计人员编制审计工作底稿，既为得出审计结论和出具审计报告提供依据，也为其已按照审计准则和相关法律法规的规定计划和执行了审计工作提供证据。

审计工作底稿形成于审计工作的全过程，包括审计人员所编制的工作记录和取得且已通过审核的相关资料；可以纸质、电子或其他介质形式存在。

常见的审计工作底稿有：

（1）审计业务约定书或审计通知书；

（2）与被审计单位设立有关的法律性资料，如企业批准设立证书、营业执照、合同、协议、章程等文件或变更文件的复印件；

（3）与被审计单位组织机构及管理层人员结构有关的资料；

（4）重要法律文件、合同、协议和会计记录的摘录或副本；

（5）对被审计单位相关内部控制研究与评价的记录；

（6）被审计单位未审计财务报表及审计差异调整表；

（7）总体审计策略；

（8）具体审计计划；

（9）实施具体审计程序的记录与资料；

（10）与被审计单位、其他注册会计师、专家和其他人员的会谈纪要、往来函件；

（11）问题备忘录、重大事项概要；

（12）被审计单位声明书；

（13）审计报告、管理建议书底稿及副本；

（14）审计约定事项完成后的总结；

（15）其他相关资料。

（二）审计工作底稿的作用

审计工作底稿形成于审计工作的全过程，它记录了审计人员在审计工作过程中所采用的审计方法、实施的审计程序、获得的重要审计证据、形成的审计结论等内容。因而，审计过程也是审计工作底稿的编制与形成过程。审计工作底稿在审计过程中有如下重要作用：

1.审计工作底稿是连接整个审计工作的纽带

由于审计工作是由多人组成的审计组完成的，其内部有分工，不同的审计程序往往由不同人员来完成。因此，必须借助于审计工作底稿，把审计组内部不同人员的工作有机地连接起来。

2.审计工作底稿是发表审计意见、出具审计报告的直接依据

由于审计工作底稿记录了审计人员收集的审计证据、作出的专业判断和形成的审计结论，因而理所当然地成为审计人员发表审计意见、出具审计报告的直接依据。

3.审计工作底稿是明确审计责任、评价工作业绩的依据

根据审计工作底稿的记载，审计人员如果依照审计准则的要求实施了必要的审计程序、获取了相应的审计证据并出具了适当的审计报告，就可免除或部分地减轻审计责任。同时，审计人员专业能力的大小、工作业绩的好坏，主要体现在对审计程序的选择是否恰当、相关专业判断是否正确上，而这些又大都体现在审计工作底稿之中。因此，审计工作底稿为明确审计责任、评价工作业绩提供了依据。

4.审计工作底稿为审计质量管理和质量检查提供了可能

审计机构进行审计质量管理，主要是指导和监督审计人员实施必要的审计程序，形成相应的工作底稿，并对工作底稿进行严格复核；审计监管部门或其他有关单位依法实施审计质量检查，也是通过对审计工作底稿的检查来实施的。因此，没有审计工作底稿，审计质量管理和审计质量检查就无法落到实处。

二、审计工作底稿的编制与复核

（一）审计工作底稿的编制

1.审计工作底稿的基本结构

编制审计工作底稿的基本目的是揭示有关审计事项从未审计情况到形成审计结论的整个过程。因而，审计工作底稿的基本结构是：

（1）未审计情况，包括有关审计事项的内部控制情况、未审计的发生额与期末余额等。

（2）审计过程记录，包括审计人员实施的审计程序的性质、测试的项目、抽取的样本、检查的重要资料、审计标识与说明、审计调整与重分类事项等。

（3）审计结论，包括对被审计事项内部控制的测试与评价结果、有关会计事项审定后

的发生额和期末余额、要求被审计单位调整的事项等。

2.审计工作底稿的基本要素

审计人员在编制审计工作底稿时，应当确保未曾接触该项审计工作的有经验的职业人士清楚地了解：

（1）按照审计准则和相关法律法规的规定实施的审计程序的性质、时间安排和范围；

（2）实施审计程序的结果和获取的审计证据；

（3）审计中遇到的重大事项和得出的结论，以及在得出结论时作出的重大职业判断。

因此，审计工作底稿一般应包括以下基本要素：

（1）被审计单位名称；

（2）审计项目名称；

（3）审计项目时点或期间；

（4）审计过程记录，包括实施的程序、获取的审计证据等；

（5）审计标识及其说明；

（6）审计结论；

（7）索引号及页次；

（8）编制者姓名及编制日期；

（9）复核者姓名及复核日期、结论；

（10）其他应说明的事项。

其中，审计标识是审计人员为便于表达审计含义而采用的标识；审计结论是通过实施必要的审计程序后，对某一审计事项所作的专业判断，如对被审计单位内部控制有效性及是否可以信赖形成的结论、对某一审计事项的余额或发生额的确认情况等。审计工作底稿的基本格式和内容请参见第六章、第八章的示例。

3.编制审计工作底稿的基本要求

审计人员在编制审计工作底稿时，在时间上应当及时；在内容上应做到资料翔实、重点突出、繁简得当、结论明确；在形式上应做到要素齐全、格式规范、标识一致、记录清晰。

影响审计工作底稿的格式、内容和范围的因素主要有：

（1）实施的审计程序的性质；

（2）已识别的重大错报风险；

（3）在执行审计工作和评价审计结果时需要作出判断的范围；

（4）已获取审计证据的重要程度；

（5）已识别的例外事项的性质和范围；

（6）当从已执行的审计工作或获取的审计证据中不易确定结论时，记录该结论或结论基础的必要性；

（7）使用的审计工具和方法。

（二）审计工作底稿的复核

审计机构应当结合本单位实际情况建立实用、有效的审计工作底稿复核制度，以确保审计质量。审计工作底稿复核制度就是审计机构对有关复核人员的级别、复核程序与要点、复核人员的职责等所作出的明确规定。

1.审计工作底稿的复核内容与要求

审计工作底稿的复核内容通常包括：

（1）所引用的材料是否真实可靠；

（2）所获取的审计证据是否充分、适当；

（3）所做的职业判断是否有理有据；

（4）所形成的审计结论是否正确。

复核人员在复核审计工作底稿时，应作出必要的复核记录、签署复核意见并签名。在复核过程中，复核人员如果发现已执行的审计程序和所作的审计记录存在问题，应指示有关人员予以答复、处理，并形成相应的审计记录。

2.审计工作底稿的三级复核制度

为了保障审计工作底稿的复核质量，各审计机构应当按照审计质量管理准则的要求，建立审计工作底稿的三级复核制度，即现场注册会计师、项目负责人（项目合伙人）、项目质量管理复核人对审计工作底稿所进行的逐级复核。

现场注册会计师的复核为第一级复核，是对审计工作底稿的详细复核，在审计外勤工作结束前（在审计现场）完成，以及时发现和解决问题。复核人员通常由项目组内经验丰富人员担任。在本级复核中，复核人员应对审计工作底稿进行逐一复核，发现问题时应及时指出，并督促有关人员及时修改与完善。在实施复核时，应当考虑：

（1）审计工作是否已按照法律法规、职业道德规范和审计准则的规定执行；

（2）重大事项是否已提请进一步考虑；

（3）相关事项是否已进行了适当咨询，由此形成的结论是否得到了记录和执行；

（4）是否需要修改已执行审计工作的性质、时间和范围；

（5）已执行的审计工作是否支持形成的结论，并已得到适当记录；

（6）获取的审计证据是否充分、适当；

（7）审计程序的目标是否实现。

项目负责人的复核为第二级复核，通常在出具审计报告前进行，通过复核审计工作底稿和与项目组进行讨论，以确信获取的审计证据已经充分、适当，足以支持形成的结论和拟出具的审计报告。在复核时应重点关注对关键领域所作的职业判断，尤其是执行业务过程中识别出的疑难问题或争议事项、特别风险以及项目负责人认为重要的其他领域。

项目质量控制复核人的复核是第三级复核，即在出具审计报告前，对项目组作出的重大判断和在准备审计报告时得出的结论进行客观评价的过程。这既是对前述两级复核的再监督，也是对整个审计工作的计划、进程和质量的重点把握。其复核的主要内容可参见第二章“审计质量管理准则”的相关内容。

三、审计工作底稿的管理和使用

（一）审计工作底稿的管理

审计工作结束后，审计项目组应当对审计工作底稿进行分类整理，形成最终的审计档案。审计工作底稿的归档期限为审计报告日后的60天内，并自出具审计报告之日起，至少保存10年。事务所应当制定审计档案的管理制度，以确保审计档案的安全与完整。

在完成最终审计档案的归档工作后，如果发现有必要修改现有审计工作底稿或增加新的审计工作底稿，不管修改或增加的性质如何，均应记录：

（1）修改或增加的时间和人员，以及复核的时间和人员；

（2）修改或增加的具体理由；

（3）修改或增加对审计结论产生的影响。

对于保管期限届满的审计档案，事务所可决定将其销毁，但在销毁之前，应对其进行最后的检查，然后再依照有关规定办理必要的审计档案销毁手续。销毁时，有关人员应进行现场监督或检查，以保证被销毁的审计档案彻底销毁。

（二）审计工作底稿的使用

由于审计工作底稿是审计人员在审计工作过程中形成的审计工作记录和获得的资料，是职务行为的结果，因而其所有权归属于事务所而非审计人员个人。

审计工作底稿往往涉及被审计单位的大量秘密，因此事务所对其审计工作底稿（包括已归档保管的审计档案）负有保密义务。除自己合法使用外，不得对外公开。但其保密工作同样必须遵循国家有关法律法规的规定，事务所不得以保密为由而违反国家有关法律法规的规定。在下列情况下，事务所应与查阅审计工作底稿的相关部门、机构进行必要的合作：

（1）法院、检察院及其他有关部门依法查阅，并按规定办理必要的手续后，可查阅审计工作底稿。

（2）事务所主管部门和监管机构依法对执业情况进行质量检查时，可查阅审计工作底稿。

（3）根据法律法规的要求，为法律诉讼准备文件或提供证据，以及向监管机构报告发现的违反法规的行为。

（4）其他审计组织因审计工作的需要，并经委托人同意，办理了相关手续后，可要求查阅审计工作底稿，具体包括：①被审计单位更换了事务所，后任注册会计师可以调阅前任注册会计师的审计工作底稿；②基于合并财务报表审计业务的需要，母公司所聘的注册会计师可以调阅子公司所聘的注册会计师的审计档案；③联合审计；④事务所认为合理的其他情况。

事务所应当对要求查阅者提供适当的协助，并根据有关审计工作底稿的性质和内容，决定是否允许要求查阅者阅览，以及复印或摘录其中的有关内容。

【延伸阅读】

1.《CSA 1131 审计工作底稿》(2022)。

2.《CSA 1301 审计证据》(2022)。

3.《CSA 1313 分析程序》(2022)。

4.《第2103号内部审计具体准则——审计证据》(2013)。

5.《第2109号内部审计具体准则——分析程序》(2013)。

6.《中华人民共和国国家审计准则》(2010) 第四章“审计实施”之第二节“审计证

据”、第三节“审计记录”。

【复习思考题】

1.审计证据的定义是什么？可进行怎样的分类？

2.审计证据应当具备哪些特征？

3.收集审计证据的方法有哪些？

4.如何对审计证据进行整理、分析与评价？

5.什么是审计工作底稿？它可以分为哪些类别？编制审计工作底稿有什么意义？

6.编制审计工作底稿有哪些要求？如何对其进行复核？

7.在审计工作底稿的所有权与使用方面有哪些原则？保管方面有哪些要求？

8.审计证据的类别与一般审计目标存在什么关系？

【案例分析题】

1.注册会计师王伟在对甲公司的固定资产进行审计时，得知甲公司在当年新购建了一套价值200万元的大型设备，拟对该设备进行重点审计。

要求：请说明王伟对该大型设备进行审计拟实现的具体审计目标、为实现该审计目标拟实施的关键审计程序、执行审计程序所获取审计证据的种类（按其存在现实分类），请完成表5-6。

表5-6　大型设备审计拟实现的具体审计目标、关键审计程序和审计证据种类

与余额相关的一般审计目标	对该大型设备进行审计的具体审计目标	拟实施的关键审计程序（获取审计证据的程序）	审计证据种类
存　在			
权利和义务			
完整性			
准确性、计价和分摊			
分类			
列报与披露			

2.事务所因审计工作底稿保管不当而被处罚。

A事务所（以下简称“A所”）负责B股份有限公司（以下简称“B公司”）20×3年至20×6年年度财务报告的审计工作，均出具了无保留意见审计报告。但经中国证监会查明，B公司在20×3年至20×5年年度财务报告中存在虚假记载、重大遗漏等违反证券法律法规的行为。

在中国证监会的调查中，因A所无法查找并提供其对B公司北京分公司20×4年度、20×5年度“交易性金融资产”、“预付账款”、“其他应收款”科目和“预付账款”科目的审计工作底稿，导致中国证监会调查人员无法了解注册会计师相关年度相关科目的审计过

程，也无法判断审计尽职情况。显然，A所对B公司20×4年、20×5年年度财务报告的审计工作底稿的管理工作存在疏漏。中国证监会决定：对A所给予警告，并处以30万元罚款。

讨论题：

（1）审计工作底稿的保管期限是多少年？相关保管规定有哪些？

（2）本案例揭示了审计工作底稿有何作用？给我们哪些启示？

3. 资料如第四章案例分析题中的表4-2。请你对该表数据实施分析程序，包括比较分析、比率分析、趋势分析，并说明甲公司20×3年度财务报表重大错报风险高吗？为什么？

第六章　内部控制及其测试

【课堂拓展】

反舞弊永远在路上

企业在发展中必然会遭遇各种舞弊问题。企业不能因遏制舞弊而影响发展，也不能因追求发展而放任舞弊。

近年来，腾讯内部在申领报销、游戏作弊、广告推广、合作方选择、流量支持等方面呈现舞弊行为高发态势，《腾讯集团反舞弊通报》显示，2019—2021年，腾讯反舞弊调查部共查处违反“腾讯高压线”案件150余起，230余人因违反“腾讯高压线”被辞退，60余人因涉嫌犯罪被移送公安机关处理。

腾讯公司首席执行官马化腾就曾透露，腾讯2022年提升了内部控制力度，结果查出大量内部贪腐问题，还牵扯到了部分中层干部。他甚至用“看完之后吓死人”“触目惊心”来形容内部贪腐问题的严重性。马化腾还表示，腾讯已经将数字化能力引入反舞弊中，此后腾讯所有的报销和外部供应商的数据全部汇集起来，内审内控进行大数据分析，能找到大部分低水平的问题，腾讯会在2023年继续建设这项能力。企业发生舞弊事件，不但会造成一定程度的经济损失，还会给企业外部声誉和内部文化带来负面影响。内部控制是企业防范舞弊的重要手段。企业通过内部控制的建立和完善，既能有效激活自身的“免疫系统”，将舞弊抑制在萌芽状态；也能及时发现舞弊情形，对其进行处理、处罚，起到震慑的作用。

在现代风险导向审计下，审计人员在风险评估阶段需实施程序了解被审计单位内部控制，并决定是否在风险应对阶段安排控制测试，以便对进一步审计程序作出安排。

资料来源：陈霞昌．腾讯通报！开出48人惩治名单！涉职务侵占、非法挪用资金 股价自底部已翻倍［EB/OL］．［2023-01-15］．https：//finance.eastmoney.com/a/202301152614014498.html.

无论是制度基础审计模式，还是风险导向审计模式，注册会计师均需要对被审计单位内部控制有效性进行评估，以确定是否执行控制测试、评价控制风险，进而确定实质性程序的性质、范围和时间安排。本章首先介绍内部控制基本理论，然后阐述注册会计师如何了解、测试和评价内部控制有效性。

第一节　内部控制基本理论

内部控制经历内部牵制—内部控制制度—内部控制结构—内部控制整体框架—企业风险管理框架的发展阶段，并形成了相对完善的内部控制规范体系。在我国，内部控制规范体系由财政部等发布，由《企业内部控制基本规范》、应用指引、评价指引和审计指引组成，涵盖了各类企业、行政事业单位。内部控制基本理论则包括了内部控制基本目标、基本要素以及构建内部控制体系的基本原则。

一、内部控制的基本目标

《企业内部控制基本规范》提出，内部控制是由企业董事会、监事会、经理层和全体员工共同实施的、旨在实现控制目标的过程。内部控制的目标是合理保证企业经营管理合法合规、资产安全、财务报告及相关信息真实完整、提高经营效率和效果、促进企业实现发展战略。

（一）促进遵循国家法律法规

守法和诚信是企业健康发展的基石。逾越法律的短期发展行为终将付出沉重的代价。内部控制要求企业必须将发展置于国家法律法规允许的基本框架之下，在守法的基础上实现自身发展。实现合规管理是内部控制的最低目标。

（二）促进维护资产安全

资产安全是投资者、债权人和其他利益相关者普遍关注的重大问题，是企业可持续发展的物质基础。良好的内部控制，应当为资产安全完整、防范资产损失浪费提供扎实的制度保障。

（三）促进提高信息报告质量

可靠、及时的信息报告能够为企业提供准确而完整的信息，支持企业经营管理决策和营运监控；同时，保证对外披露的信息报告的真实、完整，有利于提升企业的诚信度和公信力，维护企业良好的声誉和形象。

（四）促进提高经营效率和效果

它要求企业结合自身所处的特定内外部环境，通过建立健全有效的内部控制，不断提高经营活动的盈利能力和管理效率。

（五）促进实现发展战略

这是内部控制的终极目标。它要求企业将近期利益与长远利益结合起来，在企业经营管理中努力作出符合战略要求、有利于提升可持续发展能力和创造长久价值的策略选择。

二、内部控制的基本要素

《企业内部控制基本规范》要求企业建立健全内部控制时需要考虑内部环境、风险评估、控制活动、信息与沟通、监督等五大要素。

（一）内部环境

内部环境规定企业的纪律与架构，影响经营管理目标的制定，塑造企业文化氛围并影响员工的控制意识，是企业建立与实施内部控制的基础。内部环境主要包括治理结构、机构设置及权责分配、内部审计机制、人力资源政策、企业文化等。

1.治理结构

企业应当根据国家有关法律法规和企业章程，建立规范的公司治理结构和议事规则，明确股东大会、党委会、董事会、监事会和经理层在决策、执行、监督等方面的职责权限，形成科学有效的职责分工和制衡机制。

2.机构设置及权责分配

企业应当结合业务特点和内部控制要求设置内部机构，明确职责权限，将权利与责任落实到各责任单位，以便提升管理效能，并保证信息通畅流动。

3.内部审计机制

企业应当建立内部审计制度，加强内部审计工作，保证内部审计机构设置、人员配备和工作的独立性，并通过内部审计工作，促进财务收支和经营管理的真实、合法和有效以及内部控制的有效性。

4.人力资源政策

企业所有活动均由员工实施，员工专业素养决定了内部控制有效性。人力资源政策对员工影响重大。人力资源政策包括员工的聘用、培训、辞退与辞职；员工的薪酬、考核、晋升与奖惩；关键岗位员工的强制休假制度和定期岗位轮换制度；对掌握国家秘密或重要商业秘密的员工离岗的限制性规定等内容。企业应当将职业道德修养和专业胜任能力作为选拔和聘用员工的重要标准，切实加强员工培训和继续教育，不断提升员工素质。

5.企业文化

企业应当加强文化建设，培育积极向上的价值观和社会责任感，倡导诚实守信、爱岗敬业、开拓创新和团队协作精神，树立现代管理理念，强化风险意识和法律意识。党委委员、董事、监事、经理及其他高级管理人员应在塑造良好的企业文化中发挥关键作用。

（二）风险评估

风险评估是企业及时识别、科学分析经营活动中与实现控制目标相关的风险因素，合理确定风险应对策略，实施内部控制的重要环节。风险评估主要包括目标设定、风险识别、风险分析和风险应对。

1.目标设定

风险是指一个潜在事项影响目标实现的可能性。风险与可能被影响的控制目标相关联。企业必须设定与生产、销售、财务等业务相关的目标，制定识别、分析和管理相关风险的机制，以了解企业所面临的来自内部和外部的各种不同风险。

2.风险识别

风险识别就是企业要识别哪些事项会影响目标实现。企业不仅要识别内部风险，还要识别与控制目标相关的各类外部风险。

企业识别内部风险，一般关注：党委委员、董事、监事、经理及其他高级管理人员的职业操守、员工专业胜任能力等人力资源因素；组织机构、经营方式、资产管理、业务流程等管理因素；研究开发、技术投入、信息技术运用等自主创新因素；财务状况、经营成果、现金流量等财务因素；营运安全、员工健康、环境保护等安全环保因素等。

企业识别外部风险，一般关注：经济形势、产业政策、融资环境、市场竞争、资源供给等经济因素；法律法规、监管要求等法律因素；安全稳定、文化传统、社会信用、教育水平、消费者行为等社会因素；技术进步、工艺改进等科学技术因素；自然灾害、环境状况等自然环境因素等。

3.风险分析

在充分识别各种潜在风险因素后，企业应对固有风险（不采取任何防范措施可能造成的损失程度）和剩余风险（采取了应对措施之后仍可能造成的损失程度）进行分析。企业应当采用定性与定量相结合的分析方法，分析风险发生的可能性及其影响程度等，进而对风险进行排序，确定关注重点和需优先控制的风险。

4.风险应对

企业在分析了相关风险发生的可能性和影响程度后，结合风险承受度，权衡风险与收益，确定风险应对策略。

常用的风险应对策略有：风险规避，即改变或回避相关业务，不承担相应风险；风险承受，即比较风险与收益后，愿意承担全部风险；风险降低，即采取措施降低发生不利后果的可能性；风险分担，即通过购买保险、外包业务、合作经营等方式来对冲一部分风险。

风险应对策略的选择与企业风险偏好密切相关，为此，企业应当合理分析、掌握风险偏好，采取适当控制措施，避免因个人风险偏好给企业经营带来重大损失。风险应对策略往往需结合运用多种策略。

（三）控制活动

控制活动是指企业根据风险降低的应对策略，采用相应控制措施，将风险控制在可承受度之内，是实施内部控制的具体方式。常见的控制措施有：不相容职务分离控制、授权审批控制、会计系统控制、财产保护控制、预算控制、合同管理控制、运营分析控制和绩效考评控制等。企业应当根据内部控制目标，结合风险降低策略，综合运用控制措施，对各种业务和事项实施有效控制。

1.不相容职务分离控制

不相容职务是指那些如果由一个人担任既可能发生错误和舞弊又可能对其掩盖的职务。不相容职务一般包括：授权批准与业务经办、业务经办与会计记录、会计记录与财产保管、业务经办与稽核检查、授权批准与监督检查等。不相容职务如果不实行分离的措施，就容易发生错弊行为。企业在设计内部控制时，首先应确定哪些职务是不相容的；其次要明确规定各个机构和岗位的职责权限，使不相容职务之间能够相互监督、相互制约，形成有效的制衡机制。

2.授权审批控制

授权审批是指企业在办理各项经济业务时，必须经过规定程序的授权批准。授权通常有常规授权和特别授权之分。常规授权是指企业在日常经营管理活动中按照既定的职责和程序进行的授权，用以规范经济业务的权力、条件和有关责任者，其时效性一般较长，通常通过管理制度授权。特别授权是企业在特定情形下办理例外的、非常规性交易事项的权力、条件和责任的应急性授权。企业必须建立授权审批体系，编制常规授权的权限指引，规范特别授权的范围、权限、程序和责任，严格控制特别授权。对于重大业务和事项，企业应当实行集体决策审批或者联签制度，任何个人不得单独进行决策或擅自改变集体决策。

3.会计系统控制

会计系统控制主要是通过对企业发生的各项经济业务进行会计归集、分类、记录和报告等而进行的控制。其内容主要包括：依法设置会计机构，配备会计从业人员，建立会计工作的岗位责任制，对会计人员合理分工，使之相互监督和制约；按照规定取得和填制原始凭证；设计良好的凭证格式；对凭证进行连续编号；规定合理的凭证传递程序；明确凭证的装订和保管手续及责任；合理设置账户，登记会计账簿，进行复式记账；按照《会计法》和国家统一的会计准则与制度的要求编制、报送、保管财务会计报告。

4.财产保护控制

保障财产安全是内部控制的重要目标之一。财产保护控制的措施主要包括：

（1）财产记录和实物保管。关键要妥善保管涉及资产的各种文件资料，避免记录受损、被盗、被毁。重要的文件资料应当留有备份，以便在遭受意外损失或毁坏时重新恢复，这在信息技术环境中尤为重要。

（2）定期盘点和账实核对。定期对实物资产进行盘点，并将盘点结果与会计记录进行比较，查明资产管理上出现错误、浪费、损失或其他不正常现象，分析原因、明确责任、完善管理制度。

（3）限制接近。严格限制未经授权的人员对资产的直接接触。只有经过授权批准的人员才能接触该资产。限制接近包括限制对资产本身的接触和通过文件批准方式对资产使用或分配的间接接触。一般情况下，对货币资金、有价证券、贵重物品、存货等变现能力强的资产必须限制无关人员的直接接触。

5.预算控制

企业通过预算编制和预算执行，分析未完成预算的原因并采取改进措施，对经营活动全过程进行监控。预算编制不论采用自上而下还是自下而上的方法，其决策权都应落实在最高管理层，由其进行决策、指挥和协调。各预算单位组织实施预算，并辅之以对等的权责利关系，由内部审计等部门负责监督预算的执行。

6.合同管理控制

合同管理控制要求企业对外所有业务活动均应签订书面合同，通过合同管理实现对业务全过程的控制。在合同签订前，应通过考察充分评估对方履约能力和信用、明确双方权责；合同条款应经财务、法务、审计等部门审核，并经适当管理层审批。合同签订后，企业应当建立合同管理台账，对合同履约过程进行监控，及时发现问题并采取应对措施。

7.运营分析控制

运营分析是对企业内部各项业务、各类机构的运行情况进行独立分析或综合分析，进而掌握企业运营的效率和效果，为持续的优化调整奠定基础。运营分析控制要求企业建立运营情况分析制度，综合运用生产、购销、投资、筹资、财务等方面的信息，通过因素分析、对比分析、趋势分析等方法，定期开展运营情况分析，发现存在的问题，及时查明原因并加以改进。

8.绩效考评控制

绩效考评是对所属单位及个人占有、使用、管理与配置企业经济资源的效果进行的评价。绩效考评控制要求企业建立和实施绩效考评制度，科学设置考评指标体系，对企业内部各责任单位和全体员工的业绩进行定期考核和客观评价，将考评结果作为确定员工薪酬以及职务晋升、评优、降级、调岗、辞退等的依据。

除上述常见控制措施外，企业还需建立重大风险预警机制和突发事件应急处理机制，明确风险预警标准，对可能发生的重大风险或突发事件，制定应急预案，明确责任人员、规范处理程序，确保突发事件得到及时妥善处理。

（四）信息与沟通

信息与沟通是企业及时、准确地收集、传递与内部控制相关的信息，确保信息在企业内部、企业与外部之间进行有效沟通，是实施内部控制的重要条件。

1.信息的收集与筛选

企业日常生产经营需要收集各种内部信息和外部信息，并对这些信息进行合理筛选、核对、整合，提高信息的有用性。企业可以通过财务会计资料、经营管理资料、调研报告、专项信息、内部刊物、办公网络等渠道，获取内部信息；还可以通过行业协会组织、社会中介机构、业务往来单位、市场调查、来信来访、网络媒体以及有关监管部门等渠道，获取外部信息。

2.信息的沟通与反馈

信息的价值必须通过传递和使用才能体现。企业应当建立信息传递机制，将内部控制相关信息在企业内部各管理级次、责任单位、业务环节之间，以及企业与外部投资者、债权人、客户、供应商、中介机构和监管部门等有关方面之间进行沟通和反馈。重要信息须及时传递给董事会、监事会和经理层。

3.信息的集成与共享

为提高控制效率，企业可以运用信息技术加强内部控制，建立与经营管理相适应的信息系统，促进内部控制流程与信息系统的有机结合，实现对业务和事项的自动控制，减少或消除人为操纵因素。企业利用信息技术对信息进行集成和共享的同时，还应加强对信息系统开发与维护、访问与变更、数据输入与输出、文件储存与保管、网络安全等方面的控制，保证信息系统安全稳定运行。

4.建立反舞弊机制

企业应当建立反舞弊机制，坚持惩防并举、重在预防的原则，明确反舞弊工作的重点领域、关键环节和有关机构在反舞弊工作中的职责权限，规范舞弊案件的举报、调查、处理、报告和补救程序。为确保反舞弊工作落到实处，企业应当建立举报投诉制度和举报人保护制度，设置举报专线，明确举报投诉处理程序、办理时限和办结要求，确保举报、投诉成为企业有效掌握信息的重要途径。举报投诉制度和举报人保护制度应当及时传达至全体员工。

（五）内部监督

内部监督是企业对内部控制建立与实施情况进行监督检查，以评价内部控制的有效性，并及时改进发现的内部控制缺陷。

内部监督包括日常监督和专项监督。日常监督是指企业对建立与实施内部控制的情况进行常规、持续的监督检查。专项监督是指在企业发展战略、组织结构、经营活动、业务流程、关键岗位员工等发生较大调整或变化的情况下，对内部控制的某一方面或某些方面进行有针对性的监督检查。

日常监督和专项监督情况应当形成书面报告，并在报告中揭示存在的内部控制缺陷。内部监督形成的报告应当有畅通的报告渠道，确保发现的重要问题能及时送达治理层和经理层；同时，应当建立内部控制缺陷纠正、改进机制，充分发挥内部监督效力。企业应当在日常监督和专项监督的基础上，定期对内部控制的有效性进行自我评价，出具自我评价报告。

三、建立内部控制的基本原则

建立内部控制的基本原则是企业建立与实施内部控制应当遵循的基本要求。通常应当遵循五大原则：

（一）全面性原则

内部控制应当贯穿决策、执行和监督的全过程，覆盖企业及其所属单位的各种业务和事项，实现全过程、全员性控制，不存在内部控制空白点。

（二）重要性原则

内部控制应当在兼顾全面的基础上，关注重要业务事项和高风险领域，并采取更为严格的控制措施，确保不存在重大缺陷。重要性原则的应用需要职业判断，企业应当根据所处的行业环境和经营特点，从业务事项的性质和涉及的金额两方面来考虑是否及如何实行重点控制。

（三）制衡性原则

内部控制应当在治理结构、机构设置及权责分配、业务流程等方面形成相互制约、相互监督，兼顾运营效率。制衡性原则要求企业完成某项工作必须经过互不隶属的两个或两个以上的岗位和环节；同时，还要求履行内部控制监督职责的机构或人员具有良好的独立性。

（四）适应性原则

内部控制应当与企业经营规模、业务范围、竞争状况和风险水平等相适应，并随着情况的变化加以调整。适应性原则要求企业建立与实施内部控制应当具有前瞻性，适时对内部控制系统进行评估，发现可能存在的问题，并及时采取措施予以补救。

（五）成本效益原则

内部控制应当权衡实施成本与预期效益，以适当的成本实现有效控制。这要求企业内部控制建设必须统筹考虑投入成本和产出效益之比。对成本效益原则的判断需要从企业整体利益出发，尽管某些控制会影响工作效率，但可能会避免整个企业面临更大损失，此时仍应实施相应控制。

第二节　内部控制了解与测试

了解与测试被审计单位内部控制的设计与执行情况，目的有二：一是确定被审计单位内部控制设计的合理性以及执行的有效性，进而帮助其健全和完善内部控制；二是在评估被审计单位控制风险的基础上，确定实质性程序的性质、时间安排和范围，以合理分配审计资源，提高审计效率。了解与测试内部控制一般分为三个阶段：了解与描述内部控制、评价内部控制设计的合理性以及是否得到执行、测试内部控制执行的有效性并评价控制风险。内部控制测试包括设计测试和执行测试。前者用于测试内部控制设计的合理性，后者用于测试内部控制执行的有效性。

一、了解与描述内部控制

注册会计师可以从企业整体层面和具体业务层面来了解其内部控制。整体层面主要是从内部环境、风险评估、控制活动、信息与沟通、内部监督等五个方面来逐一了解其内部控制情况；具体业务层面主要从其业务方面来了解其内部控制情况，通常包括资金营运管理、筹资管理、投资管理、销售与应收账款管理、采购与应付账款管理、固定资产管理、无形资产管理、存货管理、研究与开发、工程项目、担保业务、业务外包、财务报告、全面预算、合同管理、生产管理、税务管理等，需涵盖其主要业务和事项。

（一）了解内部控制

注册会计师了解被审计单位内部控制的途径主要有四个：

1.查阅相关内部控制文件

在调查和了解内部控制制度时，首先，调阅被审计单位有关管理制度的文件、工作手册、工作总结、经验介绍等资料，查明有关管理和控制的要求；其次，根据制度、文件的要求，查证是否采取了相应的控制措施；最后，根据内部控制文件和有关的操作规程，详细了解内部控制是否符合其实际情况。在审阅内部控制文件时，必须明确这些制度文件是否符合国家统一政策和法规的要求。

2.利用以往的审计经验

注册会计师在了解内部控制时，应当合理利用以往的审计经验，并进行专业判断。需注意的是，内部控制所依存的环境在不断发展和变化，过去有效的内部控制可能不再适用，因此，通常还可以实施其他审计程序了解内部控制的当前变化。

3.实施观察和询问程序

实地观察被审计单位业务活动和内部控制的运行情况，可以使注册会计师对其有一个感性认识，对不寻常的经营活动有所“警觉”，初步判断内部控制运行是否有效，例如企业是否有闲置的设备，机械设备是否缺乏保养，所有文档资料是否归档和加锁保存，工作人员对待工作的态度等。

通过询问被审计单位的管理层和员工，注册会计师能获得新的情况或企业经营变化情况，了解其对内部控制的看法，并与内部控制文件核对，以检查有关人员对内部控制制度的理解是否准确。

4.执行穿行测试

穿行测试是指注册会计师在每一类交易循环中选择一笔或若干笔业务，自始至终进行追踪审核，以验证内部控制的实际运行是否与文件所述一致。通过穿行测试，既可以观察各环节的控制是否达到规定标准，识别控制缺陷；又可以检查注册会计师对内部控制的理解程度和记载所获信息的准确性。通常，穿行测试只需选择若干重要环节进行验证，但特别重要的业务系统则需进行全面检查验证。

上述方法不是彼此孤立的，而是相辅相成的，因此要注意综合运用，并贯穿对内部控制五大要素的了解。

（二）描述内部控制

注册会计师在了解内部控制的情况后，应当用适当的方法对内部控制加以描述，以供修改审计计划，或供日后查考。内部控制描述方法主要有文字表述法、问卷调查法和流程图法。

1.文字表述法

文字表述法是指注册会计师用叙述性文字方式来记录内部控制。这类描述通常包括被审计单位业务的授权、批准、执行、记录、保管等程序及其实际执行情况；一般按业务循环进行，逐项描述各个业务循环所完成的工作及其派生的各种文件记录。其格式见表6-1。

表6-1　　材料采购内部控制文字说明书

<table>
<tr><td colspan="2">A厂的材料采购由供应科负责。材料采购的发生有两种情况：(1) 各车间填写请购单一式两联。第一联送供应科，经审核批准后据以复写订购单；第二联留车间备查。订购单一式三联。第一联送材料供应厂商订货；第二联通知仓库准备收料；第三联留供应科备查。(2) 仓库发现库存量达到订购点时填写订购单一式三联。第一、三联留供应科备查；第二联留仓库准备收料。供应厂商将材料发来时，直接由仓库根据对方寄来的发票、提货单和本厂订购单核对数量、规格和质量并验收，填写收料单一式三联。第一联由保管员据以登记材料卡片账和材料明细账，并留材料仓库备查；第二联送供应科，通知材料已收到；第三联送财务科，据以登记材料总账并付款。
审计员：李文
20×4年2月14日</td></tr>
<tr><td>复核说明与结论</td><td></td></tr>
</table>

文字表述法的优点是简便易行，比较灵活，可作出比较深入和具体的描述，不受限制。其缺点是，有时很难用简明易懂的语言来详细说明内部控制各个细节，可能使文字叙述冗长，并可能遗漏重要环节，而且缺乏形象感和层次感，不便于资料整理和对比分析。

它通常用于记录控制环境、一般控制和实物控制等方面的情况，几乎适用于任何类型、任何规模的单位，特别适用于内部控制不很健全或业务简单的中小企业。

2.问卷调查法

问卷调查法是指注册会计师用调查问卷的方式来描述内部控制。这通常需要注册会计师根据被审计单位的业务类型、业务循环、内部控制等，特别是与保证会计记录的正确、可靠以及保证财产物资安全、完整有关的主要事项，事先设计一系列有针对性、标准化的调查问卷，然后请被审计单位相关人员填写。其格式见表6-2。

表6-2　　库存现金和银行存款内部控制调查问卷

<table>
<tr><th>调　查　项　目</th><th>是</th><th>否</th><th>不适用</th><th>备　注</th></tr>
<tr><td>1.是否建立了货币资金业务的岗位分工责任制</td><td>√</td><td></td><td></td><td rowspan="5">在库存现金未突破规定限额时，部分小额零星收入有坐支现象</td></tr>
<tr><td>2.是否配备了合格的人员，并根据单位具体情况进行岗位轮换</td><td>√</td><td></td><td></td></tr>
<tr><td>3.对货币资金业务是否建立了严格的授权审批制度</td><td>√</td><td></td><td></td></tr>
<tr><td>4.审批人是否超越审批权限进行审批</td><td></td><td>√</td><td></td></tr>
<tr><td>5.是否按照规定的程序办理货币资金支付业务</td><td>√</td><td></td><td></td></tr>
</table>

续表

调 查 项 目	是	否	不适用	备 注
6.对于重要的货币资金支付业务是否实行集体决策和审批，并建立责任追究制度	√			
7.对于货币资金是否有接触性控制	√			
8.超过库存限额的现金是否及时存入银行，是否有坐支现金现象		√		
9.是否存在超越现金开支范围支付现金的情况		√		
10.货币资金收入是否及时准确入账	√			
11.企业是否根据不同的银行账号分别开设银行存款日记账	√			
12.企业除零星支付外的支出是否通过银行结算	√			
13.银行存款日记账与总账是否每月月末核对相符	√			
14.银行存款日记账是否定期与银行对账单核对	√			
15.是否按月与银行对账，编制银行存款余额调节表，做到账实相符	√			在库存现金未突破规定限额时，部分小额零星收入有坐支现象
16.银行存款日记账是否逐笔序时登记	√			
17.现金是否做到日清月结，并建立和实行定期盘点制度	√			
18.现金收入、支出是否有合理、合法的凭据	√			
19.现金收付款凭证是否符合制单、复核、主管终审的三审纵横检控原则	√			
20.现金支票及现金收付款凭证是否由专人管理	√			
21.现金支票和银行预留印鉴是否做到分管及签盖分工负责制	√			
22.支票是否按序签发，开出支票是否使用支票登记簿	√			
23.作废支票是否加盖“作废”戳记，并与存根一并保存	√			
24.有无现金收支业务的内部审计制度			√	

结论：

1.经内部控制问卷调查和简易测试后，认为现金收支循环的内部控制可信赖度为：

高（√）　　中（　）　　低（　）

2.该循环是否需进一步做执行测试：

是（√）　　否（　）

复核说明与结论：

这种方法的关键在于调查问卷的设计是否得当。审计机构通常会设计通用的调查问卷，注册会计师需结合被审计单位内部控制情况优化通用调查问卷。在调查表中，一般对每个调查问题分设“是”、“否”、“不适用”和“备注”四个栏目。有时还可在“否”栏内根据控制弱点的轻重程度，再细分“较轻”和“严重”两栏。其中，“是”表示肯定，“否”表示否定，“不适用”表示该问题不适用于被审计单位，“备注”栏则用于记录回答问题的资料来源和对有关问题的说明。

问卷调查法的优点有：一是简便易行，容易上手操作；二是能获得对所调查问题的明确答复，有利于进一步分析和评价；三是调查工作可分工实施，并可同时调查不同层级人员，有利于节约审计时间，提高效率；四是调查表中的“否”栏集中反映了内部控制存在的问题，能引起注册会计师的高度重视。其缺陷是：一是格式固定，缺乏弹性，调查内容仅限于明确的调查事项，不易了解其他方面的有关信息；二是调查事项如果设计不当，就不能正确反映内部控制的健全情况；三是若被调查人员漫不经心，会使调查流于形式。

问卷调查法适用于检查了解内部控制系统中各项具体的控制点和控制措施。

3.流程图法

流程图法是指用流程图的方式来描述内部控制。流程图是用特定的语言、符号或图形，直观、形象地描述被审计单位的组织结构、职责分工、权限范围、会计记录、业务处理流程等内部控制情况。材料收发业务流程图如图6-1所示。

流程图的主要优点是：从整体角度，以简明图式描绘被审计单位的内部控制系统，能直观地体现内部控制系统中的薄弱环节，便于理解与评价。不足之处在于：①绘制流程图须具备较娴熟的技术并花费较多的时间，绘制难度较大；②不同审计机构使用的流程图符号不同，可能引起理解混乱；③当被审计单位业务量大、组织结构复杂或控制环节较多时，流程图就会过于复杂。

描述内部控制的三种方法并不相互排斥，而是相互依赖和相互补充的。因此，在描述被审计单位内部控制时，可对不同业务环节运用不同的方法，也可结合运用几种方法。

二、评价内部控制设计的合理性以及是否得到执行

注册会计师在了解内部控制后，需要根据获取的审计证据，评价内部控制设计的合理性，并确定其是否得到执行。这需要回答以下问题：

（1）控制本身的设计是否合理：评价所设计的控制在重要业务流程中单独或连同其他控制能否有效地实现特定控制目标。

（2）控制是否得到执行。如果设计合理的控制没有得到执行，那么该控制也不会发挥应有的作用。因此，注册会计师需要获取审计证据，评价这类控制是否正在被使用。

（3）是否更多地信赖控制并拟实施控制测试。如果认为被审计单位内部控制设计合理并得到执行，能够有效防止或发现并纠正重大错报，注册会计师就可以信赖这些控制，就需要实施控制的执行测试；如果认为内部控制是无效的，包括控制本身设计不合理，或者没有得到执行，就不需要实施执行测试，而直接实施实质性程序。

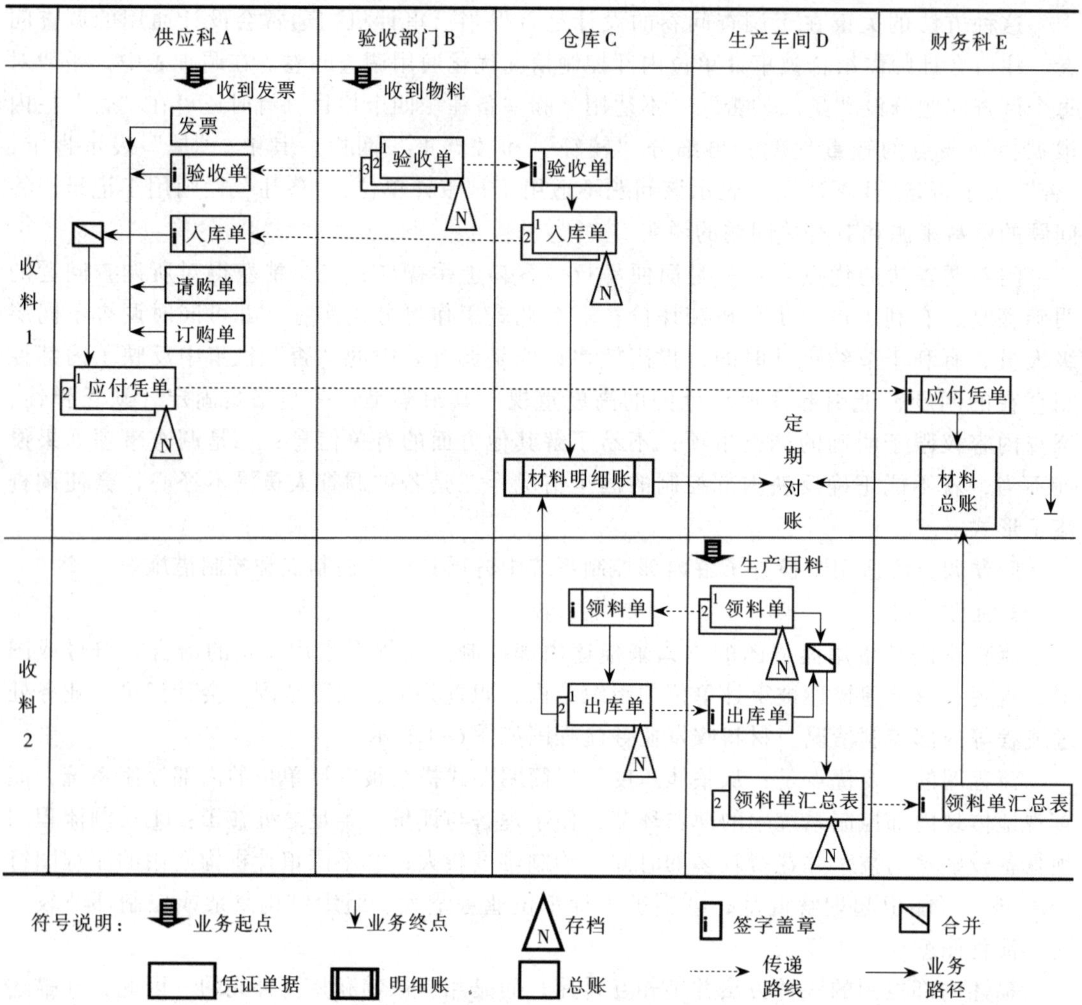

流程说明：

A1-1	供应科收到供应商寄来的发票
B1	物资到货，验收部门组织验收，开具连续编号的验收单一式三联
C1	仓库依据传递过来的经过签字的验收单组织收料，开具连续编号的入库单一式两联，并登记材料明细账
A1-2	供应科将收到的发票、验收单、入库单与自行留底的请购单、订购单进行核对；核对无误后开具连续编号的应付凭单一式两联，其中一联送至财务科登账
E1	财务科根据供应科传递过来的经签字的应付凭单登记材料总账；定期组织材料总账和明细账的对账工作
D2-1	生产车间根据生产计划领取物料，开具连续编号的一式两联的领料单
C2	仓库依据传递过来的经签字的领料单组织备料并发料，同时开具连续编号的一式两联的出库单
D2-2	生产车间定期将留底的领料单和仓库传递过来的出库单进行核对；核对无误后编制领料单汇总表一式两份，其中一份送至财务科登账
E2	财务科根据生产车间传递过来的经签字的领料单汇总表登记材料总账

图6-1　材料收发业务流程图

三、测试内部控制执行的有效性和评价控制风险

控制的执行测试是对内部控制是否得到有效执行，能否有效防止或发现并纠正认定层次重大错报而实施的测试。

（一）执行测试的目标

在测试内部控制执行的有效性时，注册会计师应当从以下方面获取相关审计证据：①控制在所审计期间的不同时点是如何运行的；②控制是否得到一贯执行；③控制由谁执行；④控制以何种方式运行（如人工控制或自动化控制）。

内部控制执行的有效性需强调控制能够在各个不同时点按照既定设计被一贯执行，因而需要抽取足够数量的交易进行检查或对多个不同时点进行观察。

（二）执行测试的要求

注册会计师并非在任何时候都要对内部控制执行的有效性进行测试。当存在下列情形之一时，注册会计师应当实施执行测试：①在评估认定层次重大错报风险时，预期内部控制的执行是有效的，这可以减少实施实质性程序；②仅实施实质性程序不足以提供认定层次充分、适当的审计证据。

（三）执行测试的程序

实施内部控制的执行测试时，注册会计师通常实施以下程序：

1.询问

注册会计师可以通过询问被审计单位的适当员工，获取内部控制执行情况的相关信息。例如，询问信息系统管理人员有无未经授权接触计算机硬件和软件；向负责复核银行存款余额调节表的人员询问如何进行复核，复核要点及发现不符事项的处理等。但询问本身并不足以测试控制运行的有效性，还需与其他审计程序结合使用。

2.观察

观察是测试不留下书面记录的控制（如职责分离）运行情况的有效方法。例如，观察存货盘点控制的执行情况；观察空白支票是否被妥善保管；观察仓库房门是否锁好等。通常，注册会计师通过观察直接获取的证据比间接获取的证据可靠。但观察提供的证据仅限于观察发生的时点，本身也不足以测试控制执行的有效性。

3.检查

对运行情况留有书面证据的控制，检查非常适用。书面说明、复核时留下的记号，都可以被当作控制执行情况的证据。例如，检查销售发票是否有复核人员签字，检查其是否附有客户订购单和出库单等。

4.重新执行

重新执行是指注册会计师按照相关内部控制的规定，将相关业务重新执行一遍。通常只有当询问、观察和检查程序结合在一起仍无法获得充分证据时，注册会计师才考虑通过重新执行来证实控制是否被有效地执行。例如，重新核对某月的银行对账单与银行存款日记账，编制银行存款余额调节表，并与被审计单位会计人员编制的银行存款余额调节表进行核对，以验证银行存款相关内部控制执行的有效性。

（四）控制测试的结果：评价控制风险

控制测试的重点是初步评价后所确定的内部控制的弱点和关键控制点。控制测试的时间安排一般可放在年度中间进行，也可根据审计项目和任务的需要由注册会计师确定测试时间。控制测试的目的是评价控制风险，以便确定进一步审计程序的性质、时间安排和范围。

注册会计师完成控制测试后，应对被审计单位内部控制的有效性进行评价，以确认内部控制的可信赖程度以及控制风险。如果被审计单位内部控制设计合理，且执行有效，注册会计师就可以将控制风险评估为低水平，这意味着业务循环过程和会计记录发生错弊的可能性较小，可以较多地信赖、利用内部控制，进而相应减少实质性程序的数量和范围。如果内部控制存在设计缺陷，或者未得到有效执行，注册会计师就需将控制风险评估为高水平。这意味着业务循环过程和会计记录发生错弊的可能性较大，注册会计师应降低信赖并减少利用内部控制，增加实质性程序的数量和范围。

（五）控制测试的工作底稿示例

表6-3至表6-6具体列示了库存现金和银行存款内部控制执行测试的过程和结果。

表6-3　**库存现金和银行存款内部控制测试程序表**

测试重点	常规测试程序	索引号
按常规程序测试	1.检查库存现金和银行存款的内部控制制度是否建立并被严格执行 （1）款项的收支是否按规定的程序和权限办理； （2）是否存在与本单位经营无关的款项收支情况，是否存在出租、出借银行账户的情况； （3）出纳与会计的职责是否严格分离； （4）货币资金是否被妥善保管，是否定期盘点、核对	表6-4
	2.抽取收款凭证 （1）核对收款凭证与存入银行账户的解款单的日期和金额是否相符； （2）核对库存现金、银行存款日记账的收入金额是否与收款凭证一致； （3）核对收款凭证与银行对账单是否相符； （4）核对收款凭证与相关明细账的记录是否相符； （5）收款凭证的相关账务处理是否正确	表6-5
按常规程序测试	3.抽取付款凭证 （1）检查付款的授权批准手续是否符合规定； （2）核对付款凭证的内容和金额与原始凭证是否一致； （3）核对库存现金、银行存款日记账的付款金额与付款凭证是否一致； （4）核对付款凭证与银行对账单是否相符； （5）核对付款凭证账务处理是否正确； （6）核对付款凭证与相关明细账的记录是否相符	表6-6
按常规程序测试	4.抽取一定期间的库存现金日记账、银行存款日记账与总账核对是否一致	表6-4
	5.抽取一定期间的银行存款日记账与银行对账单核对是否一致	表6-4
	6.抽取一定期间的银行存款余额调节表，查验其是否按月正确编制并经复核	表6-4
	7.长期未达账项是否追查原因并及时处理	表6-4
	8.检查外币现金的折算方法是否符合有关规定，是否与上年度一致	表6-4
复核说明和结论		

测试人员：李建国　　　　　　　　　　日期：20×4/2/15

复核人员：方　芳　　　　　　　　　　日期：20×4/2/18[①]

① 表6-4至表6-6下方也应有测试人员、复核人员及日期，为简化，我们省略了。

表6-4　　**库存现金和银行存款内部控制测试工作底稿**

程序号	检验过程记录	索引号
1	检查库存现金和银行存款的内部控制制度是否建立并被严格执行： (1) 款项的收支按规定的程序和权限办理； (2) 未发现与被审计单位经营无关的款项收支情况； (3) 未发现出租、出借银行账户的情况； (4) 出纳与会计的职责严格分离； (5) 妥善保管了货币资金，并且坚持每日盘点，银行存款每月与银行对账	
2	随机抽取1—12月份发生的收款业务20笔进行执行测试，测试相符率为100%。 说明： (1) 收款凭证与存入银行账户的解款单日期和金额相符； (2) 收款凭证金额已正确记入现金或银行存款日记账； (3) 收款凭证与银行对账单核对相符； (4) 收款凭证的账务处理正确； (5) 收款凭证与相关科目明细账的记录一致	表6-5
3	随机抽取1—12月份发生的付款业务20笔进行执行测试，测试相符率为100%。 说明：(1) 付款的原始凭证经过审批程序，有核准人签名； (2) 付款凭证的内容和金额与原始凭证核对一致； (3) 付款凭证的金额与库存现金或银行存款日记账的付款金额一致； (4) 核对付款凭证与银行对账单是否相符； (5) 付款凭证账务处理正确； (6) 付款凭证与相关明细账的记录一致	表6-6
4、5、6	抽取7月份的库存现金日记账、银行存款日记账，其发生额和余额与总账核对相符；银行存款日记账余额同银行对账单核对相符；银行存款余额调节表编制正确	（略）
7	未发现长期未达账项	
8	无外币资金核算业务	
测试结论	库存现金、银行存款收付款内部控制严密，执行情况良好，可以适当简化实质性程序	
复核说明与结论		

表6-5　**库存现金和银行存款收款凭证内部控制测试记录表**

序号	日期	凭证号	业务内容	收款方式		金额	核对							备注
				现金	银行		1	2	3	4	5	6	7	
1	1月15日	53	收到A厂货款		√	215 000.00	√	√	√	√	√			
2	2月5日	21	收到B厂货款		√	192 600.00	√	√	√	√	√			
3	2月28日	103	提取备用金	√		50 000.00	√	√	√	√	√			提现
⋮														
20	12月9日	28	收到C厂货款		√	80 000.00	√	√	√	√	√			

核对说明：

1.收款凭证与存入银行账户的解款单日期和金额相符；

2.收款凭证金额已记入库存现金日记账、银行存款日记账；

3.银行收款凭证与银行对账单核对相符；

4.收款凭证的账务处理正确；

5.收款凭证与相关明细账的记录一致

测试说明：

随机抽取1—12月份发生的收款业务20笔进行执行测试，测试相符率为100%

复核说明与结论	

表6-6　**库存现金和银行存款付款凭证内部控制测试记录表**

序号	日期	凭证号	业务内容	付款方式		金额	核对							备注
				现金	银行		1	2	3	4	5	6	7	
1	1月19日	68	付H厂货款		√	140 000.00	√	√	√	√	√	√		
2	3月8日	32	付K厂货款		√	224 000.00	√	√	√	√	√	√		
3	4月5日	13	发放工资		√	5 670 000.00	√	√	√	√	√	√		
⋮														
20	12月1日	05	偿还借款		√	800 000.00	√	√	√	√	√	√		

核对说明：

1.付款的原始凭证具有核准人签名，手续齐全；

2.付款凭证的内容和金额与原始凭证核对一致；

3.付款凭证金额与记入库存现金日记账、银行存款日记账的金额一致；

4.付款凭证与银行对账单核对相符；

5.付款凭证账务处理正确；

6.付款凭证与相关明细账的记录一致

测试说明：

随机抽取1—12月份发生的付款业务20笔进行执行测试，测试相符率为100%

复核说明与结论	

【延伸阅读】

1.《企业内部控制基本规范》(2008)。

2.《CSA 1152 向治理层和管理层通报内部控制缺陷》(2022)。

3.《CSA 1211 重大错报风险的识别和评估》(2022)。

4.《CSA 1231 针对评估的重大错报风险采取的应对措施》(2022)。

5.《企业内部控制评价指引》(2010)。

6.《企业内部控制审计指引》(2010)。

【复习思考题】

本章测试

1.简述现代内部控制的含义、基本原则、目标和基本要素。

2.注册会计师通常通过哪些程序来了解内部控制制度?

3.简述文字表述法、问卷调查法、流程图法各有哪些优点和缺点?其适用范围如何?

4.为什么要对内部控制进行测试?如何对内部控制进行测试?

5.针对不同的控制测试结果,注册会计师应如何设计审计策略?

【案例分析题】

1.合信木制品有限公司是一家外资企业,从2×09年到2×14年每年的出口创汇位居全市第三,年销售额达4 300万元以上。2×15年以后,该公司业绩逐渐下滑,亏损严重;2×19年破产倒闭。据调查,合信木制品有限公司从鼎盛到衰败,归根到底是缺乏良好的内部控制制度。以下是合信木制品有限公司存货管理方面的情况:

(1)董事长常年在国外,材料采购由董事长个人控制;材料到达公司入库后,仓库保管员按实际收到材料的数量和品种入库,对实际采购数量和品种无法掌握,也没有合同等相关资料。

(2)财务部门对材料采购入账不及时,月末会计自己估价入账,因为发票常常几个月以后甚至一年以上才传递回来;发票上的采购数量和实际入库的材料数量是否一致也不进行核对。

(3)材料领用由车间在生产中随用随领,没有计划,多领不办理退库手续。生产中的残次料随处可见,随用随拿,浪费现象严重。

(4)期末,仓库保管员自己进行盘点,盘点结果与财务核对不一致的,不查找原因,也不进行处理。

要求:请指出合信木制品有限公司在存货管理方面存在哪些不足?并提出改进建议。

2.ABC会计师事务所承接了甲公司2×23年度的财务报表审计工作,A注册会计师担任该项目负责人。审计工作中遇到以下与内部控制相关的事项:

(1)A注册会计师在了解完甲公司与收入发生认定相关的内部控制后,将收入相关的控制风险评估为高水平,拟不测试其运行有效性,直接实施实质性程序。

(2)甲公司下属的×分厂2×23年度处于新厂建设期并未开展经营活动。A注册会计师对×分厂拟仅了解生产和销售以外的其他内部控制。

（3）A注册会计师经了解发现，甲公司金额超过100万元的付款申请单由财务总监负责审批，并在财务系统中进行电子签署。A注册会计师从财务系统中导出所有经财务总监审批通过的付款申请单进行检查，没有发现问题，遂认为该环节内部控制有效。

（4）A注册会计师经了解发现，甲公司应付账款存在低估风险，于是选取若干个应付账款项目实施细节测试，发现一项因存在内部控制缺陷导致的少计应付账款80万元的错报，与管理层沟通后要求其对该笔错报予以调整，调整后认可了应付账款余额。

要求：针对第（1）至（4）项情形，假定不考虑其他条件，逐项指出A注册会计师的做法是否恰当并说明理由。

第七章 风险评估和风险应对

现代审计基本模式是风险导向审计，即在风险评估的基础上分配审计资源，对高风险审计领域实施重点审计，以便在将审计风险降至可接受的低水平的前提下提高审计效率。风险评估和风险应对是一个持续和动态的过程，贯穿于审计过程的始终。本章以注册会计师实施财务报表审计为基础，阐述财务报表审计的重大错报风险评估和风险应对。

第一节 风险评估

风险评估需要实施风险评估程序，了解被审计单位及其环境、适用的财务报表编制基础以及内部控制体系①，进而识别和评估重大错报风险和特别风险。

一、风险评估的意义

（一）风险评估的含义

在财务报表审计中，风险评估就是注册会计师在了解被审计单位及其环境的基础上，对其财务报表层次以及认定层次重大错报风险的识别和评估过程，以便分析错报风险的发生领域、发生可能性以及风险是否重大。

财务报表层次重大错报风险是指与财务报表整体广泛相关，并潜在影响多项认定的风险，它不限于某类特定认定的风险，而在一定程度上代表了可能增加认定层次重大错报风险的情况，如管理层凌驾于内部控制之上。认定层次重大错报风险是指与某类交易、账户余额层次相关的特定风险，它通常限于某类特定的认定。

（二）风险评估的基本理念

风险导向审计因审计风险而产生，以控制审计风险为目的。由于企业存在经营风险，可能导致企业经营结果不理想，甚至经营失败；企业为掩盖不好的财务状况和经营业绩，就可能策划管理层舞弊，蓄意出具存在重大错报的财务报表；企业经营风险往往又源于其战略风险。因此，财务报表重大错报风险与其经营风险、战略风险密切相关。这样，风险评估的基本理念是以经营风险为导向，以系统观和战略观为指导思想，采用“自上而下”和“自下而上”相结合的路线，全面评估重大错报风险，且将风险评估贯穿于整个审计过程，并根据风险评估结果来确定实质性程序的性质、时间安排和范围。

在风险导向审计模式下，风险评估工作量大幅增加而实质性程序相应减少，且风险评估是必需的审计程序；其重点由固有风险评估和控制风险评估转为重大错报风险；其切入点是从经营风险评估入手。

二、风险评估程序

风险评估程序是指注册会计师为识别和评估财务报表层次和认定层次的重大错报风险而设计和实施的审计程序，通常包括询问被审计单位管理层和内部其他相关人员、分析程

① 了解被审计单位内部控制体系的程序，请参见“第六章 内部控制及其测试”。本章从略。

序、观察和检查、考虑其他信息、项目组内部讨论。

（一）询问管理层和内部其他相关人员

注册会计师在风险评估中询问管理层和内部其他人员，有助于全面、深入地了解被审计单位，并进而识别可能导致重大错报风险的因素与领域，或为识别重大错报风险提供多方位的视角。

1.询问管理层成员

（1）对经营风险、舞弊风险导致财务报表重大错报风险的评估；

（2）对经营风险、舞弊风险的识别和应对过程；

（3）就其对风险的识别和应对过程与治理层沟通的情况；

（4）就其经营理念及道德观念与员工沟通的情况；

（5）是否获悉任何舞弊事实、舞弊嫌疑或舞弊指控等。

这有助于识别财务报表层次的重大错报风险。

2.询问内部审计人员

如果被审计单位设有内部审计机构，注册会计师应当询问内部审计人员。询问内容主要包括：

（1）对被审计单位经营风险、舞弊风险的认识；

（2）在本期是否实施了用以发现经营风险和舞弊风险的程序；

（3）管理层对内部审计发现的经营风险和舞弊风险是否采取了适当的应对措施；

（4）是否实施了内部控制审计，管理层是否对内部控制的重大缺陷采取了适当的应对措施；

（5）是否了解任何舞弊事实、舞弊嫌疑或舞弊指控；

（6）本期是否实施了财务收支审计或信息披露审计，以及是否发现财务收支或信息披露方面存在的重大问题及其采取的应对措施；

（7）本期实施的其他内部审计工作，以及是否发现了重大错报和采取的应对措施。

这有助于识别内部控制的有效性及其财务报表层次的重大错报风险。

3.询问负责生成、处理或记录复杂、异常交易的人员及其监督人员

（1）当期是否发生了债务重组、非货币性交易、企业合并、企业分立、对外投资等非经常性交易；

（2）非经常性交易的实施过程及其现状；

（3）非经常性交易对财务状况和经营成果的影响。

这有助于注册会计师评价被审计单位与复杂、异常交易相关的会计政策选择和运用的恰当性，进而有助于识别财务报表层次的重大错报风险。

4.询问负责法律事务的人员

（1）法律诉讼事项和仲裁事项；

（2）遵循法律和法规情况；

（3）舞弊事实或舞弊嫌疑；

（4）对外担保；

（5）售后义务；

（6）与业务伙伴的权责安排；

（7）合同条款的含义等。

这有助于注册会计师识别被审计单位法律风险、潜在义务及其对财务报表的影响。

5.询问采购人员

（1）采购模式及其相应的内部控制，主要供货商和当期采购情况；

（2）采购的一般规律与惯例，如有无季节性、区域性特征；

（3）与以前年度比较，当期采购价格、数量等是否发生了重大变化。

这有助于识别与采购业务相关的预付账款、应付账款、存货等认定层次的重大错报风险以及财务报表层次的重大错报风险。

6.询问生产人员

（1）生产模式及其相应的内部控制，主要生产品种及其大致产量；

（2）与以前年度比较，当期主要产品的生产成本、数量、结构等是否发生了重大变化，导致这种变化的主要原因；

（3）与同行业比较，被审计单位在生产成本、技术等方面的优势和劣势。

这有助于识别与生产业务相关的存货等认定层次的重大错报风险以及财务报表层次的重大错报风险。

7.询问销售人员

（1）销售模式及其相应的内部控制，主要客户和当期销售情况；

（2）与以前年度比较，当期销售价格、数量、结构以及销售策略等是否发生了重大变化及导致这种变化的主要原因；

（3）与同行业比较，被审计单位在销售战略、销售模式、市场占有率等方面的优势和劣势；

（4）与主要客户之间的合同安排等。

这有助于识别与销售业务相关的营业收入、应收账款、应收账款等认定层次的重大错报风险以及财务报表层次的重大错报风险。

还可以询问风险管理人员、信息技术人员，这有助于注册会计师识别被审计单位影响财务报表层次重大错报风险的运营风险和监管风险、信息系统变更或失效风险以及与信息系统相关的其他风险。

（二）分析程序

注册会计师应当对被审计单位的财务报表、主要业务实施分析程序，以便识别异常交易或事项，以及对财务报表和审计产生影响的金额、比率和趋势。

在实施分析程序时，注册会计师应当预期可能存在的合理关系，并与被审计单位记录的金额、依据记录金额计算的比率或趋势相比较。如果发现异常或未预期到的关系，注册会计师应当在识别重大错报风险时考虑这些比较结果。具体应用方法见第五章第一节“分析程序”的相关内容。

（三）观察与检查

观察和检查程序可以印证对管理层和其他相关人员的询问结果，并可提供有关被审计单位及其环境的信息。注册会计师应当实施的观察和检查程序主要包括：

（1）观察被审计单位的生产经营活动；

（2）检查文件、记录和内部控制手册；

（3）阅读由管理层和治理层编制的报告，如中期管理层报告、中期财务报告、管理层会议记录、董事会会议记录和决议等；

（4）实地察看被审计单位的生产经营场所和设备；

（5）追踪交易在财务报告信息系统中的处理过程（穿行测试）；

（6）观察和检查管理层或治理层的行为和行动，如审计委员会的会议记录和决议等。

（四）考虑其他信息

注册会计师应当考虑在了解被审计单位及其环境时所获取的其他信息是否表明被审计单位财务报表存在重大错报风险。

其他信息可能来源于项目组内部的讨论、客户承接或续约过程以及向被审计单位提供其他服务所获得的经验、询问被审计单位外部法律顾问、阅读证券分析师或信用评价机构的报告、阅读财经报纸或杂志的相关文章等。

（五）项目组讨论

审计项目负责人应当组织项目组成员对被审计单位财务报表层次和认定层次重大错报风险进行讨论。讨论内容应当包括：

（1）被审计单位面临的经营风险及其导致财务报表发生重大错报的可能性；

（2）财务报表容易发生错报的领域以及发生错报的方式；

（3）由于舞弊导致的财务报表重大错报风险以及在遇到哪些情形时需要考虑舞弊风险；

（4）财务报表存在重大错报风险的迹象，以及追踪这些迹象的方法；

（5）已了解的可能产生舞弊的动机或压力、提供舞弊机会、营造舞弊行为合理化环境的外部和内部因素；

（6）已注意到的对被审计单位舞弊的指控、管理层或员工在行为或生活方式上出现的异常或无法解释的变化；

（7）是否有迹象表明管理层操纵利润，以及可能采取的操纵利润的手段；

（8）为应对舞弊风险而选择的审计程序，以及各种审计程序的有效性；

（9）如何使拟实施的审计程序的性质、时间和范围不易为被审计单位预见；

（10）在整个审计过程中保持职业怀疑态度的重要性。

项目组应当根据审计的具体情况，在整个审计过程中持续交换财务报表层次和认定层次重大错报风险的信息。

三、了解被审计单位及其环境

了解被审计单位及其环境是风险评估的必要程序，这有助于注册会计师确定重要性水平、评价被审计单位会计政策的选择和运用是否恰当、识别需要特别考虑的领域（包括关联方交易、管理层运用持续经营假设的合理性，或交易是否具有合理的商业目的等）、设计和实施进一步审计程序、评价所获取审计证据的充分性和适当性。在了解被审计单位及其环境中，至少需要了解被审计单位所在行业、被审计单位的性质以及被审计单位财务业绩的衡量标准。

（一）了解被审计单位所在行业

了解被审计单位所在行业，至少需要包括被审计单位所在行业的相关形势、法律环境、监管环境和其他外部因素。

1.了解被审计单位行业形势

注册会计师应当了解被审计单位的行业形势，主要包括：

（1）所在行业的市场供求与竞争情况，包括市场需求、生产能力与价格竞争情况；

（2）生产经营的季节性和周期性；

（3）产品生产技术的变化；

（4）能源供应与成本；

（5）行业的关键指标和统计数据。

上述情况可通过统计年鉴、行业协会、行业网站等途径获得相关资料。事务所也可以通过建立自己的数据库积累相关资料。注册会计师不仅要了解被审计单位所在行业的国内形势，也要了解该行业的国际形势、行业竞争态势及其在行业中的地位。

对行业有影响的形势，对被审计单位也会存在或多或少的影响。了解这些形势，有助于了解被审计单位，并评估其财务报表列报与披露的总体合理性。

2.了解被审计单位所处的法律环境与监管环境

注册会计师应当了解被审计单位所处的法律环境及监管环境，主要包括：

（1）适用的财务报告编制基础和行业特定惯例；

（2）受管制行业的法规框架，如与审慎监管相关的监管框架以及相关披露；

（3）对经营活动产生重大影响的法律法规及监管活动，如劳动法和相关法规；

（4）对经营业务产生重大影响的国家各种相关政策，如货币（包括外汇管制）、财政（包括财政激励政策，如政府援助等）、税收（包括关税）和贸易限制等政策；

（5）影响行业和被审计单位经营活动的环保要求。

这有助于评价被审计单位会计政策选择和运用的合理性，以及这些法律法规、方针、政策对其财务状况和经营成果产生的重大现实的、潜在的影响。

3.了解其他外部因素

注册会计师应当了解影响被审计单位经营的其他外部因素，主要包括：

（1）宏观经济的景气度；

（2）利率和资金供求状况；

（3）通货膨胀水平及币值变动；

（4）国际经济环境和汇率变动。

注册会计师应当考虑被审计单位所在行业的业务性质或监管程度是否可能导致特定的重大错报风险，考虑项目组是否配备了具有相关知识和经验的成员。

（二）了解被审计单位的性质

注册会计师应当从所有权结构、治理结构、组织结构、经营活动、投资活动、筹资活动等方面了解被审计单位的性质。这有助于理解预期在财务报表中反映的各类交易、账户余额及相关披露。

1.了解被审计单位的所有权结构

注册会计师应当了解所有权结构（特别是控股股东及其实际控制人）以及所有者与其他人员或单位之间的关系。这种关系不仅应以表格列示，还应当以结构图的方式展示。

了解所有权结构，有助于识别被审计单位的关联方，评价关联方交易是否得到恰当核算，以及关联方关系及其交易是否已在财务报表附注中得到充分披露。这可通过“天眼查”“企查查”等网站查询被审计单位的所有权结构及其关联方。

2.了解被审计单位的治理结构

治理结构主要包括董事会、监事会、经理层的构成及其制衡关系。注册会计师对被审计单位治理结构的了解应当包括：

（1）党委会、董事会、监事会、经理层的人员构成及其基本情况；

（2）党委会、董事会、监事会的运作情况以及对经理层的监督情况与效果；

（3）董事会下设战略、审计、提名、薪酬与考核委员会的构成及其运作情况；

（4）治理层是否能够在独立于管理层的情况下对被审计单位事务，以及财务报告作出客观判断。

审阅治理层的会议记录以及相关决议，是了解治理结构运行有效性的重要手段。

3.了解被审计单位的组织结构

注册会计师应当以组织结构图的方式了解被审计单位的组织结构，考虑各部门之间的协调与制约关系；考虑复杂组织结构可能导致的重大错报风险，包括财务报表合并、商誉减值、长期股权投资核算以及特殊目的实体核算等问题。特别关注其组织结构是否复杂，是否在多个地区拥有子公司或其他组成部分，这通常可能导致重大错报风险。

4.了解被审计单位的经营活动

注册会计师应当了解被审计单位的经营活动，主要包括：

（1）主营业务的性质；

（2）与生产产品或提供劳务相关的市场信息；

（3）业务的开展情况；

（4）联盟、合营与外包情况；

（5）从事电子商务的情况，如网上销售与营销活动；

（6）地区与行业分布；

（7）生产设施、仓库的地理位置及办公地点；

（8）关键客户；

（9）货物与服务的重要供应商；

（10）劳动用工情况；

（11）研究与开发活动及其支出；

（12）关联方交易。

在了解被审计单位经营活动中，需要特别关注其业务模式，包括其业务活动的范围、盈利模式、核心竞争力和短板、经营所在的市场或地理和人口细分、处于价值链的位置、采用的业务或经营流程、对其成功产生重要影响的资源及其投入情况、与客户或供应商的交互过程、信息技术嵌入业务流程情况等。注册会计师还可以细分为研发模式、采购模式、生产模式、销售模式等来了解被审计单位的业务模式，并识别和评估其业务模式的固有风险。

5.了解被审计单位的投资活动

注册会计师应当了解被审计单位的投资活动，主要包括：

（1）近期拟实施或已实施的并购活动与资产处置情况；

（2）证券投资、委托贷款的发生与处置；

（3）资本性投资活动，包括固定资产和无形资产投资，以及近期或计划发生的变动；

（4）不纳入合并范围的投资。

6.了解被审计单位的筹资活动

注册会计师应当了解被审计单位的筹资活动，主要包括：

（1）主要子公司及其联营企业；

（2）债务结构和相关条款，包括担保情况及表外融资、租赁安排等；

（3）固定资产的租赁；

（4）关联方融资；

（5）实际受益股东及其关联方；

（6）衍生金融工具的运用。

注册会计师在了解的过程中，要分析所获取的信息对被审计单位财务报表公允列报与披露的影响。

7.了解被审计单位的目标、战略以及相关经营风险

注册会计师应当了解被审计单位的目标和战略，以及可能导致财务报表重大错报的相关经营风险。经营风险源于对被审计单位实现目标和战略产生不利影响的重大情况、事项、环境和行动，或源于不恰当的目标和战略。经营风险通常会产生财务后果，从而影响财务报表。注册会计师应当了解的相关目标或战略以及考虑的相关经营风险见表7-1。

表7-1　　注册会计师应当了解的相关目标或战略以及考虑的相关经营风险

相关目标或战略	可能导致被审计单位存在的相关经营风险
行业发展	不具备足以应对行业变化的人力资源和业务专长等
开发新产品或提供新服务	产品责任增加等
业务扩张	对市场需求的估计不准确等
新的会计要求	执行新要求不当或不完整，或会计处理成本增加等
监管要求	法律责任增加等
本期及未来的融资条件	由于无法满足融资条件而失去融资机会等
信息技术的运用	信息系统与业务流程难以融合等

（三）了解被审计单位财务业绩的衡量标准

被审计单位内部或外部对财务业绩的衡量标准可能对管理层产生压力，促使其采取行动改善财务业绩或歪曲财务报表。注册会计师应当了解被审计单位财务业绩的衡量和评价情况，考虑这种压力是否增加了财务报表重大错报风险。

在了解被审计单位财务业绩的衡量和评价时，注册会计师应当关注下列信息：

（1）关键业绩指标（包括财务的与非财务的）、关键比率、趋势和经营统计数据；

（2）同期财务业绩比较分析；

（3）预测、预算和差异分析，分部信息和分部、部门或其他不同层次的业绩报告；

（4）管理层和员工业绩考核与激励性报酬政策；

（5）与竞争对手的业绩比较；

（6）外部机构提出的报告。

注册会计师应当关注被审计单位内部财务业绩衡量标准所显示的未预期到的结果或趋势，是否表明财务报表可能存在重大错报。

了解被审计单位及其环境的过程就是识别财务报表重大错报风险因素的过程。注册会计师还应当进一步考虑这些风险因素对各类认定可能产生的影响。

四、了解被审计单位适用的财务报告编制基础

被审计单位适用的财务报告编制基础，直接影响其财务报表列报与披露的公允性。为此，注册会计师应当了解被审计单位对会计政策的选择和运用是否符合适用的财务报告编制基础，是否符合其具体情况，是否保持前后一贯。

（一）了解被审计单位与适用的财务报告编制基础相关的财务报告实务

在了解过程中，应当关注的重要事项包括：

（1）会计政策和行业特定惯例，包括特定行业财务报表中的相关交易类别、账户余额和披露，如银行业的贷款和投资、医药行业的研究与开发活动；

（2）收入确认；

（3）金融工具以及相关信用损失的会计处理；

（4）外币资产、负债与交易；

（5）异常或复杂交易（包括在有争议或新兴领域的交易）的会计处理（如对加密货币的会计处理）。

（二）了解与评价被审计单位对会计政策的选择和运用

在了解过程中，应当关注的重要事项包括：

（1）重要项目的会计政策和行业惯例；

（2）用于确认、计量和列报重大和异常交易的会计处理方法；

（3）在新领域和缺乏权威性标准或共识的领域，采用重要会计政策产生的影响；

（4）环境变化，如适用的财务报告编制基础的变化或税制改革可能导致的会计政策变更；

（5）新颁布的财务报告准则、法律法规，以及被审计单位何时采用以及如何采用这些规定。

在了解的基础上，注册会计师应当评价被审计单位所选择和运用的会计政策是否符合适用的财务报告编制基础的规定，即合法性；是否符合被审计单位实际情况，是否与同行业相似，即合理性；是否与以前年度保持一贯，即一贯性。

如果被审计单位变更了重要会计政策，注册会计师应当考虑变更的原因及其适当性，并考虑是否符合适用的财务报告编制基础的规定。此外，注册会计师还应当考虑是否恰当列报与披露了重要事项，包括变更会计政策的理由、对前期和当期财务报表的影响等。

五、识别和评估重大错报风险与特别风险

注册会计师了解被审计单位及其环境，实施风险评估程序，就是为了识别和评估财务报表层次和认定层次的重大错报风险，包括特别风险，以便设计和实施进一步审计程序。

（一）识别和评估重大错报风险

1.一般思路

注册会计师识别和评估财务报表层次和认定层次的重大错报风险一般思路是：

（1）在了解被审计单位及其环境（包括与风险相关的控制）的整个过程中识别风险，并识别各类交易、账户余额及相关披露层次的风险；

（2）评估已识别的风险，并评价其是否与财务报表整体广泛相关，进而潜在影响多项认定，以及哪些认定；

（3）结合对相关控制测试的考虑，将已识别的风险与认定层次可能发生错报的领域相联系；

（4）考虑发生错报的可能性，并考虑潜在错报的重大程度及是否已导致重大错报。

识别和评估重大错报风险的思路如图7-1所示：

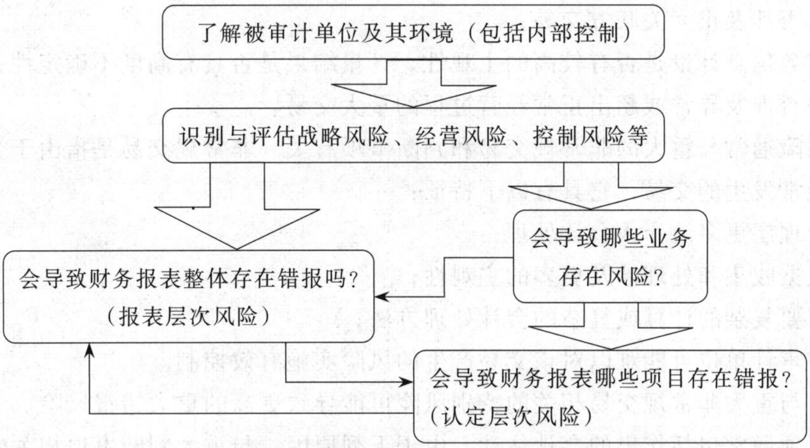

图7-1　识别和评估重大错报风险的思路

2.考虑内部控制对重大错报风险的影响

财务报表层次的重大错报风险很可能源于薄弱的控制环境。薄弱的控制环境带来的风险可能对财务报表产生广泛影响，而不仅限于某类认定，注册会计师应当采取总体应对

措施。

在评估重大错报风险时，注册会计师应当将所了解的控制与特定认定相联系。控制与认定直接或间接相关，其防止或发现并纠正认定错报的效果就不同。关系越间接，控制对防止或发现并纠正认定错报的效果越小。如果通过对内部控制的了解发现下列情况，并对财务报表局部或整体的可审计性产生疑问，注册会计师应当考虑出具保留意见或无法表示意见的审计报告：

（1）被审计单位会计记录的状况和可靠性存在重大问题，不能获取充分、适当的审计证据；

（2）对管理层的诚信存在严重疑虑。

必要时，注册会计师应当考虑解除业务约定。

（二）识别和评估特别风险

1.特别风险的含义

特别风险，即注册会计师识别和评估的、根据职业判断确定的重大错报风险达到或接近固有风险最高等级的风险。管理层舞弊导致的财务报表重大错报风险，即为特别风险（以下简称“舞弊风险”）。特别风险难以识别和评估，通常属于财务报表层次，影响多个认定，管理层有时还采取了掩盖措施，因而，注册会计师需运用职业判断并保持高度职业怀疑。

2.识别和评估特别风险应考虑的事项

在确定风险是否属于特别风险时，注册会计师应当考虑下列事项：

（1）是否属于舞弊风险；

（2）是否与近期经济环境、会计处理方法和其他方面的重大变化有关；

（3）涉及的交易是否复杂，支持账户余额的数据收集和处理是否较为复杂；

（4）是否涉及重大关联方交易；

（5）财务信息计量是否有较高的主观性，计量结果是否具有高度不确定性；

（6）是否涉及异常或超出正常经营过程的重大交易。

特别风险通常与重大的非常规交易和判断事项有关。非常规交易是指由于金额或性质异常而不经常发生的交易，它具有以下特征：

（1）管理层更多地介入会计处理；

（2）数据收集和处理涉及更多的主观性；

（3）需要复杂的计算或复杂的会计处理方法；

（4）被审计单位可能难以对该交易产生的风险实施有效控制。

因此，与重大非常规交易相关的特别风险可能导致更高的重大错报风险。

判断事项通常包括作出的会计估计。由于下列原因，与重大判断事项相关的特别风险可能导致更高的重大错报风险：

（1）对涉及会计估计、收入确认等方面的会计原则存在不同的理解；

（2）所要求的判断可能是主观的和复杂的，或需要对未来事项作出假设。

经验告诉我们，欺诈性财务报告通常源于多计或少计收入。因此，注册会计师应当假定被审计单位在收入确认方面存在舞弊风险，并应当考虑哪些收入类别以及与收入有关的交易或事项可能导致舞弊风险。

【课堂拓展】

未恰当识别舞弊风险后果严重

未恰当识别和评估重大错报风险，特别是舞弊导致的重大错报风险，是导致审计失败的重要根源之一。A会计师事务所在对K上市公司年度财务报表审计时，在货币资金由于期末余额大、“存贷双高”明显、外部媒体质疑较多，存在舞弊风险的情形下；营业收入由于规模大、业务复杂、涉及关联公司多等，也存在舞弊风险的情形下，未恰当识别和评估货币资金、营业收入舞弊风险，认为重大风险领域不包括货币资金和营业收入；在对重要账户和交易制定进一步审计程序时，认定货币资金和营业收入不存在重大错报风险，也不属于特别风险。这最后导致A会计师事务所未能发现K公司虚增巨额货币资金和营业收入的舞弊行为，并被监管部门严厉处罚。

第二节　风险应对

在识别和评估被审计单位重大错报风险的基础上，注册会计师需要设计相应的应对措施，以将审计风险降至可接受的低水平。这包括总体应对措施和进一步审计程序，分别应对财务报表层次和认定层次重大错报风险。

一、针对财务报表层次重大错报风险的总体应对措施

总体应对措施包括强调保持职业怀疑、分派更有经验或有特殊技能的注册会计师或利用专家的工作、提供更多的督导、增强审计程序的不可预见性等。

（一）强调保持职业怀疑

职业怀疑是指注册会计师以质疑的思维方式和谨慎的态度实施审计工作，包括对可能导致错报的迹象保持警觉，审慎评价所获取的证据的有效性，并对相互矛盾的证据、对文件记录或其他信息的可靠性产生怀疑的证据保持警觉。

为应对重大错报风险，项目负责人应向项目组强调在收集和评价审计证据过程中保持职业怀疑态度的重要性，包括：

（1）对有关重大交易的文件记录进行检查时，对文件记录的性质和范围的选择保持敏感（如考虑信息系统、重要资料被篡改的可能性）；

（2）就管理层对重大事项作出的解释或声明，有意识地通过其他信息予以验证；

（3）对于一些高风险、高敏感领域的审计，有意识地扩大收集审计证据的范围，从不同途径收集审计证据，形成能够相互印证的证据链；

（4）应当考虑审计证据的可靠性，包括考虑与信息生成和维护相关的内部控制的有效性；

（5）如果认为文件记录可能是伪造的，或某些条款已发生变动，注册会计师应当作进一步调查，包括直接向第三方询证，或考虑利用专家的工作，以评价文件记录的

真伪。

（二）分派更有经验或特殊技能的注册会计师或利用专家的工作

根据风险评估结果，分派更有经验或具有特殊技能的注册会计师，或利用专家的工作，如工程技术专家、法律专家、计算机专家、水产养殖专家、鉴定评估专家等。通过利用专家的工作，弥补项目组成员在知识、技能、经验方面的不足。

（三）提供更多的督导

对财务报表重大错报风险评估结果为高的被审计单位进行审计时，项目负责人和项目质量管理部门要提供更多的督导，如指定更多、经验更丰富的项目质量管理人员复核和督导该项目，在项目进程中及时提供多次督导等。提供更多的督导，有助于项目组成员保持职业怀疑，也便于及时发现和解决审计程序的不足以及审计中发现的重大问题，确保审计质量。

（四）增强审计程序的不可预见性

熟悉常规审计程序的被审计单位内部人员更有能力掩盖弄虚作假行为，并采取一些反审计措施，可能使常规审计程序效用降低，因此，审计组在选择进一步审计程序时，应当有意识地增强审计程序的不可预见性。这些措施应当包括：

（1）对通常由于风险程度较低而不会进行测试的账户余额实施实质性程序；

（2）调整审计程序的实施时间，使之有别于预期的时间安排；

（3）运用不同的抽样方法，以便考察审计结果的稳定性；

（4）对处于不同地理位置的多个组成部分实施审计程序；

（5）以突击方式（预先不通知方式）实施审计程序；

（6）在期末而非期中实施更多的审计程序。

采取这些措施的目的，在于最大限度地避免进一步审计程序被预见，从而导致被审计单位掩盖真相或毁灭证据等行为，以保证审计程序的效果。

二、针对认定层次重大错报风险的进一步审计程序

针对认定层次重大错报风险的应对措施是实施进一步审计程序。拟实施进一步审计程序的总体方案包括实质性方案和综合性方案。实质性方案以实质性程序为主；综合性方案是将控制测试与实质性程序结合使用。进一步审计程序是指注册会计师针对评估的各类交易、账户余额层次重大错报风险实施的审计程序，包括控制测试和实质性程序。控制测试请参见第六章。本章主要阐述实质性程序。

（一）实质性程序的内涵和要求

实质性程序是为了发现认定层次的金额或描述性说明的重大错报而实施的审计程序，包括细节测试以及实质性分析程序。无论重大错报风险评估结果如何，都应当针对所有重大交易、账户余额实施实质性程序。

注册会计师实施的实质性程序至少应当包括：

（1）将财务报表与其所依据的会计记录相核对；

（2）检查财务报表编制过程中作出的重大会计分录和其他会计调整。

（二）实质性程序的性质

实质性审计程序的性质是指进一步审计程序的目的和类型。其目的是发现认定层次的金额或描述性说明的重大错报；其类型包括细节测试和实质性分析程序。

1.细节测试

细节测试适用于对各类认定的测试，尤其是对发生或存在、计价和分摊认定的测试。细节测试通常需详细审查业务发生的具体情况，如检查与业务相关的计划、合同、原始凭证、记账凭证、账簿记录，并追查至该业务在财务报表中的列报与披露，以验证该业务发生的真实性、入账的完整性、截止的恰当性、分类的合理性、金额的准确性、权利和义务的合法性、列报与披露的充分性与可理解性等。财务报表中的所有重大项目均应实施细节测试。

2.实质性分析程序

实质性分析程序适用于一段时期内存在可预期关系的大量交易，是将分析程序作为实质性程序来使用，以发现认定层次可能存在的错报。在设计实质性分析程序时，注册会计师应当考虑对特定认定使用实质性分析程序的适当性、对已记录的金额或比率作出预期时所依据的内部或外部数据的可靠性、是否足以在既定保证水平上识别重大错报、已记录金额与预期值之间可接受的差异额。

（三）实质性程序的时间安排

时间安排是指注册会计师何时实施实质性审计程序，或审计证据适用的期间或时点，通常可在期中或期末实施审计。

注册会计师如果仅在期中实施实质性程序，就会增加期末存在错报而未被发现的风险，且剩余期间越长，该风险越高。因此，注册会计师必须在期末实施实质性程序。如果在期中实施了实质性程序，则应当针对剩余期间实施实质性程序，或将实质性程序和控制测试结合使用。

当重大错报风险较高时，注册会计师应当考虑在期末或接近期末实施审计，采用不通知的方式，或在管理层不能预见的时间实施审计。有些审计程序只能在期末或期后实施，如核对财务报表与会计记录、检查财务报表编制过程中作出的会计调整等。

（四）实质性程序的范围

范围是指实施实质性程序的数量，包括抽取的样本量、对某项控制活动的观察次数等。在确定实质性程序的范围时，应当考虑的因素主要有两个：

（1）评估的认定层次重大错报风险。风险越高，需要实施实质性程序的范围越大。

（2）实施控制测试的结果。如果对控制测试结果不满意，则应当考虑扩大实质性程序的范围。

在设计细节测试时，除了从样本量的角度考虑测试范围外，还要考虑选样方法的有效性等因素。

三、针对认定层次舞弊风险的审计程序

认定层次舞弊风险属于特别风险，是蓄意的、经过精心策划的，且可能采用了反审计措施以掩盖其舞弊行为，因此，应对认定层次舞弊风险的进一步审计程序应更加严谨、缜

密和有效。

（一）应对认定层次舞弊风险的通常考虑

为应对认定层次舞弊风险，注册会计师应当综合考虑运用下列方式：

（1）充分考虑舞弊风险因素。舞弊风险因素是指舞弊动机或压力、机会、舞弊行为的合理化。存在舞弊风险因素并不一定发生了舞弊，但发生舞弊通常存在舞弊风险因素。

（2）改变拟实施审计程序的性质，以获取更为可靠、相关的审计证据，或获取其他佐证性信息，包括更加重视实地观察或检查，在实施函证程序时改变常规函证内容，询问被审计单位的非财务人员等。

（3）改变实质性程序的时间安排，包括在期末或接近期末实施实质性程序，对贯穿于整个期间的交易事项实施测试。

（4）改变审计程序的范围，包括扩大样本规模，采用更详细的数据实施分析程序等。

（二）管理层凌驾于控制之上的舞弊手段及其应对审计程序

管理层凌驾于控制之上实施舞弊的主要手段包括：

（1）编制虚假的会计分录，特别是在临近会计期末时；

（2）滥用或随意变更会计政策；

（3）不恰当地调整会计估计所依据的假设及改变原先作出的判断；

（4）故意漏计、提前确认或推迟确认报告期内发生的交易或事项；

（5）隐瞒可能影响财务报表金额的事实；

（6）构造复杂的交易以歪曲财务状况或经营成果；

（7）篡改与重大或异常交易相关的会计记录和交易条款。

管理层凌驾于控制之上的风险属于特别风险，需实施的审计程序应当包括：

（1）测试日常会计核算过程中作出的会计分录以及调整分录是否适当。包括：①了解被审计单位的财务报告过程，了解并评价与日常会计分录及调整分录相关的内部控制，并确定其有效性；②询问被审计单位内部人员是否注意到在编制会计分录或调整分录时存在不恰当或异常活动；③确定测试的时间；④选择拟测试的会计分录或调整分录。

（2）复核会计估计是否有失公允，从而可能导致重大错报。管理层通常通过故意作出不当的会计估计对财务信息作出虚假报告。因此，复核会计估计是否有失公允，可以有效应对舞弊导致的重大错报，包括：①从财务报表整体上考虑管理层作出的某项会计估计是否反映出某种偏向，是否与最佳估计存在重大差异。②复核管理层在以前年度作出的重大会计估计及其依据的假设。如果发现会计估计有失公允，则应当进一步分析是否存在舞弊风险。特别关注是否同时高估或低估所有准备，特别是资产减值准备，从而平滑两个或多个会计期间的收益，或达到某个特定收益水平。

（3）对于注意到的、超出正常经营过程的异常重大交易，了解其商业理由的合理性，包括：①交易的形式是否过于复杂；②管理层是否已与治理层进行过讨论并作出适当记录；③管理层是否更强调需要采用某种特定的会计处理方式，而不强调交易的经济实质；④对于涉及不纳入合并范围的关联方（包括特殊目的实体）的交易，是否已得到治理层的适当审核与批准；⑤交易是否涉及以往未识别的关联方，或不具备实质性交易基础或独立财务能力的第三方。

【课堂拓展】

利用资产评估专家的工作应对商誉减值审计风险

如果被审计单位存在巨额商誉，则商誉减值通常就成为重大错报风险较高的关键审计事项。由于商誉减值测试的结果高度依赖被审计单位管理层所作的估计和采用的假设，包括对资产组预计未来可产生现金流量和折现率等的估计，且受未来市场以及经济环境判断的影响，具有高度不确定性。因此，商誉减值审计通常需要利用资产评估专家的工作。

对资产评估专家既要信任但也要实施必要的审计程序，包括：①评价资产评估公司及其专家的独立性、胜任能力、专业素质和客观性；②复核资产评估公司出具的以商誉减值测试为目的的评估报告，复核并评价其关键参数的选取方法和依据的合理性、评价估值方法及估值模型中采用的关键假设的合理性、预测未来现金流量的主要参数（包括预计收入、增长率等与历史业绩、管理层预算和预测及行业可比数据等）的合理性等；③必要时，与资产评估专家讨论商誉减值测试评估过程和评估结果合理性。

第三节　沟通与记录

一、风险评估的沟通

（一）通常情况下的沟通

注册会计师在风险评估过程中识别出被审计单位的组织结构、经营管理活动、内部控制设计与执行等方面可能存在某项缺陷，应当及时将注意到的缺陷与被审计单位适当层次的管理层或治理层沟通；如果注意到重大缺陷，应当与管理层或治理层沟通。

（二）发现被审计单位存在舞弊情况下的沟通

在审计过程中，如果注册会计师发现被审计单位存在舞弊行为，除前述事项的沟通外，注册会计师还应当考虑特别沟通，包括获取管理层声明书。

1.需要特别沟通的事项

需要特别沟通的事项包括：

（1）注册会计师对管理层实施的财务报表错报风险评估及相关控制评估的性质、范围和频率的疑虑；

（2）管理层未能恰当应对已发现的内部控制重大缺陷的事实；

（3）管理层未能恰当应对已发现的舞弊的事实；

（4）注册会计师对被审计单位控制环境的评价，包括对管理层胜任能力和诚信的疑虑；

（5）注册会计师注意到的可能表明管理层对财务信息作出虚假报告的行为；

（6）注册会计师对超出正常经营过程的交易的授权适当性的疑虑。

注册会计师如果发现舞弊行为或疑似舞弊行为，或者注意到相关内部控制存在重大缺陷，应当尽早与适当层次的管理层和治理层沟通。注册会计师应当运用职业判断确定与哪个层次的管理层进行沟通，并考虑串通舞弊的可能性、舞弊嫌疑的性质和重大程度等因素。一般来说，拟沟通的管理层应当比涉嫌舞弊人员至少高出一个级别。如果发现舞弊涉及管理层、关键岗位人员，则应当尽早与治理层沟通。

如果对管理层、治理层的诚信产生怀疑，或在审计过程中发现管理层和治理层存在重大舞弊行为，注册会计师应当考虑征询法律意见后采取适当措施，包括是否根据法律法规的规定向监管机构报告。

2.需要获取的书面声明

注册会计师应当获取管理层就与舞弊相关的事项作出的书面声明，其主要内容包括：

（1）设计和执行内部控制以防止或发现舞弊是管理层的责任；

（2）已向注册会计师披露了其对舞弊导致的财务报表重大错报风险的评估结果；

（3）已向注册会计师披露了已知的涉及管理层、在内部控制中承担重要职责的员工、舞弊行为可能对财务报表产生重大影响的其他人员的舞弊或舞弊嫌疑；

（4）已向注册会计师披露了从现任和前任员工、分析师、监管机构等方面获知的、影响财务报表的舞弊指控或舞弊嫌疑。

二、风险评估和风险应对的记录

风险评估和风险应对是必须实施的审计程序，因此，必须形成恰当的风险评估和风险应对过程和结果的工作记录，以表明已严格按照审计准则的规定实施了风险评估和风险应对程序。

（一）风险评估的记录

通常包括：

（1）审计项目组对财务报表重大错报风险进行的讨论，以及得出的重要结论；

（2）对被审计单位及其环境各个方面的了解要点（包括内部控制各项要素的了解要点）和结果、信息来源以及实施的风险评估程序；

（3）在财务报表层次和认定层次识别、评估出的重大错报风险；

（4）识别出的特别风险和仅通过实质性程序无法应对的重大错报风险，以及对相关控制的评估；

（5）认为收入确认不存在重大错报风险（包括舞弊风险）的结论和理由。

（二）风险应对的记录

通常包括：

（1）针对评估的财务报表层次重大错报风险采取的总体应对措施，以及实施的进一步审计程序的性质、时间安排和范围；

（2）实施的进一步审计程序与评估的认定层次重大错报风险（无论是错误导致的，还是舞弊导致的）的联系；

（3）实施进一步审计程序的结果，包括应对管理层舞弊风险而实施的审计程序的结果，以及在结果不明显时得出的结论。

【延伸阅读】

1.《CSA 1141 财务报表审计中与舞弊相关的责任》(2022)。

2.《CSA 1211 重大错报风险的识别和评估》(2022)。

3.《CSA 1231 针对评估的重大错报风险采取的应对措施》(2022)。

4.《中华人民共和国国家审计准则》(2010) 第四章“审计实施”。

5.《第2204号内部审计具体准则——对舞弊行为进行检查和报告》(2013)。

【复习思考题】

1.简述风险评估的基本程序与信息来源。

2.如何了解被审计单位及其环境，这对识别与评估被审计单位财务报表重大错报风险有什么作用？

3.财务报表重大错报风险的评估程序有哪些？如何运用？

4.简述事务所应对财务报表层次重大错报风险的总体措施。

5.什么是进一步审计程序？

6.请说明实质性程序的性质、时间安排和范围。

7.如何应对管理层凌驾于控制之上的舞弊导致的重大错报风险？

8.在风险评估过程中，应当如何与被审计单位管理层或治理层进行沟通？

9.在风险评估和应对过程中，应当对哪些事项和内容形成审计工作记录？

【案例分析题】

1.注册会计师甲在审计ABC公司20×3年度财务报表的过程中，通过实施相关程序，评价ABC公司财务报表重大错报风险并安排应对措施。甲了解到，ABC公司存在以下情况：

(1) 甲发现，ABC公司不注重诚信和道德，不重视胜任能力，重要岗位的管理人员大多是大股东的亲属，并且治理层也对此置之不理。

(2) 20×3年1月，ABC公司与丙公司签订建造办公楼的合同。在建造过程中，由于ABC公司没有及时支付丙公司工程进度款，丙公司拒绝为ABC公司垫支工程款项，办公楼在20×3年6月停建，到20×3年年末未复工，并且预计在未来三年内不会重新开工。

(3) ABC公司管理层的薪酬与当年实现的利润总额挂钩。

(4) ABC公司的经营活动产生的现金流量净额已连续三年为负数。

(5) ABC公司20×3年年末出现大量非常规销售交易，且截至20×4年3月10日没有收到交易对方支付的款项。

(6) ABC公司20×3年6月、7月分管销售的副总经理和财务总监分别离职，新任命的销售副总经理和财务总监雄心勃勃，但因受行业整体形势不佳的影响，实际成效并不如意。

讨论题：

（1）请分别说明甲注册会计师了解到上述情况可能采用的具体审计程序。

（2）根据甲注册会计师了解到的情况，评估ABC公司财务报表层次还是认定层次的重大错报风险？并具体说明涉及财务报表的哪个项目的哪项认定。

（3）分析上述资料是否表明ABC公司存在特别风险（舞弊风险）？如果认为存在，指出该特别风险可能导致的重大错报是什么？

（4）请针对每个认定层次重大错报风险评估结果设计相应的进一步审计程序。

2. 昆明机床财务舞弊案例。

（1）中国证监会的行政处罚决定书摘录①

2018年2月5日，中国证监会公布了对沈机集团昆明机床股份有限公司（以下简称"昆明机床"）及其董事、监事、高级管理人员的行政处罚决定书：对昆明机床给予警告并处罚款60万元，对时任董事、监事、高级管理人员和直接责任人给予警告并处罚款3万～30万元的行政处罚。该决定书认定昆明机床在2013年至2015年间存在虚增收入、少计提辞退福利和高管薪酬、隐瞒存货等财务舞弊行为。其中认定：昆明机床2013年至2015年通过跨期确认收入、虚计收入和虚增合同价格三种方式虚增收入48 308.0万元。中国证监会查明：

昆明机床2013年至2015年通过虚构合同、虚构发货单、虚构运输协议、设置账外产成品库房、提前确认销售收入等，以跨期确认收入和虚计收入的方式虚增收入，涉及客户123户，交易417笔，其中跨期确认收入222笔，虚计收入195笔。

2013年至2015年，昆明机床与相关经销商或者客户签订真实的销售合同，在经销商或客户支付部分货款后，产品未发货前即提前确认收入，将当年未实际按合同履约生产、发运机床的收入跨期确认至该年度，以达到虚增当年利润的目的。此外，昆明机床还存在将2014年实际履行合同取得的3笔收入调整确认至2015年度的情况。经查，昆明机床2013年跨期确认收入56笔，共计7 626.8万元；2014年跨期确认收入59笔，共计4 123.0万元；2015年跨期确认收入107笔，共计14 146.1万元。

2013年至2015年，昆明机床与部分经销商或客户签订合同，经销商或客户虚假采购昆明机床产品并预付定金，但最终并不提货，后期将定金退回客户，或者直接按照客户退货进行处理，完成虚假销售。在此过程中，昆明机床虚构合同、发货单、运输协议等单据，通过虚构交易的方式虚计收入，以达到虚增当年利润的目的。为配合虚构销售业务，昆明机床采用在账外设立库房的方式，将存货移送至账外库房；要求出租外库的出租人将租金业务发票开具为运输费用发票。昆明机床2013年虚计收入115笔，共计12 235.3万元；2014年虚计收入46笔，共计7 946.0万元；2015年虚计收入34笔，共计2 020.4万元。

此外，2013年至2014年，昆明机床还通过单边虚增合同价格的方式虚增收入210.6万元。其中，2013年昆明机床虚增合同价格148.6万元，涉及客户14户，机床44台；2014年虚增合同价格62.0万元，涉及客户10户，机床22台。

① 证监会．中国证监会行政处罚决定书（沈机集团昆明机床股份有限公司、王兴、常宝强等23名责任人员）[EB/OL]．[2018-02-05]．http://www.csrc.gov.cn/pub/zjhpublic/G00306212/201802/t20180209_334040.htm.

综上，昆明机床2013年至2015年通过跨期确认收入、虚计收入和虚增合同价格三种方式虚增收入共计48 308.0万元，其中2013年虚增收入20 010.6万元，2014年虚增收入12 131.0万元，2015年虚增收入16 166.4万元。昆明机床虚增2013年度、2014年度、2015年度营业收入金额分别占公开披露的当期营业收入的19.44%、13.98%、20.82%。

（2）补充资料

①根据昆明机床对外披露的年度报告，其对外披露的主要财务数据项目见表7-2。

表7-2　　昆明机床2011—2015年度财务数据摘要①　　单位：万元

主要会计数据	2011年度	2012年度	2013年度	2014年度	2015年度
营业收入	180 485.8	108 631.1	106 283.5	86 788.9	77 659.5
归属于上市公司公司股东的净利润	5 456.7	−7 322.0	744.0	−20 409.1	−19 638.5
归属于上市公司公司股东的扣除非经常性损益的净利润	5 189.8	−8 493.3	−2 509.4	−22 416.6	−21 858.3
经营活动产生的现金流量净额	65.5	757.1	−7 758.8	−13 225.6	−16 356.9
归属于上市公司公司股东的净资产	140 213.8	131 829.6	132 573.7	108 555.8	88 917.2
总资产	255 866.4	254 875.2	279 327.0	218 512.2	279 614.4

②从昆明机床2014年度报告中得知：昆明机床属于传统机床行业；2014年，中国机床行业面临着前所未有的挑战，整体不景气，无论是经济形势、竞争环境还是市场需求都发生了本质性变化；世界经济复苏缓慢，中国经济步入新常态；传统产品严重过剩，使用者需求快速升级，国际化竞争加剧，盈利模式发生巨变；世界新一轮科技创新正在加速推进，基于互联网环境的集成化智能制造正在悄然兴起。昆明机床2014年的销售回款不足，并且大部分收款为银行承兑汇票，现金严重缺乏，资金运转困难；公司因经营业绩下滑致使在银行的授信业务也受到影响，在银行融资成本不断上升，放贷条件日益苛刻的情况下，公司尽最大努力争取银行贷款，采用合理的融资方式保证生产营运资金供给。

③根据我国股票上市规则规定，上市公司连续两年亏损，股票将被实施“特别处理风险”警示，即戴上“ST”帽子，名称将改为“ST××”；若连续三年亏损，则股票将被实施退市风险警示，股票名称将改为“*ST××”。

讨论题：

假如你是昆明机床2014年度财务报表审计的主审注册会计师（项目负责人），请你回答：

（1）请简要说明财务报表审计中的风险评估程序和主要内容。

（2）请根据上述资料，并尽可能查找其他相关资料，对昆明机床2014年度财务报表

① 资料来源：昆明机床2012—2015年度报告。昆明机床在2014年对其2012年度、2013年度财务报表进行了重述。本表为重述前的数据。

层次和认定层次重大错报风险进行评估，并形成相应的风险评估结论，简要说明理由。

(3) 请说明涉及哪些交易或事项、期末账户余额及相关披露的哪些认定？

(4) 请针对昆明机床2014年度财务报表层次重大错报风险评估结果提出相应的总体应对措施。

(5) 请针对昆明机床2013年度跨期确认收入、虚构营业收入、虚增合同价格以虚增收入的舞弊行为设计相应的实质性程序。

第八章　销售与收款循环审计

第八章至第十三章，我们以制造业为例，将财务报表审计划分为六个循环，分别介绍其涉及的主要业务与账户、常见的重大错报风险、相关内部控制以及主要账户的实质性程序。这六个循环是销售与收款循环、采购与付款循环、生产与存货循环、筹资循环、投资循环、货币资金循环。其中，现金收支循环与其他五个业务循环均有密切关系，但又相对独立，且其内部控制又具有鲜明特征，因而将其作为一个业务循环。

第一节　概　述

一、涉及的主要业务与账户

销售与收款循环是企业向客户提供商品或劳务，直到收回货款的有关活动所组成的业务循环。工业企业涉及的交易或事项主要有：

（1）销售交易，包括接受顾客订单与签订销售合同、批准赊销信用、按销售单供货、按销售单装运货物、向顾客开具账单、记录销售收入等，形成的记录和文件有销售合同、客户订单、销售单、客户信用审批单、出库单、运输凭证、销售发票、商品价目表等；

（2）收款交易，包括收到款项后办理和记录库存现金、银行存款，形成的记录和文件有银行进账单（收款通知单）、应收票据贴现单据、客户定期（月度、季度）对账单、款项清理催收的相关文件与资料等；

（3）销售调整交易，包括审批、办理和记录销货退回、销货折扣与折让，形成的记录和文件有销售退货或折扣与折让审批文件、退货的验收入库单；

（4）注销坏账，即将确实无法收回的应收账款，经过批准后予以核销，但需“账销案存”，形成的记录和文件有该应收账款的清理催收报告、坏账核销的申请与审批文件等；

（5）计提坏账准备，即按照企业应收账款坏账准备政策计提坏账准备，形成的记录和文件有应收账款账龄分析表、坏账准备计算依据等。

注册会计师需要全面、深入地了解企业销售模式，包括其销售业务活动的范围、主要产品及其盈利模式、经营所在的市场或地理和人口细分、处于价值链的位置、采用的销售业务流程、主要客户及其交互过程、信息技术嵌入销售业务流程情况等，识别与评估其销售模式的固有风险。注册会计师还可以抽取重大销售合同，识别与收入确认相关的合同条款与履约义务，进一步了解其销售模式，以便评价其收入确认会计政策是否符合企业会计准则的要求。

涉及的主要账户有：

（1）损益类账户，如主营业务收入、其他业务收入、税金及附加、信用减值损失（应收账款减值损失）等；

（2）资产类账户，如库存现金、银行存款、应收账款、应收票据、坏账准备、库存商品等；

（3）负债类账户，如预收账款、应交税费（增值税销项税额、消费税、资源税等明细账户）等。

二、可能导致重大错报风险的因素

销售与收款循环是企业生产经营的一个重要业务循环。收入确认会影响与之相关的成本、利润、资产（如应收账款、坏账准备）等项目，对财务报表具有广泛影响，因而需将收入确认作为高风险领域。本业务循环常见的导致重大错报风险的因素有：

（1）管理层对收入造假，导致虚增或隐瞒销售收入，调节利润；

（2）销售收入截止不正确，被提前或推后入账；

（3）信用政策不合理，盲目赊销，导致形成大量的应收账款甚至呆账；

（4）长期不与客户核对应收账款，导致应收账款记录不准，甚至出现舞弊行为；

（5）应收账款清理不积极，资金被长期占用，甚至导致大量呆账、坏账；

（6）坏账准备计提和坏账损失确认方法不当，多计提或少计提坏账准备，不恰当地确认损失，进而调节利润；

（7）销售费用支出失控，可能存在虚报冒领行为。

三、具体审计目标

销售与收款循环审计的具体目标见表8-1。

表8-1 **销售与收款循环审计的具体目标**

管理层认定	一般审计目标	具体审计目标
	总体合理性	（1）企业当期销售收入总额总体合理，没有重大错报的迹象； （2）企业应收账款、应收票据、预收账款等账户余额总体合理，没有重大错报的迹象
发生或存在	发生或存在	（1）所有已记录的销售业务均已确实发生； （2）已记录的应收账款、应收票据、预收账款等确实存在
完整性	完整性	（1）本期发生的所有销售业务均已登记入账； （2）所有应收账款、应收票据、预收账款等均已入账
准确性	准确性	销售收入、应收账款、应收票据等入账金额正确，明细账合计数与总账、报表数一致
截止	截止	应收账款、应收票据和销售业务等都已计入恰当的会计期间
分类	分类	（1）各项销售收入的分类正确，并记入恰当的账户； （2）应收账款和预收账款、其他应收款已恰当区分，并记入恰当的账户
权利和义务	权利和义务	所有记录的应收账款、应收票据、预收账款确归企业权利或义务，除已披露的质押、贴现情况外，企业对应收账款、应收票据的所有权没有受到其他限制
计价和分摊	计价和分摊	（1）销售折扣、折让和退回的金额正确； （2）应收账款预计可收回，坏账准备的计提比例恰当、计提金额充分
列报与披露	列报与披露	销售收入、应收账款、应收票据、预收账款等在财务报表中的列报与披露恰当，且表述清晰，易于理解

四、相关内部控制要点

我们以销售与收款循环相关内部控制调查表（见表8-2）的方式列示销售与收款循环的相关内部控制。注册会计师应当测试和评价同销售与收款循环相关的内部控制设计的健全性以及执行的有效性，并评估控制风险。

表8-2　　**销售与收款循环相关内部控制调查表**

被审计单位：南方动力　　调查者：张云　　调查日期：20×4/02/14　索引号：Y1-1

被调查者：刘鸣（职务：主办会计）　复核人员：李晨　　复核日期：20×4/02/15[①]

调查问题	回答			执行人		
	是	否	不适用	总经理	财务经理	其他
一、接受订货						
1.是否签订了销售合同	√					销售部
2.已签订的销售合同是否有专人负责登记和控制	√					销售部
二、批准销售						
3.是否有健全的经授权批准的开票和结算制度	√					结算部
4.是否定期检查客户的信用程度	√					结算部
5.赊销和分期收款销售是否经过审批	√					
6.销售折扣与折让、销售退回是否经授权批准	√					结算部
三、销售发货						
7.仓库是否根据发票提货联或运货单发货	√					仓库
8.销货退回是否重新入库，计入存货并冲减销售收入	√					财务部
9.所有已发出的商品是否均已向顾客开出销售发票	√					结算部
四、会计记录						
10.销售业务发生后，财务是否及时取得有关凭证（如销售发票出库单、出口产品报关单据），以便收款或转账	√					财务部
11.销售发票中所列商品的单价是否与商品价目表核对相符	√					结算部
12.应收账款明细账与总账是否按月核对相符	√					财务部
13.是否定期编制应收账款账龄分析表	√					财务部
14.应收账款是否定期与客户对账并催收货款	√					财务部
15.坏账核销是否按有关规定审核批准	√					财务部

① 内部控制调查表作为重要的审计工作底稿，均须包括类似这样的表头。为节省篇幅，我们在第九章至第十三章的内部控制调查表中省略了这样的表头。

续表

调查问题	回答			执行人		
	是	否	不适用	总经理	财务经理	其他
五、职责分离						
16.销售业务中签订合同、组织供货、开票、发货、收款、入账等职责是否分离	√					销售部 仓库 财务部
17.应收票据的保管和记账人员职责是否分离			√			
六、内部审计						
18.内部审计师是否定期检查循环的有关内容			√			
19.内部审计意见是否及时正确调整入账			√			
其他						
简要说明及结论： 1.经过问卷调查、询问和简易测试后，认为销售与收款循环内部控制的可信赖程度为： 高（√）　中（　）　低（　） 2.该循环是否需要进一步作控制测试： 是（√）　否（　） 3.该循环内部控制设计虽然存在个别缺陷，但不会对财务报表的相关认定产生重大影响						
复核说明及结论：						

第二节　主要账户的审计目标和实质性程序

在本循环审计中，我们主要介绍主营业务收入、应收账款和坏账准备、应收票据、预收账款等账户的主要审计目标和实质性程序。注册会计师应当将这些账户联系起来实施实质性程序。此外，还可考虑结合"应交税费——应交增值税（销项税额）"账户的实质性程序等，因为该账户与这些账户是关联的。

一、主营业务收入

（一）审计目标

主营业务收入的审计目标包括：

（1）确定已记录的主营业务收入是否已发生，且与被审计单位相关（发生目标）；

（2）确定所有已发生的主营业务收入是否均已记录（完整性目标）；

（3）确定与主营业务收入有关的金额及其他数据是否已恰当记录，包括对销售退回、可变对价的处理是否适当（准确性目标）；

（4）确定主营业务收入是否已记录恰当的会计期间（截止目标）；

（5）确定主营业务收入是否记录于恰当的账户（分类目标）；

（6）确定主营业务收入是否已被恰当地汇总或分解且表述清楚，按照企业会计准则的规定在财务报表中作出的相关披露是相关的、可理解的（列报与披露目标）。

（二）主要实质性程序

1.取得或编制主要产品销售明细表和主营业务收入明细表，进行必要的复核，了解营业收入的总体情况

主要产品销售明细表和主营业务收入明细表分别见表8-3和表8-4。首先，复核表中的计算是否正确；其次，抽取一些主要产品的数据，与其相关明细账数核对是否相符；最后，核对明细表中的合计数与主营业务收入、主营业务成本总账的数据是否相符。

表8-3　　主要产品销售明细表

产品名称	本年实际				本年计划				上年实际			
	销售数量	销售收入	销售成本	销售成本率（%）	销售数量	销售收入	销售成本	销售成本率（%）	销售数量	销售收入	销售成本	销售成本率（%）
A												
B												
C												
⋮												
合计												
审计标识与说明												
复核说明与结论												

表8-4　　主营业务收入明细表

月份	本期实际			本期计划			上期实际		
	销售收入	销售成本	销售成本率（%）	销售收入	销售成本	销售成本率（%）	销售收入	销售成本	销售成本率（%）
1									
2									
⋮									
11									
12									
合 计									
审计标识与说明									
复核说明与结论									

2.对主营业务收入实施实质性分析程序，验证其总体合理性，并确定审计重点

注册会计师可以表8-3和表8-4为基础，选择运用以下分析程序，进行比较分析：

（1）将本期与上期的主营业务收入进行比较，分析产品销售的结构和价格的变动是否正常，并分析异常变动的原因；

（2）比较本期各月各种主营业务收入的波动情况，分析其变动趋势是否正常，是否符合被审计单位季节性、周期性的经营规律，并检查异常现象和重大波动的原因；

（3）计算本期重要产品的毛利率，分析比较本期与上期同类产品毛利率的变化情况，注意收入与成本是否配比，并查清重大波动和异常情况的原因；

（4）计算重要客户的销售额及其产品毛利率，分析比较本期与上期有无异常变化；

（5）将上述分析结果与同行业企业本期相关资料进行比较分析，检查是否存在异常；

（6）将（1）~（4）的分析方法用于比较本期实际与本期计划、本期销售与本期生产情况、本期实际与注册会计师的预期等，检查是否存在异常，并对异常情况实施进一步审计程序。

3.检查主营业务收入的确认原则与方法，验证其合规性、合理性和一贯性

审查主营业务收入的确认原则与方法，注意是否符合《企业会计准则》的规定，是否符合被审计单位的实际情况，是否保持前后期一致。特别关注周期性、偶然性的收入是否符合既定的收入确认原则和方法。

根据《企业会计准则第14号——收入》（2017）的规定，企业应当在履行了合同中的履约义务，即在客户取得相关商品控制权时确认收入。取得相关商品控制权，是指能够主导该商品的使用并从中获得几乎全部的经济利益。

当企业与客户之间的合同同时满足下列条件时，企业应当在客户取得相关商品控制权时确认收入：

（1）合同各方已批准该合同并承诺将履行各自义务；

（2）该合同明确了合同各方与所转让商品或提供劳务相关的权利和义务；

（3）该合同有明确的与所转让商品相关的支付条款；

（4）该合同具有商业实质，即履行该合同将改变企业未来现金流量的风险、时间分布或金额；

（5）企业因向客户转让商品而有权取得的对价很可能收回。

企业会计准则分别对“在某一时段内履行的履约义务”和“在某一时点履行的履约义务”作出了规定。

对于在某一时段内履行的履约义务，企业应当在该段时间内按照履约进度确认收入。当履约进度能够合理确定时，采用产出法或投入法确定恰当的履约进度。当履约进度不能合理确定时，企业已经发生的成本预计能够得到补偿的，应当按照已经发生的成本金额确认收入，直到履约进度能够合理确定为止。

对于在某一时点履行的履约义务，企业应当在客户取得相关商品控制权时点确认收入。在判断客户是否已取得商品控制权时，企业应当考虑下列迹象：

（1）企业就该商品享有现时收款权利，即客户就该商品负有现时付款义务；

（2）企业已将该商品的法定所有权转移给客户，即客户已拥有该商品的法定所有权；

（3）企业已将该商品实物转移给客户，即客户已实物占有该商品；

（4）企业已将该商品所有权上的主要风险和报酬转移给客户，即客户已取得该商品所有权上的主要风险和报酬；

（5）客户已接受该商品；

（6）其他表明客户已取得商品控制权的迹象。

因此，对主营业务收入的审计，应当依据上述营业收入的确认标准，验证企业收入确认的会计政策是否恰当，并验证收入确认会计政策的一贯性。重点关注有无将不符合收入确认标准的发出商品提前确认为收入的情况。

4.检查交易价格，验证主营业务收入计价的准确性

交易价格，是指企业因向客户转让商品而预期有权收取的对价金额。由于合同标价不一定代表交易价格，被审计单位需要根据合同条款，并结合以往的习惯做法等确定交易价格。对交易价格的实质性程序包括：

（1）询问管理层对交易价格的恰当方法，在恰当时管理层如何考虑可变对价、合同中存在的重大融资成分、非现金对价、应付客户对价等因素的影响；

（2）选取和阅读部分合同，确定合同条款是否表明需要将交易价格分摊至各单项履约义务，以及合同中是否包含可变对价、非现金对价、应付客户对价以及重大融资成分等；

（3）检查管理层的处理是否恰当，例如，测试管理层对非现金对价公允价值的估计。

5.审阅重点主营业务收入明细账，并抽查相关会计凭证，验证其真实性和会计处理的正确性

根据对主营业务收入实施分析程序的结果，确定需要重点审计的明细账及其所属会计期间。通常，占主营业务收入比重较大的产品或月份、当期增减幅度比较大的产品或月份、临近会计期末的月份、可能存在其他疑问的产品或月份等应当作为需要审阅的重点明细账和重点月份。在审阅明细账过程中，初步验证营业收入的真实性和合理性，并确定需要抽查的会计凭证。通常，单笔金额比较大、金额异常或有其他疑问的收入业务，应当作为抽查的重点。对于重点抽取的会计凭证，应当实施以下细节测试：

（1）检查相关原始凭证，如订购单、销售单、发运凭证、发票、对方收货回执等，注意核对相关信息的一致性，验证已记录营业收入的真实性、记入会计账户和会计期间的恰当性；

（2）检查销售合同、订购单和销售单等，注意核对相关信息的一致性，验证销售交易已经过适当的授权批准，以及客户的真实性；

（3）将销售发票存根上所列的单价与经过批准的商品价目表进行比较，重新执行相关的计算，验证入账金额的准确性。

6.审查发货凭证，验证主营业务收入记录的完整性

以发货凭证为起点，追查至销售发票存根和主营业务收入明细账，可以验证已发运且应计入当期营业收入的商品是否已经记录，验证营业收入记录的完整性。采用此程序时，注册会计师应当通过检查发运凭证的顺序编号来查明全部发运凭证是否均已归档。

此外，审计师可以将仓库保管员发出商品的统计数据与销售会计已入账的销售数量进行比较，并追查两者不一致的原因，也可以验证是否存在营业收入未入账的情形。

7.实施销售业务截止测试，验证销售业务截止的正确性

对销售实施截止测试，其目的主要在于确定被审计单位主营业务收入的会计记录归属期间是否正确，有无提前或推迟入账的情况。

实施截止测试，注册会计师需充分了解被审计单位的收入确认会计政策，并识别能够证明某笔销售符合收入确认条件的关键单据。如果货物发运凭证不能证明与货物所有权相关的主要风险和报酬已经转移至客户，则该凭证不是符合收入确认条件的关键单据。而客户收货回执通常认为是与货物所有权相关的主要风险和报酬已经转移给客户的关键单据。如果被审计单位以货物送达客户并由客户签收时确认收入，注册会计师可以考虑选择两条审计路径实施销售截止测试。

一是以账簿记录为起点。从报表日前后若干天的账簿记录追查至记账凭证和客户签收的发运凭证，目的是证实已入账收入是否在同一期间已发货并由客户签收，有无多计收入。其优点是比较直观，容易追查至相关凭证记录，以确定其是否应在本期确认收入；缺点是缺乏全面性和连贯性，只能查多计，无法查漏计或推迟入账的情形。这种方法主要是为了防止多计收入。

二是以发运凭证为起点。从报表日前后若干天的已经客户签收的发运凭证追查至账簿记录，确定主营业务收入是否已计入恰当的会计期间。这种方法主要是为了防止少计收入。

此外，复核资产负债表日前后销售和发货水平，确定是否异常；取得资产负债表日后所有的销售退回记录，检查是否存在提前确认收入的情况；结合对资产负债表日应收账款的函证程序，检查有无未取得对方认可的大额销售等，也是可以实施销售截止测试的。

由于被审计单位的具体情况各异，管理层意图各不相同，有的为了完成利润目标、更充分地享受优惠政策、便于筹资等，可能会多计收入；有的则为了以丰补歉、留有余地等而少计收入。因此，为提高审计效率，注册会计师应当凭专业经验和所掌握的信息进行风险评估，选择适当的审计路线，实施更有效的收入截止测试。

8.检查销售退回，验证其真实性和会计处理的正确性

对于销售退回，检查相关手续是否符合规定，结合原始销售凭证检查其会计处理是否正确，结合存货项目审计关注其真实性。

9.检查可变对价的会计处理，验证其真实性和会计处理的正确性

（1）获取可变对价表，选取项目与相关合同条款进行核对，检查合同中是否确实存在可变对价。

（2）检查被审计单位对可变对价的估计是否恰当，是否在整个合同期间内一致地采用同一种方法进行估计。

（3）检查计入交易价格的可变对价金额是否满足限制条件。

（4）检查资产负债表日被审计单位是否重新估计了应计入交易价格的可变对价金额。如果可变对价金额发生变动，是否按照《企业会计准则第14号——收入》的规定进行了恰当的会计处理。

10.审查发票申报表和纳税申报表，验证营业收入的合理性和合法性

获取并审阅企业增值税发票申报表和纳税申报表，了解企业全年申报纳税的营业收入

情况和利润总额情况，并与营业收入账面记录核对是否相符。若存在差异，应实施进一步审计程序，查明差异形成的原因，确定营业收入的准确金额。这些程序可查明企业是否存在虚开发票或已销售而未开发票的情况。

11.专项审查集团内部销售，验证其会计处理的合规性和正确性

专项审查调查集团内部销售情况，记录其交易价格、数量和金额，验证其作价的合理性，并追查在编制合并财务报表时是否已予抵消。

12.专项审查关联方销售，验证其作价的合理性和会计处理的合规性

专项审查向关联方销售的情况，记录其交易品种、数量、价格、金额以及占营业收入总额的比例；检查关联方销售的必要性、定价的公允性和决策程序的合规性以及披露的及时性和充分性；检查应纳入合并报表范围内的关联销售，是否已在编制合并财务报表时抵消。

关联方交易容易产生利益输送行为，损害国有企业或上市公司中小股东的合法权益，因此，国家监管部门制定了与关联交易相关的管理规定，并要求企业结合实际情况制定关联交易管理制度，对关联交易的必要性、定价的公允性、相关决策程序的合规性、相关信息披露的及时性、充分性等作出具体规定。在关联销售审计中，注册会计师首先应当获取被审计单位的关联交易管理制度，验证其合理性和健全性；查明企业是否充分识别了关联方；查明发生的关联销售是否严格按照关联交易管理制度的规定，履行了相应的决策程序，特别是关联销售的定价政策是否合理，实际定价是否合规和公允，相关信息是否已及时、充分披露。

13.结合应收账款的函证程序，函证主要客户当期销售收入总额

通常，应收账款期末余额的函证可以间接验证当期销售收入总额的准确性。要直接验证主要客户当期销售收入总额，则需在函证应收账款期末余额的同时，函证当期销售收入总额。相关内容请见本章应收账款函证相关内容。

14.访谈主要客户和检查期后回款情况，验证当期营业收入的真实性和准确性

对于被审计单位的主要客户，审计师应当实施访谈程序，了解该客户的生产经营规模、主营业务、与被审计单位的业务关系以及业务总额、一次性巨额采购的合理性和商业实质、该商品的使用或再销售情况、期末商品结存情况（必要时对该商品实施观察程序或监盘程序）、对被审计单位及其产品的评价等，可验证营业收入的真实性和准确性。切记：函证程序结合对关键客户的访谈是揭露虚增营业收入最有效的审计程序。

真实的销售收入，客户会陆续支付款项。因此，审计师可以通过审查主要客户期后回款情况来验证当期销售收入的真实性。凡是期后无回款的重要客户，务必实施进一步审计程序了解未回款的原因和当期销售收入的真实性。如果被审计单位收到了客户回款，也需要通过抽查回款的原始凭证来进一步验证客户回款的合理性（是象征性的回款还是按照合同规定回款）和真实性（重点关注是否为该客户直接付款）。若存在疑问，应当实施进一步审计程序查明原因。

15.审查主营业务收入在财务报表中的列报与披露，验证其充分、恰当性

根据《企业会计准则》的规定，主营业务收入与其他业务收入合并后，在利润表上的“营业收入”项目中列报，审计师应当审查其列报是否恰当。另外，审计师还应当审计营

业收入在财务报表附注中的披露是否充分并易于理解。通常，企业应当在附注中披露与收入有关的下列信息：①收入会计政策，包括收入确认和计量所采用的政策和方法，以及对确定收入确认时点和金额具有重大影响的判断以及这些判断的变更等。②与合同相关的信息，包括与本期确认收入相关的信息，与应收款项、合同资产和合同负债的账面价值相关的信息，与履约义务相关的信息，与分摊至剩余履约义务的交易价格相关的信息等。③与合同成本有关的资产相关的信息。

【课堂拓展】

如何应对营业收入舞弊行为

营业收入是企业的关键业绩指标，管理层对其操纵的固有风险较高；营业收入的确认有时还需要管理层作出重大判断，具有较强的主观性；许多上市公司财务舞弊行为包括了虚增营业收入舞弊。因此，营业收入确认是高风险审计领域。

虚增营业收入的主要手段包括虚构销售业务、提前确认营业收入、单方面虚增合同价格、故意不记录销售退回及折让与折扣等。因此，应对营业收入舞弊的审计程序至少包括：①调查和分析被审计单位是否存在虚增营业收入的压力或动机；②对营业收入实施分析程序，评价营业收入结构、毛利率变动的合理性；③审查重要销售业务的支持文件，如相关的销售合同、商品出库单、货运文件、客户收货确认函、销售发票、纳税申报表等，并核对这些文件之间的一致性，验证销售业务的合理性和真实性；④结合应收账款函证对当期销售收入实施函证程序，验证营业收入的真实性和准确性；⑤实施主要客户访谈并检查期后回款情况，验证营业收入的真实性、合理性和准确性；⑥实施期末截止测试，验证营业收入确认会计期间的恰当性；⑦实施其他相关程序，如审查与该销售业务相关的生产记录、产品入库记录、原材料采购记录，观察相关产品的仓库保管情况，分析与该产品生产相关的工时记录、耗水耗电的合理性、员工及其薪酬增加等，验证营业收入的合理性和真实性。

在审计营业收入舞弊行为过程中，审计师一定要遵循审计准则，勤勉尽责；保持高度职业怀疑，警惕掩盖和串通舞弊的情况；要收集充分、适当的审计证据，形成有足够说服力的证据链；一旦发现某一期间存在虚增销售收入的行为，则一定要实施前后期间的延伸审计程序，以验证前后期间是否存在虚增销售收入的行为。

二、应收账款与坏账准备

（一）审计目标

应收账款与坏账准备的审计目标包括：

（1）确定期末应收账款是否存在（存在目标）且为被审计单位所拥有（权利和义务目标）；

（2）确定应收账款和坏账准备的增减变动记录是否完整（完整性目标）、入账期间是否恰当（截止目标）、分类是否恰当（分类目标）、入账金额和期末余额是否准确（准确性目标）；

（3）确定应收账款是否可收回，坏账准备的方法和比例是否恰当，坏账准备的计提是否充分（计价和分摊目标）；

（4）确定应收账款和坏账准备在财务报表上的列报与披露是否充分、恰当（列报与披露目标)。

(二)主要实质性程序

1.取得或编制应收账款账龄分析表,进行必要的复核,获得对应收账款总体情况的了解

应收账款账龄,是指应收账款从销售实现、产生应收账款之日起,至资产负债表日止所经历的时间。应收账款账龄分析表见表8-5,并应对其实施以下程序:

表8-5 应收账款账龄分析表

年 月 日 金额单位:

顾客名称	期末余额	账龄			
		1年以内	1~2年	2~3年	3年以上
A公司					
B公司					
C公司					
⋮					
Z公司					
合 计					

(1)复核合计是否正确,并与总账数和明细账合计数核对相符。

(2)检查应收账款账龄分析是否正确。可从应收账款账龄分析表抽取分析一定数量的代表性项目,追查至相应的明细账,验证账龄划分是否准确。

(3)分析有贷方余额的项目,查明原因。必要时,建议作重分类调整。

(4)结合预收款项等往来项目的明细余额,查明有无同挂的项目或与销售无关的其他款项,必要时提出调整建议。

2.对应收账款实施实质性分析程序,了解并评价应收账款的总体合理性

(1)复核应收账款借方累计发生额与主营业务收入是否配比,如存在不匹配的情况应查明原因;

(2)在明细表上标注重要客户,并编制对重要客户的应收账款增减变动表,与上期比较分析是否发生变动,并分析其变动合理性;

(3)计算应收账款周转率、周转天数等指标,并与被审计单位上年指标、同行业同期相关指标进行对比分析,检查是否存在重大异常。

注册会计师应当将异常情况作为实施细节测试的重点,以验证其合理性和准确性。

3.向债务人函证应收账款,验证应收账款的存在性、准确性和所有权

函证应收账款的目的在于证实应收账款的期末余额是否真实存在,是否准确,是否拥有所有权,防止或发现被审计单位及其有关人员在销售交易中发生错误或舞弊行为,如销售金额不准确、虚构与客户的销售业务等。通过函证应收账款,可以有效地证明被询证者

（债务人）的存在和被审计单位记录的可靠性。

注册会计师应当考虑被审计单位经营环境、内部控制有效性、应收账款重要性、被询证者处理询证函的习惯做法及回函的可能性等，以确定应收账款函证的范围、对象、方式和时间。

（1）函证的范围和对象。函证是对应收账款进行审计的必要程序。决策函证数量和范围时，需要考虑的因素有：①应收账款在全部资产中的重要性。应收账款所占比重较大，则函证范围应相应扩大。②被审计单位内部控制有效性。若内部控制有效，则可以相应减少函证量。③以前期间的函证结果。若以前期间函证中发现过重大差异或欠款纠纷较多，则应扩大函证范围。④函证方式的选择。若采用积极函证方式，则可以相应减少函证量；若采用消极函证方式，则要相应增加函证量。

一般情况下，注册会计师应选择以下项目作为函证对象：余额或账龄较长的项目；与债务人发生纠纷的项目；重大关联方项目；主要客户（包括关系密切的客户）项目；新增客户项目；交易频繁但期末余额较小甚至余额为零的项目；可能发生重大错报或舞弊的非正常项目。

（2）函证的方式。函证方式分为积极函证方式和消极函证方式。注册会计师可采用积极或消极函证方式实施函证，也可将两种方式结合使用。

①积极函证方式。积极函证方式是指要求被询证者在所有情况下（无论对错、是否完整）均必须回函，以确认询证函所列示信息是否正确，或填列询证函所要求的信息。

积极函证方式又分为两种：一种是在询证函中列明拟函证的账户余额或其他信息，要求被询证者确认所函证的款项是否正确。其优点是对这种询证函的回复能够提供可靠的审计证据；其缺点是被询证者可能对所列示信息根本不加以验证就予以回函确认。另一种是在询证函中不列明账户余额或其他信息，而是要求被询证者填写有关信息或提供进一步信息。其优点是避免了第一种函证方式的风险；其缺点是可能会导致回函率降低，因为这种询证函要求被询证者作出更多努力而不愿回函。

在采用积极函证方式时，只有注册会计师收到回函，才能作为审计证据。注册会计师没有收到回函，可能是由于被询证者根本不存在，或被询证者没有收到询证函，也可能是由于询证者不理会询证函，因此，无法证明所函证的信息是否正确。

以下系《〈CSA 1312 函证〉应用指南》提供的两种积极式询证函的格式，供参考。

企业询证函（格式一）

编号：

××（公司）：

本公司聘请的××会计师事务所正在对本公司20××年度的财务报表进行审计，按照中国注册会计师审计准则的要求，应当询证本公司与贵公司的往来账项等事项。下列数据出自本公司账簿记录，如与贵公司记录相符，请在本函下端“信息证明无误”处签章证明；如有不符，请在“信息不符”处列明不符金额。回函请直接寄至××会计师事务所。

回函地址：

邮编：　　　电话：　　　传真：　　　联系人：

1.本公司与贵公司的往来账项列示如下：

单位：元

截止日期	贵公司欠本公司	本公司欠贵公司	备注
20××年 12 月 31 日	×××××××	××××××	

2.其他事项。

本函仅为复核账目之用，并非催款结算。若款项在上述日期之后已经付清，仍请及时函复为盼。

（公司盖章）

年　月　日

结论：1.信息证明无误。

（公司盖章）

年　月　日

经办人：

2.信息不符，请列明不符的详细情况：

（公司盖章）

年　月　日

经办人：

企业询证函（格式二）

编号：

××（公司）：

本公司聘请的××会计师事务所正在对本公司20××年度财务报表进行审计，按照中国注册会计师审计准则的要求，应当询证本公司与贵公司的往来账项等事项。请列示截至20××年×月×日贵公司与本公司往来款项余额。回函请直接寄至××会计师事务所。

回函地址：

邮编：　　　　电话：　　　　传真：　　　　联系人：

本函仅为复核账目之用，并非催款结算。若款项在上述日期之后已经付清，仍请及时函复为盼。

（公司盖章）

年　月　日

1.贵公司与本公司的往来账项列示如下：

单位：元

截止日期	贵公司欠本公司	本公司欠贵公司	备注
20××年 12 月 31 日			

2. 其他事项。

（公司盖章）

年　月　日

经办人：

②消极函证方式。消极函证方式只要求被询证者仅在不同意询证函列示信息的情况下才予以回函。

在采用消极函证方式时，如果收到回函，能够提供说服力强的审计证据。未收到回函可能是因为被询证者已收到询证函且核对无误，也可能是因为被询证者根本就没有收到询证函。因此，积极函证方式通常比消极函证方式更可靠。如果采用消极函证方式，注册会计师通常还需辅之以其他审计程序。

当同时存在下列情况时，注册会计师可考虑采用消极函证方式：①重大错报风险评估为低水平；②涉及大量余额较小的账户；③预期不存在大量的错误；④没有理由相信被询证者不认真对待函证。

在审计实务中，可将这两种方式结合使用。当应收账款的余额是由少量的大额应收账款和大量的小额应收账款构成时，注册会计师可以对所有的或抽取的大额应收账款样本采用积极函证方式，而对抽取的小额应收账款样本采用消极函证方式。

以下是《〈CSA 1312 函证〉应用指南》提供的消极式询证函的格式，供参考。

企业询证函

编号：

××（公司）：

本公司聘请的××会计师事务所正在对本公司20××年度财务报表进行审计，按照中国注册会计师审计准则的要求，应当询证本公司与贵公司的往来账项等事项。下列数据出自本公司账簿记录，如与贵公司记录相符，则无须回复；如有不符，请直接通知会计师事务所，并请在空白处列明贵公司认为是正确的信息。回函请直接寄至××会计师事务所。

回函地址：　　邮编：　　电话：　　传真：　　联系人：

1. 本公司与贵公司的往来账项列示如下：

单位：元

截止日期	贵公司欠	欠贵公司	备　注
20××年12月31日	×××××××	××××××	

2. 其他事项。

本函仅为复核账目之用，并非催款结算。若款项在上述日期之后已经付清，仍请及时核对为盼。

（公司盖章）

年　月　日

××会计师事务所：

上面的信息不正确，差异如下：

（公司盖章）

年　月　日

经办人：

(3) 函证时间的选择。注册会计师通常以资产负债表日为截止日，充分考虑对方复函时间，在期后适当时间内实施函证，以便在审计工作结束前获得回函，且有足够时间处理差异或异常情况。如果固有风险和控制风险评估为低水平，也可选择资产负债表日前适当日期为截止日实施函证，并对所函证项目自该截止日起至资产负债表日止发生的变动实施实质性测试程序。

(4) 函证过程的控制。注册会计师应当直接控制询证函的发送和回收。对于因无法投递而退回的信函要进行分析和处理，查明是由于被函证者地址迁移、差错而致使询证函无法投递，还是被函证者是虚构的。如果被询证者以传真、电子邮件等方式回函，注册会计师应当直接接收，并要求被询证者寄回询证函原件。对于采用积极函证方式而没有得到复函的，应当考虑对重要账户余额或其他信息再次函证。如果第二次乃至第三次发送询证函，仍不能得到答复，则应考虑采用必要的替代审计程序。注册会计师可通过函证结果汇总表对函证过程加以控制。函证结果汇总表见表8-6。

表8-6　函证结果汇总表

函证编号	债务人名称	债务人地址	函证日期		账面金额	函证结果	差异金额及说明	审定金额
			第一次	第二次				

(5) 函证结果差异分析。收到的回函若有差异，注册会计师应分析和寻找差异的原因，并应与债务人直接联系，做进一步核实。产生差异的原因可能是由于购销双方登记入账的时间不同，或者由于一方或双方记账错误，也可能是其中有弄虚作假行为。因入账时间不同而产生的差异，主要表现为：

① 询证函发出时，债务人已经付款，而被审计单位尚未收到货款。

② 询证函发出时，被审计单位的货物已经发出并已作销售记录，但货物仍在途中，债务人尚未收到货物。

③ 债务人由于某种原因将货物退回，而被审计单位尚未收到。

④ 债务人对收到货物的数量、质量及价格等有异议而全部或部分拒付货款。

(6) 对函证结果的总结和评价。注册会计师应将函证过程和情况记录在工作底稿中，并据以总结和评价应收账款情况：

① 注册会计师应重新考虑：对内部控制的原有评价是否适当；控制测试、分析程序、相关风险评价的结果是否适当等。

② 如果函证结果表明没有审计差异，则注册会计师可以合理推论，全部应收账款总体是正确的。

③ 如果函证结果表明存在审计差异，注册会计师则应当估算应收账款总额中可能出

现的累计差错是多少。为取得对应收账款累计差错更加准确的估计，也可以进一步扩大函证范围。

需要指出的是，即便应收账款得到了债务人的确认，也并不意味着债务人一定会付款。另外，函证也不可能发现应收账款中存在的所有问题。但是，应收账款的函证是验证应收账款的真实性、可靠性的必要的、有效的审计方法。注册会计师通过对应收账款进行函证，并执行其他实质性程序，可以对有关债权回收的可能性作出合理的结论，并向被审计单位管理层提出有关债权所面临的风险和应采取的措施。

4.对未回函和未函证应收账款实施替代程序

由于注册会计师不可能对所有应收账款进行函证，或者函证的应收账款没有收到回函，因此，对于未回函和未函证的应收账款，注册会计师应在审查明细账的基础上，抽查有关原始凭据，并追查相关的销售合同、销售订单、销售发票副本及发运凭证、收货回执等，以验证与其相关的销售收入和应收账款的真实性；检查资产负债表日后收回货款的情况；检查被审计单位与客户之间的往来文件，如对账单、催款单等。

5.检查资产负债表日后回款情况，验证应收账款的真实存在性

请被审计单位协助，在应收账款明细表上标出至审计时已收回的应收账款金额，进一步验证应收账款在资产负债表日是否存在。对已收回金额较大的款项进行常规检查，如核对收款凭证、银行对账单、销售发票等，并注意凭证日期的合理性。

6.抽查有无不属于结算业务的债权，验证其分类的恰当性

不属于结算业务的债权，不应在应收账款中进行核算。因此，注册会计师应抽查应收账款明细账，并追查有关原始凭证，查证被审计单位有无不属于结算业务的债权。如有，应建议被审计单位作适当调整。

7.检查坏账的确认和处理，验证其合规性

一是检查坏账的原因是否清楚，是否符合规定的坏账条件。坏账的条件是：债务人破产或者死亡的，以及破产或以遗产清偿后仍无法收回的；或者债务人长期未履行清偿义务的。二是检查坏账的处理是否经授权批准。被审计单位应根据管理权限，经董事会或经理办公会，或类似机构批准后作为坏账损失，冲销提取的坏账准备。注册会计师应当验证是否有相应的审批程序和文件。三是检查已作坏账核销的应收账款是否已作备查记录并恰当管理。四是审查有关会计处理是否正确，包括收回已作坏账核销的应收账款的会计处理是否准确。

8.检查坏账准备政策和坏账准备的计提，验证其合规性和合理性

按照企业会计准则的规定，企业只能用备抵法核算坏账损失，计提坏账准备的具体方法由企业自行确定。企业应当明确计提坏账准备的范围、提取方法、账龄的划分和提取比例，按照管理权限，经股东大会或董事会，或经理办公会或类似机构批准。坏账准备的提取方法一经确定，不得随意变更。如需变更，仍然应按上述程序进行审批，并在财务报表附注中说明变更的内容和理由、变更的影响数等。因此，在审计中，应当验证：

（1）坏账损失的核算方法是否合规；

（2）结合过去的坏账损失经验和对应收账款可收回性的估计，评价坏账准备计提方法和比例是否合理；

（3）审查坏账准备政策是否保持了一贯性；

（4）复核坏账准备的计提数额是否恰当，会计处理是否正确。

9.检查应收账款和坏账准备在财务报表中的列报与披露，验证其充分性和恰当性

在资产负债表中，应收账款项目是根据“应收账款”和“预收账款”所属明细账期末借方余额合计，扣除“坏账准备——应收账款”账户的期末余额后的金额填列。注册会计师应当查明应收账款在资产负债表中的列报是否恰当。

在财务报表附注中，通常应披露应收账款及坏账准备会计政策，应收账款期初、期末余额的账龄分析及其相应的坏账准备余额，期末欠款金额较大的单位的欠款，以及持有5%（含5%）以上股份的股东单位的欠款等情况。注册会计师也应当审查财务报表附注中与应收账款和坏账准备相关的披露是否充分、恰当，清晰明了，易于理解。

三、应收票据

（一）审计目标

应收票据的审计目标包括：

（1）确定期末应收票据是否存在（存在目标），且归被审计单位所拥有（权利和义务目标）；

（2）确定应收票据增减变动记录是否完整（完整性目标），记入的会计期间是否恰当（截止目标），分类是否恰当（分类目标），入账金额和期末余额是否准确（准确性目标）；

（3）确定应收票据是否有效，可否收回（计价和分摊目标）；

（4）确定应收票据在财务报表上的列报与披露是否充分、恰当（列报与披露目标）。

（二）主要实质性程序

1.获取或编制应收票据明细表，进行必要的复核，并把握其总体情况

应收票据明细表见表8-7。首先，复核表中的计算是否正确；其次，抽取一些应收票据的数据，与其相关明细账数核对是否相符；再次，核对明细表中的合计数与应收票据总账、资产负债表中的相关数据是否相符；最后，应抽查部分票据，并追查至相关文件资料，判断其内容是否正确，有无应转为应收账款的逾期应收票据，以及有确凿证据表明不能收回或收回可能性不大的应收票据。

表8-7　**应收票据明细表**

<table>
<tr><th>种类</th><th>出票人名称</th><th>编号</th><th>签发日期</th><th>到期日期</th><th>票面金额</th><th>票面利率</th><th>期末本利合计</th><th>担保或抵押</th><th>备注</th></tr>
<tr><td></td><td></td><td></td><td></td><td></td><td></td><td></td><td></td><td></td><td></td></tr>
<tr><td></td><td></td><td></td><td></td><td></td><td></td><td></td><td></td><td></td><td></td></tr>
<tr><td></td><td></td><td></td><td></td><td></td><td></td><td></td><td></td><td></td><td></td></tr>
<tr><td></td><td></td><td></td><td></td><td></td><td></td><td></td><td></td><td></td><td></td></tr>
<tr><td>合计</td><td></td><td></td><td></td><td></td><td></td><td></td><td></td><td></td><td></td></tr>
<tr><td>审计标识与说明</td><td colspan="9"></td></tr>
<tr><td>复核说明与结论</td><td colspan="9"></td></tr>
</table>

2.监盘库存票据，验证应收票据的真实性和正确性

注册会计师应监盘库存应收票据，并注意票据载明的相关信息是否与应收票据登记簿、应收票据明细表相符，是否存在已作质押的票据和银行退回的票据。

3.函证出票人，验证应收票据的真实性和准确性

必要时，抽取部分票据向出票人函证，证实其存在性和可收回性，并编制函证结果汇总表。应收票据的函证方式及其过程控制，与应收账款的函证相似。在此从略。

4.检查应收票据的利息收入，验证其处理的正确性

注册会计师应当检查应收票据的利息计算及相关会计处理是否正确，注意逾期应收票据是否已按规定停止计提利息。

5.审查已贴现应收票据，验证其会计处理的正确性

对于已贴现的应收票据，注册会计师应检查其贴现额与利息额的计算是否正确，会计处理方法是否恰当，复核、统计已贴现以及已转让但未能到期的应收票据的金额。

6.检查应收票据在财务报表中的列报与披露，查明其充分性和恰当性

应检查资产负债表中应收票据项目的金额是否与审定数相符，是否剔除了已贴现票据。财务报表附注中通常应披露应收票据的种类，已贴现、背书或用作抵押的应收票据的情况，以及持有其5%（含5%）以上股份的股东单位欠款情况等。注册会计师应当验证财务报表附注中与应收票据相关的披露是否充分、恰当。

【延伸阅读】

1.《企业内部控制应用指引第6号——资金活动》(2010)。

2.《企业内部控制应用指引第9号——销售业务》(2010)。

3.《CSA 1312 函证》(2010)。

4.《CSA 1313 分析程序》(2022)。

【复习思考题】

1.销售与收款循环的主要业务活动有哪些?

2.试述销售与收款循环审计的主要风险因素与具体审计目标。

3.销售与收款循环的内部控制要点有哪些?如何对其进行控制测试?

4.试述主营业务收入的主要审计目标及实质性程序。

5.如何进行应收账款的函证?

6.试述应收账款和坏账准备的主要审计目标及实质性程序。

7.试述应收票据的主要审计目标及实质性程序。

【案例分析题】

1.(1) 公司情况

峰松山公司于2×09年上市，主要业务为轿车发动机的制造与销售。自上市以来，峰松山公司一直聘请星湖会计师事务所执行其年度财务报表审计业务，签字注册会计师也一直没有轮换。

峰松山公司根据企业会计准则制定了发动机销售收入的确认条件：①销售合同已签；②货物已发出；③货物已经购买方验收；④销售发票已开具。

截至2×19年12月31日，峰松山公司发往并存放于各轿车生产厂商的发动机共计27 342台，涉及金额20 506万元。这些发动机是应各轿车生产厂商的要求，在取得其订货单后发出的；这些发动机已全部由各轿车生产厂商验收合格，且大部分已上线组装。但由于发货的依据是对方未载明销售单价的订货单，2×19年12月31日前公司未向对方开具销售发票，供销双方也未签署正式的销售合同（合同的签订和销售发票的开具均在2×20年完成）。峰松山公司将上述发出商品涉及的收入确认为2×20年度的收入。

（2）注册会计师实施的主要审计程序

在执行2×19年度财务报表审计业务时，注册会计师对与发动机有关的交易事项实施了以下审计程序：

①对与发动机有关的应收账款及销售收入实施了函证（均采用积极式函证，由注册会计师填列被审计单位的相关信息）。

②在对上述已发货但未确认为收入的发动机计划实施存货监盘程序时，峰松山公司提出，这些发动机已经轿车生产厂商签收，并不由峰松山公司控制，且已经进入待组装状态，未纳入年终存货盘点范围。因此，注册会计师实施了替代程序，对这些轿车生产厂商实施了发出货物的函证程序。

③在外勤工作结束时，注册会计师未能收到上述发出存货的询证函回函，便决定实施其他替代程序，检查所有发出货物的出库单及对方签收单，没有发现异常情况，得出了“此类存货期末余额可以确认”的审计结论。

讨论题：

①你认为峰松山公司的销售收入确认会计政策是否合规？

②在2×19年年末发出轿车发动机的交易应当确认为2×19年度的销售收入，还是应当确认为2×20年度的销售收入？请说明理由。

③对于峰松山公司在2×19年年末发出轿车发动机的交易，你认为注册会计师实施的审计程序是否存在不足或不当之处？如何改进？

2.昆明机床财务舞弊案例

相关资料请见第七章案例分析题2，昆明机床财务舞弊案例。

讨论题：

（1）分别具体说明应对昆明机床跨期确认收入、虚构营业收入、虚增合同价格以虚增收入的舞弊行为的实质性审计程序。

（2）如果你在2014年度财务报表审计中发现了昆明机床在2013年度、2014年度虚增营业收入的行为，请提出相应的审计处理意见，包括审计调整分录。如果昆明机床不接受审计调整建议，请考虑对审计意见的影响。

第九章 采购与付款循环审计

第一节 概 述

一、涉及的主要业务与账户

采购与付款循环是企业购买商品或接受劳务以及支付相关款项的活动所组成的业务循环。就一个工业企业来说，其涉及的交易或事项有：

（1）采购交易，包括请购商品或劳务、编制订购单、验收商品、储存商品、确认并记录资产和负债，形成的记录和文件有请购单、订货单、采购合同、质量检验报告、入库单、购货发票等；

（2）付款交易，包括编制付款凭单、审核授权付款、支付款项、记录库存现金或银行存款支出，形成的记录和文件有付款审批单、银行付款回单、供应商对账单等；

（3）购货调整交易，如购货退回、折扣与折让，形成的记录和文件有退货或折扣与折让申请单、退货运输凭证等。

注册会计师需要全面、深入了解企业采购模式，包括其采购业务活动的范围、主要采购商品种类及数量、采购所在的市场或地理和人口细分、处于价值链的位置、采用的采购业务流程、主要供应商及其交互过程、信息技术嵌入采购业务流程情况等，识别与评估其采购模式的固有风险。注册会计师还可以抽取重大采购合同，识别与购入存货确认相关的合同条款与履约义务，进一步了解其采购模式，以便评价其存货会计政策是否符合企业会计准则的要求。

涉及的会计账户主要有：

（1）资产类账户，如库存现金、银行存款、预付账款、物资采购（材料采购）、库存商品、包装物、低值易耗品、材料成本差异等；

（2）负债类账户，如应付账款、应付票据、应交税费（增值税进项税额明细账户）等。

二、可能导致重大错报风险的因素

购货与付款业务循环是企业生产经营的基本业务循环，它对企业多个资产负债表项目产生重大影响，尤其是存货项目和应付账款、预付账款、应付票据等项目，并间接影响利润表项目，如营业成本等。采购与付款循环中常见的可能导致重大错报风险的因素有：

（1）物资采购没有严格的计划和审批程序，导致物资采购出现盲目性，造成存货积压，进而导致期末存货被错报；

（2）物资采购业务决策权过分集中于采购部门和采购人员，导致价格过高；

（3）没有严格的验收和入库制度，导致入库物资出现数量短缺或质量问题，进而导致存货被错报；

（4）物资采购成本核算不合规、不正确，如将采购人员差旅费计入采购成本，或将运杂费计入期间费用，或将A物资的采购成本计入B物资的采购成本或相反等；

（5）已验收入库但发票未到的物资未按暂估价入账，导致隐瞒应付账款；

（6）已验收入库且发票已到的物资故意推迟或提前入账，故意隐瞒或虚增应付账款；

（7）长期未与供货单位就应付账款或预付账款核对，导致其账面记录不正确等。

三、具体审计目标

采购与付款循环审计的具体目标见表9-1。

表9-1　**采购与付款循环审计的具体目标**

管理层认定	一般审计目标	具体审计目标
	总体合理性	（1）当期采购总额总体合理，没有重大错报的迹象； （2）应付账款、应付票据、预付账款等账户本期发生额和期末余额总体合理，没有重大错报的迹象
发生或存在	发生或存在	（1）所有已入账的采购业务均已实际发生； （2）所有已入账的预付账款、应付账款、应付票据确实存在
完整性	完整性	（1）所有采购业务均已入账； （2）所有预付账款、应付账款、应付票据均已入账
准确性	准确性	物资采购、预付账款、应付账款、应付票据等账户入账金额、期末余额正确，明细账与总账一致
截止	截止	（1）所有采购业务均已记录在恰当的会计期间； （2）所有应付账款、应付票据均已记录在恰当的会计期间
分类	分类	（1）所有物资采购均已恰当分类为原材料、低值易耗品、包装物等类别； （2）应付账款、预付账款与其他应付款已恰当区分，并记入恰当账户
权利和义务	权利和义务	（1）已记录的所有预付账款是被审计单位在资产负债表日所拥有的权利； （2）已记录的所有应付账款、应付票据是被审计单位在资产负债表日所应承担的法律义务
计价和分摊	计价和分摊	（1）所购入商品增加的金额正确； （2）预付账款、应付账款、应付票据等列示了正确的金额
列报与披露	列报与披露	存货、应付账款、应付票据、预付账款等在财务报表中的列报充分、恰当，且表述清楚，易于理解

四、相关内部控制要点

我们以采购与付款循环相关内部控制调查表（见表9-2）的方式列示了采购与付款循环的相关内部控制。注册会计师应当测试和评价同采购与付款循环相关的内部控制设计与执行的有效性，并评估控制风险。

表9-2　　　　　　**采购与付款循环相关内部控制调查表**

调查问题	回答			备注
	是	否	不适用	
一、请购与合同				
1.主要物资的采购是否编制了采购计划并经批准	√			主要由采购部门确定，必要时，报主管领导同意。采购价格可能不是最优的
2.主要物资的采购是否有订货合同并经授权批准	√			
3.主要物资的供货单位是否经招标确定		√		
4.所有物资的采购是否均有请购单并经授权批准	√			
二、订货、验收与仓储				
5.采购部门是否只根据经批准的请购单发出订货单	√			
6.订货单是否事先顺序编号	√			
7.物资入库之前是否根据订货合同、订货单对其品名、规格型号、质量进行验收	√			
8.验收后是否出具验收单和质量鉴定报告	√			
9.物资入库后是否开具入库单并顺序编号	√			
10.采购物资出现数量短缺或质量问题是否查明原因并追究责任	√			
三、会计记录				
11.会计部门是否根据与订货单、质检单、入库单核对无误后的进货发票编制记账凭证	√			
12.进货费用的列支是否符合财务会计制度的规定	√			只与主要供货单位对账，一般每季度至少一次；一般单位则很少对账
13.进项税额的处理是否遵守税法的规定	√			
14.是否每月对应付账款总账与明细账进行核对	√			
15.应付账款的记录是否定期与供货单位核对	√			
16.支付货款的凭证是否及时入账	√			
四、支付货款				
17.出纳办理的货款支付是否经过授权批准	√			
五、职责分工				
18.主要物资供货单位是否由企业最高管理层集体确定		√		主要由采购部门确定，必要时，报主管领导同意。这样，可能导致采购价格不是最优的
19.请购单是否由仓库或物资使用部门签发	√			
20.验收是否由采购部门之外的人员负责	√			
21.付款申请是否由会计部门审核并经主管财务的领导审批	√			

续表

<table>
<tr><th rowspan="2">调 查 问 题</th><th colspan="3">回　答</th><th rowspan="2">备 注</th></tr>
<tr><th>是</th><th>否</th><th>不适用</th></tr>
<tr><td>六、内部审计</td><td></td><td></td><td></td><td rowspan="3">未由独立审计部门对内部控制执行情况进行必要的检查监督，可能使其未能得到一贯遵守，存在的问题可能未能得到改善</td></tr>
<tr><td>22.内部审计师是否定期对采购与付款循环内部控制执行情况进行检查</td><td></td><td>√</td><td></td></tr>
<tr><td>23.内部审计意见是否及时得到采纳</td><td></td><td></td><td>√</td></tr>
<tr><td colspan="5">其他：</td></tr>
<tr><td colspan="5">内部控制设计的主要缺陷及改进建议：
主要缺陷：
1.大宗物资的供货单位不是经过招标方式确定的，只由采购部门决定，使采购部门的权力过于集中，可能使企业未能采购到最优价格的物资，并可能存在损害企业利益的情况；
2.除主要供货单位外，未与对方定期对账，可能存在与中小供货单位债权债务记录不符的情况；
3.本循环的内部控制执行情况未受到内部审计的独立检查监督，不能保证被一贯地遵守执行，实际执行中可能存在的问题未被及时发现和改进。
主要改进建议：
1.主要物资供货单位应当通过招标方式，由企业最高管理层集体确定，以获得质优价廉的物资，最大限度地降低采购成本；
2.在坚持与主要供货单位每季至少对账一次的基础上，应每年与中小供货单位至少对账一次，确保双方记录的一致性；
3.建议由企业内部审计部门定期对内部控制执行情况进行独立检查监督，以确保内部控制得到一贯遵照执行，并能及时改进可能存在的问题</td></tr>
<tr><td colspan="5">简要说明及结论：
1.经问卷调查、询问和简易测试后，认为采购与付款循环内部控制的可信赖程度为：
高（√）　中（　）　低（　）
2.该循环是否需要进一步做控制测试：
是（√）　否（　）
3.该循环内部控制设计虽然存在个别缺陷，但不会对财务报表的相关认定产生重大影响</td></tr>
<tr><td colspan="5">复核说明及结论：</td></tr>
</table>

第二节　主要账户的审计目标和实质性程序

我们主要介绍物资采购（材料采购）、预付账款、应付账款、应付票据等账户的主要审计目标和实质性程序。注册会计师应当将这些账户联系起来实施实质性程序。此外，还可考虑结合“应交税费——应交增值税（进项税额）”账户的实质性程序等。

一、物资采购

（一）主要审计目标

物资采购的主要审计目标包括：

（1）确定已记录的物资采购是否均已发生（发生目标）；

（2）确定所有物资采购均已记录（完整性目标），且记入的会计账户恰当（分类目标）、会计期间恰当（截止目标）、金额准确（准确性目标）。

（二）主要实质性程序

1.取得或编制当期主要物资采购明细表，进行必要的复核，了解主要物资采购的总体情况。

当期主要物资采购明细表见表9-3。首先，复核表中的计算是否正确；其次，抽取一些主要物资的数据，与其相关明细账核对是否相符；最后，核对明细表中的合计数与物资采购总账的数据是否相符。

表9-3　**主要物资采购明细表**

物资名称	本期实际			本期计划			上期实际		
	数量	单位成本	总成本	数量	单位成本	总成本	数量	单位成本	总成本
A									
B									
C									
⋮									
X									
Y									
合　计	—	—		—			—	—	
审计标识与说明									
复核说明与结论									

2.对本期主要物资采购情况执行分析程序，验证其总体合理性。

在一般情况下，除非产量有较大变动或产品转向，当期主要物资实际采购数量与本期计划采购数量、上期实际采购数量应当接近。因此，注册会计师可以将表9-3中各主要物资本期实际采购数量与本期计划采购数量、上期实际采购数量进行比较分析，对主要物资的异常波动都要询问原因并作进一步追查；进一步分析波动情况是否与本期实际产量、本期计划产量、上期实际产量的变动情况一致，并在此基础上确定所需抽查的重点物资的采购情况。

3.审阅重点物资采购明细账，初步验证当期物资采购的合理性和真实性。

应当审阅的重点物资采购明细账包括：当期采购金额较大的物资；当期实际采购数量与上期实际、本期计划采购数量相比，有较大波动的物资；采购价格有较大波动的物资。在审阅明细账的过程中，应注意当期各月的采购数量是否均衡，是否与采购计划一致；采购价格是否接近，有无其他异常情况等，以便初步验证当期物资采购的合理性和真实性。

4.抽查物资采购的会计凭证，验证物资采购的真实性和正确性。

在审阅物资采购明细账的基础上，必要时可抽查物资采购的会计凭证，特别是一次采购金额较大或存在异常情况的业务。在抽取相关会计凭证后，应当查明：

（1）该批物资采购是否与采购计划一致，是否签订采购合同，三者在采购数量、价格、质量方面是否一致，是否经过审批。

（2）物资在入库前是否经过质量检验并签发质量报告单，质量是否符合合同规定；若存在质量问题，企业是如何处理的。

（3）入库前是否进行数量清点并签发验收入库单，实际入库数量是否与发票数量一致。若存在数量不符，企业是如何处理的。

（4）物资采购成本的确定是否合规。物资采购成本包括买价（不含增值税）、外地运杂费、运输途中的合理损耗、入库前的挑选整理费用等。在审计中，要注意被审计单位对物资采购成本的确定及会计处理是否合规、正确。

（5）物资采购账务处理是否正确、恰当。

（6）已验收入库物资是否及时结转物资采购的实际成本与计划成本，并结转相关的材料成本差异，相关账务处理是否正确。

5.审查购货调整业务，验证其合理性和正确性。

购货调整业务包括购货退回、购货折扣与折让、损坏赔偿等。主要审查以下方面：一是其发生的真实性和处理的适当性；二是其相关账务处理的正确性。例如，对于购货过程中发生的损坏，要注意是否查明原因并明确各自的责任，形成相关的文件；对于收到或应收的赔偿款是否冲减了物资采购的实际成本，相关进项税额是否转出，相关账务处理是否正确、恰当等。

6.进行物资采购截止测试，验证期末物资采购截止的正确性。

正确确定物资采购截止日期，是正确、完整记录期末物资采购的前提。物资采购期末截止测试就是要检查已记为企业所有，并包括在期末盘点范围内的物资是否含有截至该日尚未购入的物资。其审计方法是：抽查期末前后若干天的物资采购记录，验证其账务处理是否恰当、正确。具体方法有两种：一是检查期末存货盘点日前后的购货发票与验收入库单。如果期末之前入账的发票附有期末或之前日期的验收入库单，则原材料肯定已经入库并包括在期末盘点的存货范围之内，账务处理正确；如果验收入库日期为期末之后的日期，则原材料不会列入期末盘点的范围之内，而如果此时根据盘亏结果增加费用或损失，就会虚减当期利润；如果仅有验收入库单而无购货发票，则应进一步审查是否已按暂估价入账，记入存货账内，下期初再用红字冲销，否则，本期就无进货和相应的负债记录，此时若将盘盈存货冲减有关费用或增加有关收入，就虚增当期利润，少计应付账款。二是查阅验收部门的记录。凡是接近期末前后购入的物资，均必须查明相应的验收日期与入库日期、会计处理的日期是否在同一会计期间，否则，物资采购期末截止就不正确。

物资采购截止日期的测试，同时也测试应付账款的截止日期。

二、应付账款

（一）主要审计目标

应付账款的主要审计目标包括：

（1）确定期末应付账款是否存在（存在目标）且为被审计单位应履行的义务（权利和义务目标）；

（2）确定应付账款的发生和偿还记录是否完整（完整性目标），分类是否恰当（分类目标），入账金额和期末余额是否准确（准确性目标）；

（3）确定应付账款在财务报表中的列报与披露是否充分、恰当（列报与披露目标）。

（二）主要实质性程序

1.取得或编制应付账款明细表，进行必要的复核，并把握应付账款的总体情况。

应付账款明细表见表9-4。首先，复核表中的计算是否正确；其次，抽取一些应付账款的数据，与其相关明细账核对是否相符；最后，核对明细表中的合计数与应付账款总账、资产负债表中的相关数据是否相符。

表9-4 **应付账款明细表**

供货商名称	期初余额	本期增加	本期减少	期末余额	备注
A公司					
B公司					
⋮					
合计					
审计标识与说明					

2.对本期应付账款情况执行分析程序，验证其总体合理性。

对应付账款执行分析程序，可选择以下方法：

（1）对本期期末余额与期初余额进行比较，发现其异常波动并分析其原因；

（2）分析本期增减变动情况，发现其异常变动并分析其原因；

（3）分析长期挂账的应付账款，请被审计单位说明其原因，并评价其偿债能力；

（4）计算应付账款对存货、流动负债的比率，并与以前期间进行比较分析，评价应付账款的总体合理性；

（5）利用存货、营业成本的增减变动幅度，判断应付账款增减变动的合理性，并在此基础上确定所需抽查的重点应付账款明细账。

3.审阅重点应付账款明细账，并抽查相关会计凭证，验证当期应付账款增减变动的真实性和相关会计处理的正确性。

应当审阅的重点应付账款明细账包括：当期增加金额较大的；期末余额与期初余额相比，有较大波动的；长期挂账的；可能存在其他疑问的。在审阅明细账的过程中，初步验证当期应付账款增减变动的合理性和真实性，并确定应当抽查的会计凭证。通过抽查相关会计凭证，包括采购合同、请购单、订货单、入库单、购货发票等，验证应付账款增减变动的真实性，以及相关会计处理的正确性，如入账期间和会计账户是否恰当，入账金额是否准确等。

4.审核债权人的对账单，验证双方记录的一致性。

被审计单位债权人可能会定期向其寄送对账单，以核对双方记录是否一致。在审计过程中，注册会计师可以询问被审计单位的相关人员，是否在最近收到过债权人的对账单，并对双方记录的不符之处进行了调节。如果得到的答复是肯定的，注册会计师就应当审核最近收到的债权人对账单及调节表，并与被审计单位相关会计记录核对，查明它们之间是否存在差异，分析差异原因，并实施相应审计程序查明原因，确定是否需要作出相应调整。

5.函证应付账款，验证其记录的完整性。

应付账款的函证不如应收账款函证的作用大。这是因为负债审计的重点在于查找未入账的负债，而未入账的负债，可能在被审计单位会计账簿中没有记录，因而无法找到函证的对象。即使已入账的负债，函证也难以发现其有无漏计。但对于供货总额较大、积欠过多、长期挂账或未收到对账单的供货商，仍然有发函询证的必要。应付账款函证过程的控制与应收账款函证相同。

6.审查应付账款在财务报表中的列报与披露，验证其充分性和恰当性。

应付账款在资产负债表中以“应付账款”项目单独列报，但它是根据“应付账款”和“预付账款”账户所属明细科目的期末贷方余额合计填列的；其所属明细科目的期末借方余额应在资产负债表中的“预收款项”项目填列。对于主要供货商和关联方的应付账款，还应在财务报表附注中专门披露。注册会计师应当审查与应付账款相关的列报与披露是否充分、适当，表述清楚，易于理解。

三、应付票据

（一）主要审计目标

应付票据的主要审计目标包括：

（1）确定期末应付票据是否存在（存在目标）且为被审计单位应当履行的义务（权利和义务目标）；

（2）确定应付票据的发生及偿还记录是否完整（完整性目标），入账期间是否恰当（截止目标），分类是否恰当（分类目标），入账金额和期末余额是否准确（准确性目标）；

（3）确定应付票据的期末计价调整是否正确（计价和分摊目标）；

（4）确定应付票据在财务报表中的列报与披露是否充分、适当（列报与披露目标）。

（二）主要实质性程序

1.取得或编制应付票据明细表，进行必要的复核，了解应付票据的总体情况。

应付票据明细表见表9-5。首先，复核表中的计算是否正确；其次，抽取一些应付票据的数据，与其相关明细账核对是否相符；最后，核对明细表中的合计数与应付票据总账、资产负债表中的相关数据是否相符。

表9-5 应付票据明细表

种类	收款单位	编号	签发日期	到期日期	票面金额	票面利率	期末本利合计	担保或抵押	备注
合计									
审计标识与说明									
复核说明与结论									

2.审查应付票据备查簿，验证应付票据的真实性和相关账务处理的正确性。

注册会计师可从应付票据备查簿中抽取若干笔，进行以下审查：

（1）检查该笔债务的相关采购合同或债务合同、发票、物资验收单等资料，核实交易事项的真实性；

（2）抽查相关会计凭证，验证其账务处理的正确性，包括入账期间是否恰当、分类是否恰当、入账金额是否准确；

（3）抽查决算日后应付票据明细账及银行存款日记账，核实其是否已付款并转销；

（4）对在期末之前已偿付的应付票据，审查其入账日期的正确性。

3.审查期末未支付的票据，验证期末计价和会计处理的正确性。

对于期末未支付的应付票据，如果是附息票据，应检查其利息费用是否足额计提，相关账务会计处理是否正确；对于逾期未兑现的应付票据，应检查其原因，是否存在抵押，并提请被审计单位作出必要的披露。

4.审查应付票据在财务报表中的列报与披露，验证其充分性和恰当性。

应付票据期末余额在资产负债表中以“应付票据”项目单独列报。对于重要的应付票据和应付关联方的票据，还应在财务报表附注中专门披露。注册会计师应当审查财务报表附注中与应付票据相关的列报与披露是否充分、适当，易于理解。

四、预付账款

（一）主要审计目标

预付账款的主要审计目标包括：

（1）确定期末预付账款是否存在（存在目标）且为被审计单位所拥有（权利和义务目标）；

（2）确定预付账款增减变动记录是否完整（完整性目标），入账期间是否恰当（截止目标），分类是否恰当（分类目标），入账金额和期末余额是否准确（准确性目标）；

（3）确定预付账款是否可换取相应商品或劳务，或者可收回，是否需要计提坏账准备（计价和分摊目标）；

（4）确定预付账款在财务报表上的列报与披露是否充分、恰当（列报与披露目标）。

（二）主要实质性程序

1.取得或编制预付账款明细表，进行必要的复核，了解预付账款的总体情况。

预付账款明细表见表9-6。首先，复核表中的计算是否正确；其次，抽取一些供货商的数据，与其相关明细账核对是否相符；最后，核对明细表中的合计数与预付账款总账、资产负债表中的相关数据是否相符。

表9-6　**预付账款明细表**

供货商名称	期初余额	本期增加	本期减少	期末余额	备注
X公司					
Y公司					
⋮					
合计					
审计标识与说明					
复核说明与结论					

注：请被审计单位协助在“备注”栏填写截至审计日已收到货物并冲销的预付账款项目。

2.对预付账款执行分析程序，验证其总体合理性。

对预付账款执行分析程序，可选择以下方法：

（1）对本期期末余额与期初余额进行比较，发现其异常波动并分析其原因；

（2）分析长期挂账的预付账款，请被审计单位说明其原因，并评价其收回的可能性；

（3）利用存货、主营业务成本的增减变动幅度，判断预付账款增减变动的合理性，在此基础上确定所需抽查的重点预付账款明细账。

3.审阅重点预付账款明细账，并抽查相关会计凭证，验证当期预付账款增减变动的真实性和相关会计处理的正确性。

应当审阅的重点预付账款明细账包括：当期增加金额较大的；期末余额与期初余额相比，有较大波动的；长期挂账的；可能存在其他疑问的。在审阅明细账过程中，初步验证当期预付账款增减变动的合理性和真实性，并确定应当抽查的会计凭证；通过抽查相关会计凭证，如相关采购合同、付款审批单和银行回单等，验证预付账款增减变动的真实性和相关会计处理的正确性，包括入账期间是否恰当、分类是否恰当、入账金额是否准确；检查预付账款长期挂账的原因；分析预付账款明细账户的余额，对于出现贷方余额的项目，应查明其原因，必要时建议进行重分类调整。

注意审查：对同一供货商，有无既在应付账款核算，又在预付账款核算的情况。如果有，则应建议被审计单位合并为一个账户核算，防止同时高估资产和负债。

4.函证预付账款，验证期末余额的可靠性。

根据前述审计程序的结果，可选择对大额或异常预付账款进行函证，以验证其余额的可靠性。其函证过程的控制与应收账款函证相同。

5.审查预付账款在财务报表中的列报与披露，验证其充分性和恰当性。

预付账款在资产负债表中以“预付款项”项目单独列报，但它是根据“预付账款”和“应付账款”账户所属明细科目的期末借方余额合计填列的；其所属明细科目的期末贷方余额应在资产负债表中的“应付账款”项目填列。对于重要的和关联方的预付账款，还应在财务报表附注中专门披露。注册会计师应当审查其列报与披露是否充分、适当，清晰明了，易于理解。

【延伸阅读】

1.《企业内部控制应用指引第6号——资金活动》(2010)。

2.《企业内部控制应用指引第7号——采购业务》(2010)。

3.《内部审计实务指南第2号——物资采购审计》(2005)。

【复习思考题】

1.采购与付款循环涉及哪些主要业务？对这些业务进行核算，需要运用哪些会计科目？

2.采购与付款循环中常见的可能导致重大错报风险的因素有哪些？在审计中应当如何关注？

3.试述采购与付款循环内部控制的要点与测试方法。

4.试述物资采购的审计目标与实质性程序。

5.试述应付账款的审计目标与实质性程序。

6.试述应付票据的审计目标与实质性程序。

7.试述预付账款的审计目标与实质性程序。

8.分析程序在采购与付款循环审计中有哪些应用？

【案例分析题】

1.注册会计师审查A公司20×3年的甲材料明细账时，发现：

（1）12月15日，从外地B公司购进甲材料一批，共8 500千克，单价30元/千克，计价款255 000元。

（2）经抽查相应的会计凭证，其会计分录如下：

借：原材料——甲材料　　255 000

　　应交税费——应交增值税（进项税额）　　33 150

　　管理费用——运杂费　　5 450

　贷：应付账款——B公司　　288 150

　　　其他应付款——C运输公司　　5 450

后附B公司提供的发票和C运输公司提供的运费发票，但未见物资验收入库单。其中：B公司提供的发票表明，该批原材料的单价为30元/千克、增值税税率13%，计价款255 000元、增值税税额33 150元，合计288 150元；C运输公司提供的运费发票表明，外地运费5 000元，增值税税率9%，增值税税额450元，合计5 450元。

（3）询问财会部门存货主管会计得知，A公司将原材料价款计入原材料成本，运杂费计入管理费用。甲材料入库后，20日，仓库转来材料入库验收单，发现材料短缺80千克，查明其中60千克是C运输公司责任引起的短缺、20千克是运输途中的合理损耗。经过协商，C运输公司同意赔偿60千克的价款和增值税损失，并同意从应支付的运输费用中扣除，但A公司尚未进行账务处理。

讨论题：

（1）请说明注册会计师获取上述资料或情况的审计程序。为查明该笔采购业务处理的恰当性，注册会计师还需要实施哪些审计程序？获取哪些方面的审计证据？

（2）根据上述资料，指出A公司在材料采购管理工作中存在的问题，并提出改进意见。

（3）指出A公司该笔业务的会计处理是否恰当？若不恰当，应当要求A公司作出怎样的调整？请编写审计调整分录。

2.注册会计师在对甲公司20×3年度财务报表进行审计时，获得以下资料或信息：

（1）资产负债表中应付账款项目的期初余额和期末余额分别为502万元和351万元，预付账款项目的期初余额和期末余额分别为230万元和354万元；

（2）甲公司应付账款明细表见表9-7：

表9-7　**甲公司应付账款明细表**　金额单位：万元

供货商名称	期初余额	本期增加	本期减少	期末余额	备注
A公司	200	2 508	2 650	58	
B公司	208	1 595	1 580	223	
C公司	85	0	0	85	
D公司	45	1 565	1 580	30	
E公司	−36	1 881	1 890	−45	
合计	502	7 549	7 700	351	

(3) 甲公司预付账款明细表见表9-8:

表9-8 **甲公司预付账款明细表** 单位：万元

供货商名称	期初余额	本期增加	本期减少	期末余额	备注
Y1公司	85	785	795	75	
Y2公司	115	1 280	1 126	269	
Y3公司	-55	1 350	1 370	-75	
Y4公司	85	0	0	85	
合计	230	3 415	3 291	354	

讨论题:

(1) 请说明注册会计师获取上述资料或情况的审计程序。为利用这两个明细表实施进一步审计程序，还需要对这两个明细表实施哪些审计程序?

(2) 假如注册会计师需要从ABCDE五家公司和Y1—Y4四家公司中各选择两家公司进行函证，应当分别选择哪两家公司? 为什么?

(3) 为实现对甲公司应付账款和预付账款的审计目标，还需要实施哪些审计程序?

(4) 假如注册会计师实施审计程序后确认了表9-7和表9-8中的应付账款和预付账款是正确的，那么甲公司在资产负债表中的列报是否恰当? 若不恰当，应当如何列报? 为什么?

第十章 生产与存货循环审计

第一节 概 述

一、涉及的主要业务与账户

生产与存货循环实际上由两个循环组成。一是生产循环，即从原材料投入生产到产成品验收入库的相关活动所组成的循环；二是存货循环，即日常对存货的收发、储存与保管业务所组成的循环。

就工业企业来说，其涉及的交易或事项包括：

（1）薪酬事项，包括员工招聘、培训、授权变动工资、编制出勤和计时资料、编制工资计算表、发放工资、计提与缴纳社会保险等，形成的记录和文件包括员工聘用合同、工资变动表、出勤表和工时统计表、工资结算与发放表、社会保险计算与缴纳表等；

（2）产品制造事项，包括编制生产计划、下达生产指令、领出原材料、生产产品、核算生产成本、核算在产品等，形成的记录和文件包括生产计划、领料单、车间生产记录与汇总表、材料费用分配表、制造费用汇总分配表、产品成本核算表等；

（3）存货收发与保管事项，包括存货的验收入库、日常保管、发出等，形成的记录和文件包括物资保管明细账和明细表、入库单、领料单（出库单）、发出物资汇总表、存货盘点表、库存物资库龄分析表等。

注册会计师需要全面、深入了解企业生产模式，包括其生产活动的范围、主要产品及生产技术与流程、生产与销售的匹配性、生产流程和管理制度、生产的各环节和程序的规范化和标准化、产品生产和质量的可控性和稳定性、生产过程中耗水耗电和其他能源耗用情况以及碳排放与污染物产生与处置情况、信息技术嵌入生产流程情况等，识别与评估其生产模式的固有风险。

涉及的会计账户主要有：

（1）资产类账户，如银行存款、库存现金、原材料、低值易耗品、材料成本差异、库存商品、委托加工物资、委托代销商品、分期收款发出商品、累计折旧等；

（2）负债类账户，如应付职工薪酬、预计负债等；

（3）成本类账户，如生产成本、制造费用等；

（4）损益类账户，如管理费用（职工薪酬）、主营业务成本、其他业务成本等。

二、可能导致重大错报风险的因素

生产与存货循环是企业生产经营的基本循环，它对企业资产负债表中的“存货”“应付职工薪酬”等项目，利润表中的“营业成本”“管理费用”等项目有重大影响。本循环中常见的可能导致重大错报风险的因素有：

（1）在计算应付职工薪酬时，有关人员可能虚构员工名单，故意多计薪酬，然后将虚列的职工薪酬据为己有或形成“小金库”；

（2）在计算员工应交个人所得税时，蓄意或无意发生错误，少计算个人所得税；

（3）故意多计提或少计提职工教育经费、工会经费、社会保险费（如养老保险费、医疗保险费、生育保险费、失业保险费、工伤保险费）等，以虚减或虚增成本、费用，人为调节损益；

（4）没有正确划清生产成本与非生产成本的界限，如将生产领用原材料成本计入在建工程成本，将车间生产耗用水电费用计入管理费用或在建工程成本，或相反；

（5）期末以假领料的方式大量虚增原材料成本，从而虚增产品成本，以达到调节损益的目的；

（6）未对期末在产品进行盘点，按估计数计算期末在产品盘存数，虚估在产品完工程度，从而导致在产品成本计算不正确；

（7）产品成本计算不正确，多算或少算完工产品成本；

（8）物资收发过程中没有严格准确地计量，造成多发或少发，没有定期或不定期进行存货盘点，使物资出现账实不符；

（9）存货存在积压、毁损、变质的情况，但未按要求计提存货跌价准备；

（10）发出存货计价方法未保持一贯性，发出存货金额的计算不正确，故意多结转或少结转发出存货成本，从而低估期末存货并虚减当期利润，或者相反。

三、具体审计目标

生产与存货循环审计的具体目标见表10-1。

表10-1 **生产与存货循环审计的具体目标**

管理层认定	一般审计目标	具体审计目标
	总体合理性	（1）本期职工薪酬、生产等业务总体合理，没有重大错报的迹象； （2）本期主要产品单位成本、总成本总体合理，没有重大错报的迹象； （3）存货期末余额总体合理，没有重大错报的迹象
发生或存在	发生或存在	（1）所有已入账的职工薪酬、生产、存货收发业务均已实际发生； （2）所有已入账的生产成本均已实际发生； （3）所有账面记录的存货确实存在
完整性	完整性	（1）所有已发生的职工薪酬、生产、存货收发业务均已入账； （2）生产中所有已耗费的物资与人工等均已入账； （3）所有期末结存的存货均已记录入账
准确性	准确性	存货、生产成本、应付职工薪酬等账户入账金额正确、明细账与总账一致
截　止	截　止	所有工薪交易、生产事项、仓储事项均已记录在恰当的会计期间
分　类	分　类	所有存货均已恰当分类为原材料、低值易耗品、产成品等类别，所有应付职工薪酬均已记录在恰当的账户中
权利和义务	权利和义务	（1）在资产负债表日的所有存货均为被审计单位所拥有，除已披露的抵押情况外，没有受到其他限制； （2）应付职工薪酬等是被审计单位在资产负债表日所应承担的法律义务
计价和分摊	计价和分摊	（1）存货跌价准备的计提金额恰当，存货账面价值已按照可变现净值记录； （2）产品生产成本的计算正确
列报与披露	列报与披露	存货、应付职工薪酬等在财务报表中的列报充分、恰当，且表述清楚，易于理解

四、相关内部控制的要点

我们以生产与存货循环相关内部控制调查表（见表10-2）的方式列示了本循环的相关内部控制。注册会计师应当测试和评价与本循环相关的内部控制设计的健全性以及执行的有效性，并评估控制风险。

表10-2　　生产与存货循环相关内部控制调查表

调查问题	回答			备注
	是	否	不适用	
一、员工聘用与工薪管理				
1.招聘员工是否经过适当核准	√			
2.员工离职是否立即通知财务部门	√			
3.职工薪酬增减是否经过核准并通知财务部门	√			
4.员工出勤记录是否恰当，有无适当管制	√			
5.职工薪酬表是否由专人编制并由专人复核	√			
6.职工薪酬记录是否经常与人事部门的资料核对	√			
7.编制职工薪酬表与发放职工薪酬的职务是否分离	√			
8.未领职工薪酬的保管是否良好	√			
9.是否定期计提与职工薪酬相关的经费与保险费	√			
10.是否及时足额缴纳保险费	√			
11.是否建立了人工成本控制制度，合理设置工作岗位，以岗定责、定员、定酬	√			
12.是否定期对员工绩效进行考核和奖惩	√			
二、生产管理				
13.是否定期编制生产计划并根据市场情况及时进行调整	√			
14.是否根据批准后的生产计划组织生产	√			
三、定额管理				
15.是否编制了生产消耗定额且定额体系完整（一般应包括原料、主要材料、辅助材料、动力及燃料、工时定额等）	√			
16.是否定期对定额进行调整	√			
四、领料管理				
17.是否采用限额领料单，超限额领料是否办理特别审批手续	√			
18.车间领料是否由固定的专人负责	√			
19.车间月末剩余材料是否办理假退料手续	√			

续表

调查问题	回答			备注
	是	否	不适用	
五、车间生产管理				
20.车间是否设专人对材料物资、工时、动力消耗及投产、完工等生产情况进行记录	√			
21.是否在每月月末进行在产品的盘点		√		由车间自主进行盘点
22.是否建立了生产过程中的废品责任追究制度并贯彻执行		√		可能导致废品过多
23.利用的边角余料是否办理了入库手续		√		可能使原材料成本过高，影响成本正确性
六、成本管理				
24.是否编制了主要产品的计划成本，并以该计划成本作为成本控制依据		√		没有成本控制标准，可能使成本控制缺乏依据
25.是否制定了成本管理考核办法		√		可能使成本控制缺乏积极性
26.成本核算方法是否符合企业生产特点，是否严格执行	√			
27.成本开支范围是否符合有关规定	√			
28.是否严格划清了生产费用与非生产费用的界限	√			
29.是否定期进行成本分析，发现问题并及时处理		√		未进行定期成本分析，可能不能及时改进成本管理工作
七、存货管理				
30.收入的物资是否经过质量检验并办理了相关的入库手续	√			
31.物资入库时是否经过计量（清点数量或过磅重量）并签发入库单	√			
32.发出材料是否根据制度规定的领料凭证正确计量发货、手续齐全	√			
33.发出商品是否根据财务签章的销售发票、提货单或运货单正确计量、手续齐全	√			
34.所有物资是否均设有永续盘存记录	√			
35.仓库是否在月末分别原材料、库存商品编制收、发、存报表并由财务部门进行审核	√			
36.物资出门是否有出门验证放行制度	√			
37.物资保管，包括分拣、堆放、卫生、仓储条件等是否良好	√			
38.是否经常对仓储的安全情况进行检查	√			

续表

调查问题	回答			备注
	是	否	不适用	
39.仓库保管员是否在每月月末均对重要物资进行盘点	√			
40.仓库保管员是否定期报告库存物资的积压、质量（毁损、霉烂、接近或超过保质期等）情况并及时进行清理		√		可能不能及时发现存货管理过程中的安全隐患
41.财务部门是否定期或不定期地会同物资管理部门共同进行盘点		√		可能存在重要物资的账实不符
42.物资盘盈、盘亏、毁损、报废等是否及时调整账面记录		√		可能存在存货积压和质量问题
43.物资盘盈、盘亏、毁损、报废等是否及时按规定审批处理		√		可能存在大量的待处理财产损溢
八、会计记录				
44.会计部门是否定期根据物资出库单编制物资耗用报表并经过审核	√			
45.发出物资的计价方法是否恰当，其确定与变更是否经最高领导批准，并保持前后一致	√			
46.是否根据经审核无误的物资耗用报表编制记账凭证并入账	√			
47.制造费用的支出和归集是否经过审核并正确入账	√			
48.制造费用的分配标准是否恰当，相关计算是否正确并经过审核	√			
49.月末在产品的计价方法、完工产品成本计算方法的确定是否经过授权并保持一贯性	√			
50.产品成本是否根据完工产品数量正确计算，会计处理是否正确	√			
九、职责分工				
51.定额耗用标准的制定或变动是否经企业最高管理层集体审批确定	√			
52.超限额领料是否经主管生产或以上的领导审批	√			
53.物资盘盈、盘亏、毁损等的处理是否报经主管领导审批	√			
54.物资入库的质检验收是否由生产、采购部门之外的人员负责	√			

续表

调 查 问 题	回 答			备 注
	是	否	不适用	
十、内部审计				
55.内部审计师是否定期对本循环内部控制执行情况进行检查		√		未由独立审计部门对内部控制执行情况进行必要的检查监督，可能使其未能得到一贯遵守，存在的问题可能未能得到改善
56.内部审计意见是否及时得到采纳			√	
其他：				
内部控制设计的主要缺陷及改进建议 主要缺陷： 1.在成本管理方面存在漏洞，不能有效调动职工降低成本的积极性。 2.本循环的内部控制执行情况未受到内部审计的独立检查监督，不能保证被一贯地遵守执行，实际执行中可能存在的问题未能被及时发现和改进。 主要改进建议： 1.健全成本管理制度，如制定废品责任追究制度、定期成本分析制度，并有效执行，调动成本管理人员的积极性，有效控制成本。 2.建议由企业内部审计部门定期对内部控制执行情况进行独立检查监督，以确保内部控制得到一贯遵照执行，并能及时改进可能存在的问题				
简要说明及结论： 1.经问卷调查、询问和简易测试后，认为生产与仓储循环内部控制的可信赖程度为： 高（√） 中（ ） 低（ ） 2.该循环是否需要进一步作控制测试： 是（√） 否（ ） 3.该循环内部控制设计虽然存在个别缺陷，但不会对财务报表的相关认定产生重大影响				
复核说明与结论：				

第二节 主要账户的审计目标和实质性程序

在本循环审计中，我们主要介绍应付职工薪酬、制造费用、生产成本、存货等账户的主要审计目标和实质性程序。

一、应付职工薪酬

（一）主要审计目标

应付职工薪酬的主要审计目标包括：

（1）确定职工薪酬以及相关的社会保险费用的计提和支出是否合规，增减变动记录是否完整（完整性目标），入账期间是否恰当（截止目标），所计入的会计账户是否恰当（分类目标），入账金额和期末余额是否准确（准确性目标）；

（2）确定期末应付职工薪酬是否存在（存在目标）且为被审计单位应履行的义务（权利和义务目标）；

（3）确定应付职工薪酬在财务报表中的列报与披露是否充分、恰当（列报与披露目标）。

（二）主要实质性程序

1.获取或编制职工薪酬及其相关费用明细表，进行必要的复核，了解职工薪酬的总体情况

职工薪酬及其相关费用明细表见表10-3。首先，复核表中的计算是否正确；其次，抽取一些月份的数据，与其报表数、相关账户的总账数和明细账数核对是否相符。

表10-3　　**职工薪酬及其相关费用明细表**

项目		1月	2月	3月	4月	……	12月	合计	审计标识与记录
职工薪酬的构成	一、短期薪酬								
	1.工资、奖金、津贴和补贴								
	2.职工福利费								
	3.社会保险费								
	其中：医疗保险费								
	补充医疗保险费								
	工伤保险费								
	生育保险费								
	4.住房公积金								
	5.工会会费和职工教育经费								
	6.短期带薪缺勤								
	7.短期利润分享计划								
	8.其他短期薪酬								
	合计								
	二、离职后福利——设定提存计划								
	1.基本养老保险								
	2.失业保险费								
	3.企业年金缴费								
	4.其他								
	合计								

续表

项目		1月	2月	3月	4月	……	12月	合计	审计标识与记录
职工薪酬的构成	三、辞退福利								
	1.应付内退福利								
	2.其他辞退福利								
	合计								
	四、其他								
	总计								
职工薪酬的支付	实际支付								
	期末余额								
职工薪酬的分配	直接人工								复核说明与结论：
	间接人工								
	管理费用								
	销售费用								
	其他								
	合计								

2.对本期职工薪酬费用发生情况执行分析程序，验证其总体合理性

在一般情况下，除非产量或员工数出现较大变动，或普遍性地增加工资，一个会计年度内的各期职工薪酬总额是比较稳定的，并与上一会计年度基本一致。因此，注册会计师可以将表10-3各期职工薪酬总额及其构成进行比较分析，对各期职工薪酬的异常波动都要询问原因并作进一步的追查；将本期职工薪酬费用总额与上期进行比较，询问并评价引起变动的原因，并获取充分证据证明其变动的合理性和合规性；将各期职工薪酬增减变动情况与生产变动情况进行比较，验证职工薪酬增减变动的合理性和合规性，并在此基础上确定所需抽查的重点月份。

3.检查职工薪酬的计提，验证其相关账务处理的合规性和正确性

抽取重点月份职工薪酬账务处理的会计凭证和职工薪酬发放表，验证职工薪酬的计提数是否正确，职工薪酬的分配方法是否与上期一致，相关账务处理是否合规；将职工薪酬发放表与人事部门的员工登记表进行核对，验证职工薪酬发放与员工实际情况的一致性，防止虚构职工薪酬；计算当月各项薪酬是否合规、正确，相关账务处理是否恰当。

4.检查代扣代缴员工个人所得税的计算，查明其合规性和缴纳的及时性

审阅被审计单位核算代扣代缴员工个人所得税的明细账户，分析各月代扣代缴的个人所得税总额是否均衡，有无大幅波动的情况；若存在大幅波动，应通过询问主管会计了解原因，并通过实施进一步的审查查明其原因；代扣的个人所得税是否及时缴纳；结合薪酬账务处理凭证的抽查，验证重点月份代扣员工个人所得税计算的合规性和正确性。

5.审查应付职工薪酬在财务报表中的列报与披露，验证其充分性与恰当性

主要核对应付职工薪酬在资产负债表中列报的数额是否与经审计后相关总账的期末余额一致；与职工薪酬相关的情况是否已在财务报表附注中作了充分、恰当的披露，且表述清楚，易于理解。

二、制造费用

（一）主要审计目标

制造费用的主要审计目标包括：

（1）确定已入账的制造费用是否已发生（发生目标）；

（2）确定制造费用的增减变动记录是否完整（完整性目标），入账期间是否恰当（截止目标），记入的会计账户是否恰当（分类目标），入账金额是否准确（准确性目标）；

（3）确定制造费用的分配方法是否合理，相关计算是否正确（计价和分摊目标）。

（二）主要实质性程序

1.获取或编制制造费用明细表，进行必要的复核，了解制造费用的总体情况

制造费用明细表（汇总）见表10-4，一车间制造费用明细表（分车间）见表10-5。首先，复核表中的计算是否正确；其次，抽取一些月份的数据，与制造费用总账数和明细账数核对是否相符。

表10-4　　**制造费用明细表（汇总）**

月份	一车间	二车间	三车间	……	合计	本年计划	备注
1							
2							
3							
⋮							
11							
12							
合计							
审计标识与说明							
复核说明与结论							

表10-5　　　　　**一车间制造费用明细表（分车间）**

项目	1月	2月	3月	……	12月	合计	备注
职工薪酬							见应付职工薪酬审计
折旧费							见固定资产审计
水电费							
物料消耗							
低值易耗品							
差旅费							
劳保费							
保险费							
修理费							
⋮							
其他							
合计							
本年计划							
审计标识与说明							
复核说明与结论							

2.对本期制造费用发生情况执行分析程序，验证其总体合理性

在一般情况下，除非产量出现较大变动，一个会计年度内的各期制造费用总额是比较稳定的，并与上一会计年度基本一致。因此，注册会计师可以对表10-4和表10-5的各期制造费用总额及其构成进行比较分析，对异常波动要询问原因并作进一步追查；将本期制造费用总额与上期比较，询问并评价引起变动的原因，获取充分证据证明其变动的合理性和合规性；将各期制造费用增减变动情况与产量变动情况进行比较，验证其变动的合理性和合规性。在此基础上，确定需抽查的重点车间与重点月份的制造费用明细账。

3.检查制造费用发生额及其相关账务处理，验证其合规性和正确性

审阅重点车间和重点月份的制造费用明细账，并抽查发生额较大或异常业务的会计凭证，验证制造费用发生额的真实性、合理性和相关账务处理的正确性，包括入账期间是否恰当，记入的会计账户是否恰当，入账金额是否准确。

4.审查制造费用的分配，验证其合规性和正确性

抽取重点月份制造费用分配表，审查制造费用分配方法是否合理，并保持前后一致；验证分配数额的计算是否正确，相关账务处理是否恰当。

三、生产成本

（一）主要审计目标

生产成本的审计目标包括：

（1）确定已入账的生产成本是否已发生（发生目标）；

（2）确定生产成本的增减变动记录是否完整（完整性目标），入账期间是否恰当（截止目标），记入的会计账户是否恰当（分类目标），入账金额是否准确（准确性目标）；

（3）确定生产成本的计算方法是否合理，相关计算是否正确（计价和分摊目标）；

（4）确定生产成本的期末余额是否正确，在财务报表中的列报与披露是否充分、适当。

（二）主要实质性程序

1.获取或编制主要产品产量与成本明细表，进行必要的复核，了解其总体情况

主要产品产量与成本明细表见表10-6。首先，复核表中的计算是否正确；其次，抽取一些产品的数据，与其相关账户的总账数和明细账数核对是否相符。

表10-6　　**主要产品产量与成本明细表**

产品名称	A产品			B产品			C产品		
	产 量	单位成本	总成本	产 量	单位成本	总成本	产 量	单位成本	总成本
1月									
2月									
⋮									
11月									
12月									
合计									
本年计划									
上年实际									
审计标识与说明									
复核说明与结论									

2.对本期主要产品生产成本执行分析程序，验证其总体合理性

在一般情况下，除非产量或主要原材料、水电价格有较大变动，一个会计年度内的各期主要产品单位成本应当比较稳定，并与上一会计年度基本一致。因此，注册会计师可以对表10-6中各月各主要产品单位成本进行比较分析，对各期单位成本的异常波动都要询问原因并作进一步追查；将本期主要产品单位成本与上期、本年计划进行比较，询问并评价引起变动的原因，并获取充分证据证明其变动的合理性；将各期各主要产品单位成本增减变动情况与产量变动情况进行比较，验证其变动的合理性和合规性，并在此基础上确定所需抽查的重点月份及重点产品。

3.检查重点月份的重点产品生产成本明细账，并追查相关成本发生额的真实性及相关会计处理的正确性

抽取重点月份的重点产品生产成本明细账，初步确定该产品生产成本发生额是否合理；抽查金额较大或异常业务的会计凭证，验证生产成本发生的真实性以及相关会计处理的正确性，特别关注有无将在建工程、管理部门、福利部门等非生产部门领用原材料的成本计入生产成本的情况。

4.检查重点月份的重点产品成本计算表，验证产品成本计算的正确性

抽取重点月份的重点产品成本计算表，在查明当月完工产品数量和在产品数量及其完工程度的基础上，验证产品成本计算是否正确。在审查过程中，要注意查明：当月完工产品数量与验收入库数量、生产统计表的完工数量是否一致；月末在产品数量是否经过盘点；完工程度的确定是否合理与正确；月末在产品计价方法是否保持前后一致；产品成本计算方法是否符合企业生产经营特点并保持前后一致；产品成本计算及相关账务处理是否正确。

5.审查生产成本在财务报表中的列报与披露，验证其充分性和恰当性

“生产成本”账户的期末余额表示在产品成本，与原材料、产成品等存货类项目合并列报在资产负债表中的“存货”项目内，并应在财务报表附注中充分披露在产品的期初、期末数及其相应的减值准备数。

【思政园地】

生产成本审计有利于促进被审计单位降本增效

生产成本指企业为生产产品而发生的成本，主要包括直接材料、直接人工和制造费用，是衡量企业技术和管理水平的重要指标。生产成本审计是对企业生产成本项目所进行的审查与评价活动，有利于及时揭示被审计单位成本管理方面存在的问题，通过提出改进建议，帮助被审计单位健全成本核算制度，提升成本管理水平，挖掘内部潜力，降低产品成本，从而提高经济效益。

生产成本审计通常由企业内部审计机构实施。注册会计师在财务报表审计中对生产成本进行审计，在验证生产成本准确性的同时，也可以分析被审计单位在生产成本管理中存在的问题并提出改进建议，进而提供增值服务。

四、存货

（一）主要审计目标

存货的主要审计目标包括：

（1）确定期末存货是否实际存在（存在目标），并为被审计单位所拥有（权利和义务目标）；

（2）确定存货增减变动记录是否完整（完整性目标），入账期间是否恰当（截止目标），记入的会计账户是否恰当（分类目标），入账金额是否准确（准确性目标）；

（3）确定发出存货计价方法是否恰当，发出存货金额和期末存货金额是否正确（计价

和分摊目标）；

（4）了解期末存货的品质状况，确定存货跌价准备的计提是否合理（计价和分摊目标）；

（5）确定存货在财务报表中的列报与披露是否充分、恰当（列报与披露目标）。

存货审计包括对物资采购、原材料、委托加工物资、低值易耗品、包装物、外购商品、产成品、在产品的审计。由于其审计程序与方法基本相同，在此我们以原材料审计为例，说明存货审计的程序与方法。

（二）主要实质性程序

1.获取或编制主要原材料增减变动明细表，进行必要的复核，了解其总体情况

主要原材料增减变动明细表见表10-7。首先，复核表中的计算是否正确；其次，抽取一些主要原材料的数据，与其相关明细账核对是否相符；最后，核对明细表中的合计数与原材料总账的数据是否相符。

表10-7 **主要原材料增减变动明细表**

材料名称	期初数			本期增加		本期减少		期末数		
	数量	单位成本	总成本	数量	总成本	数量	总成本	数量	单位成本	总成本
A										
B										
⋮										
X										
Y										
合　计	—	—		—		—		—	—	
本年计划	—	—		—		—		—	—	
上年实际	—	—		—		—		—	—	
审计标识与说明										
复核说明与结论										

主要原材料账面金额与跌价准备比较表，见表10-8。

2.对本期主要原材料执行分析程序，验证其总体合理性

在一般情况下，除非产量有较大变动或产品转型，一个会计年度内各期主要原材料本期增加或减少数量与总成本应当接近，期初与期末结存数量与总成本也应当接近。因此，注册会计师可以将表10-7中各主要原材料期初数与期末数、本期增加与本期减少进行比

表10-8　　主要原材料账面金额与跌价准备比较表

材料名称	期初数			期末数		
	账面余额	跌价准备	账面价值	账面余额	跌价准备	账面价值
A						
B						
⋮						
X						
Y						
合计						
审计标识与说明						
复核说明与结论						

较分析，对主要原材料的异常波动要询问原因并作进一步追查；将本期主要原材料耗用数量与主要产品产量进行比较分析；比较主要原材料各月购进与耗用数量等。在此基础上，确定所需抽查的重点原材料。

3.检查重点原材料明细账并追查相关业务，验证其真实性和账务处理的正确性

审阅重点原材料明细账，初步确定该原材料本期发生额是否合理；抽查金额较大或异常业务的会计凭证，验证该原材料本期收入或发出业务是否真实、正确，相关账务处理是否恰当、正确。

在审查原材料增加业务时，要注意：验收入库数量是否与发票数量一致，若存在差异，应查明原因；原材料入账金额的确定是否合规、正确，相关账务处理是否恰当。

在审查原材料减少业务时，要注意：原材料发出手续是否合规；是否严格、恰当地区分发出原材料的用途；月末汇总发出原材料时，是否按用途进行汇总，其汇总是否正确；验证发出原材料的计价方法是否合规，并保持前后一致，计价金额是否正确；发出原材料的相关账务处理是否恰当、正确。

对于采用计划成本核算的企业，还应查明当期材料成本差异的分配是否合规、正确，有无人为多分配或少分配材料成本差异，进而调节成本费用和利润的情况，并抽查相关账务处理是否正确。

4.进行存货截止测试，验证期末存货截止的正确性

存货截止测试的基本思路和方法与物资采购截止测试类似，但需增加发出存货的截止测试，在此从略。

5.实施监盘程序，查明期末原材料是否真实存在

存货监盘是指注册会计师现场监督被审计单位存货的盘点，并进行适当的抽查，以查明存货实际结存数量。存货监盘是存货审计的首选、必经程序，若不实施存货监盘程序，

必须充分说明理由。

在实施存货监盘前，注册会计师应当编制监盘计划，对存货监盘作出合理安排。在编制监盘计划时，注册会计师应当：

（1）了解存货的内容、性质、各存货的重要性及存放场所。

（2）了解存货会计系统及其他相关的内部控制；评估与存货相关的固有风险、控制风险和检查风险及重要性。

（3）实地查看金额较大或性质特殊的存货的存放场所；考虑是否利用专家的工作等。

考虑上述因素后，制订存货监盘计划：

（1）存货监盘的目标、范围及时间安排；

（2）存货监盘的要点及关注事项；

（3）参与存货监盘的人员的分工；

（4）抽查的范围等。

还应对参与存货监盘的人员进行必要的培训，准备相关的工作底稿及工具。

在盘点过程中，注册会计师要：

（1）实地观察并监督存货的盘点过程。盘点现场的存货是否摆放整齐并停止收发；盘点程序是否符合盘点计划和指令的要求；盘点计数是否准确，有无重盘或漏盘；盘点清单是否按要求填制。

（2）进行抽查盘点。抽盘的样本一般不低于存货总量的10%，以测试盘点及其记录的准确性。

（3）观察并记录存货保管情况及其质量。在存货监盘过程中，要注意存货管理的内部控制是否合理并严格执行，如摆放是否分类、整齐，防水、防盗、防火情况是否良好等；存货质量是否符合销售或使用要求，其质量等级是否与会计账簿上记载的价值相匹配，是否存在陈旧、滞销或毁损情况等；存货的流动是否正常，有无长期极少变动的情况。对于一些存货质量或价值的鉴定，必要时应当聘请专家协助工作。这有助于评价被审计单位存货跌价准备计提的恰当性。

若存在盘盈或盘亏，应当进一步查明原因，并要求被审计单位调整期末存货记录。

6.审查主要原材料存货跌价准备的计提，验证其合理性与正确性

存货跌价准备计提的审计是存货审计的重点内容之一。注册会计师通常需要实施以下程序：

（1）审查被审计单位存货跌价准备计提政策是否合规合理。企业应当在期末对存货进行全面清查，对由于毁损、全部或部分陈旧过时或销售价格低于成本等原因，使存货成本高于可变现净值的，则应按可变现净值低于存货成本的部分计提存货跌价准备。存货跌价准备应按单个存货项目的成本与可变现净值计量，但对于数量繁多、单价较低的存货，可以按存货类别计量成本与可变现净值。

（2）分析被审计单位存货跌价准备计提范围是否合理。查明有无应计提跌价准备的存货项目未计提，以虚增当期利润的情况，或不应计提的存货项目反而计提，以虚减当期利润、为下期提高利润作准备的情况。

（3）抽查存货跌价准备计提的相关会计凭证，验证当期存货跌价准备计提方法是否保

持了前后一致，计提金额的计算是否正确，相关账务处理是否恰当。

7.审查原材料在财务报表中的列报与披露，验证其充分性和恰当性

就工业企业来说，“原材料”与“物资采购”“包装物”“低值易耗品”“委托加工物资”“材料成本差异”“库存商品”“生产成本”等账户的期末余额，扣除相应的存货跌价准备后的金额，合并填列在资产负债表中的“存货”项目中。因此，注册会计师应当对资产负债表中的“存货”项目填列数额的正确性进行审计。此外，注册会计师还应对财务报表附注中的存货核算方法、产品成本计算方法及其变更情况、变更原因与变更结果，存货项目及其跌价准备的明细项目等情况的披露，验证其充分性和恰当性。

【延伸阅读】

1.《企业内部控制应用指引第3号——人力资源》(2010)。

2.《企业内部控制应用指引第8号——资产管理》(2010)。

【复习思考题】

1.生产与存货循环涉及哪些主要业务？对这些业务进行核算，需要运用哪些会计科目？

2.生产与存货循环中常见的可能导致重大错报风险的因素有哪些？在审计中应当如何关注？

3.简述生产与存货循环内部控制的要点与测试方法。

4.简述生产与存货循环的具体审计目标。

5.简述应付职工薪酬的审计目标与实质性程序。

6.简述制造费用的审计目标与实质性程序。

7.简述生产成本的审计目标与实质性程序。

8.简述存货的审计目标与实质性程序。

9.简述分析程序在生产与存货循环审计中的应用。

【案例分析题】

1.审计人员审查某企业的在产品成本时，获得以下资料或信息：

（1）该企业按约当产量法计算在产品成本，审阅基本生产成本明细账时，得知月初在产品成本为239 040元，其中，直接材料144 000元、直接工资36 000元、其他直接支出5 040元、制造费用54 000元。

（2）本月发生费用1 088 400元，其中，直接材料662 400元、直接工资190 000元、其他直接支出12 600元、制造费用223 400元。

（3）本月完工产品成本为679 880元，其中，直接材料350 400元、直接工资142 000元、其他直接支出5 880元、制造费用181 600元。本月完工产品已结转。

（4）月末在产品成本为647 560元，其中，直接材料456 000元、直接工资84 000元、其他直接支出11 760元、制造费用95 800元。

（5）本月完工产品480台，月末在产品240台，在产品投料率为80%、完工率为50%。

讨论题：

（1）请说明注册会计师获取上述资料或信息的审计程序。为审计该企业生产成本的恰当性，注册会计师还需要实施哪些审计程序，获取哪些方面的审计证据？

（2）根据上述资料，指出该企业在生产成本管理方面存在的问题，并提出改进意见。

（3）假如经过审计，确认上述资料（1）（2）（5）是正确的，指出该企业生产成本的会计处理是否恰当。若不恰当，应当要求该企业作出怎样的调整？请提出审计处理建议，编写审计调整分录。

第十一章 筹资循环审计

第一节 概 述

一、涉及的主要业务与账户

筹资循环是与企业取得和偿还资金有关的活动所组成的业务循环。这一循环所涉及的主要交易有：

（1）负债交易，主要包括借款的取得与偿还、债券的发行与收回、利息的计提与支付等，形成的文件与记录包括借款合同、债券发行的相关审批文件（包括内部审批文件和监管部门审批文件、债券承销合同等）等；

（2）所有者权益交易，主要有投入资本（实收资本或股本、资本公积）的取得和减少、盈利的分配或亏损的弥补等，形成的文件与记录包括股权筹资的相关文件（如增资扩股协议、相关的内部审批文件与监管部门审批文件等）、利润分配方案的决议等。

注册会计师需要全面、深入了解企业筹资模式，包括其筹资方式与范围、筹资总额与经营及投资规模的匹配性、筹资业务流程和管理制度、信息技术嵌入筹资流程情况等，识别与评估其筹资模式的固有风险。注册会计师还可以抽取重大筹资业务，追踪其决策过程、执行过程和效果，识别与筹资业务会计确认相关的合同条款与履约义务，进一步了解其筹资模式，以便评价其筹资业务会计处理是否符合企业会计准则的要求。

涉及的主要会计账户有：

（1）负债类账户，如短期借款、长期借款、应付债券、长期应付款、应付利息、应付利润（股利）、预计负债等；

（2）所有者权益类账户，如实收资本（或股本）、资本公积、盈余公积、未分配利润等；

（3）损益类账户，如财务费用等。

二、可能导致重大错报风险的因素

筹资循环是企业生存与发展的重要环节，筹措的资金构成了企业资产的主要来源。企业筹资循环的交易业务量小，但一般发生额较大，会对财务报表产生重大影响。因此，应当实施较大范围的实质性程序，甚至对全部业务实施实质性程序，即详查而非抽查。筹资循环中常见的可能导致重大错报风险的因素包括：

（1）在筹资作业环节存在未经授权或批准的非法筹资，或有账外筹资行为；

（2）投资者抽逃已作为实收资本（股本）的投资；

（3）借款费用的会计处理不恰当，将应费用化的借款费用资本化，虚减当期费用，虚增资产；

（4）所筹集的资金未按规定用途使用，借款的抵押与担保情况未充分披露；

（5）上市公司募集资金未按规定实施三方监管，未按规定用途使用，或者变更用途未经批准和披露，募集资金的管理、使用与结存情况未充分披露。

三、具体审计目标

筹资循环审计的具体目标见表11-1。

表11-1　　　　筹资循环审计的具体目标

管理层认定	一般审计目标	审计具体目标
	总体合理性	（1）借款与所有者权益交易总额总体合理，不存在重大错报的迹象； （2）短期借款、长期借款、应付债券、长期应付款、实收资本、资本公积、盈余公积、未分配利润等账户期末余额总体合理，不存在重大错报的迹象
发生或存在	发生或存在	（1）已记录的所有与借款和所有者权益有关的交易确实发生，债务和所有者权益账户的期末余额确实存在； （2）借款费用和支付（或应付）的股利确系本期应发生或已发生的交易或事项
完整性	完整性	所有存在的与借款、应付债券和所有者权益有关的交易都已入账
准确性	准确性	与借款、应付债券等债务和所有者权益相关的账户记录正确，明细账与总账一致，总账与报表一致
截　止	截　止	与借款、应付债券等债务和所有者权益有关的交易或事项均已计入适当的期间
分　类	分　类	已恰当区分借款、应付债券等债务与所有者权益类项目，各项目又进一步恰当分类
权利和义务	权利和义务	（1）所有借款、应付债券等确系被审计单位所承担的现时义务； （2）全部所有者权益确实为被审计单位所有
计价和分摊	计价和分摊	借款和应付债券等债务的期末余额已恰当调整（包括恰当计提了应计利息，并对债券的溢价或折价进行了恰当摊销）、所有者权益余额正确
列报与披露	列报与披露	借款、应付债券等债务与所有者权益项目等在财务报表中的列报恰当，且表述清楚，易于理解

四、相关内部控制要点

我们以筹资循环相关内部控制调查表（见表11-2）的方式列示了筹资循环的相关内部控制。注册会计师应当测试和评价与筹资循环相关的内部控制设计的健全性和执行的有效性，并评估控制风险。

表11-2　　筹资循环相关内部控制调查表

调查问题	回答			备注
	是	否	不适用	
1.重大借款等筹资行为是否按照规定经股东（大）会或董事会批准	√			
2.公司发行债券、股票是否均经董事会授权的人员处理	√			
3.融资借款是否均签订借款合同	√			
4.抵押担保是否获得合法合规的授权和批准	√			
5.利息支出是否按期入账，并划清资本化支出和费用化支出	√			
6.实收资本是否经注册会计师验证并作会计处理	√			
7.保险箱是否由两人以上同时开启		√		由出纳一人负责
8.是否按年编制资本预算并经股东（大）会批准	√			
9.债券、股票的发行是否经股东（大）会或董事会授权	√			
10.债券、股票的发行是否符合法律的规定	√			
11.债券、股票的发行是否履行了适当的审批手续	√			
12.债券、股票的发行收入是否立即存入银行	√			
13.筹资循环的职务分离是否进行了分工控制	√			
14.利润分配方案是否经过董事会和股东大会的批准	√			
简要说明及结论： 1.经问卷调查、询问和简易测试后，认为筹资循环内部控制的可信赖程度为： 高（√）　中（　）　低（　） 2.该循环是否需要执行控制测试： 是（√）　否（　）				
复核说明与结论：				

第二节　主要账户的审计目标和实质性程序

在本循环审计中，我们主要介绍短期借款、长期借款、实收资本（股本）、资本公积、盈余公积、应付股利（利润）和未分配利润等账户的主要审计目标和实质性程序。

一、短期借款

（一）主要审计目标

（1）确定期末短期借款是否存在（存在目标）且为被审计单位应履行的义务（权利和义务目标）；

（2）确定短期借款借入、偿还及计息的记录是否完整（完整性目标），入账期间是否恰当（截止目标），记入的会计账户是否恰当（分类目标），入账金额和期末余额是否准确（准确性目标）；

（3）确定短期借款在财务报表上的列报与披露是否充分、恰当（列报与披露目标）。

（二）主要实质性程序

1.获取或编制短期借款明细表，进行必要的复核，了解短期借款的总体情况

短期借款明细表见表11-3。首先，复核表中的计算是否正确；其次，抽取一些短期借款的数据，与其相关明细账核对是否相符；最后，核对明细表中的合计数与短期借款总账、财务报表中的相关数据是否相符。

表11-3　　**短期借款明细表**　　金额单位：元

贷款单位	年初余额	本年增加	本年减少	年末余额	年利率	年末应计利息	借款条件
A银行	600 000	1 800 000	2 000 000	400 000	4.83%	19 320	担保
B银行	300 000	1 500 000	1 500 000	300 000	4.83%	14 490	担保
合计	900 000	3 300 000	3 500 000	700 000		33 810	

2.函证短期借款，验证期末余额的真实准确性

应在被审计单位期末短期借款余额较大或认为必要时向银行或其他债权人函证短期借款，以证实短期借款的存在和条件，以及抵押和担保的情况。函证结果应与账面记录进行比较，如有差异应进一步查明其原因。

3.审查短期借款明细账并抽查相关会计凭证，验证其合规性和正确性

对被审计单位年度内增加的短期借款，检查借款合同的授权批准情况；并了解借款数额、借款条件、借款日期、还款期限、借款利息，与相关会计记录进行核对；查明借款是否必要、合法、合规，担保物是否真实等；复核借款利息的计算，相关会计处理是否合规、正确，同时，检查利息资本化和费用化的情况是否合规；对年度内减少的短期借款，检查相关会计记录，查明其会计处理的正确性。另外，检查外币借款的折算汇率是否恰当，折算差额的会计处理是否正确。

4.审查短期借款的使用，验证其合规性和合理性

检查短期借款是否按合同规定使用，有无挪用行为，如短期借款不能用于购置固定资产、弥补亏损等；检查年末有无到期未偿还的借款；逾期借款是否办理了延期手续，对逾期借款要查明原因，有无还款能力和物资保证。

5.审查短期借款在财务报表中的列报与披露，验证其充分性和恰当性

检查被审计单位的短期借款是否在资产负债表中以“短期借款”项目单独列报，并在财务报表附注中详细披露短期借款的基本情况，包括抵押、质押、担保等增信方式等；与短期借款相关的情况是否已在财务报表附注中进行了充分、恰当的披露，且表述清楚，易于理解。

二、长期借款

（一）主要审计目标

（1）确定期末长期借款是否存在（存在目标）且为被审计单位应履行的义务（权利和义务目标）；

（2）确定长期借款借入、偿还及计息的记录是否完整（完整性目标），入账期间是否恰当（截止目标），记入的会计账户是否恰当（分类目标），入账金额是否准确（准确性目标）；

（3）确定长期借款期末应计利息的计算及期末余额是否正确（计价和分摊目标）；

（4）确定长期借款在财务报表上的列报与披露是否充分、恰当（列报与披露目标）。

（二）主要实质性程序

1.获取或编制长期借款明细表，进行必要的复核，了解长期借款的总体情况

长期借款明细表见表11-4。首先，复核表中的计算是否正确；其次，抽取一些长期借款的数据，与其相关明细账核对是否相符；最后，核对明细表中的合计数与长期借款总账、财务报表中的相关数据是否相符。

表11-4 **长期借款明细表** 金额单位：元

贷款单位	年初余额	本年增加	本年减少	年末余额	年利率	年末应计利息	借款条件	用　途
C银行	1 700 000	8 300 000	1 500 000	8 500 000	8.63%	22 414.03	抵押借款	建造房屋
D银行	250 000	480 000	210 000	520 000	6.75%	1 072.50	抵押借款	购买设备
合　计	1 950 000	8 780 000	1 710 000	9 020 000		23 486.53		

2.向银行或其他债权人函证长期借款，验证其真实性和完整性

应向银行或其他债权人函证被审计单位的长期借款，以证实长期借款的存在及条件、金额、利率、期限，以及有无抵押、担保借款等情况。函证结果应与账面记录进行比较，如有差异应进一步查明其原因。

3.审阅长期借款明细账记录并抽查相关会计凭证，验证其合规性和正确性

对年度内被审计单位增加的长期借款，检查借款合同及其授权批准，了解借款数额、借款条件、借款日期、还款期限、借款利率，并与相关会计记录进行核对；检查其会计处理是否正确，包括入账期间是否恰当、记入的会计账户是否恰当、入账金额是否准确。对年度内减少的长期借款，检查相关会计记录和原始凭证，核实还款方式及还款数额；检查年末有无到期未偿还的借款，逾期借款是否办理了延期手续；一年内到期的长期借款是否已恰当地转为流动负债。另外，检查外币借款的折算汇率是否恰当，折算差额的会计处理是否正确。

4.复核长期借款利息，验证其计算和相关会计处理的恰当性

根据长期借款利率和期限，复核被审计单位长期借款的利息计算是否正确，有无多算或少算利息的情况；查明企业是否按照《企业会计准则第17号——借款费用》的规定对

借款费用进行了恰当的会计处理。按规定，发生的借款费用，可直接归属于符合资本化条件的，是否予以资本化，并计入相关资产的成本；其他借款费用，在发生时根据其发生额确认为费用，计入当期损益。

5.审查长期借款在财务报表中的列报与披露，验证其充分性和恰当性

资产负债表中“长期借款”项目的数额应根据“长期借款”科目的期末余额扣除一年内到期的长期借款后的数额填列，该项扣除额应作为流动负债，填入“一年内到期的长期负债”项下。此外，还应在财务报表附注中对长期借款的增减变动情况和借款条件进行披露。注册会计师应当审查长期借款在资产负债表中的列报是否恰当，在财务报表附注中的披露是否充分、恰当，且表述清楚，易于理解。

三、实收资本（股本）

（一）主要审计目标

（1）确定期末实收资本（股本）是否存在（存在目标）；

（2）确定实收资本（股本）的增减变动是否合规，相关记录是否完整（完整性目标），入账期间是否恰当（截止目标），记入的会计账户是否恰当（分类目标），入账金额和期末余额是否准确（准确性目标）；

（3）确定实收资本（股本）在财务报表上的列报与披露是否充分、恰当（列报与披露目标）。

（二）主要实质性程序

1.获取或编制实收资本（股本）明细表，进行必要的复核，了解其构成的总体情况

实收资本（股本）明细表见表11-5。首先，复核表中的计算是否正确；其次，抽取一些实收资本（股本）的数据，与其相关明细账核对是否相符；最后，核对明细表中的合计数与实收资本（股本）总账和财务报表中的相关数据是否相符。

表11-5　**实收资本（股本）明细表**　单位：元

股东类别	属　性	年初余额	本年增加	年末余额	增加原因	是否验资
甲公司	法人	8 000 000	1 600 000	9 600 000	增资	已验
乙公司	法人	5 000 000	1 000 000	6 000 000	增资	已验
张珊珊	自然人	2 000 000	400 000	2 400 000	增资	已验
合　计		15 000 000	3 000 000	18 000 000		

2.审阅公司章程与股东（大）会、董事会会议记录和决议，验证实收资本（股本）增加的合规性

应向被审计单位索取公司章程与股东（大）会、董事会的会议记录和决议，认真研究其中有关实收资本（股本）的规定，注意其实收资本（股本）的增加是否合规。就上市公司而言，应了解的资料包括：①公司董事会、股东大会审议通过的核定股份和已发行股份的份数、发行价格、股票面值、发行条件等；②监管部门相关的审核批复文件等。通过审

阅这些资料，应进一步确定被审计单位股本增加是否符合有关法规规定及股东大会和董事会的决议。

3.审查实际收到的投入资本，验证其真实性和合法性

首先，应审查被审计单位的投资者是否已按合同、协议、章程约定的出资时间和出资方式足额缴付出资额。出资额需要由注册会计师进行验证的，如上市公司扩股增资，是否已请注册会计师验资并出具验资报告，已验资者还应查阅验资报告。其次，应了解企业章程、合同、协议中的出资方式、出资比例，确定其内容的合法性；具体分析企业实际募股时，是否与公司章程、合同、协议内容存在差异，了解形成差异的原因，并向公司有关人员了解有关问题。随后，还需要逐笔追查至原始凭证，检查其会计处理是否正确。另外，如果企业收到投资者以外币投入的资本，还需审查收到外币资本（银行存款）时采用的折算汇率是否恰当，相关折算和会计处理是否正确。最后，还需要注意被审计单位有无抽资或变相抽资的情况，如有，应取证核实，作恰当处理。对首次接受委托的客户，除取得验资报告外，还应检查并复印记账凭证及进账单。

4.审查募集资金的使用与管理情况，验证其合规性和正确性

一般情况下，被审计单位募集资金有明确的指定用途，只能用于指定项目，特别是上市公司。上市公司的募集资金需要按规定专户存储、使用和管理，并由上市公司、券商、开户银行三方进行监管；如果需要变更募集资金投向（包括实施项目、实施地点或实施时间的变更），均应经董事会审议通过，并及时对外披露等。在审计募集资金使用与管理情况时，特别要关注募集资金是否实行了专户存储、使用和管理，并实施三方联合监管，实际执行情况如何；是否按规定用途和进度来使用，有无用于其他项目的情况；变更用途是否经过了相应的审批程序并及时披露；定期（季度和年度）募集资金管理与使用情况专项报告的列报是否充分、公允等。

5.审查实收资本（股本）在财务报表中的列报与披露，验证其恰当性和充分性

实收资本（股本）应在资产负债表中单项列报，注册会计师应核对被审计单位资产负债表中实收资本（股本）项目的数字是否与审定数相符。同时，检查是否在财务报表附注中披露了与实收资本（股本）有关的重要事项，如实收资本（股本）的种类、各类实收资本（股本）金额等，验证相关列报与披露的充分性和恰当性。

四、资本公积

（一）主要审计目标

（1）确定期末资本公积是否存在（存在目标）；

（2）确定资本公积的增减变动是否合规，相关记录是否完整（完整性目标），入账期间是否恰当（截止目标），记入的会计账户是否恰当（分类目标），入账金额和期末余额是否准确（准确性目标）；

（3）确定资本公积在财务报表上的列报与披露是否充分、恰当（列报与披露目标）。

（二）主要实质性程序

1.获取或编制资本公积明细表，进行必要的复核，了解其总体情况

资本公积明细表见表11-6。首先，复核表中的计算是否正确；其次，抽取一些资本

公积的数据，与其相关明细账核对是否相符；最后，核对明细表中的合计数与资本公积总账、财务报表中的相关数据是否相符。

表11-6 **资本公积明细表** 单位：元

项 目	年初余额	本年增加	本年减少	年末余额	增减原因
股本（资本）溢价	134 658 327.26		45 000 000.00	89 658 327.26	转增资本
其他资本公积	146 397.53	85 234.65		231 632.18	
合计	134 804 724.79	85 234.65	45 000 000.00	89 889 959.44	
审计标识与说明	（1）资本溢价减少，是因为本年度实施了资本公积转增实收资本。经审查，程序合规，且已办理工商登记手续。 （2）其他资本公积系被审计单位按照持股比例享有的子公司及联营单位其他权益变动的份额。 （3）经过审计，可以确认				
复核说明与结论					

2.审查资本公积的增加，验证其形成的合法性和会计处理的正确性

通常，资本公积由两部分构成，即资本（股本）溢价和其他资本公积。注册会计师应当根据资本公积形成的内容及其依据，查阅相关会计记录和原始凭证，确认资本公积形成的合法性和相关会计处理的正确性。在审查中，可按资本公积项目进行。

（1）审查资本（股本）溢价。应复核接受投资时，投资人实际出资额大于合同规定的出资额的确切数字，检查其是否全部记录于“资本公积”账户中；对发生的股本溢价，应审查股票发行价格与股票面值的差额是否在扣除发行费用后全部记入了“资本公积”账户。

（2）审查其他资本公积。其他资本公积主要是企业按照持股比例享有的被投资单位其他权益变动的份额而形成的。被审计单位采用权益法核算长期股权投资时，对于被投资单位除净损益、其他综合收益和利润分配以外所有者权益的其他变动，调整长期股权投资的账面价值，并记入“资本公积——其他资本公积”科目。注册会计师应结合长期股权投资科目的审计，检查被审计单位对于被投资单位其他权益的变动，是否按照持股比例进行了相关处理，包括依据是否充分、会计处理是否正确等。

3.审查资本公积的减少，验证其运用合法性和相关会计处理的正确性

企业资本公积的唯一用途是转增资本。企业将资本公积转增资本，必须经董事会、股东（大）会决定，并在市场监督管理部门办理增资手续。对资本公积转增资本的，应审查是否符合上述程序，相关手续及要件是否完备，同时，检查相关会计处理是否正确。

4.审查资本公积在财务报表中的列报与披露，验证其充分性和恰当性

应审查资本公积是否在资产负债表上单独列报，同时，还应将资本公积明细账同所有者（股东）权益变动表列示的资本公积的本年数和上年数核对相符。同时，还要确定被审计单位是否在财务报表附注中对资本公积作出了充分、恰当的披露。

五、盈余公积

（一）主要审计目标

（1）确定期末盈余公积是否存在（存在目标）；

（2）确定盈余公积的增减变动是否合规，相关记录是否完整（完整性目标），入账期间是否恰当（截止目标），记入的会计账户是否恰当（分类目标），入账金额和期末余额是否准确（准确性目标）；

（3）确定盈余公积在财务报表上的列报与披露是否充分、恰当（列报与披露目标）。

（二）主要审计程序

1.获取或编制盈余公积明细表，进行必要的复核，了解其总体情况

盈余公积明细表见表11-7。首先，复核表中的计算是否正确；其次，抽取一些盈余公积的数据，与其相关明细账核对是否相符；最后，核对明细表中的合计数与盈余公积总账、财务报表中的相关数据是否相符。

表11-7　　**盈余公积明细表**　　单位：元

项　目	年初余额	本年增加	本年减少	年末余额	增减原因
法定盈余公积	14 737 354.47			14 737 354.47	
任意盈余公积	1 738 974.97			1 738 974.97	
储备基金					
企业发展基金					
合计	16 476 329.44			16 476 329.44	
审计标识与说明					
复核说明与结论					

2.检查盈余公积提取是否合规，相关会计处理是否正确

法定盈余公积按税后利润的10%提取，当其累计金额达到注册资本的50%时，可不再提取；任意盈余公积是经股东大会或类似机构批准，按照规定比例提取，企业可根据实际情况自行决定；储备基金、企业发展基金可由企业自主确定提取比例。

对盈余公积进行审计时，主要应检查盈余公积提取是否符合规定，并经过适当批准；提取基准（税后利润）是否真实、准确；提取项目是否完整；提取比例是否合规，有无多提或少提；相关会计处理是否正确。

3.检查盈余公积减少数是否合规，相关会计处理是否正确

按规定，盈余公积的使用需经过一定的授权批准手续；法定盈余公积和任意盈余公积可用于弥补亏损、转增资本和特别批准后支付股利，但必须符合国家规定的条件；转增资

本还必须经批准，依法办理增资手续；弥补亏损也必须按批准数额转账。

应检查被审计单位盈余公积的使用是否符合规定用途并经过恰当的机构和程序的批准。同时，检查被审计单位相关会计处理是否正确。

4.审查盈余公积在财务报表中的列报与披露，验证其充分性和恰当性

检查被审计单位盈余公积在资产负债表“盈余公积”项目中的列示情况。同时，还需要确定在财务报表附注中是否清晰地说明了各项盈余公积的增减变动情况。并且，还应编制所有者（股东）权益变动表，以详细反映所有者（股东）权益增减变动的详细情况；因此，进一步还应该审查盈余公积在资产负债表、所有者（股东）权益变动表中的列报与披露是否充分、恰当。

六、应付利润（股利）和未分配利润

（一）主要审计目标

（1）确定期末应付利润（股利）和未分配利润是否存在（存在目标）；

（2）确定应付利润（股利）和未分配利润增减变动是否合规，相关记录是否完整（完整性目标），入账期间是否恰当（截止目标），记入的会计账户是否恰当（分类目标），入账金额和期末余额是否准确（准确性目标）；

（3）确定应付利润（股利）和未分配利润在财务报表上的列报与披露是否充分、恰当（列报与披露目标）。

（二）主要实质性程序

1.获取利润分配表，进行必要的复核，了解利润分配总体情况

首先，复核表中的计算是否正确；其次，抽取一些利润分配的数据，与其相关明细账、财务报表核对是否相符；最后，核对明细表中的合计数与财务报表中应付利润（股利）和未分配利润的相关数据是否相符。

2.审查企业利润分配方案，验证其合法性和相关会计处理的正确性

应检查利润分配方案是否符合章程以及董事会提出的方案、股东（大）会决议的规定；是否符合国家法律法规的规定；利润分配数额和相关会计处理是否正确。对资产负债表日后至财务报告批准报出日之间由董事会或类似机构所制订的利润分配方案，还应检查拟分配的股利是否在财务报表附注中单独披露。

3.审查应付利润（股利）账户，并抽查相关的会计凭证，验证其期末余额的正确性

审阅公司章程和股东（大）会决议中有关股利的规定，了解股利分配标准和发放方式是否符合有关规定并经法定程序批准；检查股利支付的会计凭证，验证其会计处理是否正确；检查应付股利的发生额，是否根据股东（大）会决定的利润分配方案，从可供分配利润中计算确定，并复核应付股利计算和会计处理的正确性。

4.审查应付利润（股利）、未分配利润在财务报表中的列报与披露，验证其充分性和恰当性

“应付利润”账户的期末余额在资产负债表“应付利润（股利）”项目中列示；未分配利润根据“利润分配——未分配利润”账户的期末余额在资产负债表“未分配利润”项目中列示，并应在财务报表附注中披露利润分配政策。注册会计师应当审查并核对被审计

单位应付利润（股利）、未分配利润的列报是否恰当，相关信息披露是否充分、恰当。

【课堂拓展】

注册会计师：资本市场健康发展的卫士

注册会计师是资本市场健康发展的卫士。一方面，企业首发、增发股票、发行债券或其他金融工具等融资活动，必须出具经注册会计师审计的财务报表，向投资者提供更全面、可靠的投资决策依据，帮助他们识别和防范潜在的财务报表重大错报行为和重大财务违规风险，防范存在重大财务风险的企业在资本市场筹资。另一方面，筹资行为完成后，注册会计师继续监督企业筹集资金的使用情况，保障筹集到的资金用途合法合规，符合约定的筹资计划，起到了督促企业履行筹资合同义务，保护投资者合法权益的作用。随后，发行证券的企业每年均需向资本市场提供经注册会计师审计的财务报表，提高财务报表的可信性，及时揭示重大财务风险。注册会计师不论在上述哪个环节出现重大失误，都会使存在重大错报的财务报表出现在资本市场中，进而使广大投资者遭受重大损失。

注册会计师要发挥好资本市场卫士的作用，就必须具有极强的专业胜任能力，勤勉尽责，并展现出高度的敬业精神和职业操守。希望同学们既要培养优秀的专业技能又要树立良好的价值观，在未来职业生涯中不负广大投资人所托，做好资本市场健康发展的卫士。

【延伸阅读】

1.《企业内部控制应用指引第6号——资金活动》(2010)。

2.《上海证券交易所上市公司募集资金管理办法》(2013)。

3.《上市公司监管指引第2号——上市公司募集资金管理和使用的监管要求》(2022)。

【复习思考题】

1.筹资循环审计涉及哪些业务与账户？常见的导致重大错报的风险因素有哪些？

2.简述筹资循环审计的具体目标。

3.分别简述短期借款、长期借款的审计目标与实质性程序，并比较两者的异同。

4.简述实收资本（股本）的审计目标与实质性程序。

5.简述资本公积的审计目标和实质性程序。

6.简述盈余公积的审计目标与实质性程序。

7.对未分配利润如何进行审计？

【案例分析题】

1.ABC公司是一家制造业公司，近期进行了股权融资，增加了新的股东。作为审计师，你被委派进行该公司的实收资本审计。在审计ABC公司的实收资本时，发现该公司接受外单位以房屋投资30万元、一台机器设备2万元、本公司职工集资18万元，三项共增加实收资本50万元。你作为审计师，发现以下情况：

在抽查房屋产权证明时，只有投资协议书，无产权证明。随后又延伸审查至投资单位，在投资单位固定资产明细账中，并无该房屋的记录，只在固定资产管理员手中查到该房屋的临时租赁协议。

机器设备已经搬运至被投资企业指定的生产地点，但是投资协议中仅说明了机器设备的数量和型号，没有约定该台设备的出资作价。

该公司职工集资协议，符合国家的有关规定，清点交来的现金18万元准确无误。

讨论题：

针对上述情况，分析各个审计事项可能存在的问题，并提出进一步审计程序以及审计处理意见。

2.ABC公司是一家中型制造业公司，主要生产电子产品。由于市场竞争激烈，公司需要融资来支持业务扩展和技术升级。在最近一次年度报告中，该公司披露了一笔专项的大额长期借款，专门用于新项目和新产品的研发投资。该公司以固定资产和存货为借款担保；同时，银行借款协议中还要求：公司债务总额与所有者权益之比不得高于2∶1；非经银行同意，公司不得派发股利；该项贷款只能专项用于指定的新产品和新项目的研发，不得挪用于企业其他的日常经营开支；借款自2×22年7月1日起分期计提利息并归还借款。

讨论题：

注册会计师对上述借款项目进行审计时审计目标是什么？应采用哪些审计程序？这些程序是为了什么审计目标而设计的？

第十二章　投资循环审计

【课堂拓展】

江苏保千里的投资舞弊

2018年12月25日，上海证券交易所对江苏保千里视像科技集团股份有限公司（以下简称“江苏保千里”）及其控股股东暨实际控制人庄某、有关股东和责任人发出纪律处分决定书。决定书中指出江苏保千里2017年12月26日披露的《关于董事会核查对外投资等事项结果暨重大风险提示的公告》显示，公司控股股东暨实际控制人庄某于2016年至2017年期间，主导公司投资深圳市楼通宝实业有限公司等9家公司，投资金额合计约32.75亿元，占公司2016年经审计净资产的74.86%。截至2018年4月28日，除柳州延龙汽车有限公司和深圳市小豆科技有限公司正常经营以外，其他公司经营均处于半停顿状态。对此，江苏保千里计提长期股权投资减值准备约29.86亿元，计提商誉减值约7.93亿元，合计占公司2017年度净利润绝对值的48.87%，是公司2017年度大额亏损的重要原因。

立信会计师事务所对江苏保千里2016年度财务报告的合法性和公允性以及2016年末财务报告内部控制有效性均出具了标准无保留意见的审计报告。除了上述投资舞弊行为之外，结合审计中存在的其他舞弊情形，立信会计师事务所对江苏保千里2017年度财务报告出具了无法表示意见的审计报告，对其2017年财务报告内部控制出具了否定意见的审计报告。

2020年4月1日，上海证券交易所对江苏保千里股票作出了终止上市的决定。江苏保千里终于以被强制退市的方式，结束了自己在股市中的各种“神操作”。

在信息不对称的情况下，如何通过企业财务信息与非财务信息的异常信号来推断其发生财务舞弊的概率，是注册会计师识别财务舞弊的难点。注册会计师作为资本市场的卫士，审计中需要秉持遵纪守法、敬畏准则的职业信念，保持应有的职业谨慎和勤勉尽责的职业态度，诚信、独立、客观公正地做好审计服务，维护市场经济秩序的稳定。

资料来源：上海证券交易所. 关于对江苏保千里视像科技集团股份有限公司及其控股股东暨实际控制人庄敏、有关股东和责任人予以纪律处分的决定［EB/OL］.［2018-12-25］. https：//pdf.dfcfw.com/pdf/H2_AN201812281280234167_1.pdf.

第一节　概　述

一、涉及的主要业务与账户

投资循环是由与企业有价证券和长期资产的取得与转让等有关活动组成的业务循环。这一循环涉及的交易主要有两大部分：

（1）对外投资交易，主要是有价证券投资和其他股权投资的取得与转让，形成的文件与记录有投资可行性研究报告、证券登记公司出具的有价证券投资记录、授权投资文件、股权投资协议、股权证书、相关货币资金或其他资产转移凭证等；

（2）对内投资交易，主要包括固定资产、在建工程、无形资产的增加与结转，形成的记录和文件包括投资可行性研究报告、投资审批决议、相关设备采购合同、设计合同、施工合同、设计文件、工程结算文件、工程竣工决算文件、相关款项支付凭证等。

注册会计师需要全面、深入了解企业投资模式，包括其投资方式与种类及范围、投资计划总额与资金来源的匹配性、投资业务流程和管理制度、信息技术嵌入投资流程情况等，识别与评估其筹资模式的固有风险。注册会计师还可以抽取重大投资业务，追踪其决策过程、执行过程和效果，识别与投资业务会计确认相关的合同条款与履约义务，进一步了解其投资模式，以便评价其投资业务会计处理是否符合企业会计准则的要求。

涉及的主要会计账户有：

（1）资产类账户，主要有银行存款、交易性金融资产、应收利息、应收股利、债权投资、其他债权投资、长期股权投资、投资性房地产、固定资产、累计折旧、在建工程、无形资产等；

（2）损益类账户，如投资收益、资产减值损失、资产处置收益等；

（3）权益类账户，如资本公积等。

二、可能导致重大错报风险的因素

投资循环是企业扩大再生产的重要循环。投资循环的交易数量较少，而每笔交易金额通常较大，对一笔投资业务漏计或不恰当的会计处理，将会导致财务报表重大错报。投资循环常见的可能导致重大错报风险的因素有：

（1）投资方案或重大投资项目未进行充分可行性研究，未按照规定程序实行集体决策或联签，导致决策失误，进而导致财务报表重大错报；

（2）投资项目实施后未进行跟踪管理，可能导致投资合同履行不畅，投资收益受损；

（3）固定资产计价不合理，手续不完备，随意多提或少提折旧，人为调节成本利润；

（4）虚报固定资产毁损，私下变卖企业财产，固定资产处置收入不入账，存入“小金库”；

（5）无形资产确认和摊销不合规，人为调节损益；

（6）故意多计提或少计提对外投资、固定资产、在建工程、无形资产减值准备，蓄意调节损益。

三、具体审计目标

投资循环审计的具体目标见表12-1。

表12-1　　　　　　投资循环审计的具体目标

管理层认定	一般审计目标	具体审计目标
	总体合理性	企业交易性金融资产、长期股权投资、固定资产、无形资产等投资类账户的本期发生额和期末余额总体合理，没有重大错报的迹象
发生或存在	发生或存在	（1）交易性金融资产、长期股权投资、固定资产、无形资产等投资类账户记录的当期增减业务确实发生，期末账面余额为企业资产负债表日确实存在的资产； （2）投资收益或损失、资产处置收益等是由被审计期间实际发生的交易或事项引起的
完整性	完整性	与投资相关的资产的增减变动及其收益均已入账
准确性	准确性	所有与投资相关的资产账户入账金额、期末余额正确，明细账与总账一致
截　止	截　止	所有投资交易业务均已记录在恰当的会计期间
分　类	分　类	（1）所有金融资产投资、股权投资均已进行了恰当的分类，记录在恰当的账户； （2）固定资产、在建工程、无形资产已进行了恰当的分类，记录在恰当的账户
权利和义务	权利和义务	交易性金融资产、长期股权投资、固定资产、无形资产等投资类相关资产的账面余额及所示投资均为企业在资产负债表日所拥有的权利，除已作抵押说明外，其权利没有受到其他限制
计价和分摊	计价和分摊	（1）固定资产已按照既定的折旧政策足额计提了折旧费用，无形资产已按照既定的摊销政策足额摊销了本期费用； （2）交易性金融资产、长期股权投资、固定资产、无形资产等投资类资产均按照既定的资产减值政策进行了减值测试，并足额计提了相应的减值准备
列报与披露	列报与披露	交易性金融资产、长期股权投资、固定资产、无形资产等投资类资产在财务报表中的列报恰当，且表述清楚，易于理解

四、相关内部控制要点

我们以投资循环相关内部控制调查表（见表12-2）的方式列示投资循环的相关内部控制。注册会计师应当测试和评价与投资循环相关的内部控制设计的健全性以及执行的有效性，评估控制风险，并据以确定进一步审计程序的性质、时间安排和范围。

表12-2 **投资循环相关内部控制调查表**

调查项目	回答			备注
	是	否	不适用	
一、投资业务的岗位分工与授权批准				
1.是否建立了投资业务的岗位分工责任制	√			
2.是否配备了合格的人员并根据单位的具体情况进行岗位轮换	√			
3.对投资业务是否建立了严格的授权批准制度	√			
4.审批人是否超越审批权限进行审批		√		
5.是否按照规定的程序办理投资业务	√			
二、对外投资管理				
6.是否建立了对外投资决策环节的控制制度	√			
7.对外投资预算是否符合国家产业政策、单位发展战略要求和社会需要	√			
8.投资规模、结构和资金安排是否科学、合理	√			
9.所有对外投资项目是否均已立项	√			
10.重大投资项目决策是否实行集体审议联签制	√			
11.所有对外投资合同是否经授权部门或人员审查批准后签订	√			
12.与被投资单位签订投资合同、协议，是否获得被投资单位出具的投资证明		√		有验资报告，无投资证明
13.是否指定专门的部门或人员对投资项目进行跟踪管理		√		
14.是否及时、足额收取对外投资持有期间获取的利息、股利以及其他收益，并及时入账	√			
15.是否将对外投资业务的所有收支纳入单位会计核算体系	√			
16.所有投资凭证是否放入保险箱内	√			
17.是否定期盘点投资凭证并与会计记录核对	√			
18.是否对投资收回、转让、核销等环节的授权批准、处理程序等作出明确规定	√			
三、固定资产投资管理				
19.固定资产投资项目是否有预算并经授权批准	√			
20.固定资产投资预算是否符合单位的发展战略和生产经营的实际需要	√			
21.是否建立了固定资产验收制度	√			
22.是否建立了固定资产归口分级管理制度	√			
23.是否建立了固定资产账簿登记制度和固定资产卡片管理制度	√			
24.是否建立了固定资产维修保养制度	√			
25.是否建立了固定资产投保制度	√			
26.是否建立了固定资产清查盘点制度	√			
27.固定资产毁损、报废、清理是否经过技术鉴定和授权批准		√		
28.重大固定资产的处置是否实行集体审议联签制	√			
29.是否及时、足额地收取固定资产处置价款并及时入账	√			
30.出租、出借固定资产是否经单位负责人或其授权人员批准后办理相关手续并签订相关合同	√			有授权批准但无技术鉴定

续表

调查项目	回答			备注
	是	否	不适用	
31.固定资产的内部调拨是否履行一定手续	√			
32.固定资产折旧方法的确定与变更是否经过董事会批准	√			
四、无形资产投资管理				
33.无形资产投资项目是否有预算并经授权批准	√			
34.是否建立了无形资产验收制度	√			
35.是否建立了专利的注册登记制度	√			
36.是否建立了无形资产的账簿登记制度	√			
37.转让、出售无形资产是否经单位负责人或其授权人员批准后办理相关手续并签订相关合同	√			
38.是否及时、足额地收取无形资产处置价款并及时入账	√			
39.重大无形资产的处置是否实行集体审议联签制	√			
40.无形资产摊销方法的确定与变更是否经过董事会批准	√			
五、工程项目投资管理				
41.是否建立了工程项目决策环节的控制制度	√			
42.是否组织相关专业人员对项目建议书和可行性研究报告的完整性、客观性进行技术经济分析和评审并出具评审意见	√			
43.是否建立了工程项目的集体决策制度	√			
44.是否建立了工程项目概预算环节的控制制度	√			
45.是否建立了工程进度价款支付环节的控制制度	√			
46.是否对工程合同约定的价款支付方式、有关部门提交的价款支付申请及凭证、审批人的批准意见等进行审查和复核	√			
47.对工程项目资金筹集与运用、物资采购与使用、财产清理与变动等业务的会计核算是否真实完整	√			
48.是否建立了竣工决算环节的控制制度	√			
49.是否及时地对工程项目进行竣工验收	√			
50.验收合格的工程项目是否及时编制财产清单并办理资产移交手续	√			
六、投资业务的监督检查				
51.是否建立了对投资业务内部控制的监督检查制度，并明确了监督检查机构或人员的职责权限	√			

结论：

1.经内部控制问卷调查和简易测试后，认为投资循环的内部控制可信赖程度为：

高（√）　中（　）　低（　）

2.该循环是否需进一步作执行测试：

是（√）　否（　）

复核说明与结论：

第二节　主要账户的审计目标和实质性程序

在本循环审计中，我们主要介绍交易性金融资产、债权投资、长期股权投资、固定资产及累计折旧、在建工程和无形资产等账户的主要审计目标和实质性程序。

一、交易性金融资产

交易性金融资产通常是指资产负债表日企业分类为以公允价值计量且其变动计入当期损益的金融资产，以及企业持有的指定为以公允价值计量且其变动计入当期损益的金融资产。

（一）主要审计目标

（1）确定期末交易性金融资产是否存在（存在目标）并归被审计单位所拥有（权利和义务目标）；

（2）确定交易性金融资产的增减变动及其收益（或损失）的记录是否完整（完整性目标），入账期间是否恰当（截止目标），记入的会计账户是否恰当（分类目标），入账金额和期末余额是否准确（准确性、计价和分摊目标）；

（3）确定交易性金融资产的期末计价及相关会计处理是否正确（准确性、计价和分摊目标）；

（4）确定交易性金融资产在财务报表上的列报与披露是否充分、恰当（列报与披露目标）。

（二）主要实质性程序

1.取得或编制当期交易性金融资产余额明细表，进行必要的复核，了解其总体情况

交易性金融资产（股票）余额明细表见表12-3。首先，复核表中的计算是否正确；其次，与相关明细账核对是否相符；最后，核对明细表中的合计数与总账的数据是否相符。

表12-3　　**交易性金融资产（股票）余额明细表**　　金额单位：元

证券名称	账面余额		收盘价（2×24/12/31）	市价总额	市价低于成本的差额
	股数	总成本			
福田汽车	50 000	514 076.25	9.15	457 500	-56 576.25
⋮	⋮	⋮	⋮	⋮	⋮
渤海集团	8 000	70 336	7.94	63 520	-6 816
合计	与函证结果相符	1 205 540.95	—	1 048 810	-156 730.95

审计分析：

1.交易性金融资产项目的期初数为（2 351 300.20）元，期末数为（1 205 540.95）元，本期比前期减少了（1 145 759.25）元，减幅高达（48.73）%。减少的原因主要是（股价连续滑坡、企业减持）。

2.经审计查明，企业已将交易性金融资产的期末计价调整为市价，市价低于成本的差额计入了“公允价值变动损益”，即期末确认了公允价值变动损失1 145 759.25元

复核说明与结论：

2.实施分析程序，评价其总体合理性

对交易性金融资产实施分析程序，可选择以下方法：

（1）将本期期末余额与期初余额进行比较，发现是否存在异常波动并分析其原因；

（2）分析本期增减变动情况，发现异常变动并分析其原因；

（3）计算交易性金融资产所占的比例，分析其安全性，要求被审计单位估计交易性金融资产损失，具体见表12-3。

3.确定交易性金融资产存在，验证其存在性并检查账实是否相符

获取并查验开立股票、债券、基金等账户手续及相关文件，查验账户的合法性；获取股票、债券、基金等账户对账单或登录客户相关证券账户，与明细账余额核对；获取非上市公司股权协议、章程、对价支付凭证等支持性证据，与明细账余额核对；监盘并检查交易性金融资产名称、数量、票面价值、票面利率等内容，同时，与相关账户余额进行核对；对在外保管的交易性金融资产等应查阅有关保管的文件，向保管人函证，复核并记录函证结果。

4.检查交易性金融资产及其相关收益情况，验证其合规性和会计处理的正确性

注册会计师在对企业交易性金融资产进行审计时，首先，取得股票、债券投资的交易流水、交割单等单证，与被审计单位的会计记录进行对照分析，确定其股票、债务和非上市公司股权入账成本是否正确，确认相应的公允价值变动损益、投资收益核算是否准确；其次，应关注其原始凭证内容是否完整、有无授权批准、损益计算是否正确。

5.复核交易性金融资产的计价方法，验证其计价的合理性

复核交易性金融资产的计价方法，检查其是否按公允价值计量，前后期是否一致；复核公允价值的取得依据是否充分，公允价值与账面价值的差额是否记入“公允价值变动损益”科目。

6.检查被审计单位对交易性金融资产的分类情况，验证其分类的正确性

与管理层讨论，了解被审计期间企业管理金融资产的业务模式和金融资产的合同现金流量特征，并获取相应的审计证据，判断交易性金融资产的分类是否正确；了解被审计期间已经被确认为以公允价值计量且其变动计入当期损益的金融资产的业务模式是否发生改变，并与上年度的明细项目进行比较，确定是否存在重分类情形。若存在重分类情形，被重分类的交易性金融资产，是否自重分类日起采用未来适用法进行了相关的会计处理。

7.查验交易性金融资产是否已在财务报表上恰当列报与披露，验证其恰当性和充分性

企业除了在资产负债表中以“交易性金融资产”项目单独列报交易性金融资产外，还应在财务报表附注中详细披露相关信息。注册会计师应检查相关列报与披露是否充分、恰当。否则，注册会计师应提请被审计单位进行相应调整；若被拒绝，则可考虑在审计报告中予以反映。

二、债权投资

债权投资是指资产负债表日企业以摊余成本计量的长期债权投资。如果在资产负债表日企业将其分类为以公允价值计量且其变动计入其他综合收益的长期债权投资，则称为其他债权投资。我们在此重点介绍债权投资审计，其他债权投资审计可参照债权投资审计。

(一)主要审计目标

(1)确定期末债权投资是否存在(存在目标)且为被审计单位所拥有(权利和义务目标);

(2)确定债权投资的增减变动记录是否完整(完整性目标),入账期间是否恰当(截止目标),记入的会计账户是否恰当(分类目标),入账金额是否准确(准确性、计价和分摊目标);

(3)确定债权投资的期末计价、减值准备计提及相关会计处理是否正确(准确性、计价和分摊目标);

(4)确定债权投资在财务报表上的列报与披露是否充分、恰当(列报与披露目标)。

(二)主要实质性程序

1.取得或编制债权投资余额明细表,进行必要的复核,了解其总体情况

债权投资余额明细表见表12-4。首先,复核表中的计算是否正确;其次,与相关明细账核对是否相符;最后,核对明细表中的合计数与总账的数据是否相符。

表12-4 **债权投资余额明细表** 金额单位:元

投资项目	债券面值	年利率	初始投资成本	年初数	本年增加	本年减少	年末数
国债1(10年)	50 000	6%	50 000	59 000	3 000	0	62 000
国债2(5年)	40 000	4%	40 400	41 600	1 600	0	43 200
⋮	⋮	⋮	⋮	⋮	⋮	⋮	⋮
S债券(10年)	1 000 000	5%	1 100 000	0	1 150 000	0	1 150 000
合 计	4 400 000	—	4 532 000	2 410 600	2 309 600	0	4 720 200
审计分析: 债权投资项目的期初数为(2 410 600)元,期末数为(4 720 200)元,本期比前期增加了(2 309 600)元,增幅达(95.81)%,增加的原因主要是(本期追加投资)。未见其他异常情况							
复核说明与结论:							

2.实施分析程序,验证其总体合理性

对债权投资实施分析程序,可选择以下方法:

(1)将本期的期末余额与期初余额进行比较,发现异常波动并分析其原因;

(2)分析本期的增减变动情况,发现异常变动并分析其原因;

(3)计算债权投资所占的比例,分析其安全性,要求被审计单位估计债权投资损失。具体见表12-4。

3.函证债权投资,验证其真实存在并审查账实是否相符

债权投资通常采用托管方式。注册会计师应向托管单位进行函证,并将函证结果与被审计单位的账面记录进行核对,验证其是否真实存在,账实是否相符。

4.检查债权投资及其相关收益情况，验证其合规性和会计处理的正确性

对企业的债权投资进行审计时，首先应检查债权投资的入账价值是否恰当，相关会计处理是否正确；其次，应关注其原始凭证的内容是否完整、有无授权批准。此外，还应检查投资收益的计算是否正确，相关会计处理是否恰当。

5.检查债权投资的计价方法，验证其合理性

检查债权投资的初始确认是否按照公允价值计量，公允价值的确定是否合理，初始确认金额是否恰当；询问被审计单位管理层，分析债权投资的后续计量中实际利率的确定依据是否充分；复算按照摊余成本和实际利率计算的债权投资的利息是否正确；检查债权投资相关的会计处理是否恰当。

6.检查债权投资的分类情况，验证其正确性

与管理层讨论，了解被审计期间企业管理金融资产的业务模式和金融资产的合同现金流量特征，并获取相应的审计证据，判断其他债权投资的分类是否正确；了解被审计期间已经被确认为以公允价值计量且其变动计入其他综合收益的金融资产的业务模式是否发生改变，并与上年度明细项目进行比较，确定是否存在重分类情形；若存在重分类情形，被重分类的其他债权投资的会计处理是否恰当。

7.检查债权投资减值准备的计提及会计处理，验证其合理性和正确性

询问被审计单位管理层，了解债权投资方面是否存在发生减值的客观证据或迹象，若存在，是否采用“预期损失法”以预期信用损失为基础计提了减值准备；取得债权投资在资产负债表日减值的信息来源，分析计提依据是否充分，是否得到适当批准；检查减值准备的会计处理是否正确。

8.查验债权投资在财务报表中的列报与披露，验证其恰当性和充分性

企业除了在资产负债表中单独列报债权投资外，还应在财务报表附注中详细披露相关信息（包括相关会计政策）。注册会计师应检查相关列报与披露是否充分、恰当。否则，应要求被审计单位进行相应调整。

三、长期股权投资

长期股权投资是指投资方对被投资单位实施控制、有重大影响的权益性投资，以及对其合营企业的权益性投资。

（一）主要审计目标

（1）确定期末长期股权投资是否存在（存在目标）且为被审计单位所拥有（权利和义务目标）；

（2）确定长期股权投资的增减变动记录是否完整（完整性目标），入账期间是否恰当（截止目标），记入的会计账户是否恰当（分类目标），入账金额和期末余额是否准确（准确性、计价和分摊目标）；

（3）确定长期股权投资的期末计价是否恰当，是否计提了相应的减值准备（准确性、计价和分摊目标）；

（4）确定长期股权投资在财务报表上的列报与披露是否充分、恰当（列报与披露目标）。

（二）主要实质性程序

1.取得或编制当期长期股权投资余额明细表，进行必要的复核，了解其总体情况

长期股权投资余额明细表见表12-5。首先，复核表中的计算是否正确；其次，与相关明细账核对是否相符；最后，核对明细表中的合计数与总账的数据是否相符。

表12-5 **长期股权投资余额明细表** 金额单位：元

投资项目	投资比例	原始投资	年初数	本年增加	本年减少	年末数
A公司	60%	4 800 000	4 532 000	180 000	0	4 712 000
⋮	⋮	⋮	⋮	⋮	⋮	⋮
E公司	30%	1 500 000	0	1 500 000	300 000	1 200 000
G公司	25%	17 000 000	0	18 000 000	500 000	17 500 000
合　计	—	35 800 000	11 032 000	26 730 000	800 000	29 762 000
审计分析： 1.长期股权投资项目期初数为（11 032 000）元，期末数为（29 762 000）元，本期比前期增加了（18 730 000）元，增幅高达（169.78）%，增加的原因主要是（本期公司新增投资数额较大）。未见其他异常情况。 2.因公司长期股权投资业务涉及金额较大、笔数不多，故应列为详细审查对象						
复核说明与结论：						

2.实施分析程序，验证其总体合理性

对长期股权投资实施分析程序，可选择以下方法：

（1）将本期长期股权投资的期末余额与期初余额进行比较，关注其异常波动并分析原因；

（2）分析本期收购及转让投资的增减变动情况，关注其异常变动并分析原因；

（3）比较本期及以前年度股利收入及按持股比例计算的投资收益的增减变动，关注其异常波动并分析原因。

3.确定长期股权投资是否存在，并归被审计单位所有

根据有关合同和文件，确认长期股权投资的股权比例和投资时间，检查长期股权投资核算方法是否恰当、正确；取得被投资单位的章程、营业执照等资料，验证长期股权投资的合规性和真实性；对于重大投资，应向被投资单位进行函证，进一步验证投资额、持股比例、发放股利等情况。

4.检查长期股权投资的分类情况，验证其正确性

与管理层讨论，了解被审计单位在投资活动中对被投资单位的影响，通过检查投资有关的原始凭证，验证长期股权投资的分类（分为对子公司的投资、对合营企业的投资、对联营企业的投资和对其他企业的投资）是否正确；检查长期股权投资中是否包括应由金融工具确认和计量准则核算的投资项目；若有，应提请被审计单位进行调整。

5.针对各类长期股权投资分别确定其计价方法、期末余额是否正确

对于应采用权益法核算的长期股权投资，获取被投资单位经审计的年度财务报表，如

果未经审计，则应对被投资单位的财务报表实施适当的审计或审阅程序；复核投资收益时，重点关注被审计单位是否以取得投资时被投资单位各项可辨认资产的公允价值为基础，对被投资单位的净损益进行调整后加以确认；将重新计算的投资损益、其他综合收益、其他权益变动与被审计单位相关计算核对，如有重大差异，查明原因并作适当调整；关注被审计单位在其被投资单位发生净亏损或以后期间实现盈利时的会计处理是否正确。

对于采用成本法核算的长期股权投资，检查股利分配的原始凭证及分配决议等资料，确定相关会计处理是否正确。

6.审查长期股权投资增减变动的记录，验证其完整性

检查本期增加的长期股权投资，追查至原始凭证及相关的文件或决议、被投资单位相关财务资料等，确认长期股权投资是否符合投资合同、协议的规定；检查本期减少的长期股权投资，追查至原始凭证，确认长期股权投资的处理是否有授权批准手续；检查相关会计处理是否正确。

7.检查长期股权投资减值准备的计提及会计处理，验证其合规性和正确性

核对长期股权投资减值准备的计提方法本期与前期是否一致，如有变化，查明调整原因，并确定该调整对本期损益的影响，提请被审计单位作适当披露。

对长期股权投资进行逐项检查，根据被投资单位经营政策、法律环境、市场需求、行业及盈利能力等的各种变化，判断长期股权投资是否存在减值迹象。当长期股权投资可收回金额低于账面价值时，应将可收回金额低于账面价值的差额作为长期股权投资减值准备予以计提，并应与被审计单位已计提数相核对，如有差异，查明原因。

8.查验长期股权投资在财务报表中的列报与披露，验证其充分性和恰当性

企业除了在资产负债表中单独列报长期股权投资外，还应在财务报表附注中详细披露相关信息，包括相关会计政策、增减变动、投资损益确认、其他综合收益调整、其他权益变动、减值准备计提及期末余额等。注册会计师应检查资产负债表中长期股权投资的数字是否与审计认定数相符；财务报表中的相关列报与披露是否充分、恰当。否则，应要求被审计单位进行相应调整。

四、固定资产及累计折旧

（一）主要审计目标

（1）确定期末固定资产是否存在（存在目标）且为被审计单位所拥有（权利和义务目标）；

（2）确定固定资产及累计折旧增减变动记录是否完整（完整性目标），入账期间是否恰当（截止目标），记入的会计账户是否恰当（分类目标），入账金额和期末余额是否准确（准确性、计价和分摊目标）；

（3）确定固定资产计价和折旧政策是否恰当，折旧费用、减值准备计提是否充分（准确性、计价和分摊目标）；

（4）确定固定资产及累计折旧在财务报表上的列报与披露是否充分、恰当（列报与披露目标）。

（二）主要实质性程序

1.取得或编制固定资产及累计折旧分类汇总表，进行必要的复核，了解其总体情况

固定资产及累计折旧分类汇总表见表12-6。首先，复核表中的计算是否正确；其次，与相关明细账核对是否相符；最后，核对明细表中的合计数与总账的数据是否相符。

表12-6　　**固定资产及累计折旧分类汇总表**　　单位：元

资产类别	固定资产原值					备　注
	年初余额	本年增加	本年减少	调整数	年末余额	
1	2	3	4	5	6=2+3-4+5	
房屋建筑物	26 123 510.27	351 761.45	1 178 395.40		25 296 876.32	
⋮	⋮	⋮	⋮		⋮	
其他设备	3 668 204.45		389 809.05		3 278 395.40	
合　计	57 846 099.96	3 510 072.41	5 204 710.23		56 151 462.14	
资产类别	累计折旧					备　注（折旧年限）
	年初余额	本年增加	本年减少	调整数	年末余额	
7	8	9	10	11	12=8+9-10+11	
房屋建筑物	5 402 103.46	794 529.12	36 351.52		6 160 281.06	20～40年
⋮	⋮	⋮	⋮		⋮	⋮
其他设备	2 663 223.46	660 276.80	75 489.42		3 248 010.84	5～8年
合　计	24 258 169.77	4 698 790.43	554 342.65		28 402 617.55	—

审计说明：

1.期初数与上年审定数核对相符。

2.期末数与总账、明细账核对相符。

审计分析：

1.固定资产项目本期比前期减少了1 694 637.82元，减幅为2.93%，减少原因扣除本期正常增减因素以外，未见其他异常情况。

2.本期固定资产综合折旧率为7.38%（4 144 447.78÷56 151 462.14×100%），与上期的综合折旧率7.86%（4 547 070.40÷57 846 099.96×100%）相当，说明本年度累计折旧的计算重大错报风险低

复核说明与结论：

2.实施分析程序，验证其总体合理性

通过比较本期与前期固定资产的增加或减少，并分析其差异，判断差异产生的原因；计算“本期计提折旧额/固定资产总成本”的数值，将此比率同上期比较，旨在发现本期折旧额计算上的错误；分析固定资产的构成及其增减变动情况，与在建工程、现金流量表中与投资活动相关的现金流量、生产能力等相关信息交叉复核，检查固定资产相关金额的合理性和准确性。具体见表12-6。

3.检查固定资产的增加，验证其真实性和会计处理的正确性

注册会计师应检查本年度增加固定资产的计价是否正确，凭证手续是否齐备；对已经交付使用但尚未办理竣工结算等手续的固定资产，检查其是否已暂估入账，并按规定计提折旧；检查资本性支出与收益性支出的划分是否恰当，是否将应计入本期损益的利息计入了固定资产成本；重点关注有无未及时将已达到可使用状态的在建工程结转为固定资产的情况；抽查相关凭证，验证其会计处理的正确性。

4.实地检查重要的固定资产实物，验证其存在性和完整性

注册会计师可以从资产管理部门取得固定资产台账，与财务部门的固定资产明细账进行核对，然后会同财务部门及资产管理部门相关人员，以固定资产明细账为起点，进行实地追查，以证明会计账簿中记录的固定资产确实存在，并了解其目前的使用状况；也可以实地盘点结果为起点，追查至固定资产明细账，以获取实际存在的固定资产均已入账的证据。

5.检查固定资产的所有权，验证其确属被审计单位所有

注册会计师应抽查有关所有权证明文件，检查产权证中权利人名称是否与被审计单位名称一致，所记录的资产相关明细信息是否与账面记录相符，以确定固定资产是否归被审计单位所有。对不同种类固定资产，注册会计师应获取不同的证据来确定其是否归企业所有：对于外购机器设备等，通常审核其采购发票、购货合同等予以确认；对于房产类，需查阅有关的合同、产权证明、财产税单、抵押借款的还款凭据、保险单等书面文件；对于融资租入的固定资产，应验证有关融资租赁合同；对于汽车等运输设备，应验证有关运营证件等；对于受留置权限制的固定资产，通常还应审核被审计单位的有关负债项目等。注册会计师还应关注固定资产有无抵押、担保、查封、冻结等权利受限的事项。

6.检查固定资产的减少，验证其合规性和会计处理的正确性

注册会计师应检查减少的固定资产是否经授权批准；因不同原因减少的固定资产（如报废清理、出售、对外投资等）的会计处理是否符合有关规定；结合“固定资产清理”和“资产处置收益”等科目，抽查固定资产账面转销额是否正确；分析营业外收支等账户，查明有无固定资产毁损报废所带来的收支项目并检查其会计处理的正确性。

7.检查固定资产的保险，验证其投保的恰当性

复核固定资产保险范围是否恰当，并判断是否重要的固定资产均已参保。

8.检查固定资产的租赁，验证其会计处理的恰当性

获取租入、租出固定资产相关的证明文件，并检查其会计处理是否正确。

9.调查年度内未使用、不需用固定资产状况，验证相关会计处理的正确性

注册会计师应调查企业有无已完工或已购建但尚未交付使用的新增固定资产，因改扩建等原因暂停使用的固定资产，以及多余或不适用、需要进行处理的固定资产。如有，应作彻底调查，以确定其是否真实，并查明是否应当计提折旧和减值准备。

10.检查固定资产的折旧，验证其合规性和正确性

检查企业折旧政策和方法是否符合国家有关规定并符合企业实际情况，前后期是否一致；复核本期折旧费用的计提是否正确，分配是否合理，相关会计处理是否正确。

11.检查固定资产清理，验证其合规性和会计处理的正确性

注册会计师应检查固定资产清理的发生是否有正当理由，是否经有关技术部门鉴定，

是否有授权批准，相应的会计处理是否正确。

12.检查固定资产减值准备，验证其合理性

查明固定资产减值准备会计政策是否符合企业会计准则的规定和企业实际情况，是否保持前后一致；计提的依据是否充分；计提的数额是否恰当，相关的会计处理是否正确。

13.查验固定资产及累计折旧在财务报表中的列报与披露，验证其充分性和恰当性

注册会计师应查明企业在资产负债表中“固定资产”所列报的金额是否等于审定的固定资产原值减去累计折旧、固定资产减值准备后的余额。对于在财务报表附注中的披露，则应查明是否充分说明了以下内容：固定资产及折旧会计政策、固定资产减值准备会计政策；各类固定资产及相应的累计折旧、减值准备在本期的增减变动情况及账面价值；未办妥产权证书或产权受到限制的固定资产情况等。若审查后认为财务报表中与固定资产相关的列报与披露不充分、不恰当，应要求被审计单位进行相应调整。

五、在建工程

（一）主要审计目标

（1）确定期末在建工程是否存在（存在目标）且为被审计单位所拥有（权利和义务目标）；

（2）确定在建工程的增减变动记录是否完整（完整性目标），入账期间是否恰当（截止目标），记入的会计账户是否恰当（分类目标），入账金额和期末余额是否准确（准确性、计价和分摊目标）；

（3）确定在建工程的计价方法是否恰当、减值准备计提是否充分（准确性、计价和分摊目标）；

（4）确定在建工程在财务报表上的列报与披露是否充分、恰当（列报与披露目标）。

（二）主要实质性程序

1.取得或编制在建工程明细表，进行必要的复核，了解其总体情况

在建工程明细表（以“在建工程审定表”代替）见表12-7。首先，复核表中的计算是否正确；其次，与相关明细账核对是否相符；最后，核对明细表中的合计数与总账的数据是否相符。

表12-7　　在建工程审定表

<table>
<tr><th>工程项目名称</th><th>概算</th><th>预算</th><th>工程进度</th><th>完工日期</th><th>批准文号</th><th>资金来源</th><th>资金使用</th><th>年末结余</th></tr>
<tr><td>略</td><td></td><td></td><td></td><td></td><td></td><td></td><td></td><td></td></tr>
<tr><td colspan="9">审计说明：
经审计，该单位在建工程立项手续齐全，在建工程总账、明细账余额相符，但存在工程项目已交付使用却长期未办理竣工决算的问题</td></tr>
<tr><td colspan="9">审计结论：
本科目经审计调整后，审定数可以确认</td></tr>
<tr><td colspan="9">复核说明与结论：</td></tr>
</table>

2.实施分析程序，验证其总体合理性

对在建工程实施分析程序，可选择以下方法：

（1）将本期期末余额与期初余额进行比较，发现异常波动并分析其原因；

（2）分析本期增减变动情况，发现异常变动并分析其原因。

3.审查本期在建工程的增加，验证其真实性及相关会计处理的正确性

对在建工程增加的审查，如果难度和工作量很大，必要时可请专业人员协助进行。在具体审查时，注册会计师应注意：

（1）对于重大建设项目，应检查有关项目的立项批文、概算、预算和建设批准文件，以及施工承包合同、现场监理施工进度报告等资料。

（2）对于支付的工程款，应抽查其是否按合同、协议、工程进度或监理进度报告分期支付，付款授权批准手续是否齐全，会计处理是否正确。

（3）对于领用的工程物资，应抽查领用是否有审批手续，会计处理是否正确。

（4）对于借款费用资本化，应结合长期借款、短期借款、应付债券或长期应付款的审计，检查借款费用资本化的起止日的界定是否合规，计算方法、资本化金额及相关会计处理是否正确。

4.审查本期在建工程的减少，验证其合规性和相关会计处理的正确性

在审查在建工程减少的情况时，注册会计师应注意：

（1）应结合固定资产增加的审计，检查在建工程结转为固定资产是否正确，是否存在将已交付使用的固定资产挂列在建工程而少计折旧的情形。

（2）检查已完工程项目的竣工决算报告、验收交接单等凭证以及其他转出数的原始凭证，检查会计处理是否正确。

（3）在建工程如果存在因工程报废、毁损以及工程完工后剩余物资的退库等其他转出数，需检查转出是否符合规定、审批手续是否完整、是否有相关部门的鉴定意见、各类原始凭证是否齐全等。

5.实地检查在建工程状况，验证其真实存在性和工程进度

实地观察工程项目的现场，确定在建工程是否真实存在；了解工程项目的实际完工程度；检查是否存在已达到预计可使用状态，但未办理竣工决算手续、未及时进行会计处理的项目。

6.检查在建工程减值准备，验证减值准备计提的合理性和合规性

查明在建工程减值准备的会计政策是否符合会计准则的规定和企业实际情况，是否保持前后一致；询问、观察在建工程，确定是否出现减值情形，是否应确认减值准备；计提依据是否充分，计提数额是否恰当；相关会计处理是否正确。

7.查验在建工程在财务报表中的列报与披露，验证其充分性和恰当性

在建工程需要在资产负债表中单独披露，同时，应在财务报表附注中披露主要在建工程本期的增减变动、期末余额的组成、相应的资金来源及工程进度等内容；披露在建工程用作抵押、担保的情况以及在建工程减值准备会计政策等。注册会计师应当验证被审计单位的列报是否准确，相关披露是否充分、恰当。

六、无形资产

（一）主要审计目标

（1）确定期末无形资产是否存在（存在目标）且为被审计单位所拥有（权利和义务目标）；

（2）确定无形资产及摊销的增减变动记录是否完整（完整性目标），入账期间是否恰当（截止目标），记入的会计账户是否恰当（分类目标），入账金额和期末余额是否准确（准确性、计价和分摊目标）；

（3）确定无形资产的计价和摊销政策是否恰当，摊销费用、减值准备计提是否充分（准确性、计价和分摊目标）；

（4）确定无形资产在财务报表上的列报与披露是否充分、恰当（列报与披露目标）。

（二）主要审计程序

1.取得或编制当期无形资产明细表，进行必要的复核，了解其总体情况

无形资产明细表（以“无形资产审定表”代替）见表12-8。首先，复核表中的计算是否正确；其次，与相关明细账核对是否相符；最后，核对明细表中的合计数与总账的数据是否相符。

表12-8　**无形资产审定表**　单位：元

上年末审定数	末审数核对		调整分录金额	重分类分录金额	年末余额审定数
	项目	金额			
845 000B	报表数	468 000G	138 000		606 000T\B
	明细账	468 000S			
	土地使用权	468 000*	108 000		576 000
	商标权	0**	30 000		30 000
	合计	468 000G	138 000		606 000

审计标识：B：与上年审定数核对相符　　G：与总账核对相符

S：与明细账核对相符　　T\B：与试算平衡表核对相符

审计说明：*该土地使用权的原值为1 440 000元，按10年摊销，截至上年年末累计已计提摊销额720 000元。本年应摊销144 000元，期末余额应为576 000元，本期多摊销了108 000元。

**该商标权的原值为600 000元，按10年摊销，截至上年末累计已计提摊销额510 000元。本年应摊销60 000元，期末余额应为30 000元，本期多摊销了30 000元。

审计分析：

1.无形资产项目的期初数为845 000元，期末未审数为468 000元，本期比前期减少了377 000元，减幅高达44.62%，减少原因扣除本期正常摊销因素以外，还有其他非正常因素存在，注意无形资产减少项目的审查。

2.本期没有无形资产增加项目，减少项目为1—6月每月摊销29 000元，7—11月每月摊销16 600元，12月摊销120 000元，应将7月和12月无形资产的减少列为重点审查范围

审计结论：经审计调整后，余额606 000元可以确认

复核说明与结论：

2.实施分析程序，验证其总体合理性

对无形资产实施分析程序，可选择以下方法：

（1）将本期期末余额与期初余额进行比较，发现其波动并分析其原因；

（2）分析本期增减变动情况，发现异常变动并分析其原因。

具体见表12-8中的“审计分析”。

3.检查无形资产的所有权，验证其确属被审计单位所有

针对外购类无形资产，应当审核采购发票、采购合同等，核查原始单据上购买人是否为被审计单位。针对土地使用权类无形资产，应当查阅有关的合同、产权证明、财产税单、抵押借款的还款凭据、保险单等书面文件，确定土地使用权属是否归属被审计单位以及是否存在抵押、质押、担保、查封、冻结等权利受限制事项。针对专利等无形资产，应当检查是否存在相关证书，证书上注明的权属持有人是否归属于被审计单位。

4.检查无形资产的增加，验证其真实性和相关会计处理的正确性

对于新增的投资者投入的无形资产，主要检查是否按投资各方确认的价值入账，并检查确认价值是否公允，交接手续是否齐全。涉及国有资产的，是否有评估报告，并经国有资产管理部门评审备案或核准确认。对于新增的自创无形资产，主要检查无形资产确认时点是否符合企业会计准则的规定，入账价值与研发支出的相关记录是否核对相符，是否与验收报告等一致；对已经达到预定可使用状态，但尚未办理验收手续的无形资产，检查其是否已按估计价值入账，并按规定计提摊销。对于新增的外购无形资产，主要检查采购合同、发票等支持性文件，确定入账价值是否正确，授权批准手续是否齐备，会计处理是否正确。

5.检查无形资产的减少，验证其合规性和会计处理的正确性

取得无形资产处置的相关合同、协议，检查减少的无形资产是否经授权批准，其会计处理是否正确；注意转让的是所有权还是使用权。另外，需要注意，出售无形资产时，该项资产已计提的减值准备是否同时被结转。

6.检查无形资产的摊销，验证其正确性

检查无形资产各项目的摊销政策是否符合有关规定，是否与上期一致；复核无形资产的摊销及其会计处理是否正确。

7.检查无形资产减值准备，验证其合理性

检查无形资产减值准备计提的批准程序，取得书面报告等证明文件；检查计提依据是否充分，相关计算和会计处理是否正确；检查无形资产转让时，相应的减值准备是否一并结转，会计处理是否正确。

8.查验无形资产在财务报表中的列报与披露，验证其充分性和恰当性

应审查无形资产在资产负债表中的列报是否恰当。对于无形资产在财务报表附注中的披露，则应查明是否已充分披露了以下内容：无形资产会计政策及减值准备政策；各类无形资产在本期的增减变动情况、抵押情况等。若审查后认为财务报表附注中与无形资产相关的列报与披露不充分、不恰当，应要求被审计单位进行相应调整。

【延伸阅读】

1.《企业内部控制应用指引第6号——资金活动》(2010)。

2.《企业内部控制应用指引第8号——资产管理》(2010)。

3.《企业内部控制应用指引第11号——工程项目》(2010)。

【复习思考题】

1.投资循环审计涉及的主要业务及相关会计账户有哪些？常见的导致财务报表重大错报风险的因素有哪些？

2.简述投资循环内部控制的关键控制点。

3.如何对交易性金融资产账户进行审计？简述其审计目标和实质性程序。

4.如何对长期股权投资账户进行审计？简述其审计目标和实质性程序。

5.如何对债权投资账户进行审计？简述其审计目标和实质性程序。

6.如何对固定资产及累计折旧账户进行审计？简述其审计目标和实质性程序。

7.如何对“在建工程”账户进行审计？简述其审计目标和实质性程序。

8.如何对“无形资产”账户进行审计？简述其审计目标和实质性程序。

本章测试

【案例分析题】

继续以江苏保千里为例，对其财务舞弊过程中出现的与对外投资项目舞弊相关的异常情形呈现如下：

1.长期股权投资额增长异常。江苏保千里资产负债表中长期股权投资的变化显著。2015年开始出现大量长期股权投资，达到2.27亿元；2016年的增长率更是达到了357.96%。江苏保千里2015—2017年累计对外投资26家，14个月内进行了32亿元的现金类股权投资。

2.对外投资对象异常。以2016年为例，保千里公司对外投资12家公司，涉及行业较多，其中3家主业与计算机软硬件相关、3家主业与汽车相关、1家主业为军用物品、1家主业为互联网教育、1家传媒文化公司、3家投资和征信公司。这些企业大部分成立时间较短，注册资本规模较小，而且尚未形成成熟的商业模式或盈利模式，投资溢价较高。例如，深圳市小豆科技有限公司账面价值最高的资产是货币资金和应收账款，但投资对价比净资产高出3.4亿元。

3.对外投资决策程序异常。一是存在投资决策缺乏依据或事后补充依据的情形。根据江苏保千里的核查报告，2016年除了两笔对外投资经过股东大会和董事会的表决外，其余10笔投资均未明确决策程序和投资时点；2017年的6笔对外投资均由总裁审批通过，不是没有经过审计或评估程序，就是在收购后再补充审计和评估程序。二是存在越权审批的嫌疑。江苏保千里2016年至2017年11月总裁审批非关联交易的权限进行了两次调整。2016年2—9月，总裁审批权限较小，如果2016年的其余10笔投资均仅由总裁审批，而未经过其他程序，则可能涉嫌越权决策；2017年，总裁审批权限增大，当年度新增6笔投资中，对深圳云峯智能科技有限公司的投资金额达到4.375亿元，也超过了审批权限。

【要求】

1.针对长期股权投资，常规审计主要关注的是投资的哪些方面？要实现哪些审计目标？

2.江苏保千里对外投资对象的异常体现在哪些方面？针对该异常情形，需要实施哪些审计程序？

3.对外投资决策程序中关于审批权限的规定有哪些？在审计中如何审查对外投资决策程序的恰当性？

资料来源：叶凡，叶钦华，黄世忠．投资舞弊的识别与应对——基于保千里的案例分析［J］．财务与会计，2021（17）．

第十三章 货币资金循环审计

【课堂拓展】

货币资金舞弊盛行，审计要如何应对？

货币资金曾经一向被公认为是最难舞弊的项目，也被认为是最容易审计的项目。然而近年来，上市公司货币资金的舞弊案件层出不穷。例如，康美药业2019年4月29日晚间发布会计差错更正说明，通过企业自查后，对2017年财务报表进行重述，由于公司核算账户资金时存在错误，造成货币资金多计299.44亿元。再如，2019年1月21日，康得新公告称两笔合计15亿元的超短期融资债券因未筹措到足额偿付资金不能足额偿付本息造成实质违约，奇怪的是彼时其账面上显示有122亿元银行存款存于北京银行西单支行，而北京银行西单支行却称“康得新账户上可用余额为零”。122亿元存款“不翼而飞”的消息让市场大为震惊。

审计实务中，多数审计人员认为银行存款项目审计风险较小，是因为银行存款余额和银行流水造假难度比较大；银行存款函证和大额流水核对这两项审计程序的执行难度相对较小。因此，银行存款项目的审计程序通常会安排经验较少的审计人员完成。随着货币资金舞弊手法的日趋复杂，对货币资金项目的审计难度不断加大，审计人员在审计过程中如果未保持应有的职业谨慎或者未严格按照审计准则的要求执行审计程序，很容易忽略舞弊，导致审计失败。

上市公司货币资金舞弊行为提醒审计人员要保持应有的职业谨慎并严格遵循审计准则，高度重视货币资金的审计，揭示货币资金违法舞弊行为。

第一节 概 述

一、涉及的主要业务与账户

货币资金循环是与企业货币资金有关的活动所组成的业务循环。货币资金包括库存现金、银行存款和其他货币资金。所有业务循环均与货币资金相关，但本业务循环中只介绍其他业务循环中未提及的货币资金业务。因此，本业务循环所涉及的交易主要是货币资金交易，所涉及的单证主要有现金盘点表、银行对账单、银行存款余额调节表、开户清单和开户资料、银行存单、支票登记簿、质押合同及其他相关资料。

注册会计师需要全面、深入了解企业银行存款管理模式，包括其银行账户种类及开设数量、资金与银行存款管理制度、印章管理制度、信息技术嵌入银行存款管理情况、网银开立与使用情况、经常性银行存款余额及其合理性等，识别与评估其银行存款管理的固有风险。

本业务循环所涉及的主要会计账户有：

（1）资产类账户，如库存现金、银行存款、其他应收款等；

（2）负债类账户，如其他应付款、应交税费等；

（3）成本类账户，如制造费用；

（4）损益类账户，如管理费用、销售费用、营业外收入、营业外支出等。

二、可能表明货币资金存在舞弊行为的迹象

货币资金循环是企业生产经营活动的重要业务循环。货币资金是企业流动性最强的资产，极易产生舞弊。货币资金循环中常见的可能表明货币资金存在舞弊行为的迹象有：

（1）被审计单位的现金交易比例较高，并且与其所在行业的常用结算模式不同；

（2）库存现金的规模明显超过业务周转所需资金；

（3）银行账户开立数量与企业实际的业务规模不匹配，或存在多个零余额账户且长期不注销；

（4）在没有经营业务的地区开立银行账户，或将高额资金存放在其经营和注册地之外的异地；

（5）企业资金存放于管理层或员工个人账户，或与个人账户资金交易频繁且单笔金额较大；

（6）货币资金收支金额与现金流量表中的经营活动、筹资活动、投资活动的现金流量不匹配，或经营活动现金流量净额与净利润不匹配；

（7）不能提供银行对账单或银行存款余额调节表，或提供的银行对账单没有银行印章、无交易对方单位名称及摘要；

（8）存在长期或大量的银行未达账项；

（9）银行存款明细账存在非正常转账的、相同大金额的“一借一贷”；

（10）存在期末余额为负数的银行账户；

（11）受限货币资金占比较高；

（12）存款收益金额与存款的规模明显不匹配；

（13）针对同一交易对手，在报告期内存在现金和其他结算方式并存的情形；

（14）违反货币资金存放和使用规定，如上市公司募集资金违规用于质押、未经批准开立账户转移募集资金、未经许可将募集资金转作其他用途等；

（15）存在大额外币收付记录，而被审计单位并不涉足外贸业务；

（16）被审计单位以各种理由不配合注册会计师实施银行函证、不配合注册会计师至中国人民银行或基本户开户行打印“已开立银行结算账户清单”；

（17）与实际控制人、银行（或财务公司）签订集团现金管理账户协议；

（18）存在巨额银行存款的同时，向银行高额举债，即“存贷双高”。

三、具体审计目标

货币资金循环审计的具体目标见表13-1。

表13-1　货币资金循环审计的具体目标

管理层认定	一般审计目标	具体审计目标
	总体合理性	企业库存现金、银行存款、其他货币资金、其他应收款、其他应付款等账户本期发生额和期末余额总体合理，没有重大错报的迹象
发生或存在	发生或存在	（1）所有已入账的库存现金、银行存款收支确实为企业已经实际发生的收付业务； （2）所有已入账的库存现金、银行存款、其他应收款等确实存在
完整性	完整性	（1）所有货币资金业务已全部登记入账； （2）所有已发生的应交税费、管理费用、销售费用等均已入账
准确性	准确性	（1）销售费用、管理费用、财务费用等增减金额正确； （2）其他应付款、其他应收款列示了正确的金额
截　止	截　止	（1）所有货币资金业务均已记录在恰当的会计期间； （2）所有其他应付款、其他应收款均已记录在恰当的会计期间
分　类	分　类	（1）所有货币资金业务均已恰当分类，并记入恰当的账户； （2）管理费用、销售费用等已恰当分类，并记入恰当的账户
权利和义务	权利和义务	（1）库存现金、银行存款、其他货币资金和其他应收款等是企业在资产负债表日所拥有的权利，除已披露的以外，所有权方面没有受到限制； （2）其他应付款、应交税费等是企业在资产负债表日所应承担的法律义务
计价和分摊	计价和分摊	（1）期末外币现金和银行存款等，已按照恰当汇率折算为本位币金额，相关汇兑损益已恰当进行会计处理； （2）其他应付款、其他应收款列示了正确的欠款金额，其他应收款已足额计提了坏账准备
列报与披露	列报与披露	库存现金、银行存款、应交税费、管理费用、销售费用等在财务报表中的列报恰当，且表述清楚，易于理解

四、相关内部控制要点

我们以货币资金循环相关内部控制调查表（见表13-2）的方式列示货币资金循环的相关内部控制要点。注册会计师应当测试和评价与货币资金循环相关的内部控制设计和执行的有效性，并评估控制风险，并据以确定进一步审计程序的性质、时间安排和范围。

表13-2　　**货币资金循环相关内部控制调查表**

调查问题	回答			备注
	是	否	不适用	
1.是否建立了货币资金业务的岗位分工责任制	√			
2.是否配备了合格的人员，并根据单位具体情况进行岗位轮换	√			
3.对货币资金业务是否建立了严格的授权批准制度	√			
4.审批人是否超越审批权限进行审批		√		
5.是否按照规定的程序办理货币资金支付业务	√			
6.对于重要的货币资金支付业务是否实行集体决策和审批，并建立责任追究制度	√			
7.对于货币资金是否有接触性控制	√			
8.超过库存限额的现金是否及时存入银行，是否有坐支现金现象			√	
9.是否存在超越现金开支范围支付现金的情况		√		
10.货币资金收入是否及时准确入账	√			
11.企业是否根据不同的银行账号分别开设银行存款日记账	√			在库存现金未突破规定限额时，部分小额零星收入有坐支现象
12.企业除零星支付外的支出是否通过银行结算	√			
13.银行存款日记账与总账是否每月末核对相符	√			
14.银行存款日记账是否定期与银行对账单核对	√			
15.是否按月与银行对账，编制银行存款余额调节表，做到账实相符	√			
16.银行存款日记账是否逐笔序时登记	√			
17.现金是否做到日清月结，并建立和实行定期盘点制度	√			
18.现金收入、支出是否有合理、合法的凭据	√			
19.现金收付款凭证是否符合制单、复核、主管终审的三审纵横检控原则	√			
20.现金支票及现金收付款凭证是否由专人管理	√			
21.现金支票和银行预留印鉴是否做到分管及签盖分工负责制	√			
22.支票是否按序签发，开出支票是否使用支票登记簿	√			
23.作废支票是否加盖“作废”戳记，并与存根一并保存	√			
24.有无货币资金业务的内部审计制度			√	

结论：

1.经内部控制问卷调查和简易测试后，认为现金循环的内部控制可信赖程度为：

高（√）　　中（　）　　低（　）

2.该循环是否需进一步作控制测试：

是（√）　　否（　）

复核说明与结论：

第二节　主要账户的审计目标和实质性程序

本节主要介绍库存现金、银行存款、销售费用、应交税费等账户的主要审计目标和实质性程序。

一、库存现金

（一）主要审计目标

（1）确定期末库存现金是否存在（存在目标）且为被审计单位所拥有（权利和义务目标）；

（2）确定库存现金的增减变动记录是否完整（完整性目标），入账期间是否恰当（截止目标），记入的会计账户是否恰当（分类目标），入账金额和期末余额是否准确（准确性、计价和分摊目标）；

（3）确定库存现金在财务报表上的列报与披露是否充分、恰当（列报与披露目标）。

（二）主要实质性程序

1.取得或编制当期库存现金、银行存款和其他货币资金余额明细表，进行必要的复核，了解货币资金总体情况

库存现金、银行存款和其他货币资金余额明细表见表13-3。首先，复核表中的计算是否正确；其次，与相关日记账核对是否相符；最后，核对明细表中的合计数与总账的数据是否相符。

表13-3　**库存现金、银行存款及其他货币资金余额明细表**　单位：元

项　目	期初数	期末数	备　注
库存现金	16 387.74 S	1 787.25B	
银行存款	16 966 582.41 S	20 768 717.65B	
其他货币资金			
合计	16 982 970.15 G	20 770 504.90G	
审计标识说明： S：与上年日记账、总账余额核对相符； B：与本年日记账、总账余额核对相符； G：加总数正确			
审计分析： 1.“银行存款”账户中没有定期存款内容，故不存在高息资金拆借情况。 2.货币资金项目本期比前期增长3 787 534.75元，增幅达22.30%，增长原因主要是本期收回大量货款，与应收账款的增长基本同步，未见异常情况			
复核说明与结论：			

2.实施实质性分析程序，验证现金收支的总体合理性

注册会计师通常要将本期现金发生额与前期进行对比，还要对本期各月库存现金发生额的变动进行对比，通过比率分析或趋势分析，以发现异常变动项目，对异常项目要询问

原因并作进一步追查。具体见表13-3中“审计分析”一项。

3.监盘库存现金，编制“库存现金监盘表”，验证库存现金的真实性

监盘库存现金是证实库存现金是否真实存在的一项重要程序。一般来说，监盘库存现金的具体方法是：

（1）制订监盘计划，确定监盘时间。

（2）审阅库存现金日记账并同时与现金收付凭证相核对。

（3）监督出纳盘点保险柜的库存现金实存数，编制“库存现金监盘表”。将监盘金额与库存现金日记账余额进行核对，如有差异，应要求被审计单位查明原因，必要时应提请被审计单位作出调整；如无法查明原因，应要求被审计单位按管理权限批准后作出调整。监盘中若有冲抵库存现金的借条、未提现支票、未作报销的原始凭证，应在“库存现金监盘表”中注明，必要时应提请被审计单位作出调整。

（4）在非资产负债表日进行监盘时，应将监盘金额调整至资产负债表日的金额，并对变动情况实施审计程序。

库存现金监盘表见表13-4。

表13-4 **库存现金监盘表**

<table>
<tr><th colspan="3">检 查 盘 点 记 录</th><th colspan="3">实有现金盘点记录</th></tr>
<tr><th rowspan="2">项 目</th><th rowspan="2">行 次</th><th rowspan="2">人民币（元）</th><th rowspan="2">面额（元）</th><th colspan="2">人民币</th></tr>
<tr><th>张数</th><th>金额（元）</th></tr>
<tr><td>上一日账面库存金额</td><td>1</td><td>5 924.30</td><td>100</td><td>53</td><td>5 300.00</td></tr>
<tr><td>盘点日已收款未入账的现金收款凭证金额</td><td>2</td><td></td><td>10</td><td>49</td><td>490.00</td></tr>
<tr><td>盘点日已付款未入账的现金付款凭证金额</td><td>3</td><td></td><td>1</td><td>130</td><td>130.00</td></tr>
<tr><td>盘点日库存现金账面应有余额</td><td>4=1+2-3</td><td>5 924.30</td><td>0.5</td><td>2</td><td>1.00</td></tr>
<tr><td>盘点日实有现金余额</td><td>5</td><td>5 929.50</td><td>0.1</td><td>85</td><td>8.50</td></tr>
<tr><td>盘点日库存现金实有余额与应有余额的差异</td><td>6=4-5</td><td>-5.20</td><td></td><td></td><td></td></tr>
<tr><td>差异原因分析</td><td>7</td><td colspan="4">找补款形成差异</td></tr>
<tr><td rowspan="5">追溯至报表日账面结存额</td><td>8：报表日至盘点日现金付出总额（+）</td><td>86 606.80</td><td></td><td></td><td></td></tr>
<tr><td>9：报表日至盘点日现金收入总额（-）</td><td>90 743.90</td><td></td><td></td><td></td></tr>
<tr><td>10：报表日库存现金应有余额</td><td>1 792.40</td><td></td><td></td><td></td></tr>
<tr><td>11：报表日库存现金账面余额</td><td>1 787.20</td><td></td><td></td><td></td></tr>
<tr><td>12：报表日库存现金应有余额与账面余额的差异</td><td>5.20</td><td>合计</td><td></td><td>5 929.50</td></tr>
<tr><td colspan="6">盘点结果：由于资产负债表日库存现金应有余额与账面余额的差异5.20元，系找补款形成的差异，且金额较小，故可忽略不计。因此，可以认为，库存现金余额真实存在，账实相符</td></tr>
<tr><td colspan="6">复核说明与结论：</td></tr>
</table>

会计主管：<u>王剑</u>　　出纳：<u>李娜</u>　　监盘人员：<u>李建国</u>　　盘点日期：<u>2×24/01/16</u>

4.抽查大额现金收支，验证其合规性

检查库存现金日记账，抽取一定数量的大额现金收支的记账凭证进行检查。检查所附原始凭证是否齐全，相关计算是否正确，是否具有法律上的证明效力；检查记账凭证与原始凭证是否相符，相关账务处理是否正确等。

5.检查库存现金收支的截止，验证其截止的正确性

抽取资产负债表日前后一段时期内现金收支凭证进行审计，以确定是否存在跨期入账事项。

6.检查外币现金的折算，验证其正确性

对于有外币现金的被审计单位，应检查被审计单位外币现金收支是否按当日市场汇率折合为记账本位币金额；期末余额是否按期末市场汇率折合为记账本位币金额；折算差额是否按规定记入了“汇兑收益”账户。

7.检查库存现金在财务报表中的列报与披露，验证其充分性和恰当性

库存现金在资产负债表的“货币资金”项目中列报，注册会计师在实施上述审计程序后，应确定“库存现金”账户的期末余额是否恰当，并据以确定货币资金是否在资产负债表上恰当列报。此外，还应注意企业是否在财务报表附注中披露了现金等价物的确定标准、外币业务核算方法等相关内容。

二、银行存款

（一）主要审计目标

（1）确定期末银行存款是否存在（存在目标）且为被审计单位所拥有（权利和义务目标）；

（2）确定银行存款的增减变动记录是否完整（完整性目标），入账期间是否恰当（截止目标），记入的会计账户是否恰当（分类目标），入账金额和期末余额是否准确（准确性、计价和分摊目标）；

（3）确定银行存款在财务报表上的列报与披露是否充分、恰当（列报与披露目标）。

（二）主要实质性程序

1.取得或编制当期库存现金、银行存款和其他货币资金余额明细表，进行必要的复核，了解货币资金总体情况

库存现金、银行存款和其他货币资金余额明细表见表13-3。首先，复核表中的计算是否正确；其次，核对相关日记账是否相符；最后，核对明细表中的合计数与总账的数据是否相符。如果不相符，应查明原因，并作出适当调整。

2.实施实质性分析程序，验证银行存款收支情况的总体合理性

注册会计师通常要将本期银行存款的发生额与前期进行对比，还要对比本期各月银行存款发生额的变动，通过比率分析或趋势分析，发现异常变动项目，对异常变动项目要询问原因并作进一步追查；计算银行存款累计余额应收利息收入，结合财务费用中列示的利息收入，测试利息收入的合理性，判断是否存在体外资金循环或虚增存款的情形；此外，还要计算定期存款占银行存款的比例，了解被审计单位是否存在高息资金拆借的情形；计算存放于非银行金融机构的存款占银行存款的比例，分析这些资金的安全性。具体见表13-3中的“审计分析”一项。

3.函证银行存款余额，验证银行存款的真实性

函证银行存款余额是证实资产负债表所列银行存款是否存在的重要程序。注册会计师通过向被审计单位开户行寄发“审计业务银行询证函”，不仅可以了解企业资产的存在，还可以了解企业账面反映的所欠银行债务的情况，并有助于发现企业未入账的银行借款和未披露的或有负债。注册会计师应当对被审计单位报告期内的所有银行存款（包括零余额账户和在本期内注销的账户）、借款及与金融机构往来的其他重要信息实施函证程序。注册会计师实施银行存款函证程序时，可以选择跟函、邮寄或者通过接入银行函证区块链服务平台等方式进行。如果采用邮寄方式发送并收回银行询证函，则注册会计师在邮寄银行询证函时，应先核实被审计单位提供的被询证银行的地址和联系方式，然后亲自填写和寄发询证函，同时，要求被询证银行将回函连同收到的询证函信封一起直接寄往会计师事务所。如果注册会计师采用跟函方式发送并收回银行询证函，则需要确保在整个跟函过程中保持对银行询证函的控制，同时，谨慎观察函证的实地场所，对被审计单位和被询证银行之间串通舞弊的风险保持警觉。函证结束时需由注册会计师在询证函上注明由××客户陪同前往银行盖章确认，银行回函的盖章一般情况下为银行业务公章。如果注册会计师想借助银行函证区块链服务平台完成银行存款函证工作，则需要确保自身所在的事务所和拟函证银行事先均已完成与该平台的接入工作，然后按照操作规则办理即可。注册会计师应根据回函情况编制函证结果汇总表，评价并处理函证结果。以下是银行询证函样本。

银行询证函样本

审计业务银行询证函　　函证编号：××××

××银行××支行：

本公司聘请的××会计师事务所正在对本公司××年度财务报表进行审计，按照中国注册会计师审计准则的要求，应当询证本公司与贵行的存款、借款往来等事项。下列第1~14项信息出自本公司账簿记录，如与贵行记录相符，请在本函“结论”部分签字、签章；如有不符，请在本函“结论”部分列明不符项目及具体内容并签字、签章。

本公司谨授权贵行可以从本公司××××存款账户中直接支取办理本询证函回函服务的费用。

本公司谨授权贵行将回函直接寄至××会计师事务所，地址及联系方式如下：

地址：××市××区××号　　邮编：××

电话：××　　传真：××

电子邮箱：××××

截至20<u>××</u>年<u>××</u>月<u>××</u>日，本公司与贵行相关的信息列示如下：

1.银行存款

账户名称	银行账号	币种	利率	账户类型	余额	起止日期	是否用于担保或存在其他使用限制	备注

注：“起止日期”一栏仅适用于定期存款，如为活期或保证金存款，可只填写“活期”或“保证金”字样。

除上述列示的银行存款外，本公司并无在贵行的其他存款。

2.银行借款

借款人名称	账户名称	币种	余额	借款日期	到期日期	利率	抵（质）押品/担保人	备注

注：如存在本金或利息逾期未付行为，在“备注”栏中予以说明。

除上述列示的银行借款外，本公司并无自贵行的其他借款。

3.自 年 月 日起至 年 月 日期间内注销的账户

账户名称	银行账号	币种	注销账户日

除上述列示的注销账户外，本公司在此期间并未在贵行注销其他账户。

4.本公司作为贷款方的委托贷款

账户名称	银行账号	资金借入方	币种	利率	余额	贷款起止日期	备注

注：如资金借入方存在本金或利息逾期未付行为，在“备注”栏中予以说明。

除上述列示的委托存款外，本公司并无通过贵行办理的其他委托存款。

5.本公司作为借款方的委托贷款

账户名称	银行账号	资金借出方	币种	利率	本金	利息	贷款起止日期	备注

注：如存在本金或利息逾期未付行为，在“备注”栏中予以说明。

除上述列示的委托贷款外，本公司并无通过贵行办理的其他委托贷款。

6.担保（包括保函）

（1）本公司为其他单位提供的、以贵行为担保受益人的担保

被担保人	担保方式	担保金额	担保到期日	担保事由	担保合同编号	备注

注：如采用抵押或质押方式提供担保的，应在备注中说明抵押物或质押物情况。如被担保方存在本金或利息逾期未付行为，在“备注”栏中予以说明。

除上述列示的担保外，本公司并无其他以贵行为担保受益人的担保。

（2）贵行向本公司提供的担保

被担保人	担保方式	担保金额	担保到期日	担保合同编号	备注

除上述列示担保外，本公司并无贵行提供的其他担保。

7.本公司为出票人且由贵行承兑而尚未支付的银行承兑汇票

银行承兑汇票号码	承兑银行名称	结算账户账号	票面金额	出票日	到期日

除上述列示的银行承兑汇票外，本公司并无由贵行承兑而尚未支付的其他银行承兑汇票。

8.本公司向贵行已贴现而尚未到期的商业汇票

商业汇票号码	付款人名称	承兑人名称	票面金额	票面利率	出票日	到期日	贴现日	贴现率	贴现净额

除上述列示的商业汇票外，本公司并无向贵行已贴现而尚未到期的其他商业汇票。

9.本公司为持票人且由贵行托收的商业汇票

商业汇票号码	承兑人名称	票面金额	出票日	到期日

除上述列示的商业汇票外，本公司并无由贵行托收的其他商业汇票。

10.本公司为申请人、由贵行开具的、未履行完毕的不可撤销信用证

信用证号码	受益人	信用证金额	到期日	未使用金额

除上述列示的不可撤销信用证外，本公司并无由贵行开具的、未履行完毕的其他不可撤销信用证。

11.本公司与贵行之间未履行完毕的外汇买卖合约

类　别	合约号码	买卖币种	未履行的合约买卖金额	汇率	交收日期
贵行卖予本公司					
本公司卖予贵行					

除上述列示的外汇买卖合约外，本公司并无与贵行之间未履行完毕的其他外汇买卖合约。

12.本公司存放于贵行的有价证券或其他产权文件

有价证券或其他产权文件名称	产权文件编号	数量	金额

除上述列示的有价证券或其他产权文件外，本公司并无存放于贵行的其他有价证券或其他产权文件。

13.本公司购买的由贵行发行的未到期银行理财产品

产品名称	产品类型	认购金额	购买日	到期日	币种

除上述列示的银行理财产品外，本公司并未购买其他由贵行发行的银行理财产品。

14. 其他

注：此项应填列注册会计师认为重大且应予函证的其他事项，如欠银行的或有负债或者其他负债、除外汇买卖外的其他衍生交易、贵金属交易等。若无前述其他事项，则应填写“无”。

××公司（盖章）

20××年××月××日

经办人：（签名）

职务：　　　　电话：

=======================以下由被询证银行填写==============================

结论：

经本行核对，所函证项目与本行记载信息相符。特此复函。 日期：　年　月　日 经办人：　职务：　电话： 复核人：　职务：　电话： （银行盖章）
经本行核对，存在以下不符之处： 日期：　年　月　日 经办人：　职务：　电话： 复核人：　职务：　电话： （银行盖章）

4.取得并检查银行对账单和银行存款余额调节表，验证其正确性

银行存款余额调节表通常应由企业根据不同的银行账户及货币种类分别编制，其格式见表13-5。注册会计师获取并检查被审计单位银行对账单和银行存款余额调节表，是证实资产负债表日所列银行存款是否存在和完整的重要程序。注册会计师应取得被审计单位加盖银行印章的银行对账单，并对其真实性保持警觉，必要时，亲自到银行获取对账单；检查银行存款日记账记录是否与银行对账单一致，并进一步检查银行存款余额调节表中加计数是否正确，调节后银行存款日记账余额与银行对账单余额是否一致，如果未调节一致，被审计单位是否查明原因，对需要进行账务调整的事项是否及时处理；同时检查银行存款余额调节表中调节事项的性质以及资产负债表日后的进账情况。如果被审计单位的银行存款余额调节表存在大额或长期未达账项，注册会计师还需要分析未达事项是否存在合理商业理由，判断是否为重大错报事项，并确定是否需要提请被审计单位调整。

表 13-5　　银行存款余额调节表

开户行：建行虹山支行　　币种：人民币　　账号：11051036910000212653　　单位：元

项　目	金　额	项　目	金　额
银行对账单余额	244 389.42	企业银行存款日记账余额	245 279.12
加：企业已收，银行尚未入账金额		加：银行已收，企业尚未入账金额	
其中：1.		其中：1.3月售A产品货款	180.00
2.		2.3月售B产品货款	1 110.00
减：企业已付，银行尚未入账金额		减：银行已付，企业尚未入账金额	
其中：1.		其中：1.交电话费	2 179.70
2.		2.	
调整后银行对账单余额	244 389.42	调整后企业银行存款日记账余额	244 389.42
调整分录：	情况说明： 经调节后，银行对账单余额与银行存款日记账余额一致		

编制人员：方芳　　复核：李建国　　日期：2×24/04/16

5.检查银行账户的开户情况，验证其完整性

注册会计师应关注报告期内被审计单位开立账户的数量及分布，与其实际经营需要进行比较，判断其合理性；关注其实际用途是否合理，尤其关注报告期内大额资金往来和新开账户情况；关注是否存在越权开立账户等异常情形；关注报告期内注销账户的原因，并评价其合理性。注册会计师应亲自到中国人民银行或基本存款账户开户行查询并打印“已开立银行结算账户清单”，以确认被审计单位账面记录的银行人民币结算账户是否完整；结合其他相关细节测试，关注交易相关单据中被审计单位的收（付）款银行账户是否均包含在注册会计师已获取的开立银行结算账户清单内；必要时，获取被审计单位已将全部银行账户信息提供给注册会计师的书面声明。

6.检查定期存款或限定用途存款，验证其真实性

定期存款或限定用途的银行存款，与活期银行存款不同，应列于其他资产类下。

获取银行定期存款明细表，对照检查银行定期存款开户证实书正本，判断是否与账面记录的金额一致，是否为被审计单位所拥有；询问是否存在被质押或限制使用的定期存款，并与企业信用报告信息及其他信息核对。如果定期存款占银行存款的比例偏高，或同时负债比例偏高，注册会计师需要向管理层询问定期存款存在的商业理由并评估其合理性；监盘定期存款凭据原件或亲自观察被审计单位登录网银系统查询定期存款信息，并将查询信息截屏保存；对已质押的定期存款，检查定期存单复印件，并与相应的质押合同核对存款人、金额、期限等相关信息；对于为他人担保的定期存单，关注担保是否逾期及相关质权是否已被行使；结合财务费用和投资收益审计，分析利息收入的合理性，判断定期存款是否真实存在，或是否存在体外资金循环的情形。

7.抽查大额银行存款的收支，验证其合规性

注册会计师在对银行存款日记账的发生额进行核查时，在选定的账户和期间内从被审计单位银行存款日记账上选取一定数量的大额银行存款收支记录作为样本与银行对账单进行核对，也可以从银行对账单中选择样本与被审计单位银行存款日记账记录进行核对，主要检查银行收支业务涉及的原始凭证是否齐全，记账凭证与原始凭证是否相符，账务处理是否正确等；重点关注是否存在非营业目的的大额货币资金转移，如有应查明原因并作相应的记录；突击检查被审计单位支票等重要凭证存根联，并与银行对账单进行核对。注册会计师对银行存款的收支业务中的收付款对方为自然人、关联公司的应该详查，核对银行存款日记账记录、银行对账单记录及原始收付单据，保持职业怀疑。

8.检查银行存款收支的截止，验证其正确性

抽取资产负债表日前后一段时期内大额银行存款收支凭证进行审计，以确定是否存在跨期入账事项。为了确保银行存款收付的正确截止，注册会计师应当在清点支票和支票存根时，确定各银行账户最后一张支票的号码，同时，查实该号码之前的所有支票均已开出。在结账日未开出的支票及其后开出的支票，均不得作为结账日的存款收付入账。

9.检查外币银行存款的折算，验证其正确性

对于有外币银行存款的被审计单位，注册会计师应检查被审计单位对外币银行存款收支是否按当日市场汇率折合为记账本位币金额；期末余额是否按期末市场汇率折合为记账本位币金额，折算差额是否按规定记入“汇兑损益”账户。

10.查验银行存款在财务报表中的列报与披露，验证其恰当性和充分性

银行存款在资产负债表中的“货币资金”项目下列报，注册会计师应在实施上述审计程序后，确定“银行存款”账户的期末余额是否恰当，据以确定“货币资金”项目是否在资产负债表上恰当列报。此外，如果被审计单位的银行存款存在抵押、冻结等限制使用情况或者潜在回收风险，应关注其是否已经充分、恰当地披露了有关情况。

三、销售费用

期间费用包括管理费用、销售费用和财务费用。管理费用的审计应当结合其他相关业务循环进行，如管理费用中工会经费、职工教育经费等与职工薪酬相关的费用项目应当结合生产与存货循环审计进行，管理费用中的固定资产折旧费、无形资产摊销等应当结合投资循环审计进行；财务费用中的利息收入、利息支出、手续费则应当结合筹资循环审计进行。在本循环中，只重点介绍与货币资金收支相关的期间费用的审计。期间费用的审计目标与实质性程序相似，本章以销售费用审计为例，说明期间费用的审计目标与实质性程序。

（一）主要审计目标

（1）确定已入账的销售费用是否确实发生（发生目标）；

（2）确定当期发生的所有销售费用均已记录（完整性目标），入账期间是否恰当（截止目标），记入的会计账户是否恰当（分类目标），入账金额是否准确（准确性目标）；

（3）确定销售费用在财务报表上的列报与披露是否充分、恰当（列报与披露目标）。

（二）主要审计程序

1.获取或编制销售费用明细表，进行必要的复核，了解其总体情况

获取或编制销售费用明细表，见表13-6。首先，复核表中的计算是否正确。其次，检查其明细项目的设置是否符合规定的核算内容与范围，并与明细账和总账余额核对是否相符；如果不相符，应查明原因，并作出适当调整。

表13-6　**销售费用明细表**　金额单位：元

月份＼项目	运输费	广告费	包装费	保险费	宣传费	其他费用	合计	各月占全年的比重
1	182 477.82	10 000.00	…	…	9 000.00		215 612.68	9.15%
⋮	⋮		⋮	⋮			⋮	⋮
11	249 477.39		…	…	5 000.00	280.00	256 143.25	10.87%
12	212 183.69		…	…			220 325.53	9.35%
本年合计	2 222 643.05	22 000.00	…	…	18 000.00	280.00	2 356 422.75	100.00%
各项所占比重	94.32%	0.93%	…	…	0.76%	0.01%	100%	—
上年合计	2 571 776.36	16 000.00	…	…	14 000.00	0	2 651 776.85	—
增减额	−349 133.31	6 000.00	…	…	4 000.00	280.00	−295 354.10	—
增减率	−13.58%	37.5%	…	…	28.57%	—	−11.14%	—

审计说明：

1.明细表中各栏数字加总正确，复核无误。

2.明细表中数字与明细账核对相符，与总账核对相符。

审计分析：从表中可以看出，本期销售费用比前期减少295 354.10元，减幅达11.14%，减少的原因主要是本期对运输费用的开支加大了监控管理的力度；本期销售费用各月变化不大，主要是受运输费影响，运输费为2 222 643.05元，占全年销售费用的94.32%，应作为审计重点

复核说明与结论：

2.实施实质性分析程序，验证销售费用的总体合理性

注册会计师通常将本期销售费用与上期销售费用进行比较，将本期各月的销售费用进行比较，并将本期与上期的销售费用占销售收入之比进行比较，分析有无重大波动和异常情况，若有，则将其作为进一步审计程序的重点，以便查明原因，验证其合规性。

3.抽查销售费用凭证，验证其发生的真实性和会计处理的正确性

在实施分析程序和审阅销售费用明细账的基础上，选择重要或异常的销售费用项目，检查其原始凭证是否合法、审批程序是否合规，会计处理是否正确。必要时，对销售费用实施截止性测试，检查有无跨期入账现象。

4.查验销售费用在财务报表中的列报与披露，验证其恰当性和充分性

销售费用应在利润表上列报，注册会计师应在实施上述审计程序后，确定销售费用账户的本期累计净发生额是否恰当，并据以确定其是否在利润表上恰当列报。此外，注册会计师还应注意企业是否在财务报表附注中披露了销售费用的构成情况及发生变化的原因等相关内容，相关披露是否充分、恰当。

四、应交税费

（一）主要审计目标

（1）确定应计和已缴税费的记录是否完整（完整性目标），入账期间是否恰当（截止目标），记入的会计账户是否恰当（分类目标），入账金额是否准确（准确性目标）；

（2）确定应交税费的期末余额是否正确（计价和分摊目标）；

（3）确定应交税费在财务报表上的列报与披露是否充分、恰当（列报与披露目标）。

（二）主要实质性程序

1.获取或编制应交税费明细表，复核其中的计算，了解应交税费总体情况

应交税费明细表见表13-7。首先，复核表中的计算是否正确。其次，检查其明细项目的设置是否符合规定的核算内容与范围，并与明细账和总账余额核对是否相符；如果不相符，应查明原因，并作出适当调整。

表13-7　**应交税费明细表**　金额单位：元

税　种	期初未交数	本期应交数	本期已交数	期末未交数	法定税率
增值税	2 181 234.39			7 788 156.69	16%、11%①
所得税	796 722.45			6 305 900.59	25%、15%
城市维护建设税	131 661.05			493 359.37	5%
个人所得税	36 859.80			13 741.11	超额累进税率
印花税				23 151.38	
资源税	84 360.15			96 009.77	2.8元/吨
教育费附加					
合　计	3 230 837.84			14 720 318.91	

审计说明：

1.明细表中各栏数字加总正确，复核无误。

2.明细表中数字与明细账核对相符，与总账核对相符。

审计分析：从表中可以看出，应交税费本期比前期增加了11 489 481.07元，增幅为355.62%。主要原因是公司本期销售收入和利润总额较前期大幅增长，从而应缴纳的增值税和所得税相应增加

① 2019年4月1日起，一般纳税人的增值税税率为13%、9%等。由于税收政策经常变化，这里仅为示范，具体税率请以税收政策最新规定为准。

2.实施实质性分析程序，评价其总体合理性

注册会计师通常要将本期应交税费发生额与前期进行对比，还要将本期各月应交税费发生额变动进行对比，通过进行比率分析或趋势分析，以发现异常变动项目，对异常项目要询问原因并作进一步追查。具体见表13-7中“审计说明”一项。

3.查阅企业相关资料，并进行分析、核对，验证企业相关处理的合规性

（1）查阅企业纳税鉴定或纳税通知及征、减、免税的批准文件，了解企业适用的税种、计税基础、税率，以及征、减、免税的范围与期限，确认其年度内应纳税的项目。

（2）取得税务部门汇算清缴或其他确认文件、有关政府部门的专项检查报告、税务代理机构的专业报告、企业纳税申报的有关资料等，分析其有效性，并与上述明细表及账面情况进行核对。

（3）核对期初未交税费与税务机关的认定数是否一致，如有差额应查明原因并作出记录，必要时建议作适当调整。

4.检验应交税费的计算是否合规，相关会计处理是否正确

（1）应交增值税的审查。

应交增值税的审查，通常结合营业收入和物资采购的审计进行。注册会计师对应交增值税的审查，可从以下几方面入手：①取得或编制“应交增值税明细表”，复核其正确性，并与明细账核对相符。②将“应交增值税明细表”与“增值税纳税申报表”进行核对，审查进项税额、销项税额的入账与申报期间是否一致，金额是否相符，“增值税纳税申报表”是否已经税务机关认定。③审查进项税额。抽查一定期间的“进项税额抵扣汇总表”，与“应交增值税明细表”相关数额合计数核对，如有差异，查明原因并作适当处理；抽查重要进项税额发票、海关完税凭证、收购凭证或运费发票，并与网上申报系统进行核对，注意进口货物、购进的免税农产品、接受投资或捐赠、接受应税劳务等应计的进项税额是否按规定进行了会计处理；因存货改变用途或发生非常损失应计的进项税额转出数的计算是否正确，是否按规定进行了会计处理。④审查销项税额。检查适用税率是否符合国家规定；根据与增值税销项税额相关账户审定的有关数据，复核存货销售，或将存货用于投资、无偿馈赠他人、分配给股东（或投资者）应计的销项税额，以及将自产、委托加工的产品用于非应税项目应计的销项税额是否计算正确，是否按规定进行会计处理。⑤根据“出口货物退（免）税申报表”及办理出口退税有关凭证，复核出口货物退税的计算是否正确，是否按规定进行了会计处理。⑥对经主管税务机关批准实行核定征收率征收增值税的被审计单位，应检查其是否按照有关规定正确执行；如果申报增值税金额小于核定征收率计算的增值税金额，还应注意超过申报额部分的会计处理是否正确。

（2）应交消费税的审查。

应交消费税的审查，通常应当结合企业生产情况和销售收入情况的审计进行。注册会计师对应交消费税的测试，应结合税金及附加等项目，根据审定的应税消费品销售额或销售量，审查消费税的计税依据是否正确，适用税率或单位税额是否符合税法规定，是否按规定进行了会计处理，并分项复核本期应交消费税税额。

（3）应交所得税的审查。

应交所得税的审查，通常结合企业利润总额的审计进行。注册会计师对应交所得税的

测试，应结合所得税项目，确定应纳税所得额及企业所得税税率，复核应交所得税的计算是否正确，是否按规定进行了会计处理。

5.确定本年度应缴纳的税款，检查有关会计记录和缴税凭证，确认本年度已缴税款和年末未缴税款

6.查验应交税费在财务报表中的列报与披露，验证其恰当性和充分性

注册会计师应在实施上述审计程序后，确定"应交税费"账户的期末余额是否恰当，据以确定应交税费是否在资产负债表中恰当列报；检查企业是否在财务报表附注中披露了应交税费各明细项目情况、所得税会计政策、相关税收优惠减免情况等内容，验证其披露的充分性和恰当性。

【延伸阅读】

1.《CSA 1312 函证》(2010)。

2.《中国注册会计师审计准则问题解答第2号——函证》(2019)。

3.《中国注册会计师审计准则问题解答第12号——货币资金审计》(2019)。

4.《企业内部控制应用指引第6号——资金活动》(2010)。

【复习思考题】

1.在货币资金循环审计中，常见的货币资金舞弊迹象有哪些？

2.注册会计师如何审查与评价被审计单位货币资金循环内部控制？

3.如何对"库存现金"账户进行审计？简述其主要目标和实质性程序。

4.如何对"银行存款"账户进行审计？简述其主要目标和实质性程序。

5.如何对"应交税费"账户进行审计？简述其主要目标和实质性程序。

6.如何对期间费用相关账户进行审计？简述其主要目标和实质性程序。

本章测试

【案例分析题】

1.在审计实务中，注册会计师在进行银行存款函证时，经常要面对企业财务人员的以下说法：

(1) 这个银行账户已经好久没用了，里面没有什么钱了，就不函了吧？如果函证的话我们还得跑银行去缴纳函证费用，太麻烦了。

(2) 这个银行账户我们打算注销了，有必要函证吗？这个银行账户反正也没啥钱，函证了也没啥用。

(3) 这个是国外的银行，他们一般不接收询证函。

(4) 我们公司与顺丰有包邮协议，要不询证函我帮你们寄出去吧？

(5) 我们公司的章不在我们这里，需要寄到×××地方盖章，要不让那边的财务人员盖完章后直接邮寄给银行？不然来回邮寄挺麻烦的。

(6) 我们出纳今天刚好要去银行办点事，要不顺便让她直接把询证函拿到银行盖个章再拿回来得了？

(7) 我刚从银行回来，顺便把询证函回函帮你们带回来了。

【要求】针对每种说法，指出注册会计师应该作出何种反应并说明理由。

2.广东正中珠江会计师事务所（以下简称“正中珠江”）系康美药业股份有限公司（以下简称“康美药业”）2016年至2018年年度财务报表审计机构。2017年4月18日、2018年4月24日，正中珠江分别为康美药业2016年、2017年财务报表出具了标准无保留审计意见的审计报告；2019年4月28日，正中珠江为康美药业2018年财务报表出具了保留意见的审计报告。

2021年2月18日，中国证监会发布的《中国证监会行政处罚决定书（广东正中珠江会计师事务所、杨文蔚、张静璃、刘清、苏创升）(〔2021〕11号)》中指出，正中珠江对康美药业货币资金审计方面存在如下缺陷。

1）风险识别与风险评估阶段存在重大缺陷

正中珠江部分审计底稿中，对货币资金、营业收入的风险评估结果错误，审计工作存在缺陷：一是汇总的重大风险领域不包括货币资金和营业收入；二是在对重要账户和交易制定进一步审计程序计划时，认定货币资金和营业收入不存在重大错报风险，不属于特别风险。

2）货币资金的风险应对措施存在重大缺陷

（1）内部控制测试程序存在重大缺陷。控制点之一“定期存款的审批”，主要内容是康美药业内部对定期存款的审批流程。内部控制有效性评价的审计底稿记载审计人员抽取了一个样本，实际并未执行，审计底稿也未见对应的审计证据。另一控制点“资金对账”，包括现金对账和银行存款对账，正中珠江仅针对银行存款对账执行了内部控制测试程序，未针对现金对账执行内部控制测试程序，无法实现整个控制点的审计目标。正中珠江对康美药业货币资金活动内部控制评价结论为“控制活动运行有效且得到执行”，该评价没有充分、适当的审计证据支持，评价结论不恰当。

（2）实质性程序存在重大缺陷。①针对货币资金存在的舞弊风险，正中珠江计划的风险应对措施为直接从银行索取康美药业交通银行基本户全年度的银行对账单，并进行重点审核。经查，康美药业提前制作了虚假的银行对账单，审计时审计项目经理苏创升从康美药业黄某生处取得该银行对账单，并未直接从银行索取，不足以应对货币资金的舞弊风险。②康美药业2016年度货币资金余额账实差异主要集中在3家银行4个银行账户。正中珠江对该3家银行均执行现场函证程序，跟函人员均为苏创升，康美药业陪同人员均为黄某生。经查，康美药业提前以内审名义、使用正中珠江的询证函模板向银行进行函证，苏创升和黄某生现场函证时，黄某生再将询证函需要银行盖章回复的确认页替换为原先以内审名义函证的确认页，伪造正中珠江收到银行确认无误的询证函回函；建设银行的询证函回函不是在注册会计师的询证函上盖章，而是采用银行固定格式的资信证明，康美药业提前安排人员伪造银行资信证明，再由黄某生交给苏创升。③正中珠江针对货币资金获取的银行询证函、银行对账单等资料中，存在明显异常或相互矛盾的情况。一是康美药业交通银行基本户的询证函上所盖银行印章为“业务受理章”，与商业银行常规做法不一致；二是康美药业在工商银行询证函上仅加盖公司公章，未加盖财务章及法人私章，却能得到银行回函；三是康美药业与子公司广东康美之恋大药房有限公司（以下简称“康美之恋”）均在工商银行开立有银行账户，康美之恋的询证函回函是银行固定格式的资信证明，而康美药业的询证函回函是直接在正中珠江的询证函上盖章；四是建设银行的询证函回函自身内容前后矛盾，函件要求定期存款应当列明存款日期、到期日期、存款利率等信息，但回函中关于定期存款的信息中“存款日期”“到期日期”“存款利率”栏均为空白；五是正中珠江获取的交通银行基本户的对账单部分有银行印章，部分没有银行印章。正中珠江未关注上述明显异常或相互矛盾的审计证据，未保持应有的职业怀疑，未执行进一步审计程序消除疑虑。

【要求】根据教材第五至七章的内容，结合案例中提及的审计缺陷，指出注册会计师在货币资金审计中应如何避免审计失败。

第十四章 审计报告

审计报告是审计结果的载体，也是审计委托人、投资者、债权人、政府监管部门等审计利益相关方了解和利用审计结果的主要甚至唯一途径。为规范审计报告，无论是民间审计，还是政府审计、内部审计，均有对应的审计报告准则。

第一节 审计报告的意义、分类与基本结构

一、审计报告的意义

审计报告是审计师根据审计准则的要求，在实施必要审计程序后出具的，用于对被审计单位受托经济责任履行情况作出审计结论、发表审计意见的书面文件。审计报告是审计工作的最终结果。

编写和签发审计报告，是表明审计师完成审计业务的一个重要步骤，是总结性的审计工作，具有重要作用。审计报告既是对审计工作的全面总结，也是评价被审计单位受托经济责任履行情况的重要工具，向使用者传达所需信息的重要手段。审计报告也是表明审计师完成了审计任务，并愿意对所发表的审计结论和意见承担相应审计责任的证明文件。如果审计师虽然实施了相应的审计程序，形成了审计结论，但没有签发审计报告，则表明审计师不愿意对审计结论承担法律责任，审计任务没有最终完成。

二、审计报告的分类

（一）按审计主体分类

审计报告按审计主体，可分为政府审计报告、内部审计报告、民间审计报告。

政府审计报告是指由政府审计机关所签发的审计报告。该审计报告的主要使用者为国家权力机关和政府相关部门以及社会公众。政府审计报告会以政府审计结果公告的方式向社会公众公开，可在审计机关官网上查询。

内部审计报告是由内部审计机构出具的审计报告。内部审计报告的服务对象是单位内部人员，不对外公开。

民间审计报告是由民间审计组织，即会计师事务所出具的审计报告。注册会计师审计的首要服务对象是审计委托者，因而审计报告要提交给审计委托者，一般不对外公开。但根据《证券法》的规定，注册会计师出具的上市公司年度财务报表审计报告要作为其年度报告的必备要件，由上市公司对外公开。

（二）按审计内容和目的分类

审计报告按审计内容和目的，可分为财政财务审计报告、合规审计报告、绩效审计报告和经济责任审计报告。财政财务审计报告是指审计师实施财政财务收支审计所出具的审计报告。合规审计报告则是审计师进行合规审计所出具的审计报告。绩效审计报告是审计师进行绩效审计所出具的审计报告。经济责任审计报告是审计师实施经济责任审计所出具的审计报告。

(三) 按审计报告的格式和措辞是否统一分类

审计报告按审计报告的格式和措辞是否统一，可分为标准审计报告和非标准审计报告。标准审计报告是指格式和措辞基本统一的审计报告。审计行业认为，统一审计报告的格式和措辞，可帮助使用者准确理解审计报告的含义。标准审计报告一般适用于对外公布。

非标准审计报告是指格式和措辞不统一，可以根据具体审计项目的情况来编写的审计报告。非标准审计报告适用于不对外公布的审计报告。

应当注意的是，注册会计师出具的年度财务报表审计报告有规范的格式和措辞，均属于标准审计报告。但人们习惯于将注册会计师出具的标准无保留意见审计报告称为“标准审计报告”或“标准报告”，“标准审计意见”或“标准意见”；将注册会计师出具的非标准无保留意见审计报告，包括带强调事项段的无保留意见、保留意见、否定意见和无法表示意见的审计报告，统称为“非标准审计报告”或“非标报告”，“非标准审计意见”或“非标意见”。

三、主要类型审计报告的基本结构

(一) 政府审计报告的基本结构

根据《中华人民共和国国家审计准则》(2010) 的规定，审计机关的审计报告（审计组的审计报告）包括下列七个基本要素：

1.标题。

标题统一表述为“审计报告”。

2.文号。

文号一般表述为“××××年第××号”。但审计组的审计报告不含此项。

3.被审计单位名称。

4.审计项目名称。

审计项目名称一般表述为“××××年度×××××审计”。

5.内容。

内容主要包括：

（1）审计依据，即实施审计所依据的法律法规。

（2）实施审计的基本情况，一般包括审计范围、内容、方式和实施的起止时间。

（3）被审计单位的基本情况。

（4）审计评价意见，即根据不同的审计目标，以适当、充分的审计证据为基础发表的评价意见，通常包括真实性、合法性和效益性方面的评价。

真实性主要评价被审计单位的会计处理遵守相关会计准则、会计制度的情况，以及相关会计信息与实际的财政收支、财务收支状况和业务经营活动成果的符合程度；合法性主要评价被审计单位的财政收支、财务收支符合相关法律法规、规章和其他规范性文件的程度；效益性主要评价被审计单位财政收支、财务收支和业务经营经济活动的效率和效果的实现程度。

发表审计评价意见应运用审计师的专业判断，并考虑重要性水平、可接受的审计风险及审计发现问题的数额大小、性质等因素。审计机关只对已审计事项发表审计意见。对审计过程中涉及的审计证据不充分、评价依据或者标准不明确以及超越审计职责范围的事项，不发表审计意见。

（5）以往审计决定执行情况和审计建议采纳情况。

（6）审计发现的被审计单位违反国家规定的财政收支、财务收支行为和其他重要问题的事实、定性、处理处罚意见以及所依据的法律法规和标准。

（7）审计发现的移送处理事项的事实和移送处理意见，但是涉嫌犯罪等不宜让被审计单位知悉的事项除外。

（8）针对审计发现的问题，根据需要提出的改进建议。

审计期间被审计单位对审计发现的问题已经整改的，审计报告还应当包括有关整改情况；经济责任审计报告还应当包括被审计人员履行经济责任的基本情况，以及被审计人员对审计发现的问题承担的责任；核查社会审计机构相关审计报告发现的问题，应当在审计报告中一并反映。

6.审计机关名称。

审计组的审计报告则为审计组名称及审计组组长签名。

7.签发日期。

审计组的审计报告签发日期通常为审计组向审计机关提交报告的日期。

经济责任审计报告还包括被审计人员姓名及所担任的职务。

下面是一份政府审计机关进行企业领导人员任期经济责任审计所出具的审计报告。

封面：

中共××省委审计委员会办公室

× × 省 审 计 厅

审 计 报 告

×审委办报〔××××〕××号

被审计单位：×省×厅

被审计领导干部／人员：××同志

审计项目：×省×厅原党组书记××同志经济责任审计

正文内容：

根据《中华人民共和国审计法》第五十八条和《党政主要领导干部和国有企事业单位主要领导人员经济责任审计规定》（中办发〔2019〕45号）的规定，经中共×省委审计委员会批准，中共×省委审计委员会办公室、×省审计厅派出审计组于×年×月×日至×月×日，对××同志任×厅党组书记期间经济责任履行情况进行了审计。××同志和×厅对其提供的审计所需资料的真实性、完整性负责，并对此作出了书面承诺。×省审计厅的责任是依法独立实施审计并出具审计报告。

一、基本情况

（一）被审计单位基本情况

×厅是省政府组成部门。主要承担推进全省×体系建设，组织拟订×战略、政策和标准，组织编制×体系专项规划，指导综合×等职责。属省级财政一级预算单位，内设×个处室，核定行政编制×人、车辆编制×辆。×年末实有人员×人、车辆×辆。下辖×省×局等×个二级预算单位，核定事业人员编制×人、车辆编制×辆；×年末实有人员×人、车辆×辆。

（二）任职情况

××同志×年×月至×年×月任×厅党组书记，×年×月至×年×月同时任×厅厅长。任党组书记期间，××同志主持×厅党组工作。任党组书记、厅长期间，××同志领导并主持×厅全面工作。

（三）审计范围

本次审计的时间范围是××同志任×厅党组书记期间，重点审计×年至×年的经济责任履行情况，对重要事项进行了必要的延伸和追溯；并就有关事项延伸审计了省×厅×局等×个二级单位。

二、履行经济责任的审计情况

××同志任职期间，在省委、省政府的领导下，带领×厅党组班子，在履行经济责任方面主要做了以下工作。

（一）履行经济政策执行权情况

×年至×年，×厅紧紧围绕×设目标，在……方面，认真贯彻落实党中央、国务院和省委、省政府重大决策部署，制订年度工作计划，积极出台相关管理办法和具体措施，促进政策落实落地，深入推进××融合发展。

1.工作目标任务完成情况。

×年……目标是：……

……

2.年度综合考核情况。

在省委、省政府组织的年度综合考核中，×厅×年和×年考核结果为×，×年考核结果为×。

（二）履行经济决策权情况

××同志任×厅党组书记期间，注重决策制度建设，×次修订《党组工作规则》，制定了《×厅会议制度》，落实党组领导下的分工负责制，重大决策和重大经济事项坚持集体讨论决定，按照民主集中制的要求，坚持少数服从多数和末位表态制。据×厅提供的会议纪要（记录）反映，×年至×年××同志主持召开厅党组会×次，传达学习和贯彻落实中央、国务院和省委、省政府以及相关部委重要指示精神，分别对党建、党风廉政、组织人事等方面的×个事项进行了研究；召开厅务会议×次，对重大项目建设、大额资金分配使用等方面的×个议题进行了研究。

（三）履行经济管理权情况

1.财政财务收支情况。

×厅本级×年年初结转和结余×万元，×年至×年收入合计×万元，支出合计×万元，×年年末结转和结余×万元。

2.资产增减变动情况。

×年至×年，×厅本级新增资产总额×万元，其中，固定资产×万元、无形资产×万元；减少资产总额×元，均为固定资产。截至×年年末，资产总额×万元，其中：固定资产×万元、无形资产×万元。

3.政府性债务的举借、使用、偿还和风险管控情况。

（1）×厅（本级）×年取消……的由×厅作为承贷主体的统贷债务，于×年由×厅通过政府债券全部置换完毕。

（2）×厅下属省×局×年底政府性债务余额×亿元，其中：政府负有偿还责任债务×亿元、政府负有担保责任债务×亿元。

（四）履行经济监督权情况

×年以来，×厅健全完善督查督办、考核考评、三公经费管理等内控机制，加强对厅机关内设机构和下属事业单位的监管。×年成立巡察工作领导小组，出台巡察制度实施意见，并对相关处室和部分下属单位开展巡察工作。×年至×年对部分基本建设重点项目进行跟踪和竣工决算审计；对部分下属单位开展内部审计和领导干部经济责任审计。

（五）个人廉洁从政（业）情况

根据×厅提供的资料反映，××同志办公用房及配备的公务用车均符合国家规定标准。××同志申报的×年至×年个人收入总计×万元，经核实××同志在×厅取得个人收入与申报数一致。

××同志×年至×年因公出国×次，分别前往……相关手续齐全合规，费用共计×元均由×厅承担。

（六）以前年度审计查出问题整改情况

×年，×省审计厅对×厅×年度预算执行和其他财政财务收支及决算草案编制情况进行审计，揭示了决算草案编制、资金管理使用等方面×个问题。截至×年×月×日，除省×局未经审批出借资金×元给×省×中心×个问题还在整改中外，其余×个问题均已整改完毕。

×年，×省审计厅对×厅×年度预算执行和其他财政财务收支及决算草案编制情况进行审计，揭示了预算编制及批复、决算草案编制、业务管理、基本支出及项目支出等方面×个问题，均已整改完毕。

此次审计范围内，未发现××同志在公共资金、国有资产和国有资源管理分配使用中存在违反廉洁从政规定的问题。

三、审计发现的主要问题、处理（处罚）意见和责任界定

（一）履行经济政策执行权方面

1.全省×个深度贫困县×户以上×建设目标任务未完成。

×年×月，×厅《关于下达全省×个县×以上×计划任务的通知》，明确建设规模和时序为……未能按计划完成建设目标任务。

上述做法不符合《×省人民政府关于加快推进×建设的实施意见》(×政办发〔×〕×号)中“四、保障措施……(四)加强监督考核。×厅要会同省直有关部门，重点对各州、市责任落实、建设质量、工作进度、资金到位等情况进行监督考核，及时帮助解决存在的困难和问题，建立健全考核结果与投资挂钩的奖惩机制……”和《×厅关于下达全省×个县×户以上×任务的通知》(×〔×〕×号)中“三、建设方案……(二)建设规模和时序……”的规定。

根据上述规定，×厅应加强督促指导，积极协调有关部门，主动帮助解决项目建设中存在的困难和问题，加快项目实施进度，全面完成建设目标任务。

2.×单位未按“放管服”改革要求及时落实“行政审批中介服务事项目录清单”管理制度。

……

对于上述第1项、第2项问题，××同志负有领导责任。

(二)履行经济决策权方面

3.×厅部分党组会议未严格执行有关规定，应到会人数少于规定人数。

×年至×年，×厅召开党组会共×次，其中应到会人数少于规定人数×次。如：×年×月×日党组专题会议，党组成员×名，实际到会×人；×年×月×日党组专题会议，研究×亿元补助资金分配事项，党组成员×名，实际到会×人。

上述做法违反了《中国共产党党组工作条例》第三十三条“党组会议应当有半数以上党组成员到会方可召开，讨论和决定干部任免、处分党员事项必须有三分之二以上党组成员到会”及《中共×××厅党组工作规则》(×党发〔×〕×号)第二十二条“党组会议应当有半数以上党组成员到会方可召开；讨论决定干部任免事项、处分党员、大额度资金使用等重大事项必须有三分之二以上党组成员到会……”的规定。

根据上述规定，×厅应严格执行《中国共产党党组工作条例》等“三重一大”决策方面的法规制度，规范党组会议程序，确保党组会议参会人数符合上述规定要求。

4.×厅决策制度未明确重大事项的具体内容、范围和标准。

……

5.×单位重大决策制度缺失，部分重大事项未经集体研究决策。

……

对于上述第3项、第4项问题，××同志负有直接责任；第5项问题，××同志负有领导责任。

(三)履行经济管理权方面

6.×单位违规发放信访岗位津贴×元。

×年×月至×年×月，×单位先后向×名兼职信访工作人员发放信访岗位津贴×元，其中：×年×月至×年×月每月发放×人、金额×元；×年×月至×年×月每月发放×人、金额×元。审计指出后，×年×月已停发。

上述做法违反了《关于调整国家信访局信访岗位津贴实施范围和标准的通知》(×人社发〔×〕×号)中“二、信访工作人员岗位津贴的实施范围，限于各级信访部门和各单位信访部门执行公务员工资制度的专职信访工作人员……”的规定。

根据《财政违法行为处罚处分条例》第六条“国家机关及其工作人员有下列违反规定使用、骗取财政资金的行为之一的，责令改正，调整有关会计账目，追回有关财政资金，限期退还违法所得……(四)违反规定扩大开支范围，提高开支标准……”的规定，责成×

厅督促×单位严肃各项财经纪律，杜绝以任何名义违反规定发放津补贴，收回违规发放的信访岗位津贴×元，并作收缴省财政处理。同时，该问题将移送相关部门依法依规进行处理。

7.×单位擅自统筹所属机构存量资金×元。

……

8.×单位存量资金×元未及时上缴省财政。

9.……

对于上述第6至第9项问题，××同志负有领导责任。

（四）历年审计中发现的相关问题

10.×年×月至×月×省审计厅对×厅×年度预算执行和其他财政财务收支及决算草案编制情况进行了审计，审计报告（×审派报〔×〕×号）反映×个问题，其中：1.省×局尚未收回违规出借资金×元；3.×厅×中心未经批准出借“×系统”专项资金×元；8.×厅二级预算单位应缴未缴非税收入×元；16.×厅未及时收回×项目前期费×元。

11.……

12.……

对于上述第10项至第12项问题，××同志负有领导责任。

四、审计评价意见

审计结果表明，××同志任职期间，在省委、省政府的领导下，认真贯彻落实国家经济方针政策和重大决策部署，突出党的建设，认真履行管党治党政治责任，深化“放管服”改革等工作，认真履行党组书记职责。在经济政策执行方面，能认真贯彻落实国家重大方针政策和省委省政府重要决策部署，任职期间基本完成了“十三五”规划制定的目标及年度工作任务；经济决策方面，重大经济事项能坚持集体讨论、民主决策，决策程序基本规范、内容基本合规；经济管理方面，预算管理、财政收支总体真实合法；经济监督方面，基本履行监管职责，加强了对财政资金、重点工程、重大投资、重要建设项目的监管。但审计也发现，少数党组会议程序不规范，重大经济事项具体内容和标准不明确、不细化，二级单位及工会等社团组织问题较为突出，存在部分历史遗留问题处理不彻底等问题。

审计结果表明，××同志在任×厅党组书记期间履行经济责任评定等次为：较好。

五、审计建议

（一）严格执行《中国共产党党组工作条例》。进一步修订完善《党组议事规则》，对应由党组讨论和决定的“三重一大”决策事项应具体明确，决定事项应当编发会议纪要，规范决策程序，确保参会人数符合规定要求。

（二）切实履行项目建设监督管理责任。主动会同省直有关部门，加强对全省×个深度贫困县×户以上×项目的监督管理，加快推进×建设，为决战脱贫攻坚、决胜全面建成小康社会，实现高质量发展提供坚强的×保障。

（三）加强对行业部门的指导及下属单位的监督管理。针对×单位和行业工会、协会存在的突出问题，以点带面、举一反三，认真查找体制机制的障碍、制度的缺失、管理的漏洞，切实履行监督管理责任。同时，加大对历史遗留问题的处理力度，确保国有资金、国有资产的安全和完整。

××同志和×厅应组织有关部门（单位），切实抓好对审计发现问题的整改，并在收到审计报告之日起60日内将整改情况函告中共×省委审计委员会办公室、×省审计厅，并报告中共×省委组织部。

××同志如果对本报告有异议，可以自收到本报告之日起30日内，向中共×省委审计委员会办公室申诉。

中共×省委审计委员会办公室

×省审计厅

×年×月×日

（二）内部审计报告的基本结构

根据《第2106号内部审计具体准则——审计报告》（2013）和《第3101号内部审计实务指南——审计报告》（2019）的规定，内部审计报告应当包括的基本要素有：①标题；②收件人；③正文；④附件；⑤签章；⑥报告日期；⑦其他。

内部审计报告的正文应包括的主要内容有：

（1）审计概况。说明审计项目的总体情况，包括立项依据、有助于理解审计对象基本情况的背景介绍、上次审计后的整改情况、审计目标与审计范围、审计内容及审计重点、审计程序及审计时间等。

（2）审计依据。说明实施审计所依据的相关法律法规、内部审计准则、组织内部规章制度等规定。

（3）审计评价。根据已查明的事实，对被审计单位业务活动、内部控制和风险管理的适当性和有效性所作的评价，既包括取得的主要业绩和经验做法等正面评价，也包括对审计发现主要问题的简要概括。

（4）审计发现。说明实施审计过程中所发现的主要问题的事实（包括具体情节）、定性（包括定性依据、定性标准、定性结论）、原因（包括分析问题产生的内部原因和外部原因）、后果或影响（包括从定量和定性两方面评估其已经或可能造成的后果或影响）等。

（5）审计意见。针对审计发现的主要问题提出的审计处理意见，或者建议组织适当管理层和相关部门作出的处理意见。

（6）审计建议。针对审计发现的主要问题提出的改善建议。

此外，审计报告的附件应包括对审计过程与审计中发现问题的具体说明、被审计单位的反馈意见等内容。

（三）注册会计师审计报告的基本结构

注册会计师受托执行年度财务报表审计，其审计报告基本结构和内容详见本章第二、三节。受托执行其他审计业务，其出具的审计报告要遵循相应审计准则和委托方的要求。

第二节　注册会计师财务报表审计标准报告

一、注册会计师财务报表审计报告的基本结构和内容

根据中国注册会计师审计准则[①]的相关规定，财务报表审计报告的基本类型有五种：

① 与通用目的的财务报表审计报告直接相关的审计准则有四个，即《CSA 1501 对财务报表形成审计意见和出具审计报告》、《CSA 1502 在审计报告中发表非无保留意见》、《CSA 1503 在审计报告中增加强调事项段和其他事项段》和《CSA 1504 在审计报告中沟通关键审计事项》。

标准无保留意见、带强调事项段的无保留意见、保留意见、否定意见和无法表示意见的审计报告。标准无保留意见审计报告（以下简称“标准审计报告”）应当包括的基本内容和基本措辞如下：

1.标题。

统一规范为“审计报告”，以突出业务性质，并与其他业务报告相区别。

2.收件人。

收件人是指注册会计师按照业务约定书的要求致送审计报告的对象，一般是被审计单位的股东或治理层，需用全称。一般可用“××股份有限公司全体股东”“××有限责任公司董事会”。

3.审计意见。

本部分以“审计意见”作为标题，说明审计范围和审计意见。其中，审计范围部分，通常指出被审计单位的名称、构成整套财务报表的每一财务报表的名称及日期或涵盖的期间，并提及财务报表附注；审计意见部分，主要陈述注册会计师对被审计单位已审计财务报表合法性和公允性的审计意见。

4.形成审计意见的基础。

本部分以“形成审计意见的基础”为标题，紧接“审计意见”部分，用于说明注册会计师形成审计意见的基础。本部分通常说明注册会计师执行审计工作的标准、审计报告中用于描述注册会计师责任的部分、遵循职业道德要求情况、发表审计意见的基础等。

5.管理层和治理层对财务报表的责任。

本部分以“管理层和治理层对财务报表的责任”为标题，说明被审计单位管理层和治理层对财务报表及其相关方面应承担的责任，包括管理层对财务报表和相关内部控制的责任、评估持续经营能力和使用持续经营假设是否适当的责任；治理层对监督财务报告过程的责任。

6.注册会计师对财务报表审计的责任。

本部分以“注册会计师对财务报表审计的责任”为标题，主要陈述注册会计师所承担的审计责任以及如何履行其审计责任。本部分通常由三个小部分构成。

（1）引言部分，通常表述注册会计师的审计目标、合理保证的含义及局限性、导致错报的因素及重要性的定义。

（2）注册会计师履行审计责任部分，通常表述注册会计师运用了职业判断并保持了职业怀疑，从风险评估及应对、了解和测试内部控制、评价管理层选用的会计政策和作出的会计估计、评价管理层使用持续经营假设的恰当性、评价财务报表总体的列报与披露等方面来描述审计工作。此外，还需说明注册会计师与治理层的沟通内容。如果是集团财务报表审计，还需说明注册会计师如何履行集团财务报表审计责任。

（3）注册会计师执行上市公司财务报表审计的额外审计责任部分，通常表述注册会计师履行遵守与独立性相关的职业道德要求以及沟通关键审计事项的要求。

在审计报告中明确表述被审计单位管理层和治理层、注册会计师的责任，有利于区分这三者对已审计财务报表的责任，降低财务报表使用者误解注册会计师责任的可能性。

7.注册会计师的签名和盖章。

审计报告应当由两名注册会计师签名并盖章，其中一名应当为项目合伙人（注明为项目合伙人），对本审计报告承担无限连带责任；另一名为该项目的负责人。

8.会计师事务所的名称、地址和公章。

9.报告日期。

报告日期是指注册会计师完成审计工作的日期。审计报告日不应早于注册会计师获取充分、适当的审计证据并形成审计意见的日期。在确定审计报告日时，注册会计师需获取两方面的审计证据：一是整套财务报表（包括相关附注）已编制完成；二是被审计单位董事会、管理层或类似机构已经认可其对财务报表的责任。

二、其他报告责任的处理

（一）按照相关法律法规的要求报告的事项

在财务报表审计中，注册会计师除了对财务报表发表审计意见之外，还可能承担报告其他事项的额外责任。例如，注册会计师可能被要求实施额外的审计程序并予以报告，或对特定事项（如会计账簿和记录的适当性）发表意见。如果相关法律和法规要求或允许注册会计师在审计报告中报告这些其他责任，就需要在审计报告中单独列出一部分，并以“按照相关法律法规的要求报告的事项”为标题予以说明，以便将其与财务报表的报告责任明确区分。

如果审计报告包含“按照相关法律法规的要求报告的事项”部分，审计报告就应当区分为两部分。前者置于“对财务报表出具的审计报告”标题下；后者置于“按照相关法律法规的要求报告的事项”标题下。

在我国审计实务中，如果实施上市公司财务报表审计，通常对其他报告责任另行出具专门报告，审计报告仅对财务报表发表意见；如果实施非上市公司财务报表审计，如事业单位或社会组织财务报表审计，则通常将其合并在一个审计报告中。

（二）报告关键审计事项

注册会计师在实施上市公司财务报表审计时，需要在审计报告中沟通关键审计事项。

1.关键审计事项的意义及来源

关键审计事项是指注册会计师根据职业判断认为对本期财务报表审计最为重要的事项。关键审计事项从注册会计师与治理层沟通过的事项中选取，其来源主要有三个方面：

（1）在风险评估程序中评估的重大错报风险较高的领域或识别出的特别风险；

（2）财务报表中涉及管理层重大判断的领域以及具有高度不确定性的会计估计；

（3）对本期审计具有重大影响的重大交易或事项。

在审计报告中沟通关键审计事项，旨在提高审计工作透明度、增加审计报告的沟通价值。其作用有三个方面：

（1）能够为财务报表使用者提供额外信息，以帮助其了解审计中最为重要的事项。

（2）能够帮助财务报表使用者了解被审计单位，以及已审计财务报表中涉及管理层重大判断的领域。

（3）能够为财务报表使用者就相关事项进一步与管理层和治理层沟通提供基础。

因此，《CSA 1504 在审计报告中沟通关键审计事项》（2022）规范了注册会计师如何确定并沟通关键审计事项，包括沟通的形式和内容。

2.报告的形式和内容

如果注册会计师决定在审计报告中沟通关键审计事项，就应当单设一部分，以“关键审计事项”为标题，紧接在“形成审计意见的基础”部分之后，并使用恰当的子标题逐项描述关键审计事项及其审计应对措施，具体包括两部分：

一是引言部分，主要说明关键审计事项的意义以及审计应对背景，特别强调注册会计师不对关键审计事项单独发表意见。

二是逐项描述关键审计事项，包括该事项被确定为关键审计事项的原因以及审计应对程序。

如果注册会计师根据被审计单位和审计业务的具体情况，确定不存在需要沟通的关键审计事项，也应当在审计报告中单设的“关键审计事项”部分对此进行说明。

（三）报告其他信息

1.其他信息的意义

其他信息是指在被审计单位年度报告中包含的除财务报表和审计报告以外的财务信息和非财务信息。年度报告是指管理层或治理层根据法律法规的规定或惯例，一般以年度为基础编制的、旨在向所有者和其他利益相关方提供实体经营情况和财务业绩及财务状况[①]信息的一个文件或系列文件组合。一份年度报告包含或随附财务报表和审计报告，如上市公司对外披露的年度报告。[②]

《CSA 1521 注册会计师对其他信息的责任》（2016）规定：注册会计师应当阅读和考虑其他信息；不应当在明知的情况下与含有严重虚假或误导、重大遗漏或含糊其词的信息发生关联；必要时对其他信息进行报告。这是由于，如果其他信息与财务报表或者与注册会计师在审计中了解到的情况存在重大不一致，可能表明财务报表或其他信息存在重大错报，两者均会损害已审计财务报表和审计报告的可信性，进而可能影响审计报告使用者的经济决策。

2.报告的形式与内容

在对上市公司进行财务报表审计时，注册会计师均需报告其他信息；在对其他单位进行财务报表审计时，注册会计师则在已获取部分或全部其他信息时，需报告其他信息。此时，审计报告应当单设一部分，置于“管理层和治理层对财务报表的责任”部分之前，以“其他信息”为标题对其他信息进行报告，包括：

（1）说明管理层对其他信息负责；

（2）说明其他信息的含义和范围；

（3）说明注册会计师审计意见未涵盖其他信息，且不对其他信息发表审计意见或其他任何形式的鉴证结论；

① 该实体的财务业绩及财务状况通常以财务报表的方式来反映。
② 建议读者下载一份最新版上市公司年度报告进行学习。

（4）描述注册会计师对其他信息进行阅读、考虑和报告的责任；

（5）说明注册会计师对其他信息所执行的工作及所需的报告。

审计准则不仅规范了财务报表审计报告的结构以及各部分应当表述的内容，也规范了关键措辞，实务中必须遵照执行。请参见审计报告范例。

三、标准审计报告出具条件和范例

（一）标准审计报告的出具条件

标准审计报告是注册会计师对被审计单位财务报表出具的、不带强调事项段或其他事项段的无保留意见审计报告。需同时满足以下两个条件：

（1）财务报表在所有重大方面已经按照适用的财务报告编制基础的规定编制，公允反映了被审计单位的财务状况、经营成果和现金流量。

（2）不需要在审计报告中增加强调事项段或其他事项段。

（二）标准审计报告的专业术语

以"我们认为"作为审计意见的开头，并使用"在所有重大方面""公允反映了"等专业术语。范例如下：

审 计 报 告

西南振华集团股份有限公司全体股东：

一、对财务报表出具的审计报告[①]

（一）审计意见

我们审计了西南振华集团股份有限公司（以下简称"西南振华集团"）的财务报表，包括2×21年12月31日合并及公司的资产负债表，2×21年度合并及公司的利润表、合并及公司的现金流量表和合并及公司的股东权益变动表以及财务报表附注。

我们认为，后附的财务报表在所有重大方面按照企业会计准则[②]的规定编制，公允反映了西南振华集团2×21年12月31日合并及公司的财务状况以及2×21年度合并及公司的经营成果和现金流量。

（二）形成审计意见的基础

我们按照中国注册会计师审计准则的规定执行了审计工作。审计报告的"注册会计师对财务报表审计的责任"部分进一步阐述了我们在这些准则下的责任。按照中国注册会计师职业道德守则，我们独立于西南振华集团，并履行了职业道德方面的其他责任。我们相信，我们获取的审计证据是充分、适当的，为发表审计意见提供了基础。

（三）关键审计事项

关键审计事项是根据我们的职业判断，认为对本期财务报表审计最为重要的事项。这些事项的应对以对财务报表整体进行审计并形成审计意见为背景，我们不对这些事项单独发表意见。

---

① 如果审计报告中不包含"按照相关法律法规的要求报告的事项"部分，则不需要加入此标题。由于我国实务中通常对此报告责任出具独立的专项报告，因此，我们在后文中均假定注册会计师在财务报表审计报告中不包含此部分。

② 企业会计准则为西南振华集团适用的财务报告编制基础，下同。

1.收入确认

关键审计事项描述及认定原因	审计中的应对程序
请参见财务报表“附注六、48营业收入与营业成本”。 西南振华集团2×21年度营业收入为×××.××亿元，其中，主营业务收入为×××.××亿元，占营业收入总额的99.87%；由于主营业务收入金额重大且为关键业绩指标，从而存在管理层为了达到特定目标或期望而操纵收入确认时点的固有风险，因此，我们将收入确认作为关键审计事项	(1) 了解西南振华集团销售模式，识别和评估其固有风险； (2) 了解、评价与收入确认相关的内部控制，并对其设计和执行的有效性进行测试； (3) 检查主要的销售合同，识别与收入确认相关的关键合同条款及履约义务，评价公司收入确认会计政策是否符合企业会计准则的要求和公司实际情况； (4) 对营业收入实施分析程序，分析本期收入、毛利率变动的合理性； (5) 抽样检查年度销售协议、销售合同、出库单、发票、客户收货回执等支持性文件与相应的会计记录，验证收入确认金额是否正确； (6) 根据收入交易的类别及重要性，选取重要客户对销售额及应收账款实施函证程序； (7) 对资产负债表日前后的销售收入执行截止性测试，验证销售收入是否记录于恰当的会计期间

2.商誉减值

关键审计事项描述及认定原因	审计中的应对程序
请参见财务报表“附注六、21商誉”。 截至2×21年12月31日，西南振华集团的商誉原值7.09亿元，账面价值1.30亿元，已计提商誉减值准备5.79亿元。西南振华集团管理层在每年年度终了对商誉进行减值测试，并依据减值测试的结果调整商誉的账面价值。商誉减值测试的结果很大程度上依赖于管理层所作的估计和采用的假设，包括对资产组预计未来可产生现金流量和折现率等的估计。该等估计受到管理层对未来市场以及对经济环境判断的影响，采用不同的估计和假设会对评估的商誉之可收回价值有很大的影响。因此，我们将该事项作为关键审计事项	(1) 了解和评价与商誉减值测试相关的关键内部控制； (2) 与公司管理层讨论商誉减值测试过程中所使用的方法、关键假设、关键参数等的合理性，评价管理层对商誉所在资产组或资产组组合的认定； (3) 评价管理层委聘的外部评估机构的独立性、胜任能力、专业素质和客观性； (4) 复核评估公司出具的关于以商誉减值测试为目的的评估报告，特别是关键参数的选取方法和依据的合理性； (5) 评价估值方法及估值模型中采用的关键假设；将预计未来现金流量的主要参数，包括预计收入、增长率等与历史业绩、管理层预算和预测及行业可比数据等进行比较，评价管理层在预测未来现金流量时采用的关键假设及判断的合理性； (6) 对预计未来现金流量的关键参数进行敏感性分析，评价关键参数的变化对减值结果的影响以及考虑对关键参数的选择是否存在管理层偏向的迹象； (7) 充分关注期后事项对商誉减值测试结论的影响

（四）其他信息

西南振华集团管理层对其他信息负责。其他信息包括年度报告中除财务报表和本审计报告以外的信息。

我们对财务报表发表的审计意见不涵盖其他信息，也不对其他信息发表任何形式的鉴证结论。

结合我们对财务报表的审计，我们的责任是阅读其他信息，在此过程中，考虑其他信息是否与财务报表或我们在审计过程中了解到的情况存在重大不一致或者似乎存在重大错报。

基于我们已经针对审计报告日前获取的其他信息执行的工作，如果我们确定该其他信息存在重大错报，我们应当报告该事实。在这方面，我们无任何事项需要报告。

（五）管理层和治理层对财务报表的责任

西南振华集团管理层负责按照企业会计准则的规定编制财务报表，使其实现公允反映，并设计、执行和维护必要的内部控制，以使财务报表不存在由于舞弊或错误导致的重大错报。

在编制财务报表时，管理层负责评估公司的持续经营能力，披露与持续经营相关的事项（如适用），并运用持续经营假设，除非管理层计划清算西南振华集团、停止营运或别无其他现实的选择。

治理层负责监督西南振华集团的财务报告过程。

（六）注册会计师对财务报表审计的责任

我们的目标是对财务报表整体是否不存在由于舞弊或错误导致的重大错报获取合理保证，并出具包含审计意见的审计报告。合理保证是高水平的保证，但并不能保证按照审计准则执行的审计在某一重大错报存在时总能发现。错报可能由于舞弊或错误所导致，如果合理预期错报单独或汇总起来可能影响财务报表使用者依据财务报表作出的经济决策，则通常认为错报是重大的。

在按照审计准则执行审计的过程中，我们运用了职业判断，保持了职业怀疑。同时，我们也执行了以下工作：

（1）识别和评估由于舞弊或错误导致的财务报表重大错报风险，设计和实施审计程序以应对这些风险，并获取充分、适当的审计证据，作为发表审计意见的基础。由于舞弊可能涉及串通、伪造、故意遗漏、虚假陈述或凌驾于内部控制之上，未能发现由于舞弊导致的重大错报的风险高于未能发现由于错误导致的重大错报的风险。

（2）了解与审计相关的内部控制，以设计恰当的审计程序，但目的并非对内部控制的有效性发表意见。[①]

（3）评价管理层选用会计政策的恰当性和作出会计估计及相关披露的合理性。

（4）对管理层使用持续经营假设的恰当性得出结论。同时，根据获取的审计证据，就可能导致对西南振华集团持续经营能力产生重大疑虑的事项或情况是否存在重大不确定性得出结论。如果我们得出结论认为存在重大不确定性，审计准则要求我们在审计报告中提请报表使用者注意财务报表中的相关披露；如果披露不充分，我们应当发表非无保留意见。我们的结论基于截至审计报告日可获得的信息。然而，未来的事项或情况可能导致西南振华集团不能持续经营。

① 如果注册会计师结合财务报表审计对内部控制的有效性发表意见，就应当略去“但目的并非对内部控制的有效性发表意见”。

（5）评价财务报表的总体列报、结构和内容（包括披露），并评价财务报表是否公允反映相关交易和事项。

（6）就西南振华集团中实体或业务活动的财务信息获取充分、适当的审计证据，以对财务报表发表意见。我们负责指导、监督和执行集团审计。我们对审计意见承担全部责任。

我们与治理层就计划的审计范围、时间安排和重大审计发现等事项进行沟通，包括沟通我们在审计中识别出的值得关注的内部控制缺陷。

我们还就已遵守与独立性相关的职业道德要求向治理层提供声明，并与治理层沟通可能被合理认为影响我们独立性的所有关系和其他事项，以及相关的防范措施。

从与治理层沟通过的事项中，我们确定哪些事项对本期财务报表审计最为重要，因而构成关键审计事项。我们在审计报告中描述这些事项，除非法律法规禁止公开披露这些事项，或在极少数情形下，如果合理预期在审计报告中沟通某事项造成的负面后果超过在公众利益方面产生的益处，我们确定不应在审计报告中沟通该事项。

二、按照相关法律法规的要求报告的事项

（本部分报告的格式与内容，取决于相关法律法规对其他报告责任的规定）

南华会计师事务所（特殊普通合伙）　　　中国注册会计师：赵××（项目合伙人）
（盖章）　　　（签名并盖章）
中国注册会计师：陈××
（签名并盖章）

中国昆明市　　　2×22年3月28日

第三节　注册会计师财务报表审计非标准报告

非标准报告包括四种类型，即带强调事项段的无保留意见、保留意见、否定意见和无法表示意见的审计报告。非标准审计报告需要在标准审计报告的基础上增加说明段或强调事项段，并修正部分关键措辞。

一、保留意见审计报告

（一）签发保留意见审计报告的条件

如果认为财务报表整体是公允的，但还存在下列情形之一，注册会计师应当出具保留意见审计报告：

（1）在获取充分、适当的审计证据后，认为错报单独或汇总起来对财务报表影响重大，但不具有广泛性；

（2）审计范围局部受到重大限制，无法获取充分、适当的审计证据，虽然认为未发现的错报（如存在）对财务报表可能产生的影响重大，但不具有广泛性。

“广泛性”是描述错报对财务报表影响的术语，需要运用专业判断。通常，对财务报表的影响具有广泛性的情形包括：①不限于对财务报表的特定要素、账户或项目产生影响，即同时影响多个财务报表要素、账户或项目，收入、成本费用项目的错报通常具有这样的特征，如营业收入的错报，就会导致资产负债表的应收账款、应交税费、未分配利润项目以及利润表的营业利润、利润总额、所得税费用、净利润等项目的错报；②虽然仅对财务报表的特定要素、账户或项目产生影响，但它是财务报表的主要组成部分，如占资产总额比重很大的固定资产项目的错报；③当与披露相关时，对财务报表使用者理解财务报表至关重要。

可见，注册会计师发表保留意见，要么是被审计单位财务报表局部不合法或不公允，要么是局部审计范围受到重大限制。

（二）保留意见审计报告的基本内容与专业术语

保留意见审计报告需在标准审计报告的基础上作如下调整：

（1）将“审计意见”标题修改为“保留意见”，同时，增加“除‘形成保留意见的基础’部分所述事项产生的影响外”的专业表述。

（2）将“形成审计意见的基础”标题修改为“形成保留意见的基础”。

（3）在“形成保留意见的基础”部分对导致发表保留意见的事项进行描述，清楚地说明导致保留意见的所有原因，并在可能的情况下指出其对财务报表的影响程度。可分为两种情形：

一是与具体金额相关的重大错报。注册会计师应当说明并量化该错报的财务影响；如果无法量化财务影响，也应当说明这一情况。

二是与叙述性披露相关的重大错报。应当解释该错报错在何处。

如果财务报表中存在应披露而未披露的重大错报，注册会计师应当：①与治理层讨论未披露的信息；②描述未披露信息的性质；③如果可行且已获取充分、适当的审计证据，则应包含对未披露信息的披露，除非法律法规禁止。

此外，需将“为发表审计意见提供了基础”修改为“为发表保留意见提供了基础”。

（4）当由于审计范围受到限制导致发表保留意见时，注册会计师应当在“形成保留意见的基础”部分说明无法获取审计证据的原因；在“保留意见”部分使用“除由于‘形成保留意见的基础’部分所述事项可能产生的影响外”的专业表述。

下面是注册会计师因审计范围受到限制而出具的保留意见审计报告：

审 计 报 告

ABC股份有限公司全体股东：

一、保留意见

我们审计了ABC股份有限公司（以下简称“ABC公司”）的财务报表，包括2×21年12月31日合并及公司的资产负债表，2×21年度合并及公司的利润表、合并及公司的现金流量表和合并及公司的股东权益变动表以及财务报表附注。

我们认为，除本报告“形成保留意见的基础”部分所述事项可能产生的影响外[①]，后附的财务报表在所有重大方面按照企业会计准则的规定编制，公允反映了ABC公司2×21年12月31日合并及公司的财务状况以及2×21年度合并及公司的经营成果和现金流量。

① 本处加粗是为了突出与标准无保留意见审计报告在措辞方面的区别，显示其差异，下同。

二、形成保留意见的基础

ABC公司2×21年12月31日的应收账款余额为×万元，占资产总额的×%。由于ABC公司未能提供债务人地址，我们无法实施函证以及其他审计程序，以获取充分、适当的审计证据。

我们按照中国注册会计师审计准则的规定执行了审计工作。审计报告的“注册会计师对财务报表审计的责任”部分进一步阐述了我们在这些准则下的责任。按照中国注册会计师职业道德守则，我们独立于ABC公司，并履行了职业道德方面的其他责任。我们相信，我们获取的审计证据是充分、适当的，为发表保留意见提供了基础。

三、关键审计事项

……[①]（与标准无保留意见审计报告的本部分相同）

四、其他信息

……（以下部分与标准无保留意见审计报告的相同）

下面是因财务报表局部不合法或不公允而出具的保留意见审计报告：

审计报告

西南振华集团股份有限公司全体股东：

一、保留意见

我们审计了西南振华集团股份有限公司（以下简称“西南振华集团”）的财务报表，包括2×21年12月31日合并及公司的资产负债表，2×21年度合并及公司的利润表、合并及公司的现金流量表和合并及公司的股东权益变动表以及财务报表附注。

我们认为，除“形成保留意见的基础”部分所述事项的影响外，后附的财务报表在所有重大方面按照企业会计准则的规定编制，公允反映了西南振华集团2×21年12月31日合并及公司的财务状况以及2×21年度合并及公司的经营成果和现金流量。

二、形成保留意见的基础

根据西南振华集团存货会计政策，我们认为，西南振华集团在2×21年度少结转产品销售成本3 180万元，少计提存货跌价准备180万元。相应地，西南振华集团2×21年12月31日的存货应当减少3 360万元，2×21年度利润总额、净利润应当分别减少3 360万元和2 520万元，2×21年12月31日的股东权益将减少2 520万元。

我们按照中国注册会计师审计准则的规定执行了审计工作。审计报告的“注册会计师对财务报表审计的责任”部分进一步阐述了我们在这些准则下的责任。按照中国注册会计师职业道德守则，我们独立于西南振华集团，并履行了职业道德方面的其他责任。我们相信，我们获取的审计证据是充分、适当的，为发表保留意见提供了基础。

三、关键审计事项

……（与标准无保留意见审计报告的本部分相同）

四、其他信息

……（以下部分与标准无保留意见审计报告的相同）

① 为突出重点，减少重复，凡省略部分，表示与标准无保留意见审计报告的内容和措辞相同，下同。

二、否定意见审计报告

（一）签发否定意见审计报告的条件

否定意见是指注册会计师认为被审计单位财务报表没有在所有重大方面按照适用的财务报告编制基础的规定编制，未能公允反映其财务状况、经营成果和现金流量而发表的审计意见。否定意见说明不能信赖被审计单位财务报表，因此，无论是注册会计师，还是被审计单位都不希望发表此类意见，因而审计实务中罕见。

在获取充分、适当的审计证据后，如果认为错报单独或汇总起来对财务报表的影响重大且具有广泛性，就应当发表否定意见。

（二）否定意见审计报告的基本内容与专业术语

否定意见审计报告需在标准审计报告的基础上作如下调整：

（1）将“审计意见”标题修改为“否定意见”，同时，使用“由于‘形成否定意见的基础’段所述事项的重要性”“财务报表没有在所有重大方面按照……的规定编制，未能公允反映……”等专业术语。

（2）将“形成审计意见的基础”标题修改为“形成否定意见的基础”。

（3）在“形成否定意见的基础”部分对导致发表否定意见的全部事项进行描述，清楚地说明导致否定意见的所有原因，并在可能情况下指出其对财务报表的影响程度。此外，需将“为发表审计意见提供了基础”修改为“为发表否定意见提供了基础”。

审 计 报 告

西南振华集团股份有限公司全体股东：

一、否定意见

我们审计了西南振华集团股份有限公司（以下简称“西南振华集团”）的财务报表，包括2×21年12月31日合并及公司的资产负债表，2×21年度合并及公司的利润表、合并及公司的现金流量表和合并及公司的股东权益变动表以及财务报表附注。

我们认为，由于“形成否定意见的基础”部分所述事项的重要性，后附的财务报表没有在所有重大方面按照企业会计准则的规定编制，未能公允反映西南振华集团2×21年12月31日合并及公司的财务状况以及2×21年度合并及公司的经营成果和现金流量。

二、形成否定意见的基础

经审计，我们发现：根据西南振华集团存货会计政策，西南振华集团在2×21年度少结转产品销售成本2 180万元；根据其固定资产折旧会计政策，西南振华集团在2×21年度少计提折旧费用2 820万元。这两个问题将使西南振华集团2×21年12月31日存货减少2 180万元、固定资产减少2 820万元、应交税费减少1 250万元，2×21年度的利润总额减少5 000万元、净利润减少3 750万元，并导致西南振华集团的净利润由2 010万元变为−1 740万元。

我们按照中国注册会计师审计准则的规定执行了审计工作。审计报告的“注册会计师对财务报表审计的责任”部分进一步阐述了我们在这些准则下的责任。按照中国注册会计师职业道德守则，我们独立于西南振华集团，并履行了职业道德方面的其他责任。我们相信，我们获取的审计证据是充分、适当的，为发表否定意见提供了基础。

三、关键审计事项

……（以下部分与标准无保留意见审计报告的相同）

三、无法表示意见审计报告

（一）签发无法表示意见审计报告的条件

无法表示意见是指注册会计师不能就被审计单位财务报表整体是否公允反映其财务状况、经营成果和现金流量发表审计意见。

注册会计师发表无法表示意见，不同于拒绝接受委托，它是在实施了必要审计程序后所形成的结论。无法表示意见，不是注册会计师不愿意发表无保留、否定或保留意见，而是由于审计范围受到重大限制使得注册会计师无法实施必要的审计程序，未能对一些重大事项获得充分、适当的审计证据，从而不能对财务报表整体是否公允反映形成意见。出具无法表示意见审计报告有如下两种情形：

1.审计范围受到重大限制且其影响具有广泛性

如果无法获取充分、适当的审计证据，且认为未发现的错报（如存在）对财务报表可能产生的影响重大且具有广泛性，注册会计师应当发表无法表示意见。

典型的审计范围受到限制的情况有：

（1）未能对存货进行监盘；

（2）未能对应收账款进行函证；

（3）未能取得被投资企业的财务报表；

（4）内部控制极度混乱，会计记录缺乏系统性与完整性等。

在承接审计业务后，如果注意到管理层对审计范围施加了限制，且认为这些限制可能导致对财务报表发表保留意见或无法表示意见，注册会计师应当要求管理层消除这些限制。如果管理层拒绝消除这些限制，注册会计师应当考虑解除业务约定。

2.存在具有相互影响的多个不确定事项

在极其特殊的情况下，可能存在多个不确定事项。尽管对每个单独的不确定事项获取了充分、适当的审计证据，但由于不确定事项之间可能存在相互影响，以及可能对财务报表产生累积影响，注册会计师不可能对财务报表整体形成审计意见，此时，应当发表无法表示意见，但这种情形不太常见。

（二）无法表示意见审计报告的基本内容和专业术语

无法表示意见审计报告需在标准审计报告的基础上进行如下修正：

（1）将“审计意见”标题修改为“无法表示意见”，同时，增加“由于‘形成无法表示意见的基础’部分所述事项的重要性”“由于无法实施必要的审计程序”“由于无法获得必要的审计证据”“我们无法对这些财务报表发表意见”等专业术语，将“财务报表已经审计”修改为“我们接受委托审计财务报表”。

（2）将“形成审计意见的基础”标题修改为“形成无法表示意见的基础”。

（3）在“形成无法表示意见的基础”部分对导致无法表示意见的事项进行描述，清楚地说明不能获取充分、恰当的审计证据的所有原因；不提及审计准则规定的注册会计师的责任；不提及注册会计师是否获取充分、恰当的审计证据以作为形成审计意见的基础。此外，需要说明注册会计师在审计中注意到的、将导致发表非无保留意见的所有其他事项及其影响。

（4）修改“注册会计师对财务报表的责任”部分关于注册会计师责任的表述，仅包含：①注册会计师的责任是按照中国注册会计师审计准则的规定，对被审计单位财务报表执行审计工作，以出具审计报告；②但由于“形成无法表示意见的基础”部分所述的事项，注册会计师无法获取充分、适当的审计证据以作为发表审计意见的基础；③关于注册会计师在独立性和职业道德方面的其他责任的声明。

（5）删除“关键审计事项”和“其他信息”部分。

下面是注册会计师因不能对存货进行监盘而出具的无法表示意见的审计报告：

审计报告

西南振华集团股份有限公司全体股东：

一、无法表示意见

我们接受委托，审计西南振华集团股份有限公司（以下简称“西南振华集团”）的财务报表，包括2×21年12月31日合并及公司的资产负债表，2×21年度合并及公司的利润表、合并及公司的现金流量表和合并及公司的股东权益变动表以及财务报表附注。

我们不对后附的西南振华集团财务报表发表意见。由于“形成无法表示意见的基础”部分所述事项的重要性，我们无法获取充分、适当的审计证据以作为对财务报表发表意见的基础。

二、形成无法表示意见的基础

西南振华集团未对2×21年12月31日的存货进行盘点，金额为×万元，占期末资产总额的47%。我们无法实施存货监盘，也无法实施替代审计程序，以对期末存货的数量和状况获取充分、适当的审计证据。

三、管理层和治理层对财务报表的责任

……（与标准无保留意见审计报告的本部分相同）

四、注册会计师对财务报表审计的责任

我们的责任是按照中国注册会计师审计准则的规定，对西南振华集团财务报表执行审计工作，以出具审计报告。但由于“形成无法表示意见的基础”部分所述的事项，我们无法获取充分、适当的审计证据以作为发表审计意见的基础。

按照中国注册会计师职业道德守则，我们独立于西南振华集团，并履行了职业道德方面的其他责任。

南华会计师事务所（特殊普通合伙）　　中国注册会计师：赵××（项目合伙人）

（盖章）　　（签名并盖章）

中国注册会计师：陈××

（签名并盖章）

中国．昆明市　　2×22年3月28日

需要注意的是，即使注册会计师出具保留意见、否定意见或无法表示意见的审计报告，也需要在“形成保留（否定或无法表示）意见的基础”部分充分描述注意到的、导致发表非无保留意见的所有事项及其影响。

四、在审计报告中增加强调事项段

（一）强调事项段的含义和增加条件

强调事项段是指审计报告中的一个段落，该段落提及已在财务报表中恰当列报或披露的事项，但根据注册会计师的判断，该事项对财务报表使用者理解财务报表至关重要。

增加强调事项段应当同时符合两个条件：

（1）对财务报表使用者理解财务报表至关重要，但被审计单位已在财务报表中恰当列报或披露，且注册会计师已获取充分、适当的审计证据证明该事项在财务报表中不存在重大错报，不影响审计意见；

（2）该事项未被确定为在审计报告中沟通的关键审计事项。

（二）可以增加强调事项段的情形

是否需要增加强调事项段，取决于注册会计师的职业判断。可能需要增加强调事项段的情形包括：

（1）异常诉讼或监管行动的未来结果存在不确定性；

（2）在财务报表日至审计报告日之间发生的重大期后事项；

（3）在允许的情况下，提前应用对财务报表有广泛影响的新会计准则；

（4）存在已经或持续对被审计单位财务状况产生重大影响的特大灾难；

（5）其他重大不确定事项。

（三）增加强调事项段的处理

强调事项段不能过多使用，也不能代替审计意见，更不能代替管理层应当作出的披露。

如果需要增加强调事项段，注册会计师应当使用“强调事项”或其他适当标题，将其作为单独的一部分置于审计报告的适当位置，且明确提及被强调事项以及相关披露的位置，指出该段内容仅用于提醒财务报表使用者关注，并不影响已发表的审计意见。

强调事项段在审计报告中的位置取决于拟沟通信息的性质以及相对重要程度。当强调事项段与适用的财务报告编制基础相关时，可以将强调事项段紧接在“形成审计意见的基础”部分之后，以便为审计意见提供合适的背景信息；当审计报告包含“关键审计事项”部分时，基于对强调事项相对重要程度的判断，可以将强调事项段紧接在“关键审计事项”部分之前或之后。

下面是因被审计单位发生火灾对生产设备造成影响而增加强调事项段的无保留意见审计报告：

审 计 报 告

西南振华集团股份有限公司全体股东：

一、审计意见

我们审计了西南振华集团股份有限公司（以下简称“西南振华集团”）的财务报表，

包括2×21年12月31日合并及公司的资产负债表，2×21年度合并及公司的利润表、合并及公司的现金流量表和合并及公司的股东权益变动表以及财务报表附注。

我们认为，后附的西南振华集团财务报表在所有重大方面按照企业会计准则的规定编制，公允反映了西南振华集团2×21年12月31日合并及公司的财务状况以及2×21年度合并及公司的经营成果和现金流量。

二、形成审计意见的基础

……（与标准无保留意见审计报告的本部分相同）

三、强调事项

我们提醒财务报表使用者关注，财务报表附注×描述了火灾对西南振华集团的生产设备造成的影响。本段内容不影响已发表的审计意见。

四、关键审计事项

……（以下部分与标准无保留意见审计报告的其他部分相同）

五、在审计报告中增加其他事项段

（一）其他事项段的含义

其他事项段是指审计报告中的一个段落，该段落提及未在财务报表中列报或披露的事项，但根据注册会计师的职业判断，该事项与财务报表使用者理解审计工作、注册会计师的责任或审计报告相关。

（二）增加其他事项段的条件

增加其他事项段应当同时符合两个条件：

（1）被审计单位未在财务报表中列报或披露，但注册会计师根据职业判断认为与财务报表使用者理解审计工作、注册会计师的责任或审计报告相关，且未被法律法规禁止的事项；

（2）该事项未被确定为在审计报告中沟通的关键审计事项。

条件（1）规定了其他事项必须是不属于要求管理层提供的信息。如果是，而被审计单位没有列报或披露，则属于一项错报，会影响审计意见；如果没有规定应当列报或披露，但被审计单位已列报或披露，则没有必要再在审计报告中说明。

（三）其他事项段的处理

注册会计师如果认为有必要增加其他事项段，则应当使用“其他事项”或其他适当标题。

其他事项段在审计报告中的位置取决于拟沟通信息的性质以及相对重要程度。旨在提醒使用者关注与其理解与财务报表审计相关的事项时，该段落需要紧接在“关键审计事项”部分之后；旨在提醒使用者关注与其他报告责任相关的事项时，则应置于“按照相关法律法规的要求报告的事项”部分内；与注册会计师的责任或使用者理解审计报告相关时，可以单独作为一部分，置于“对财务报表出具的审计报告”和“按照相关法律法规的要求报告的事项”之后。

下面是增加其他事项段的无保留意见审计报告（因被审计单位按照中国企业会计准则编制了一套财务报表，同时，又按照美国公认会计原则编制了一套财务报表）：

审计报告

西南振华集团股份有限公司全体股东：

一、审计意见

我们审计了西南振华集团股份有限公司（以下简称“西南振华集团”）的财务报表，包括2×21年12月31日合并及公司的资产负债表，2×21年度合并及公司的利润表、合并及公司的现金流量表和合并及公司的股东权益变动表以及财务报表附注。

我们认为，后附的西南振华集团财务报表在所有重大方面按照企业会计准则的规定编制，公允反映了西南振华集团2×21年12月31日合并及公司的财务状况以及2×21年度合并及公司的经营成果和现金流量。

二、形成审计意见的基础

……（与标准无保留意见审计报告的本部分相同）

三、关键审计事项

……（与标准无保留意见审计报告的本部分相同）

四、其他事项

由于西南振华集团同时在美国纽约证券交易所上市，因此，西南振华集团同时按照美国公认会计原则编制了另一套财务报表。我们也对西南振华集团按照美国公认会计原则编制的财务报表进行了审计，并出具了无保留意见的审计报告。

五、其他信息

……（与标准无保留意见审计报告的本部分相同）

六、管理层和治理层对财务报表的责任

……（剩下部分与标准无保留意见审计报告的其他部分相同）

六、财务报表审计意见决策小结

财务报表审计意见有四种：无保留意见、保留意见、否定意见和无法表示意见。注册会计师需要根据事项的性质和对财务报表产生或可能产生的影响的重大性和广泛性作出判断，进而决定审计意见的类型。非无保留审计意见类型决策简表见表15-1。

表15-1　**非无保留审计意见类型决策简表**

导致非无保留意见的事项的性质	该事项对财务报表产生或可能产生的影响	
	重大但不具有广泛性	重大且具有广泛性
财务报表存在重大错报	保留意见	否定意见
审计范围受到重大限制	保留意见	无法表示意见

【课堂拓展】

无审计工作底稿而出具审计报告是违法甚至犯罪行为

年度财务报表审计是注册会计师的法定业务。注册会计师出具的年度财务报表审计报告具有鉴证作用，也是很多单位通过监管部门年检、参与政府采购项目投标、申请政府资金资助、申请银行贷款等必备文件之一。显然，注册会计师出具的审计报告具有广泛和重大的社会影响，因而应当慎之又慎，严格按照相关法律法规和审计准则规定执行，确保其真实性和合法性。

然而，有些会计师事务所和注册会计师却公然违反审计职业道德和相关法律法规要求，出具无审计工作底稿支持的审计报告。据《中华人民共和国财政部会计信息质量检查公告（第四十五号）》披露的典型案例，多家会计师事务所存在出具的审计报告无审计工作底稿，是在未履行必要的审计程序、未获取充分适当的审计证据的情况下出具的，有些还情节严重。对此违法违规行为，财政部门对会计师事务所作出了没收违法所得并暂停执业甚至吊销执业许可的行政处罚；对签字注册会计师作出警告、暂停执业甚至吊销注册会计师证书的行政处罚；情节严重且涉嫌出具证明文件重大失实罪的，则移送司法机关立案调查处理。

这再次警示审计行业，出具审计报告应当慎之又慎，要严格按照相关法律法规和审计准则规定执行，否则，不仅会给社会带来严重后果，也会给审计机构和个人带来严重后果。

资料来源：财政部. 中华人民共和国财政部会计信息质量检查公告（第四十五号）[EB/OL].［2024-03-21］. http://jdjc.mof.gov.cn/jianchagonggao/202403/t20240321_3931085.htm.

【延伸阅读】

1.《CSA 1501 对财务报表形成审计意见和出具审计报告》(2022)。

2.《CSA 1502 在审计报告中发表非无保留意见》(2019)。

3.《CSA 1503 在审计报告中增加强调事项段和其他事项段》(2022)。

4.《CSA 1504 在审计报告中沟通关键审计事项》(2022)。

5.《CSA 1521 注册会计师对其他信息的责任》(2016)。

6.《第 2106 号内部审计具体准则——审计报告》(2013)。

7.《中华人民共和国国家审计准则》(2010) 第五章“审计报告”。

【复习思考题】

1.简述审计报告的含义与作用及分类。

2.简述政府审计报告的基本内容与结构。

3.简述内部审计报告的基本内容与结构。

4.简述注册会计师财务报表审计报告的基本结构与内容。

5.简述注册会计师发表无保留意见的条件。

6.注册会计师在什么情况下可以在审计报告中增加强调事项段？

7.比较注册会计师发表保留意见、否定意见、无法表示意见的条件。

8.辨析标准无保留意见、保留意见、否定意见、无法表示意见审计报告在结构、内容、措辞方面的异同。

9.注册会计师如何在财务报表审计报告中沟通关键审计事项？

10.注册会计师如何在财务报表审计报告中沟通强调事项段、其他事项？

【案例分析题】

ABC会计师事务所接受委托对A公司20×1年度财务报表进行审计。注册会计师于20×2年3月18日完成了外勤审计工作，按审计业务约定书的要求，应于20×2年3月28日提交审计报告。A公司20×1年度审计前的利润总额为120万元。注册会计师确定的财务报表层次的重要性水平为10万元。现假定存在以下几种情况：

（1）A公司20×1年度变更了发出存货的计价方法，并在财务报表附注中作了充分披露。注册会计师认为变更是合法和合理的。

（2）在某诉讼案中，A公司于20×1年4月被H公司起诉侵权，H公司要求赔偿75万元；至20×1年12月31日，胜负仍难以预料；截至20×2年3月28日，尚未判决。A公司预计的可能赔偿的金额为10万元，但诉讼案和可能的影响均已列示在财务报表附注中。

（3）注册会计师得知A公司20×1年涉及的M公司起诉A公司侵权案于20×2年3月20日判决，A公司败诉，应向原告赔偿45万元，A公司对判决结果没有提出异议，并在财务报表附注5中进行了披露。注册会计师在3月26日完成了对该事项的审计工作，提请A公司调整20×1年财务报表（A公司已在20×1年12月31日预计了可能的赔偿金额25万元），被A公司拒绝。

（4）A公司在20×1年11月购入一台设备，当月投入使用，20×1年未提取折旧。该设备的原始价值为50万元，月折旧率为1.5%。

（5）A公司利润总额的70%是由其境外子公司提供的，注册会计师无法赴国外对该子公司财务报表进行审计，要求A公司提供聘请当地会计师事务所对该子公司财务报表进行审计，但遭到了A公司婉拒，也无法通过其他替代审计程序进行验证。

（6）对应收账款项目进行函证时，其中对余额为16万元的客户B公司的函证未收到回函，注册会计师运用替代审计程序收集了相关的审计证据。

讨论题：

（1）假定上述六种情形是相互独立的，请分别针对上述每种情况，说明注册会计师应当发表何种审计意见类型，并简要说明理由。

（2）针对每种情形，若注册会计师认为需要调整财务报表（包括披露），但A公司不接受注册会计师的调整意见，请代注册会计师编写审计报告的“审计意见”部分和“形成××意见的基础”部分、“强调（其他）事项”部分（若有）的内容与措辞。

第十五章　国家审计

注册会计师审计是受托审计，国家审计是法定的强制性审计。前文以注册会计师审计为基础介绍的审计理论均适用于国家审计。本章重点阐述国家审计准则，以及财政收支审计、财务收支审计、绩效审计、经济责任审计、重大政策执行审计和自然资源资产审计等国家审计主要涉及的领域。

第一节　国家审计准则

国家审计准则是国家审计机关和人员在执行审计过程中应当遵循的行为规范，是确保和提高审计质量的标准，通常由最高审计机关制定并发布。

一、国际政府审计准则

国际政府审计准则由最高审计机关国际组织（INTOSAI）制定，当前称为“INTOSAI专业公告框架”（INTOSAI Framework of Professional Pronouncements，IFPP），由三个部分构成：INTOSAI的原则（INTOSAI-P），是最高审计机关（Supreme Audit Institution，SAI）的创立原则和核心原则；最高审计机关国际准则（International Standards of Supreme Audit Institutions，ISSAI），是公共部门审计的权威性国际准则，目的是确保审计质量、增进审计报告使用者的信任、提升审计过程透明度、清晰界定审计师对其他相关方的责任等；INTOSAI的指南（GUID），为SAI和人员在执行财政审计、绩效审计、合规审计以及其他业务过程中如何运用ISSAI提供指南，同时了解特定对象事项及其相关ISSAI的应用。INTOSAI专业公告框架（IFPP）见表15-1。

表15-1　INTOSAI专业公告框架（IFPP）

构成部分	INTOSAI的原则（INTOSAI-P）	最高审计机关国际准则（ISSAI）	INTOSAI的指南（GUID）
编号与名称	INTOSAI-P 1 利马宣言 INTOSAI-P 10 SAI独立性的墨西哥宣言 INTOSAI-P 12 SAI的价值观和利益：为公民生活带来不同 INTOSAI-P 20 透明度和问责的原则 INTOSAI-P 50 SAI的管辖活动原则	ISSAI 100 公共部门审计的基本原则 ISSAI 130 道德守则 ISSAI 140 SAI的质量控制 ISSAI 150 审计师的专业胜任能力 ISSAI 200 财政财务审计原则 ISSAI 300 绩效审计原则 ISSAI 400 合规审计原则 ISSAI 2000-2899 财政财务审计准则 ISSAI 3000-3899 绩效审计准则 ISSAI 4000-4899 合规审计准则	GUID 1900-1999 SAI组织指南 GUID 1900 同业复核指南 GUID 2900-2999 补充的财政财务审计指南 GUID 3900-3999 补充的绩效审计指南 GUID 3910 绩效审计核心概念 GUID 3920 绩效审计过程 GUID 4900-4999 补充的合规审计指南 GUID 5900-5999 对象事项的具体指南 GUID 5090 国际机构审计 GUID 5091 国际机构审计安排 GUID 5100 信息系统审计指南 GUID 5200 环境视角的活动 GUID 5201 财政财务审计和合规审计背景下的环境审计 GUID 5202 可持续发展：SAI的作用 GUID 5203 国际环境条约审计中的合作 GUID 5259 公共债务信息系统 GUID 5260 公共资产管治 GUID 5270 腐败预防审计指南 GUID 5290 主要国家指标的制定和使用审计指南 GUID 9000-9999 其他指南 GUID 9000 最高审计机关之间的合作审计 GUID 9010 独立准则制定过程及其重要性 GUID 9020 公共政策的演进 GUID 9030 与SAI独立性相关的最佳实务 GUID 9040 与SAI透明度相关的最佳实务

资料来源：INTOSAI 官网（https：//www.intosai.org/focus-areas/audit-standards.html）。

二、中国国家审计准则

我国审计署自1996年制定并实施国家审计准则。目前的国家审计准则为2010年9月发布的《中华人民共和国国家审计准则》（以下简称《中国国家审计准则》），自2011年1月1日起施行。《中国国家审计准则》细化审计流程、统一审计标准、规范审计行为，把依法审计贯穿到审计工作的全过程。

《中国国家审计准则》是一部单一的审计准则；其下一层次是审计指南，旨在进一步细化审计业务操作；正文分为七章，共二百条，主要内容为：

第一章“总则”主要明确其制定依据与目的、适用范围；规定国家审计机关的审计责任和工作目标；界定国家审计的范围与内容；明确规定经济责任审计与专项审计调查也适用本准则；对审计机关与审计人员执行审计业务作出原则性规定。

第二章“审计机关和审计人员”主要明确审计机关与审计人员的资格条件和职业要求以及执业要求；规定国家审计人员的职业道德标准；细化审计人员独立性的相关规定以及维护措施；规定外聘人员的条件及禁止性规定。

第三章“审计计划”主要从编制依据及原则、编制程序、编制步骤及方法、审计项目计划内容及形式、审计项目计划调整五个方面对年度审计项目计划的编制进行规范，同时，也规定了审计工作方案的主要内容与变更程序。

第四章“审计实施”规范审计实施方案的编制内容与要求；为编制审计实施方案应当执行的程序；规定获取审计证据的要求；规范审计记录的类型、内容及形式；对审计人员检查重大违法行为作出特别规定。

第五章“审计报告”规范审计报告的形式和内容、编审要求；规范审计成果的开发利用、审计结果公告、审计整改检查等要求。

第六章“审计质量控制和责任”要求审计机关应当针对质量责任、职业道德、人力资源、业务执行、质量监控五个要素建立审计质量控制制度；规定审计机关应实行分级质量控制，并分别明确各自的工作职责和应承担的责任。

第七章“附则”主要规定不适用中国国家审计准则的业务范围和准则生效的时间等内容。

第二节 财政收支审计

根据《审计法》的规定，财政收支审计是审计机关对各级人民政府及其各部门的财政收支情况的真实、合法和效益进行的审计监督。最典型的财政收支审计是各级审计机关对本级政府预算执行和其他财政收支的审计。

一、财政收支审计的特点与类型

（一）财政收支审计的特点

与一般工商企业进行审计比较，财政收支审计主要有以下特点：

1.审计主体的单一性

根据《宪法》和《审计法》的规定，只能由审计机关依法对各级政府财政收支实行审计监督，而不能委托事务所或依靠内部审计机构来实施，但可聘请包括注册会计师、内部审计人员在内的专家参与审计项目组。

2.审计范围的广泛性

由于各级政府的财政收支活动涉及社会经济活动的方方面面，因此，财政收支审计的涉及面很广。其审计对象主要是参与国家财政收支管理及有关经济活动的各级政府和相关部门、各级财政的预算单位和其他管理分配使用财政资金的单位，主要包括：①管理分配使用财政资金的本级政府及其组成部门、直属机构，下级政府和其他有关部门、单位；②负责征收财政收入的税务机关、海关和其他有关部门、单位；③其他取得财政资金的单位和项目等。

3.审计事项的宏观性

财政收支审计涉及财政政策、财政体制、财政制度等国家宏观调控方面，需重点关注政府间财政关系以及财政政策与货币政策、产业政策等方面的协调情况，并对涉及宏观政策方面的问题作出审计评价；通过对政府部门财政收支规模、结构、管理和政策实施效果的审查，揭示预算分配和执行中存在的突出问题，提出完善资金分配、加强预算管理等方面的建议，促进提高政策实施效果。

4.审计报告制度的法定性

除出具审计报告外，《审计法》规定各级审计机关对本级政府预算执行、决算情况进行审计后，要向本级人民政府和上一级审计机关提出审计结果报告；国务院和县级以上地方人民政府每年要向本级人大常委会提交审计机关对预算执行和其他财政收支的审计工作报告，并委托审计机关负责人向大会作审计工作报告。

5.审计结果的高风险性

首先，由于政府部门所处的特殊环境决定了其必须遵守众多的法律法规、条例、政策等，这既增加了政府在运行中违规的可能性，也增加了审计查处的难度；其次，由于要评价财政支出绩效，但缺乏客观和统一的合理性和绩效评价标准，审计专业判断的成分较大，因而加大了审计风险。此外，由于政府部门拥有广泛的权力，审计机关的独立性也会受到影响。

（二）财政收支审计的类型

按照审计主体的不同，财政收支审计可分为“同级审”和“上审下”两种类型。

同级审，是指审计机关依法对本级政府预算执行和其他财政收支实施的审计监督、鉴证和评价活动。这是当前财政收支审计的主要类型。

上审下，是指上级审计机关对下级政府预算的执行情况和决算以及财政收支情况所进行的审计监督。

实行“同级审”以后，“上审下”的重点如下：审查下级财政决算的真实性和合规性；上级财政收入的征收入库及上缴情况；上级财政补助资金及拨入专项资金的管理使用情况；地方政府制定的涉及财政政策是否符合国家统一财经法规和政策等情况。

二、财政收支审计的重点

财政收支审计的重点是监督财政预算执行与决算情况，其主要内容包括：

1.预算编制、批复和调整的审计

主要关注财政部门编制的预算是否符合《预算法》及其他相关法律法规；财政部门是否按照人大审查批准的预算及时、足额向各部门、各单位批复预算；预算执行中因实际情况变化需调整时是否编制预算调整方案并经同级人大常委会批准等。

2.预算收入执行情况审计

因为税收是政府财政收入的主要来源，因而应以税务部门和海关作为预算收入执行审计的重点。同时，还必须对执法部门的罚没收入、纳入预算管理的行政事业性收入的征收管理、上缴财政等进行审计。重点检查其组织收入的真实性、合法性和及时性，有无违法减免税情况；应组织的收入是否足额征收，并纳入预算管理。

3.预算支出执行情况审计

预算支出执行审计重点关注实际支出是否与预算一致，有无超预算、无预算支出的情况，或者有预算无支出的情况。预算支出执行审计与各专业审计有密切关系。例如，固定资产投资审计，应重点审查重点基本建设项目的基本建设资金是否专款专用，有无挪用或损失浪费问题；行政事业审计应重点审查主管部门是否及时、足额向所属各单位批复支出预算；各项专项事业费、抚恤费和社会福利救济费等是否专款专用，有无挤占挪用问题等。

4.其他财政收支审计

其他财政收支审计包括财政部门管理政府性债务、财政性专项基金、财政有偿使用资金管理使用情况的审计。其审计需重点关注相关管理制度的健全性和有效性，征集、征收、使用和解缴的合规性，相关往来的真实性和合规性，财政专户储存的真实性和合规性，以及使用的效益性等。

5.决算草案审计

主要关注财政部门编制的决算草案及报表是否符合政府会计准则及相关会计制度，是否在所有重大方面公允反映了本级政府的收入、支出和结余情况。

第三节　财务收支审计

财务收支审计是指审计机关依法对国有以及国有资本占控股地位或主导地位的金融机构和企业、事业组织的财务收支以及资产、负债、损益的真实、合法和效益情况进行的审计监督。《审计法》第二条及第二十条至第二十五条从不同方面规定了国家审计机关对国有事业组织、国有金融机构、国有企业、国家建设项目和社会保障基金等机构的审计监督责任。

一、事业单位财务收支审计

事业单位包括人民团体和文化、教育、科研、卫生等单位，其经费全部或部分来自财政预算拨款。

1.事业单位预算资金领拨审计

（1）审查单位预算会计的账务处理是否正确，账证、账账、账表是否相符；年终经费支出的冲销和经费包干结余的结转是否合规；上下年度之间的拨款余额是否衔接，如单位改变隶属关系，是否及时办理划转经费手续。

（2）审查拨入经费是否按相关规定正确核算和合规使用，有无挪用现象；审查包干结余的形成、分配、使用和结转是否合法、合规。

（3）审查被审计单位是否经常与上下级单位对账，账目是否相符，如不符，应查明原因。

2.事业单位收入审计

事业单位在接受国家资助的同时，也对其提供的服务进行收费，以补充其经费。因此，对收入的审查主要包括：

（1）是否严格按照国家、上级主管部门的相关规定依法组织各类收入，有无擅自增加收费项目、扩大收费范围、提高收费标准等乱收费问题。

（2）审查其收入项目是否合法、合规、合理；资金的入账方式及管理是否合规、合法；应上缴资金是否及时足额上缴，有无隐瞒、截留、转移和坐收坐支等问题。

（3）审查收入的划分是否正确，有无隐瞒收入或设置账外账、小金库等情况。

（4）审查收入的缓、减、免制度及其执行情况。

（5）检查其票据领用及缴销和库存情况。

3.事业单位经费支出的审计

事业单位实行严格的预算管理，国家对人员、房屋、车辆等编制及各项支出标准均有明确规定。审计时应注重审查其预算批复及预算执行情况：

（1）审查经费支出是否真实、正确，有无虚列支出，将资金转移下属单位进行支出的问题。

（2）检查经费使用是否符合规定的用途和开支标准，有无挤占挪用、提高开支标准、扩大开支范围、挥霍浪费等问题。

（3）审查经费的使用效益情况，具体包括：经费使用是否达到了预期目的，即单位是否履行其法定职责，向社会提供了有效服务；经费使用是否节约合理，有无明显不当和损失浪费情况；检查开展业务活动所产生的经济效益。

4.事业单位预算外资金的审计

事业单位预算外资金具有来源众多、收支分散、自收自支、自行管理、专款专用的特点，在使用上，单位有相当大的自主权，因此，其审计重点应为：

（1）分清预算外资金来源渠道，审查其收费项目和标准及收入数额是否真实、正确、合法、合规。

（2）审查预算外支出是否符合规定用途，是否私设“小金库”。

（3）按规定需要上缴财政的收入是否及时、足额上缴。

行政机关经费审计与事业单位财务收支审计类似。

二、国有企业财务收支审计的重点

重点国有企业财务收支审计和国有企业负责人经济责任审计仍然是审计机关的重要工作。审计机关对国有企业开展财务收支审计时，使用的审计程序和技术方法与前文第八章至第十三章所述的注册会计师财务报表审计有很大相似性，审计内容既包括财务管理和会计核算方面，还包括以下方面：

（1）贯彻落实国家重大政策措施方面，主要审计企业落实供给侧结构性改革、国有企业改革、“走出去”战略等政策措施的情况。

（2）重大决策和内部管理方面，主要审计企业法人治理结构的建立、健全和运行情况，内部控制制度的制定和执行情况，特别是“三重一大”决策制度的建立执行及效果等方面的情况。

（3）落实中央八项规定精神及廉洁从业规定方面的情况。

（4）以往审计发现问题的整改情况。

第四节　政府绩效审计

政府绩效审计是指审计机关就政府部门及其所属单位的财力、人力、物力和时间资源使用的经济效益、社会效益和生态环境效益进行的审计。其中：经济效益审计包括经济性、效率性和效果性审计。经济性审计主要审查和评价政府投入的各种资源是否得到经济合理的利用、是否存在损失浪费的情况；效率性审计主要是对政府投入与产出之间的关系进行审查，判断投入是否合理、产出是否高效；效果性审计主要是界定产出是否与预期情况相符，即是否达到了既定的政策目标、经营目标和其他预期结果。社会效益审计主要审查和评价政府投入的各种资源是否增进了人民福祉、促进了社会公平和正义、提高了人民群众满意度等。生态环境效益审计主要审查和评价政府投入的各种资源是否有效利用了自然资源、促进了生态环境保护、减少了环境损害、绿化美化了自然等。

【课堂拓展】

我国近年来绩效审计的发展

我国国家审计制度恢复之初，就关注绩效（效益）审计，效益性就成为审计目标之一。21世纪初期，一些审计机关开展了专项的绩效审计。深圳市自2007年开始，每年均以《深圳市20××年度绩效审计工作报告》《深圳市20××年度绩效审计发现问题整改情况的报告》向市人大常委会报告深圳市绩效审计工作情况以及绩效审计发现问题整改情况，促进了绩效水平的提升。自2012年开始，审计署要求所有审计项目均包括绩效评价的内容。

《预算法》（2014）首次将绩效写进了法律，明确各级预算要讲求绩效，将绩效思想贯穿于预算编制、执行、审查以及决算的各个环节。党的十九大报告提出“建立全面规范透明、标准科学、约束有力的预算制度，全面实施绩效管理”。党的十九大以来，党中央、国务院对“全面实施预算绩效管理”及其审计监督高度重视，先后3次对预算绩效及其相关审计全覆盖等作出重大部署。《审计法》（2021）要求审计机关向人大常委会重点报告预算执行及绩效情况。这将大力推进绩效审计的发展。

绩效审计的全面发展，对审计人员素质提出了更高要求，也使得国家审计在促进国家治理体系和治理能力现代化方面可发挥更重要的作用。

一、绩效审计的特点

绩效审计作为一种较高层次的审计活动，具有以下特点：

（1）审查范围的广泛性：不仅包括政府部门及其所属单位，而且包括其他使用公共资金的所有单位和项目；既包括被审计单位各项业务活动，也包括其他非经济范畴的管理活动。

（2）评价标准的多样性。绩效审计往往缺乏固定的法律制度或指标作为评价标准。例如，非营利机构业务活动的绩效有经济效益，更有社会效益；经济效益的衡量可运用价值指标，社会效益的衡量则需运用定性标准。因此，绩效审计的评价标准需要根据被审计单位或项目的具体情况进行选定。

（3）审计方法的灵活性。绩效审计不仅采用传统的财务审计方法，更多时候还会采用分析法、论证法、评价法。审计师必须根据审计对象、目标的不同，制订不同的审计方案，灵活选择审计方法。

（4）审计过程的延续性。政府部门及事业单位的绩效，有些可以马上体现出来，有些则需要经过一段时间才能显现。因此，在进行绩效审计时只对当期业务活动的直接绩效进行审查，难以对其绩效进行全面评价，所以要开展追踪审计，对业务活动的滞后性效益进行审查。

（5）审计结论的建设性。绩效审计通过全面评价被审计单位经济活动和业务活动的经济性、效率性和效果性，揭示影响绩效高低的问题，向被审计单位提出改进建议，指出进一步提高绩效的措施和办法，具有很强的建设性。

二、绩效审计的主要方法

绩效审计的方法主要包括审计证据收集方法和审计分析评价方法两类。

（一）审计证据收集方法

绩效审计除采用传统的财务收支审计方法外还有一些专门方法，包括现场勘查法、面询访谈法、问卷调查法和专家论证法。

1.现场勘查法

现场勘查法经常用于从被审计单位工作现场或被审计事项发生现场获取第一手资料，如观察操作过程和程序、了解有关设备运转情况、参观工作场所和实物建筑、实地验证资产等，以形成对被审计单位的感性认识，发现进一步审计的线索。

2.面询访谈法

面询访谈法是通过提问者和回答者的对话来探查信息的方法。面询访谈法采用交互的方式获取信息，应用起来比较灵活，可用于了解情况和发现问题，了解观点和看法、收集信息和证据，探查有关事项的根源和真相等。访谈的对象不仅是被审计单位，还包括其他单位、部门和个人。

3.问卷调查法

问卷调查法是采用问卷调查的方式获取对某一事项评价意见和信息的方法。运用问卷调查法时，事先要选取调查对象，确定调查内容和目标，然后设计一整套科学、合理的问卷向调查对象进行调查。群众满意度调查往往成为问卷调查的主要内容之一。

4.专家论证法

对一些专业性很强或涉及面很广的项目，可以聘请外部专家对需要解决的专业性问题进行论证和分析，获取对实现审计目标有重要意义的专家意见，弥补审计师特定领域专业技术、知识和技能的不足。

（二）审计分析评价方法

审计分析评价方法是指对已经取得的证据，运用一定技术方法进行再加工，形成新的分析性证据，并从中得出结论的方法。审计师在评价经济效益、社会效益和环境效益时，除了要运用财务审计的方法外，还要运用比较分析法、因素分析法、统计分析法、量本利分析法、成本效益分析法等其他方法。

1.比较分析法

比较分析法是指将反映被审计单位业绩的有关数据指标与相关的业务指标、判断标准等进行对比，找出不同时期同一性质的数量差异、趋势或比率，评价被审计单位的活动运行状况，发现其优势或不足，为审计结论提供科学依据的方法。实际操作中，往往以上期报表数据、有关计划、定额数据作为比较标准；也可以预算指标、同行业标准、国际国内先进指标作为比较标准；还可以审计调查数据或计算结果作为比较标准。

2.因素分析法

因素分析法是指查找产生影响的因素，并分析各个因素的影响方向和程度的方法。它根据指数法的原理，在分析多种因素影响的事物变动时，为了观察某一因素变动的影响而将其他因素固定下来，对事实进行分析，并找出其成因。

3.统计分析法

统计分析法是解决数值问题的最好工具，尤其是绩效审计，如总额分析、比例分析、结构分析，了解诸如设备完好率、使用率、成新率、故障率等。统计分析特别在对企业效益评价中能发挥独特的作用。

4.量本利分析法

量本利分析法也称盈亏平衡分析，是分析一定期间内的业务量、成本、利润三者之间变量关系的方法。审计师通过计算保本点，来分析处于盈亏平衡点时的业务量水平，进而对项目的投入进行评价。这种分析方法主要适用于对企业以及部分以营利为目标的事业单位的评价。

5.成本效益分析法

成本效益分析法通过分析成本与效益之间的关系，以每单位成果消耗的成本来评价项目效益，寻找既定目标的最经济成本或既定成本的最好效益。效益不仅可以用货币金额来表述，也可以用实物数量来表述。在评价时可以采用以下四种方式进行：一是将成本效益的比值与标准相对比；二是当成本相同或者较固定时，可以只比较效益；三是当效益相同或者较固定时，只比较成本；四是可以比较每单位效益变化所引起的成本变化，即比较边际成本的变化。

第五节 领导干部经济责任审计

一、领导干部经济责任审计的概念与类型

（一）领导干部经济责任审计的概念

领导干部经济责任审计简称经济责任审计，是审计主体对领导干部任职期间经济责任履行的真实性、合法性和效益性以及对未恰当履行职责应承担责任进行的监督、鉴证、评价和问责活动。

经济责任是指领导干部在任职期间，对其管辖范围内贯彻执行党和国家经济方针政策、决策部署，推动经济和社会事业发展，管理公共资金、国有资产、国有资源，防控重大经济风险等有关经济活动应当履行的职责。

经济责任审计的客体是领导干部及其任职期间应履行的经济责任。凡是具有一定职位、负责领导一个相对独立的地区、单位或部门的主要负责人都是经济责任审计的客体。审计机关实施经济责任审计的客体中的“领导干部”主要是指：地方各级党委、政府、纪检监察机关、法院、检察院的正职领导干部或者主持工作一年以上的副职领导干部；中央和地方各级党政工作部门、事业单位和人民团体等单位的正职领导干部或者主持工作一年以上的副职领导干部；国有企业（含金融机构）的法定代表人。其他领导干部经济责任审计则由内部审计机构或会计师事务所实施。

经济责任审计的目标是通过审计，查明领导干部任职期间经济责任履行的真实性、合法性和效益性以及未恰当履行职责应承担的责任，包括直接责任和领导责任。

当前，规范经济责任审计的最主要、最直接的法规是中共中央办公厅、国务院办公厅2019年7月印发的《党政主要领导干部和国有企事业单位主要领导人员经济责任审计规定》（以下简称《规定》）。

各级党委和政府建立健全了经济责任审计工作联席会议（以下简称“联席会议”）制度。联席会议由纪检监察机关和组织、机构编制、审计、财政、人力资源社会保障、国有资产监督管理、金融监督管理等部门组成，召集人由审计委员会办公室主任担任，在同级审计委员会的领导下开展工作。联席会议下设办公室，与同级审计机关内设的经济责任审计机构合署办公，其主要职责是研究制定有关经济责任审计的政策和制度，监督检查经济责任审计工作情况，协调解决经济责任审计工作中出现的问题，推进经济责任审计结果运用，指导下级联席会议的工作，指导和监督部门、单位内部管理领导干部经济责任审计工作，完成审计委员会交办的其他工作。

（二）领导干部经济责任审计的主要类型

按照领导干部管辖范围的性质分类，经济责任审计可分为：①地方党政领导干部经济责任审计，对地方各级党委和政府，如省级、市州级、县区级、乡镇级地方党委和人民政府正职领导干部的经济责任审计；②党政群机关（行政机关）领导干部经济责任审计，对党政工作部门、纪检监察机关、法院、检察院、具有行政管理职能的事业单位以及人民团体等机关的领导干部的经济责任审计；③事业单位领导干部经济责任审计，对国有事业单位领导干部的经济责任审计；④国有企业主要领导人员经济责任审计。这是经济责任审计

的基本分类。

此外，经济责任审计可以按照审计工作开始时被审计领导干部是否任职分类，分为任期经济责任审计和离任经济责任审计。前者是指在领导干部任职期间内开展的经济责任审计；后者是指在领导干部任期已满，或任期内办理调动、免职、辞职等手续而即将离开或已离开现任岗位所开展的经济责任审计。

二、领导干部经济责任审计的重点内容

审计机关开展经济责任审计，应当以领导干部任职期间公共资金、国有资产、国有资源的管理、分配和使用为基础，以领导干部权力运行和责任落实情况为重点，充分考虑领导干部管理监督需要、履职特点和审计资源等因素，依规依法确定审计内容。领导干部所处职位不同，经济责任的具体内容不同，经济责任审计的内容就不同。

（一）地方党政领导干部经济责任审计的内容

地方党政领导干部经济责任审计的内容主要包括：（1）贯彻执行党和国家经济方针政策、决策部署情况；（2）本地区经济社会发展规划和政策措施的制定、执行和效果情况；（3）重大经济事项的决策、执行和效果情况；（4）财政财务管理和经济风险防范情况，民生保障和改善情况，生态文明建设项目、资金等管理使用和效益情况，以及在预算管理中执行机构编制管理规定情况；（5）在经济活动中落实有关党风廉政建设责任和遵守廉洁从政规定情况；（6）以往审计发现问题的整改情况；（7）其他需要审计的内容。

（二）党政群机关和事业单位领导干部经济责任审计的内容

党政群机关和事业单位领导干部经济责任审计的内容主要包括：（1）贯彻执行党和国家经济方针政策、决策部署情况；（2）本部门本单位重要发展规划和政策措施的制定、执行和效果情况；（3）重大经济事项的决策、执行和效果情况；（4）财政财务管理和经济风险防范情况，生态文明建设项目、资金等管理使用和效益情况，以及在预算管理中执行机构编制管理规定情况；（5）在经济活动中落实有关党风廉政建设责任和遵守廉洁从政规定情况；（6）以往审计发现问题的整改情况；（7）其他需要审计的内容。

（三）企业领导人员经济责任审计的重点内容

企业领导人员经济责任审计的重点内容主要包括：（1）贯彻执行党和国家经济方针政策、决策部署情况；（2）企业发展战略规划的制定、执行和效果情况；（3）重大经济事项的决策、执行和效果情况；（4）企业法人治理结构的建立、健全和运行情况，内部控制制度的制定和执行情况；（5）企业财务的真实合法效益情况，风险管控情况，境外资产管理情况，生态环境保护情况；（6）在经济活动中落实有关党风廉政建设责任和遵守廉洁从业规定情况；（7）以往审计发现问题的整改情况；（8）其他需要审计的内容。

三、领导干部经济责任审计评价

审计委员会办公室、审计机关应当根据不同领导职务的职责要求，在审计查证或者认定事实的基础上，综合运用多种方法，坚持定性评价与定量评价相结合，依照有关党内法规、法律法规、政策规定、责任制考核目标等，在审计范围内，对被审计领导干部履行经济责任情况，包括公共资金、国有资产、国有资源的管理、分配和使用中个人遵守廉洁从

政（从业）规定等情况，作出客观公正、实事求是的评价；对存在的问题，应当按照权责一致原则，根据领导干部职责分工，综合考虑相关问题的历史背景、决策过程、性质、后果和领导干部实际所起的作用等情况，界定被审计领导干部应当承担的直接责任或者领导责任。

（一）直接责任

领导干部对履行经济责任过程中的下列行为应当承担直接责任：（1）直接违反有关党内法规、法律法规、政策规定的；（2）授意、指使、强令、纵容、包庇下属人员违反有关党内法规、法律法规、政策规定的；（3）贯彻党和国家经济方针政策、决策部署不坚决不全面不到位，造成公共资金、国有资产、国有资源损失浪费，生态环境破坏，公共利益损害等后果的；（4）未完成有关法律法规规章、政策措施、目标责任书等规定的领导干部作为第一责任人（负总责）事项，造成公共资金、国有资产、国有资源损失浪费，生态环境破坏，公共利益损害等后果的；（5）未经民主决策程序或者民主决策时在多数人不同意的情况下，直接决定、批准、组织实施重大经济事项，造成公共资金、国有资产、国有资源损失浪费，生态环境破坏，公共利益损害等后果的；（6）不履行或者不正确履行职责，对造成的后果起决定性作用的其他行为。

（二）领导责任

领导干部对履行经济责任过程中的下列行为应当承担领导责任：（1）民主决策时，在多数人同意的情况下，决定、批准、组织实施重大经济事项，由于决策不当或者决策失误造成公共资金、国有资产、国有资源损失浪费，生态环境破坏，公共利益损害等后果的；（2）违反部门、单位内部管理规定造成公共资金、国有资产、国有资源损失浪费，生态环境破坏，公共利益损害等后果的；（3）参与相关决策和工作时，没有发表明确的反对意见，相关决策和工作违反有关党内法规、法律法规、政策规定，或者造成公共资金、国有资产、国有资源损失浪费，生态环境破坏，公共利益损害等后果的；（4）疏于监管，未及时发现和处理所管辖范围内本级或者下一级地区（部门、单位）违反有关党内法规、法律法规、政策规定的问题，造成公共资金、国有资产、国有资源损失浪费，生态环境破坏，公共利益损害等后果的；（5）除直接责任外，不履行或者不正确履行职责，对造成的后果应当承担责任的其他行为。

四、领导干部任期经济责任审计结果及其运用

审计机关实施经济责任审计项目后，应当按照相关规定，出具经济责任审计报告和审计结果报告，各相关部门和单位应当充分运用审计结果。

（一）领导干部经济责任审计报告

审计组实施审计后，应当向派出审计组的审计委员会办公室、审计机关提交审计报告。其主要内容通常包括：

（1）基本情况，包括审计依据、实施审计的基本情况、被审计领导干部所管辖范围的基本情况、被审计领导干部的任职及分工情况等；

（2）被审计领导干部任职期间履行经济责任情况的总体评价和主要业绩，其中包括以往审计决定执行情况和审计建议采纳情况等；

（3）审计发现的主要问题和责任认定，其中包括审计发现问题的事实、定性、被审计领导干部应当承担的责任以及有关依据，审计期间被审计领导干部、被审计单位对审计发现问题已经整改的，可以包括有关整改情况；

（4）审计处理意见和建议；

（5）其他必要的内容。

审计委员会办公室、审计机关按照规定程序对审计组审计报告进行审定，出具经济责任审计报告。

（二）领导干部经济责任审计结果报告

审计结果报告是审计委员会办公室、审计机关在经济责任审计报告的基础上，精简提炼形成的提交干部管理监督部门的反映审计结果的报告，重点反映被审计领导干部履行经济责任的主要情况、审计发现的主要问题和责任认定、审计处理方式和建议。审计结果报告的内容来自审计报告，是审计报告的精华版。

（三）领导干部经济责任审计结果运用

审计委员会办公室、审计机关需要将经济责任审计报告和结果报告等结论性文书按照规定程序报同级审计委员会，按照干部管理权限送组织部门。根据工作需要，送联席会议其他成员单位、有关主管部门，并应当按照规定以适当方式通报或者公告经济责任审计结果，对审计发现问题的整改情况进行监督检查。

在运用审计结果方面，不同部门既有共性，也有区别。共性是：均需对审计结果反映的典型性、普遍性、倾向性问题及时进行研究，并将其作为采取有关措施、完善有关制度规定的参考依据；均需加强审计发现问题整改落实情况的监督检查；均需以适当方式及时将审计结果运用情况反馈给审计委员会办公室、审计机关等。主要区别如下：

审计机关需要对审计中发现的相关单位违反国家规定的财政收支、财务收支行为，依法依规作出处理处罚；对审计中发现的需要移送处理的事项，应当区分情况依法依规移送有关部门处理处罚；以适当方式向干部管理监督等部门提供审计结果以及与审计项目有关的其他情况；协助和配合干部管理监督等部门落实、查处与审计项目有关的问题和事项；对审计发现的典型性、普遍性、倾向性问题和有关建议，以综合报告、专题报告等形式报送本级党委、政府和上级审计机关，提交有关部门。

联席会议其他成员单位应当在各自职责范围内运用审计结果，还包括根据干部管理权限，将审计结果以及整改情况作为考核、任免、奖惩被审计领导干部的重要参考；对审计发现的问题作出进一步处理。

被审计领导干部及其所在单位则对审计发现的问题，在规定期限内进行整改，还需将整改结果书面报告组织部门或者主管部门；对审计决定，在规定期限内执行完毕；根据审计发现的问题，落实有关责任人员的责任，采取相应的处理措施；根据审计建议，采取措施，健全制度，加强管理；将审计结果以及整改情况纳入所在单位领导班子党风廉政建设责任制检查考核的内容，作为领导班子民主生活会以及领导班子成员述责述廉的重要内容。

有关主管部门应当在各自职责范围内运用审计结果，还包括根据干部管理权限，将审计结果以及整改情况作为考核、任免、奖惩被审计领导干部的重要参考；对审计移送事项依规依纪依法作出处理处罚；在对相关行业、单位监管中有效运用审计结果。

第六节　重大政策执行审计

一、重大政策执行审计的意义

重大政策执行审计，即国家重大政策和决策部署（以下简称“重大政策”）落实情况跟踪审计，是审计机关以中央各部委和各级地方政府为对象，对其执行重大政策过程和效果情况的真实性、合法性、效益性进行的审计。

重大政策执行审计旨在揭示其贯彻落实中存在的问题与原因，及时发现和纠正有令不行、有禁不止行为；反映好的做法、经验和新情况、新问题，提出切实可行的政策建议；确定责任主体，严肃问责，督促被审计单位及时整改，从而推动重大政策落实到位并不断完善，保障经济社会平稳健康运行，促进国家治理体系和治理能力现代化。

重大政策执行审计要围绕重大政策贯彻落实，重点关注重大项目完成情况、重点资金保障情况、重大政策落实情况和简政放权推进情况等，并需要实施全过程跟踪审计，持续进行动态监督。在审计对象上，具有明显的众多性，既包括中央各有关部门、各级地方政府及其相关部门，也包括相关企事业单位、社会组织和项目建设单位等；在审计内容和范围上，具有较强的综合性和宏观性；在审计判断标准和能力方面，具有较强的政策性和复杂性；在审计整改方面，具有更强的时效性，强调要及时揭示问题，及时整改，甚至要求边审计边整改。

二、重大政策执行审计的主要内容

重大政策执行审计的内容，包括重大政策贯彻落实的总体情况；各地区、各部门在贯彻落实重大政策过程中存在的主要问题和出现的新情况；下一步将采取的措施等。

（一）政策配套措施制定情况审计

为执行重大政策，各级政府及部门、单位需要根据政策目标和内容，结合本地实际情况，制定相应的配套措施，因此，重大政策执行审计需要针对配套措施进行审计。首先，审阅配套措施出台的依据，分析配套措施是否和政策实施目标一致，能否解决现实中的问题；其次，分析配套措施是否具有可行性，是否有客观资料与数据作支撑；再次，检查配套措施的制定过程，评价其科学性、合理合规性；最后，分析配套措施预期能否在执行过程中发挥作用等。

（二）重大政策及其配套措施执行情况审计

重大政策及其配套措施出台之后，需要对其执行过程和效果进行审计。为此，首先，定期对政策执行情况进行检查，重点关注有无不作为、假作为、慢作为、乱作为行为；其次，对政策执行效果进行检查和评价，重点关注是否实现了预期目标以及存在的主要问题；最后，分析重大政策执行情况，重点关注是否与国家总体政策保持一致，有无有令不行、有禁不止、阳奉阴违的情况。

（三）与政策相配套的资金和项目审计

落实重大政策通常需要相应资金保障和项目实施。为此，需要检查项目建设情况和资金使用情况，如项目投资规模、结构、进展和质量情况，关注其合法性、合理性和效果性；检查资金筹集、分配与使用情况，关注有无及时拨付、恰当使用，有无被截留、贪污、浪费等情况；需要分析地方财政资金落实状况，包括地方财政资金收入和支出，保证项目建设可以及时得到政府资金支持。

（四）政策执行绩效审计

重点关注政策实施的经济效益、社会效益和环境效益。首先，检查政策执行后是否达到预期目标；其次，审计政策执行过程中产生的成本是否在预算以内；最后，对政策执行的绩效展开全方位的评价。

第七节　自然资源资产审计

一、自然资源资产审计的含义

自然资源资产是指形成和存在于自然界中，能被经济社会所使用进而提高人民福祉的所有资源，主要包括森林、水、土地、矿产、草原和海洋资源资产等。

自然资源资产审计是指审计机关依法对相关责任主体管理、开发、利用、保护自然资源资产以及与之相关的财政财务收支活动的真实性、合法性、效益性进行的审计。

自然资源资产的责任主体主要包括地方各级党委和人民政府，以及承担自然资源资产管理责任的相关政府主管部门、企业和事业单位。其中，相关主管部门包括自然资源、生态环境、农业农村、水利、林业草原、海洋等专业管理部门以及财政、发展和改革、工业和信息化等综合管理部门。

二、自然资源资产审计的主要内容和目标

（一）自然资源资产审计的主要内容

自然资源资产审计的主要对象是自然资源资产，包括森林、水、土地、海洋、草原、矿产等。由于自然资源资产直接受到生态环境的影响，因而自然资源资产审计的内容需涵盖生态环境保护的相关内容。其审计的主要内容包括：①贯彻执行中央生态文明建设方针政策和决策部署情况，以及各级党委、各级政府有关决策部署情况；②自然资源资产核算和统计的基本情况，包括规模、质量等变化情况，以及完成自然资源资产管理和生态环境保护目标情况；③自然资源资产管理和生态环境保护相关发展战略和管理政策、制度的制定、执行与绩效情况；④自然资源资产管理和生态环境保护相关重大决策制定、执行与绩效情况；⑤履行自然资源资产管理和生态环境保护监管责任情况；⑥组织自然资源资产和生态环境保护相关专项资金的征收、利用和管理情况；⑦组织自然资源资产和生态环境保护相关重大投资建设项目的建设和运行情况等。不同自然资源资产审计还有其特殊的审计内容。

（二）自然资源资产审计的主要目标

自然资源资产审计的主要目标是发挥审计监督、鉴证、评价和问责职能，督促责任主体强化资源环境保护、合理开发、有效利用和生态建设的责任意识，切实履行自然资源资产管理和生态环境保护的责任，推动生态文明建设。

【课堂拓展】

中央审计委员会对做好审计工作提出要求

二十届中央审计委员会第一次会议于2023年5月23日召开，中共中央总书记、国家主席、中央军委主席、中央审计委员会主任习近平主持召开并发表重要讲话。会议对扎实做好2023年的审计工作提出了要求。这些要求包括：突出重大问题加大审计力度，促进把党中央决策部署贯彻好、落实好；聚焦高质量发展首要任务，加大对重大项目、重大战略、重大举措落实落地情况的监督力度；聚焦稳增长稳就业稳物价，继续盯紧看好宝贵的财政资金，加大对稳经济一揽子政策措施落实情况的审计力度；聚焦实体经济发展，加大对金融支持实体经济、助企纾困政策落实情况的审计力度，推动落实好“两个毫不动摇”；聚焦推动兜牢民生底线，紧盯人民群众最关心最直接最现实的利益问题，推动惠民富民政策落实；聚焦统筹发展和安全，密切关注地方政府债务、金融、房地产、粮食、能源等重点领域，牢牢守住不发生系统性风险底线；聚焦权力规范运行，充分发挥审计在反腐治乱方面的重要作用，坚决查处政治问题和经济问题交织的腐败，坚决查处权力集中、资金密集、资源富集领域的腐败，坚决查处群众身边的“蝇贪蚁腐”。

这些要求不仅适用于国家审计2023年年度工作，也对未来国家审计工作具有重要指导作用。

【延伸阅读】

1.《中华人民共和国审计法》(2021)。

2.《中华人民共和国国家审计准则》(2010)。

3.《党政主要领导干部和国有企事业单位主要领导人员经济责任审计规定》(2019)。

4.《“十四五”国家审计工作发展规划》(2021)。

5.《领导干部自然资源资产离任审计规定（试行）》(2017)，及其相关资料。

6.访问我国审计署网站（http: //www.audit.gov.cn/)，重点关注“审计要闻”和“审计署公告及解读”栏目，了解我国审计发展现状与趋势。

【复习思考题】

1.简述中国国家审计基本准则的主要内容。

2.简述财政收支审计的特点和主要内容。

3.简述财务收支审计的主要内容。

4.简述绩效审计的含义、特征和主要方法。

5.简述领导干部经济责任审计的含义、重点内容和审计结果运用。

6.从审计对象与内容、审计目标等方面简述重大政策执行审计。

7.简述自然资源资产审计的含义、对象、目标与内容。

本章测试

【案例分析题】

国有资产管理审计情况[①]

按照《中共中央关于建立国务院向全国人大常委会报告国有资产管理情况制度的意见》和《全国人民代表大会常务委员会关于加强国有资产管理情况监督的决定》，继续关注企业、金融、行政事业和自然资源资产等4类国有资产管理使用情况。

（一）企业国有资产审计情况

重点审计的33户央企账面资产总额29.3万亿元、负债总额17.96万亿元、国有资本权益7.08万亿元，平均资产负债率61.3%。发现的主要问题如下：

1.会计信息不实。33户央企收入多计671.73亿元、少计195.85亿元，成本费用多计720.54亿元、少计390.85亿元，利润多计362.48亿元、少计201.21亿元。

2.资产管理仍较混乱。主要表现为3个方面：（1）资产不实。30户央企因财务报表合并范围不完整或将非所属企业纳入合并范围等，造成资产多计503.18亿元、少计1 362.51亿元。（2）管理不严。17户央企的固定资产等闲置或利用率偏低，涉及428.29亿元；5户央企未按期清理退出57家参股企业的低效无效投资，涉及46.81亿元；24户央企实物资产管理混乱、违规出租出借资产资金等，涉及2 566.58亿元。（3）违规运营。25户央企在股权收购、项目投资中因违规决策、管控不力造成亏损及风险334.08亿元，其中，违规收购境外公司股权和矿产资源仍是主要"出血点"。

（二）金融企业国有资产审计情况

略。

（三）行政事业性国有资产审计情况

在41个中央部门预算执行等审计中，重点关注了行政事业性资产管理使用情况。发现的主要问题如下：

1.部门资产底数不清。共涉及32个部门，主要表现为账实不符、少计漏记、手续不全等。22个部门188.87万平方米房产、1 989.94亩土地、4.79亿元固定资产或无形资产等，以及11.1万件字画、古籍等资产未入账或权属未变更等；9个部门2.7亿元资产、1.63万平方米房产账实不符或价值计量不准确；10个部门127万平方米房产、1 245.26亩土地未办理产权证，对外投资44家企业未办理国有资产产权登记；13个部门74个已验收或投用的建设项目未及时办理竣工决算或转入固定资产，涉及125.91亿元。

2.资产配置使用不够集约高效。

略。

3.随意处理处置资产。

略。

（四）国有自然资源资产审计情况

对6省市和自然资源部11名领导干部开展自然资源资产离任（任中）审计。发现的主要问题如下：

① 侯凯.国务院关于2022年度中央预算执行和其他财政收支的审计工作报告［R］.［2023-06-26］.http://www.npc.gov.cn/c2/c30834/202306/t20230628_430337.html.

1.耕地保护制度落实不严格。6省已退耕林地中有127.62万亩仍被统计为耕地。抽查全国已验收的补充耕地中，有21.36万亩不到3年即变为乔木林地、建设用地等非耕地；4省市部分永久基本农田或高标准农田非农化非粮化。18省耕地占补平衡目标未实现，自2019年来违规少补充耕地141.61万亩；已补充的耕地81.11万亩质量不达标。

2.部分地区生态环境风险隐患仍未消除。

略。

3.生态治理项目及相关资金管理使用不严格。6个地区的97个污染防治、生态修复等重点任务和项目进展缓慢或绩效不佳，有6条黑臭水体治理后又返黑返臭。5个地区370家单位取用水2.54亿吨未按规定缴纳水资源税费；黑龙江1家国企通过虚构业务、编造资料等套取湿地保护专项资金1 948万元设为“小金库”。

讨论题：

（1）审计工作报告中涉及了国有企业审计、行政事业单位审计和自然资源资产审计。请分别简述其含义、主要审计内容和目标。

（2）选择每个部分的审计发现问题1，分析说明发现该问题的主要审计程序。

（3）体会和感悟国家审计的主要职能和作用，思考如何成长为一名优秀的国家审计人员。

第十六章　内部审计

内部审计的业务范围局限于本单位或本部门内部，是一种缩小了的“国家审计”，国家审计的相关内容与方法均可应用于内部审计。内部审计从过去侧重于行使内部监督职责，向注重提供管理评价、参与内部治理，以促进完善治理、增加价值和实现目标方向发展。

第一节　内部审计概述

一、内部审计的定义

《审计署关于内部审计工作的规定》（2018年颁布）对内部审计的定义为：“对本单位及所属单位财政财务收支、经济活动、内部控制、风险管理实施独立、客观的监督、评价和建议，以促进单位完善治理、实现目标的活动。”中国内部审计协会2013年在《内部审计基本准则》中的定义为：“内部审计，是一种独立、客观的确认和咨询活动，它通过运用系统、规范的方法，审查和评价组织的业务活动、内部控制和风险管理的适当性和有效性，以促进组织完善治理、增加价值和实现目标。”①国际内部审计师协会（IIA）2004年在修订后的《国际内部审计专业实务准则》中的定义是：“内部审计是一种独立、客观的确认（Assurance）和咨询（Consulting）活动，旨在增加价值和改善组织运营。它通过应用系统的、规范的方法，评价并改善风险管理、控制和治理过程的效果，帮助组织实现其目标。”②虽然他们对内部审计的定义不完全相同，但均包含以下要点：

（一）内部审计的独立性要求

独立性是审计的本质特征。内部审计机构在实施审计过程中仍然要保持其独立性，即独立于被审计单位。由于内部审计机构属于本部门、本单位的内部机构，与同属于本部门、本单位的被审计单位有着关联关系，因而只具有相对独立性。

（二）内部审计的职能

内部审计具有监督、评价职能，仅对内具有鉴证职能。这是因为内部审计机构与被审计单位同属于一个部门或单位，在外人看来，不具有形式上的独立性，因而其签发的审计报告对外就不具有经济鉴证作用，通常也不对外公开。在审计职能的侧重点方面，内部审计应当侧重于经济评价职能。

（三）内部审计的范围

内部审计的范围只能局限于本部门、本单位及其所属单位内部。

（四）内部审计的对象

内部审计的对象是本单位及所属单位内部受托经济责任履行情况，为履行内部受托经济责任而发生的相关经济活动的真实性、合法性和效益性。

---

①　中国内部审计协会在2023年修订了《内部审计基本准则》，但内部审计的定义保持不变，主要变化如下：一是增加了内部审计需接受组织党委（党组）的领导和监督；二是增加了内部审计机构应当督促被审计单位做好审计整改工作。

②　目前IIA关于内部审计的定义依然如此。详见：https：//www.theiia.org/en/standards/what-are-the-standards/definition-of-internal-audit/。访问日期：2024-03-08。

（五）内部审计的根本目的

内部审计的根本目的是促进本部门、本单位完善治理、增加价值和实现目标。当然，内部审计也要监督被审计单位遵守国家财经法纪及本部门、本单位的方针政策和内部管理制度，促进被审计单位经营管理行为与本部门、本单位总体目标保持一致，不得损害整体利益。

二、内部审计机构的职责

为充分发挥内部审计的职能，实现内部审计的根本目标，内部审计机构应当在本单位党委（党组）、董事会（或者主要负责人）的领导和监督下，在本部门、本单位内部履行下列职责：

（1）开展国家重大政策执行审计，即对本单位及所属单位贯彻落实国家重大政策措施和决策部署情况进行审计；

（2）开展发展规划审计、战略决策审计、重大措施落实情况审计和年度计划执行审计，即对本单位及所属单位发展规划、战略决策制定和执行，重大措施落实以及年度业务计划执行情况进行审计；

（3）开展财政财务审计，即对本单位及所属单位的财政收支、财务收支及其有关经济活动进行审计；

（4）开展任期经济责任审计，即对本单位内设机构及所属单位领导人员的任期经济责任进行审计；

（5）开展固定资产投资审计，即对本单位及所属单位固定资产投资项目进行审计；

（6）开展内部控制审计与风险管理审计，即对本单位及所属单位内部控制以及风险管理的健全性和有效性审计；

（7）开展经营管理审计，即对本单位及所属单位的经济管理和效益情况进行审计；

（8）开展自然资源资产管理审计和生态环境保护审计，即对本单位及所属单位的自然资源资产管理和生态环境保护责任的履行情况进行审计；

（9）开展境外审计，即对本单位及所属单位的境外机构、境外资产和境外经济活动进行审计；

（10）督促落实审计发现问题的整改工作，即协助本单位主要负责人督促落实审计发现问题的整改工作；

（11）指导、监督和管理下属单位内部审计工作，即对本单位所属单位的内部审计工作进行指导、监督和管理；

（12）开展其他审计，即法规规定和本单位主要负责人要求办理的其他审计事项，如成本管理专项审计、专项审计调查、经济合同审计等。

内部审计机构开展的财务审计与注册会计师财务报表审计和审计机关财务收支审计类似，经济责任审计、重大政策执行审计、自然资源资产管理审计、资金管理审计、效益审计等分别与审计机关的领导干部经济责任审计、重大政策执行审计、自然资源资产审计、财政财务收支审计、绩效审计类似。因此，本章将重点介绍经营管理审计和内部控制评价。

三、内部审计机构的职权

为确保内部审计机构有效履行其职责，需要赋予内部审计机构相应权限。通常，应当赋予内部审计机构的权限包括要求报送资料权、审计检查权、审计调查权、信息系统检查权、违规违法行为制止权。这些权限与第二章所述审计机关的权限类似。此外，还应当赋予内部审计机构以下职权：

（1）参与及召开会议权，即有权参加本单位有关会议，并有权组织召开与审计事项有关的会议；

（2）参与制定规章制度权，即有权参与研究制定有关的规章制度，提出内部审计规章制度，由单位审定公布后施行；

（3）资料封存权，即对可能转移、隐匿、篡改、毁弃会计凭证、会计账簿、会计报表以及与经济活动有关的资料，经本单位主要负责人或者权力机构批准，有权予以暂时封存；

（4）提出意见或建议权，即有权提出纠正、处理违法违规行为的意见以及改进经济管理、提高经济效益的建议；

（5）通报批评或责任追究建议权，即有权对违法违规和造成损失浪费的单位和人员，给予通报批评或者提出追究责任的建议；

（6）表彰建议权，即有权对严格遵守财经法规、经济效益显著、贡献突出的被审计单位和个人，可以向单位党组织、董事会（或者主要负责人）提出表彰建议。

此外，单位主要负责人或者权力机构在管理权限范围内，也可以授予内部审计机构必要的处理、处罚权。

四、内部审计结果的运用

内部审计结果只有得到充分运用，才能充分发挥内部审计的作用，实现内部审计目标。因此，单位应当建立健全内部审计结果运用机制，充分运用内部审计结果。

（一）建立健全内部审计结果运用机制

单位要建立健全内部审计结果运用机制，明确各单位和主要负责人运用内部审计结果的职责。例如，单位主要负责人为第一责任人，负责营造氛围，并在整个单位内部充分利用内部审计结果；被审计单位主要负责人为审计发现问题整改和建议落实的第一责任人，负责整改落实；其他单位则需自查自纠；内部审计机构则负责督促落实整改；单位内部纪检监察、巡视巡察、组织人事等其他内部监督力量则配合协同督促整改及问责。

（二）内部审计结果的运用方式

运用内部审计结果的单位包括内部审计机构、被审计单位、本部门或单位、本部门或单位所属其他监管机构、审计机关和事务所等。

内部审计机构根据审计中发现的问题提出相应的审计整改建议，以及作出通报批评或者提出追究责任的建议；接受并分析被审计单位的书面整改方案和整改结果报告，督促落实审计发现问题的整改；对于审计发现的典型性、普遍性、倾向性问题，应当在单位内部公开内部审计结果，同时，要求各下属单位根据审计揭示问题和改进建议进行自查自纠，并接受其他单位的自查自纠结果报告。

被审计单位则应当“立行立改”；不能立行立改的，应当在接到审计报告后的1个月内提出书面整改方案；最迟6个月内提出首次书面整改结果报告；需要长期整改的，以后每6个月提交一次书面整改报告，直至所有问题都得到有效整改落实。书面整改方案和结果报告应当报送内部审计机构，重大问题整改方案和结果报告还应当直接呈送单位党组织和主要负责人。其他单位则根据内部审计结果公告中揭示问题和改进建议进行自查自纠，并将效果和经验书面报告给内部审计机构。

本部门或本单位对内部审计发现的典型性、普遍性、倾向性问题，应当及时分析研究，制定和完善相关管理制度，建立健全内部控制措施；对重大违纪违法问题线索，应当按照管辖权限依法依规及时移送纪检监察机关、司法机关；将内部审计结果及整改情况作为考核、任免、奖惩干部和相关决策的重要依据。

本部门或本单位的内部纪检监察、巡察、组织人事等其他监督力量应当与内部审计机构协作配合，充分利用审计结果，并协同督促落实审计发现问题的整改。

审计机关和事务所在审计中，可以有效利用内部审计力量和成果，对内部审计发现且已经纠正的问题不再在审计报告中反映。

五、接受审计机关对内部审计工作的指导与监督

根据《审计法》的规定，审计机关具有依法对内部审计工作进行业务指导和监督的职责，为此，各单位应当接受审计机关对其内部审计工作的指导与监督。

（一）审计机关指导和监督内部审计工作的主要内容

主要内容包括：（1）起草有关内部审计工作的法规草案；（2）制定有关内部审计工作的规章制度和规划；（3）推动单位建立健全内部审计制度；（4）指导内部审计统筹安排审计计划，突出审计重点；（5）监督内部审计职责履行情况，检查内部审计业务质量；（6）指导内部审计自律组织开展工作。

（二）审计机关指导和监督内部审计工作的主要方式

审计机关可以通过业务咨询与培训、学术研讨、座谈会、经验交流、现场调研与指导、评优表彰、借调内部审计人员参与审计项目等方式对内部审计人员进行业务指导。

审计机关可以采取日常监督、结合审计项目监督、专项检查等方式，对单位的内部审计制度建立健全情况、内部审计工作质量情况等进行指导和监督。其中：结合审计项目监督，即审计机关在实施审计项目时将被审计单位内部审计制度建立健全情况、工作开展情况以及质量效果等内容纳入审计监督评价的范围，进而促进被审计单位建立健全内部审计制度，提高内部审计效果；专项检查，即审计机关可以采取组织自查与重点抽查相结合等方式，对内部审计工作情况进行专项检查，并将检查情况在一定范围内进行通报，并督促及时整改，进而提高内部审计质量。

第二节　我国内部审计准则

中国内部审计协会自2003年4月开始发布内部审计准则，自2003年6月1日起执行，

随后又在2013年、2016年、2019年和2023年进行了修订。截至2024年3月，包括1个基本准则和24个具体准则，连同发布的6个内部审计实务指南，构成了相对完整的内部审计准则体系，适用于各类内部审计机构和人员进行内部审计的全过程。

一、我国内部审计准则体系

中国内部审计准则是中国内部审计工作规范体系的重要组成部分，由内部审计基本准则、具体准则、实务指南三个层次组成。它们三者之间的关系如图16-1所示。

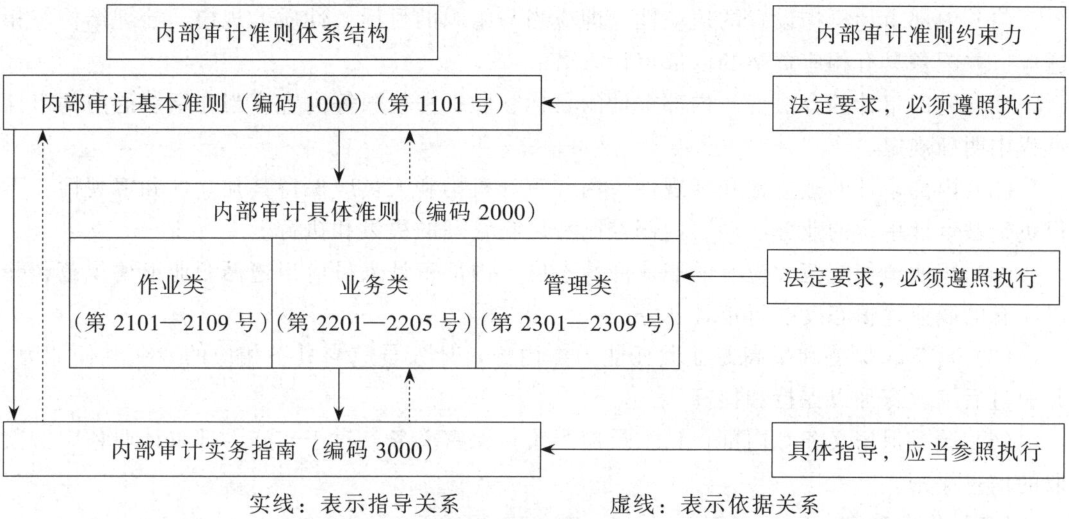

图16-1　中国内部审计准则体系结构与约束力图

内部审计基本准则是内部审计准则的总纲，是内部审计机构和人员进行内部审计时应当遵循的基本规范，是制定内部审计具体准则、实务指南的基本依据。编码为第1101号。

内部审计具体准则是依据内部审计基本准则制定的，是内部审计机构和人员在进行内部审计时应当遵循的具体规范。具体准则分为作业类、业务类和管理类三大类。作业类准则涵盖了内部审计程序和技术方法方面的准则，编号为2100，目前包括审计计划、审计通知书、审计证据、审计工作底稿、结果沟通、审计报告、后续审计、审计抽样、分析程序等9个，编码分别为第2101号至第2109号；业务类准则编号为2200，目前包括内部控制审计、绩效审计、信息系统审计、对舞弊行为进行检查和报告、经济责任审计等5个，编码分别为第2201号至第2205号；管理类准则编号为2300，目前包括内部审计机构的管理、与董事会或者最高管理层的关系、内部审计与外部审计的协调、利用外部专家服务、人际关系、内部审计质量控制、评价外部审计工作质量、审计档案工作、内部审计业务外包管理等9个，编码分别为第2301号至第2309号。

内部审计实务指南是依据内部审计基本准则、内部审计具体准则制定的，为内部审计机构和人员进行内部审计提供具有可操作性的指导意见，编号为3000。目前发布的实务指南有第3101号审计报告的指南；第3201号至3205号分别为建设项目审计、物资采购审计、高校内部审计、经济责任审计和信息系统审计的指南。

二、我国内部审计基本准则的主要内容

《内部审计基本准则》共六章三十六条。第一章“总则”三条；第六章“附则”两条；第二、三、四、五章分别为“一般准则”“作业准则”“报告准则”“内部管理准则”，共三十一条，是《内部审计基本准则》的核心。其主要内容如下：

（一）一般准则

一般准则是对内部审计机构设置与管理以及审计人员行为方面的规范。主要包括：

（1）内部审计机构设置的适应性。即应当与组织的目标、性质、规模、治理结构等相适应，并配备具有相应资格的内部审计人员。

（2）内部审计的合法性。内部审计的目标、职责和权限等内容应当在组织的内部审计章程中明确规定。

（3）内部审计的独立性和客观性。内部审计机构和人员应保持其独立性和客观性，不得负责被审计单位的业务活动、内部控制和风险管理的决策和执行。

（4）职业道德规范和应有的职业谨慎态度。内部审计人员应当遵循职业道德规范，并以应有的职业谨慎态度执行审计业务。

（5）具备、保持和提高专业胜任能力。内部审计人员应当具备相应的专业胜任能力，并通过后续教育加以保持和提高。

（6）履行保密义务。内部审计人员应当履行保密义务，对于实施内部审计业务中所获取的信息保密。

（二）作业准则

作业准则是关于内部审计人员在实施审计过程中应当遵循的行为规范。主要包括：

（1）全面关注组织风险和风险导向审计。内部审计机构和内部审计人员应当全面关注组织风险，以风险为基础组织实施内部审计业务。

（2）运用审计重要性原则。内部审计人员应当充分运用重要性原则，考虑差异或者缺陷的性质、数量等因素，合理确定重要性水平。

（3）编制年度审计计划。内部审计机构应当根据组织的风险状况、管理需要及审计资源的配置情况，编制年度审计计划，并报经组织党委（党组）、董事会（或者主要负责人）或者最高管理层批准。

（4）编制项目审计方案。内部审计人员根据年度审计计划确定的审计项目，编制项目审计方案。

（5）下达审计通知书。内部审计机构应当在实施审计前，向被审计单位或者被审计人员送达审计通知书，做好审计准备工作。

（6）全面了解被审计单位并评估其业务活动、内部控制和风险管理。内部审计人员应当深入了解被审计单位的情况，审查和评价业务活动、内部控制和风险管理的适当性和有效性，关注信息系统对业务活动、内部控制和风险管理的影响。

（7）特别关注舞弊风险。内部审计人员应当关注被审计单位业务活动、内部控制和风险管理中的舞弊风险，对舞弊行为进行检查和报告。

（8）获取相关、可靠和充分的审计证据。内部审计人员可以运用审核、观察、监盘、

访谈、调查、函证、计算和分析程序等方法，获取相关、可靠和充分的审计证据，以支持审计结论、意见和建议。

（9）关注数字化环境对内部审计的影响。内部审计人员在实施审计时，应当关注数字化环境对内部审计工作的影响。

（10）编写审计工作底稿。内部审计人员应当在审计工作底稿中记录审计程序的执行过程，获取的审计证据，以及作出的审计结论。

（11）做好审计资料归档。内部审计人员应当在审计项目完成后，及时收集整理相关信息和资料，做好归档工作。

（12）提供咨询服务。内部审计人员应当以适当的方式提供咨询服务，改善组织的业务活动、内部控制和风险管理。

（三）报告准则

报告准则是关于内部审计人员在编写审计报告过程中应当遵循的行为规范。主要包括：

（1）审计报告的时间要求。内部审计机构应当在实施必要的审计程序后，及时出具审计报告。

（2）审计报告的质量要求。审计报告应当客观、完整、清晰，具有建设性并体现重要性原则。

（3）审计报告的内容要求。审计报告应当包括审计概况、审计依据、审计评价、审计发现、审计意见和审计建议。

（4）声明遵循内部审计准则。审计报告应当包含是否遵循内部审计准则的声明。如存在未遵循内部审计准则的情形，应当在审计报告中作出解释和说明。

（四）内部管理准则

内部管理准则是关于内部审计管理过程中应当遵循的行为规范。主要包括：

（1）领导和监督内部审计的权限。内部审计机构应当接受单位党委（党组）、董事会（或者主要负责人）的领导和监督，并保持与党委（党组）、董事会（或者主要负责人）或者最高管理层及时、高效的沟通。

（2）内部审计机构的管理。内部审计机构应当建立合理、有效的组织结构，多层级组织的内部审计机构可以实行集中管理或者分级管理。

（3）制定内部审计手册。内部审计机构应当根据内部审计准则及相关规定，结合本组织的实际情况制定内部审计工作手册，指导内部审计人员的工作。

（4）加强内部审计质量控制。内部审计机构应当对内部审计质量实施有效控制，建立指导、监督、分级复核和内部审计质量评估制度，并接受内部审计质量外部评估。

（5）制定内部审计发展计划。内部审计机构应当编制中长期审计规划、年度审计计划、本机构人力资源计划和财务预算。

（6）建立内部审计激励约束机制。内部审计机构应当建立激励约束机制，对内部审计人员的工作进行考核、评价和奖惩。

（7）加强与外部审计的协调。内部审计机构应当在党委（党组）、董事会（或者主要负责人）或者最高管理层的支持和监督下，做好与外部审计的协调工作。

（8）做好审计整改的督促工作。内部审计机构应当跟踪审计发现问题和审计意见建议的落实情况，督促被审计单位做好审计整改工作。

（9）强化内部审计机构负责人的责任。内部审计机构负责人应当对内部审计机构管理的适当性和有效性负主要责任。

第三节　经营管理审计

一、经营管理审计的含义

经营管理审计是评价一个组织经营管理活动的效果性、效率性和经济性，并将评价结果和改进意见报告给有关人员的系统过程。其目标是评价一个组织绩效实现程度及影响因素，提出改进建议，帮助提高绩效。经营管理审计要求评价实际成果与可接受标准的符合程度，并着眼于发现问题，提出建议。在进行评价时，要求审计人员获得并评价他们认为与经营管理活动的效果性、效率性和经济性相关的证据，在审计报告中提出绩效评价结论和改进建议。

二、经营管理审计的一般思路

经营管理审计的特征由审计师考虑问题的思维方式和方法来决定，其一般思路是：首先，在审查生产经营及管理状况和业绩指标完成情况的基础上，全面分析已实现业绩；其次，初步判断存在的问题和尚可挖掘的潜力；最后，提出为提高业绩的改进建议。

（一）了解并评价权限与职责

了解被审计单位所拥有的权限以及所承担的职责，并评价其权限与职责是否相匹配，有无权限过大职责较小或者权限过小职责较大的情况。

（二）检查并评价业绩

业绩是指被审计单位所从事的业务经营活动、管理活动与管理层目标相比较的实现程度，一般指经营活动的效果性、效率性和经济性等经济效益，必要时还应当包括社会效益和环境效益。审计师首先要查明被审计单位经营管理活动既定目标的实现程度，既要分析在实现目标过程中所形成的有益经验以及未能实现目标所存在的主要问题，又要评价目标本身是否合理适当。

（三）检查并评价方针、程序与做法

方针是指管理层要求下属部门在工作中遵照执行的指导原则，是联系工作程序与目标的纽带；程序与做法是指管理层指导职工去实现既定目标和方针的具体方法。正式的指示称为“程序”，非正式的指示称为“做法”。审计师要审查并评价管理层的方针是否体现了其意图；程序与做法是否与既定目标和方针一致；方针、程序与做法是否被遵照执行，本身是否完善等。

（四）查明原因，作出结论，提出改进建议

在前述审计程序的基础上，查明被审计单位是否实现了既定的经营管理目标？有哪些成功经验？是否还存在问题？还可从哪些方面进行改进？只有发现问题，找出原因，才能提出改进建议，促进采取纠正措施，扩大有利成果，防止不利结果。

（五）开展后续审计

审计师应当通过后续审计了解被审计单位改进落实建议的情况，并根据新情况提出新的改进建议，以切实实现经营管理审计的目标。

三、经营管理审计的主要内容

在经营管理审计中，审计师应当从人力、资金、物资、其他资源利用程度和进一步开发的潜力着眼，以供、产、销等业务经营管理活动的过程和结果作为具体审计对象，审查和评价企业经营管理活动的效果性、效率性和经济性，发现问题，提出改进建议。

（一）采购管理审计

采购管理审计即对被审计单位采购业务及其管理活动进行检查和评价，以发现采购管理过程中存在的问题，提出相应改进建议，帮助其提高采购管理绩效的过程。通常包括以下内容：

1.采购管理制度审计

在了解被审计单位主要采购业务活动和相关管理制度的基础上，重点对其采购管理制度进行测试和评价。主要内容是：（1）是否制定了采购管理制度？是否健全合理？（2）是否得到有效执行？（3）针对采购管理制度存在的缺陷提出改进建议。

2.采购计划及管理审计

其主要内容是：（1）物资采购品种和数量、时间的确定是否科学，并与销售计划、生产计划相衔接；（2）是否编制了采购计划，并经过批准，实际采购是否按计划进行；（3）有无盲目采购的情况。

3.供应商及采购合同管理审计

其主要内容是：（1）企业是否建立了采购合同管理制度，是否健全并有效执行。（2）供货单位是如何选择确定的？是否通过招标或比价后集体研究确定。（3）供货价格是否最优。（4）是否与供货单位签订了供货合同；合同是否条款完整、内容齐备、措辞准确。（5）采购合同是否按期履行，对供应商违约行为是否采取了相应管理措施。

4.采购执行情况审计

其主要内容是：（1）实际采购是否按计划进行，能否正常保证生产与销售需求，是否存在盲目采购，造成物资积压的情况；（2）实际采购价格是否为当时最优价格，有无采购成本过高，甚至个别人员从中吃回扣的情况；（3）实际采用的运输方式是否合理，采购费用是否存在浪费的情况；（4）运输途中的损耗是否合理，有无多报损失、损害企业利益的情况；（5）采购中有无舍近求远的情况；（6）企业内部能否以较低的成本生产某些材料代替外购。

5.物资收发及管理审计

其主要内容是：（1）物资入库前是否有严格的质量检验和清点制度，并严格执行；（2）物资发出手续是否健全有效；（3）物资保管是否安全有序，有无被盗、雨淋或火灾威胁的情况；（4）是否采用永续盘存记录，是否定期盘点库存物资，对于盘盈或盘亏物资处理手续是否严格，并追究相关人员责任；（5）库存物资有无积压，或霉烂变质而不能正常使用的情况，对于这些物资是否采取了有效措施进行管理。

（二）生产管理审计

生产管理审计即对被审计单位生产及其管理活动进行检查和评价，以发现生产管理过程中存在的问题，提出相应改进建议，帮助其提高生产管理绩效的过程。通常包括以下内容：

1.生产管理制度审计

在了解被审计单位主要生产活动和相关管理制度的基础上，重点对其生产管理制度进行测试和评价。主要内容是：(1) 是否制定了生产管理制度，是否健全合理；(2) 是否得到有效执行；(3) 针对生产管理制度存在的缺陷提出改进建议。

2.生产计划及管理审计

其主要内容是：(1) 制订的生产计划是否科学，是否按照经济批量来安排生产，是否与企业的销售计划、采购计划衔接；(2) 生产计划是否经过批准，并得到严格执行，有无盲目生产的情况。

3.生产过程及管理审计

主要内容是：(1) 是否制定了生产过程中的人、财、物的消耗定额，消耗定额是否合理；(2) 各车间、各工序之间的生产能力是否相平衡，生产周期、生产批量是否合理可行；(3) 生产进度是否正常，生产计划能否如期完成；(4) 产品质量是否达到了要求，并满足客户需要；(5) 主要设备是否处于良好状态，其使用效率是否达到了预定目标；(6) 生产过程中的边角料是否充分利用；(7) 生产成本是否实现了预期目标，有无进一步降低的可能。

（三）销售管理审计

销售管理审计即对被审计单位销售业务及其管理活动进行检查和评价，以发现销售管理过程中存在的问题，提出相应改进建议，帮助其提高销售管理绩效的过程。通常包括以下内容：

1.销售管理制度审计

在了解被审计单位主要销售业务活动和相关管理制度的基础上，重点对其销售管理制度进行测试和评价。主要内容是：(1) 是否制定了销售管理制度，是否健全合理；(2) 是否得到有效执行；(3) 针对销售管理制度存在的缺陷提出改进建议。

2.销售计划及管理审计

其主要内容是：(1) 销售计划的制订是否根据销售预测作出，是否掌握了市场动态，并充分挖掘了市场潜力；(2) 销售计划是否充分考虑了企业的生产能力，并经过了批准。

3.销售过程及管理审计

其主要内容是：(1) 企业是否与主要客户签订了销售合同，销售合同是否条款完整、内容齐备、措辞准确，并如约履行；(2) 定价策略是否科学，能否使企业利益最大化；(3) 是否采取了一些营销策略来扩大市场，效果如何；(4) 销售定价决策是否过于集中，有无损害企业利益而中饱私囊的情况。

4.客户及应收账款管理审计

其主要内容是：(1) 企业是否对客户进行了必要调查，合理确定其信用额度，建立了客户管理档案；（2）企业赊销政策是否科学合理，放宽信用政策能否增加企业销售量并增加企业利润；（3）是否与客户定期核对应收账款的发生额与余额；（4）对超过信用期限的应收账款，是否采取了清理催收措施和法律措施。

第四节　企业内部控制评价

一、企业内部控制评价的含义与目标

企业内部控制评价，是指企业董事会或类似权力机构对内部控制的有效性进行全面评价、形成评价结论、出具评价报告的过程。

主要目标是：及时发现内部控制设计与执行缺陷，促进其完善，进而促进内部控制持续有效。这主要是通过对内部控制设计和执行情况的评价，及时识别和评价内部控制缺陷，进而提出相应的完善建议，并督促整改落实，以确保内部控制持续有效。

二、企业内部控制评价的范围与主要内容

（一）评价范围

理论评价范围是企业全部内部控制，既包括财务报告内部控制，也包括非财务报告内部控制；既包括企业整体层面的内部控制，也包括业务层面的内部控制；既包括集团公司层面的内部控制，也包括分子公司层面的内部控制。但在实务中，往往难以涉及企业全部内部控制，因此，每次评价可以从纳入合并财务报表的资产总额、收入总额、利润总额等方面来确定，通常应当达到90%以上。每年度可根据实际情况确定重点领域与重点范围。

（二）主要评价内容

主要评价内容应是对内部控制能否合理保证实现控制目标的全面评价，通常应紧紧围绕内部环境、风险评估、控制活动、信息与沟通、内部监督五要素进行。

在内部环境方面，需要重点关注法人治理结构、组织架构、发展战略、社会责任、人力资源政策、企业文化和内部审计方面。

在风险评估方面，需要关注目标设定、风险识别、风险评估和分析、风险应对等方面。

在控制活动方面，需要关注企业控制活动的设计及运行情况，包括不相容职务分离控制、授权审批控制、会计信息系统控制、财产保护控制、预算控制、运营分析控制、绩效考评控制、合同控制、重大风险预警机制和突发事件应急处理机制等，以及控制活动在主要业务中的运用情况，包括资金活动、采购业务、资产管理、销售业务、研究与开发、工程项目、担保业务、业务外包、财务报告。

在信息与沟通方面，需要关注企业内外部信息的沟通机制、信息质量、沟通制度、内部信息传递机制、信息系统、重大信息报告制度以及反舞弊机制。

在内部监督方面，需要关注企业对内部控制的内部监督制度及内部监督执行情况，重点关注监事会、审计委员会、内部审计机构等是否在内部控制设计和运行中有效发挥监督作用。

三、企业内部控制评价的依据

评价依据主要有两方面：一方面是监管部门制定的依据；另一方面是本企业制定的依据。

在我国，监管部门制定的依据按其适用范围可分为两类：一类是适用于大部分企业的通用依据，如财政部等制定的《企业内部控制基本规范》、《企业内部控制应用指引》和《企业内部控制评价指引》；另一类是适用于特定行业的依据，这主要是行业监管部门或行业协会制定的、适用于特定行业的内部控制标准，原中国银保监会制定的《银行保险机构公司治理准则》（银保监发〔2021〕14号）等。这些依据是企业在制定内部控制时应当遵循的规范。

本企业制定的依据主要是本企业根据监管部门相关内部控制规范，结合自身实际情况制定，并经企业最高权力机构审核批准的内部控制制度。这是企业在法人治理和各项业务活动中必须遵循的行为规范。

四、企业内部控制评价的组织

评价工作通常是在董事会领导下成立专门机构或授权内部审计机构来负责具体实施。如果成立专门机构，其成员一般以内部审计机构和内部控制机构为主体，抽调各部门业务骨干组成。来自业务部门的骨干，在涉及本部门内部控制评价时须回避。

在企业内部控制评价中，各相关机构的职责分工是：①董事会承担最终责任，并对评价报告的真实性负责。董事会可以通过审计委员会来承担评价工作的组织、领导和监督职责，听取评价报告，审定内部控制重大和重要缺陷及其整改意见，对在督促整改中遇到的问题和困难积极协调解决。②监事会审议评价报告，并对评价过程和结果进行监督。③经理层负责组织实施评价，并为评价创造良好的环境和条件；审定评价方案，听取评价报告，并对发现的缺陷采取有效措施进行整改。④评价机构根据授权承担具体评价工作，包括识别和评价内部控制缺陷，拟订整改方案，编写评价报告，并向董事会及审计委员会报告；督促各相关部门进行整改，并根据评价和整改情况拟订内部控制考核方案。⑤各业务部门、下属分子公司负责组织本部门内部控制的自查和自评工作，配合评价机构的评价工作；落实内部控制缺陷整改意见，确保内部控制持续有效。

五、企业内部控制评价的基本程序与主要方法

（一）基本评价程序

通常分为三个阶段：准备阶段、实施阶段和报告与整改阶段。

在准备阶段，主要工作包括制订评价工作计划和方案，确定评价工作原则、评价范围、评价方法，报送董事会审议批准；组建评价领导小组和工作组，明确其职责。工作组在内部控制领导小组的领导下，具体承担内部控制检查评价任务。

在实施阶段，主要工作包括了解评价范围内整体层面和业务层面的内部控制及其内部控制流程；识别关键控制点，并根据企业业务特点确定检查重点和数量；综合运用各种评价方法对内部控制设计与执行的有效性进行测试和评价，记录相关测试结果。

在报告与整改阶段，主要工作包括汇总评价结果，并根据内部控制缺陷认定标准识别和评价缺陷，形成现场评价报告；现场评价报告经被评价单位确认后，向领导小组汇报，并编制评价报告，报送管理层、董事会和监事会，由董事会最终审定后对外披露；存在内部控制缺陷的业务部门和分子公司，根据缺陷的性质和整改意见制订并落实整改方案，并将整改效果向评价机构和企业管理层、董事会报告。

（二）主要评价方法

主要评价方法有：书面资料检查法、个别访谈法、问卷调查法、专题讨论法、穿行测试法、实地查验法、抽样检查法等。

在评价中应当综合运用这些方法，并重点关注：①内部控制由哪些部门或人员来执行；②内部控制是如何运行的；③是否一贯运行；④运行过程中形成怎样的文件或记录。

评价机构具体运用这些评价方法与注册会计师在财务报表审计中对内部控制进行测试与评价的方法相似。请参见第六章内部控制及其测试。

六、企业内部控制缺陷及其认定标准

（一）内部控制缺陷的类型与含义

内部控制缺陷按照其成因或来源分类，可分为设计缺陷和执行缺陷。设计缺陷是指企业内部控制设计不当，缺少为实现控制目标所需的必要控制，导致内部控制正常执行也难以实现其控制目标；执行缺陷是指内部控制未被恰当执行而导致未能实现其控制目标。设计缺陷影响内部控制设计的有效性；执行缺陷影响内部控制执行的有效性。

内部控制缺陷按照其性质严重程度分类，可分为重大缺陷、重要缺陷、一般缺陷。重大缺陷是指一个或多个控制缺陷的组合，可能导致企业严重偏离控制目标；重要缺陷是指一个或多个控制缺陷的组合，其严重程度低于重大缺陷，但仍有可能导致企业偏离控制目标；一般缺陷是指除重大缺陷、重要缺陷之外的其他缺陷。当企业存在一个或多个内部控制重大缺陷时，通常评价内部控制为无效。

内部控制缺陷按照其影响的内部控制目标分类，可分为财务报告内部控制缺陷和非财务报告内部控制缺陷。前者为影响财务报告可靠性的内部控制缺陷，亦即不能及时防范或发现并纠正财务报告错报的内部控制缺陷；后者是指影响除财务报告可靠性之外的其他控制目标合理实现的内部控制缺陷。其他控制目标包括合规目标、经营目标、资产安全目标、战略目标以及非财务报告可靠性目标。

（二）企业内部控制缺陷的认定标准

内部控制重大缺陷、重要缺陷和一般缺陷的具体认定标准，由企业根据实际情况自行确定。通常分为财务报告、非财务报告内部控制缺陷的认定标准，同时，又分为定量标准和定性标准。

1.财务报告内部控制缺陷的认定标准

（1）定量标准

定量标准即以可能导致财务报告错报金额的大小来衡量，即内部控制缺陷可能导致财务报告错报的重要程度。这与财务报表审计中整体层次重要性水平的确定类似，以某个评价基准的百分比来计量（见表16-1）。

表16-1 **财务报告内部控制缺陷的认定标准——定量标准**

指标名称	重大缺陷定量标准	重要缺陷定量标准	一般缺陷定量标准
利润总额潜在错报	错报≥利润总额的10%	利润总额的5%≤错报<利润总额的10%	错报<利润总额的5%
营业收入潜在错报	错报≥营业收入的1%	营业收入的0.5%≤错报<营业收入的1%	错报<营业收入的0.5%
资产总额潜在错报	错报≥资产总额的1%	资产总额的0.5%≤错报<资产总额的1%	错报<资产总额的0.5%
净资产潜在错报	错报≥净资产的2%	净资产的1%≤错报<净资产的2%	错报<净资产的1%

（2）定性标准

定性标准即从可能导致财务报告错报的事件性质的严重程度来区分缺陷的性质。表16-2列举了一些可能被认为是财务报告内部控制重大缺陷或重要缺陷的事件。

表16-2 **企业内部控制缺陷认定标准——定性标准**

缺陷程度	财务报告内部控制缺陷	非财务报告内部控制缺陷
重大缺陷	①董事、监事和高级管理人员舞弊； ②注册会计师发现当期财务报告存在重大错报，而内部控制在运行过程中未能发现该错报； ③公司审计委员会和内部审计机构对财务报告内部控制监督无效	①决策程序导致重大失误； ②违反国家法律法规并受到处罚； ③中高级管理人员和高级技术人员流失严重； ④关于安全、环保、职业健康安全、经营状况等事项，被政府或监管机构专项调查，引起公众媒体连续专题报道，并因此出现资产质押、索偿等不利事件； ⑤重要业务缺乏制度控制或制度体系失效
重要缺陷	①未依照公认会计准则选择和应用会计政策； ②未建立反舞弊程序和控制措施； ③对于非常规或特殊交易的账务处理没有实施相应的控制或补偿性控制； ④对于期末财务报告过程的控制存在一项或多项缺陷且不能合理保证编制的财务报表达到真实、完整的目标	①决策程序导致出现一般失误； ②违反公司内部规章，造成损失； ③关键岗位人员缺失或失职； ④重要业务制度或系统存在缺陷； ⑤内部控制重要缺陷或一般缺陷未得到整改； ⑥内部审计部门对非财务报告内部控制监督无效
一般缺陷	不构成重大缺陷或重要缺陷的其他财务报告内部控制缺陷	不构成重大缺陷或重要缺陷的其他非财务报告内部控制缺陷

2.非财务报告内部控制缺陷的认定标准

（1）定量标准

定量标准通常根据造成企业直接财产损失的绝对额来确定，也可以根据其直接损失占企业资产、净资产、营业收入或利润总额的百分比来确定（见表16-3）。当企业按照不同的基准计算得到不同的损失金额时，通常应当选择较低的金额作为定量标准。

表16-3　　非财务报告内部控制缺陷的认定标准——定量标准

指标名称	重大缺陷定量标准	重要缺陷定量标准	一般缺陷定量标准
直接财产损失金额（按占利润总额的百分比计量）	损失≥利润总额的1%	利润总额的0.5%≤损失<利润总额的1%	损失<利润总额的0.5%
直接财产损失金额（按占营业收入的百分比计量）	损失≥营业收入的0.1%	营业收入的0.05%≤损失<营业收入的0.1%	损失<营业收入的0.05%
直接财产损失金额（按占资产总额的百分比计量）	损失≥资产总额的0.1%	资产总额的0.05%≤损失<资产总额的0.1%	损失<资产总额的0.05%
直接财产损失金额（按占净资产的百分比计量）	损失≥净资产的0.2%	净资产的0.1%≤损失<净资产的0.2%	损失<净资产的0.1%
直接财产损失金额（按绝对额计量）	损失≥1 000万元	500万元≤损失<1 000万元	损失<500万元

（2）定性标准

定性标准涉及业务性质的严重程度，可根据其直接或潜在的负面影响的性质、影响范围等因素来确定。表16-2列举了一些可能被认为是非财务报告内部控制重大缺陷或重要缺陷的事件。

七、企业内部控制评价报告①

（一）《企业内部控制评价指引》规定的基本结构

《企业内部控制评价指引》规定，企业内部控制评价报告至少包括以下八个方面的内容：（1）董事会对内部控制报告真实性的声明；（2）内部控制评价工作的总体情况；（3）内部控制评价的依据；（4）内部控制评价的范围；（5）内部控制评价的程序和方法；（6）内部控制缺陷及其认定情况；（7）内部控制缺陷的整改情况及重大缺陷拟采取的整改措施；（8）内部控制有效性的结论。

（二）上市公司的一般规定

《公开发行证券的公司信息披露编报规则第21号——年度内部控制评价报告的一般规定》要求，上市公司年度内部控制评价报告应包括以下要素：

1.标题

统一为“××股份有限公司20××年度内部控制评价报告”。

2.收件人

统一为“××股份有限公司全体股东”。

3.引言段

主要说明评价工作主要依据、内部控制评价报告基准日等内部控制评价基本信息。

① 限于篇幅，我们没有给出企业内部控制评价报告的范例，希望感兴趣的读者以“内部控制评价报告”为关键词，在网络中搜索一份当年度最新的上市公司年度内部控制评价报告，下载并学习。

4.重要声明

应当说明董事会、监事会及董事、监事、高级管理人员对内部控制及年度内部控制评价报告的相关责任，以及内部控制的主要目标和固有局限性。

5.内部控制评价结论

应当分别披露对财务报告内部控制有效性的评价结论，以及是否发现非财务报告内部控制重大缺陷，并披露自内部控制评价报告基准日至内部控制评价报告发出日之间是否发生影响内部控制有效性评价结论的因素。

公司对财务报告内部控制有效性的评价结论与注册会计师的审计意见存在差异的，以及公司与注册会计师对非财务报告内部控制重大缺陷的披露存在差异的，公司应该予以说明，并解释差异原因。

6.内部控制评价工作情况

应当披露内部控制评价范围、工作依据及缺陷认定标准，以及缺陷认定及整改情况。其中：（1）评价范围应当从纳入评价范围的主要单位、业务和事项以及高风险领域三个方面进行披露，并对评价范围是否存在重大遗漏形成明确结论。（2）评价工作依据及缺陷认定标准应当披露公司开展评价工作的具体依据以及进行缺陷认定的具体标准及其变化情况，并应当区分财务报告内部控制和非财务报告内部控制，分别披露重大缺陷、重要缺陷和一般缺陷的认定标准。（3）缺陷认定及整改情况应当区分财务报告、非财务报告内部控制，分别披露报告期重大缺陷和重要缺陷的认定结果及缺陷的性质、影响、整改情况、整改计划等内容。

7.其他内部控制相关重大事项说明段

本部分主要披露可能对投资者理解内部控制评价报告、评价内部控制情况或进行投资决策产生重大影响的其他内部控制信息。

【延伸阅读】

1.《审计署关于内部审计工作的规定》（2018）。

2.中国内部审计基本准则、24个具体准则、6个实务指南，可访问：中国内部审计协会网站之“学术准则”栏，https：//www.ciia.com.cn/index.html。

3.《企业内部控制评价指引》（2010）。

4.《公开发行证券的公司信息披露编报规则第21号——年度内部控制评价报告的一般规定》（2014）。

【复习思考题】

1.试述内部审计的定义与特征。

2.内部审计机构应当履行哪些职责？并应当被赋予哪些职权？

3.试述我国内部审计准则的体系结构及效力。

4.试述我国内部审计基本准则的主要内容。

5.试述经营管理审计的定义与特征，开展经营管理审计的一般思路与程序。

6.试述经营管理审计的主要内容。

7.试述企业内部控制评价的含义与目标、基本程序与方法。

8.试述企业内部控制缺陷的类型与含义及认定标准。

9.试述企业内部控制评价报告的基本格式与内容。

【案例分析题】

A公司是一家大型的、集团式集矿产勘探、开采、选矿、冶炼、深加工与销售、科研为一体的有限责任公司。经过近年的快速发展，公司已形成集采矿、选矿、冶金、化工、深加工、贸易和科研为一体的完整产业链，现有全资或控股子公司28家，参股公司15家，以YN省为主，遍布我国四川、西藏、内蒙古、黑龙江等省区以及加拿大、玻利维亚、澳大利亚等国家。公司拟优化当前的内部审计制度。请你提出优化方案。

讨论题：

（1）你决定先对公司内部审计情况进行调研，请拟订调研方案，包括调研的目的、对象、主要内容等。

（2）请你根据现代内部审计理论发展和《审计署关于内部审计工作的规定》（2018），结合A公司实际情况，从内部审计机构设置、人员配备、领导体制、职权与职责、审计程序和方法、审计结果运用等方面提出优化建议的一般内容。

第十七章　信息技术对审计的影响

信息技术即信息和通信技术。在云计算、大数据、人工智能等新一代信息技术的支持下，人类已经进入数智时代。数智时代对审计影响重大。本章首先介绍信息技术的最新发展，然后介绍数智时代对经济社会影响较大的几个定律及智慧企业、智慧企业财务会计系统及人机结合的会计模型，最后分析信息技术环境下审计的变与不变。

第一节　信息技术新发展

进入21世纪，云计算、大数据、人工智能、区块链、物联网等各种新信息技术涌现，人类的生产生活方式发生了极大的变化，由数字化、信息化来到了数智化时代。

一、数智时代：ABC技术

2016年百度云智峰会提出代表人工智能（Artificial Intelligence，AI）、大数据（Big Data）、云计算（Cloud Computing）的ABC时代已经到来。人工智能、大数据与云计算是三种既互相关联又有区别的新一代关键信息技术，其关系是：云计算是基础，大数据是云计算的产物；在大数据基础上以机器学习为代表的新一代人工智能技术迅速发展，人类从数字时代进入数智时代。

（一）云计算

云计算就是网络，指任何时候在任何地方，用任何可以连接到网络上的设备都可以获取网络上计算、存储等信息资源的模式。万物互联情况下，云计算包括了物联网与移动互联网。物联网强调数据从物体上的采集与传输，移动互联网强调设备的可移动性。

云计算的最初目标是充分利用连接到网络上的计算与存储资源，达到计算与存储资源不受时间与空间的限制，具有尽可能多的时间与空间的灵活性（云计算的弹性）。为达此目标，人们在硬件、软件全方面发展信息技术。软件方面发明调度（Scheduler）算法，即将连到网络上的计算与存储资源看作一个池子，用户提出申请即可由此算法将网络上的计算与存储资源调度给用户使用。

在云计算服务模式中，服务提供商以按需服务的形式提供计算、存储和应用等资源的使用，用户则像用电一样，无须自行采购、配置或管理基础的服务器、应用软件等各种软硬件资源，只需为实际使用的计算与存储资源（如基础设施、平台或应用程序等）付费。云计算的重要优势就是性价比高，具有较高的弹性，用户只需为实际用量付费而无须购买和维护自己的硬、软件、物理数据中心和服务器；能够更快、更高效地进行扩缩。

从基础构架角度看，云计算分为私有云、公有云与混合云三种。私有云的基础设施由用户自己构建、管理和拥有，并以非公开方式托管在自己的数据中心。私有云可提供更强的数据控制、安全和管理功能，只有内部用户能够受益于共享的计算、存储和应用等各种资源池，一般适用于超大型企业、政府等资金与技术力量雄厚、需要严格保密的组织。公有云的共享资源由第三方云服务提供商运营与管理，它通过互联网提供计算、存储和应用等各种资源，使用户能够根据其独特的要求和业务目标访问共享的资源。混合云则是私有云与公用云的灵活配置。实际上，不存在放之四海而皆准的云构架解决方案，灵活性和多样性正是云的特点，这使得用户可以快速适应不断变化的环境与要求。

从用户消费资源或业务需求的角度看，云计算服务模式有基础架构即服务（IaaS）、平台即服务（PaaS）、软件即服务（SaaS）三种。基础架构即服务可让用户按需访问信息技术基础架构资源，包括计算、存储、传输等硬件类为主的基础资源；平台即服务提供用户应用开发需要的所有硬件和软件资源，采用平台即服务模式的用户无须自己管理和维护底层基础架构，可以专注于应用开发上。软件即服务为用户提供完整的应用软件，从底层基础架构维护，到应用软件本身的更新；软件即服务模式通常是最终用户应用，基础架构、应用软件等都由云服务提供商管理和维护，用户专注于其专业应用领域。

云计算提供了可让组织受益的众多应用。常见使用场景如：(1) 基础架构扩缩。许多组织（包括零售业组织）对计算能力的需求波动较大。云计算可以轻松适应这些波动。(2) 灾难恢复。组织使用云计算来安全地备份其数字资产，而不必构建更多数据中心以确保发生灾难期间的连续性。(3) 数据存储。云计算支持存储大量数据，从而提高数据的可访问性、简化数据分析并让备份操作更轻松，从而为原本不堪重负的数据中心缓解压力。(4) 应用开发。云计算可让应用软件开发者快速访问用于开发和测试应用的工具和平台，从而缩短其应用产品的上市期。(5) 大数据分析。云计算提供了近乎无限的资源，支持处理海量数据，以加快研究速度并缩短获得洞察的时间。

（二）大数据

数据是对客观事实或世界观察的结果，可以是连续的模拟数据，比如声音、图像；也可以是离散的数字数据，如符号、文字等。数据本身没有用处，但它内含很重要的东西，即信息。信息是有用的经过加工处理的数据。数字时代，人类与数据、信息等的关系如图17-1所示，这是一个关于人类理解、推理和解释的层次结构，分别是数据（Data，原始的事实集合）、信息（Information，经过加工处理的有用的数据）、知识（Knowledge，需要洞察力和理解力进行学习的信息，可以在行动中使用的信息）、智慧（Wisdom，指导行动的知识与能力）。人们在新一代信息技术的支持下，可以越来越关注更高层次的知识和智慧，提高理性与基于理性的感性能力，作出科学决策，采取合理行动。

有了云计算，数据成为大数据。计算机中的数据以二进制0、1的形式表示，其最小单位就是一个二进制基本单位，即一个位（bit），八个位就是一个字节（Byte）。随着网络的发展与普及，数据大爆炸成为“大数据”，数据量以指数级增长：因为是二进制，以1 024（2的10次方）为进制，1KB=1 024Byte、1MB=1 024KB、1GB=1 024MB、1TB=1 024GB、1PB=1 024TB、1EB=1 024PB、1ZB=1 024EB、1YB=1 024ZB、1BB=1 024YB……大数据就是我们每天所徜徉的数据海洋，这些数据规模已达到了ZB级，由我们的电脑、移动设备和机器传感器生成。大数据无法使用传统方法进行分析，它必须使用云服务的模式进行处理。

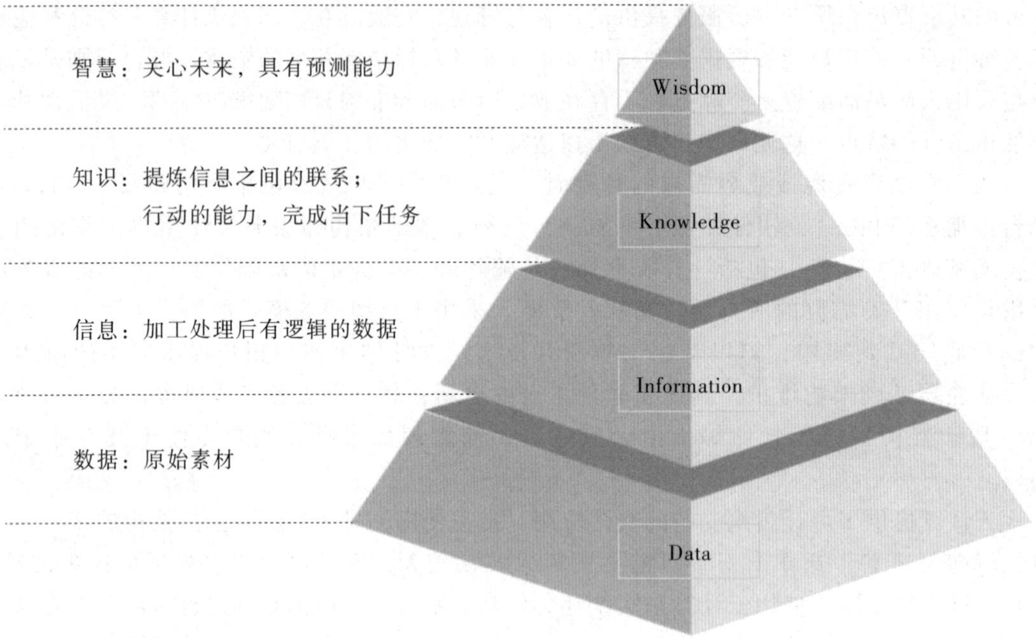

图17-1 DIKW金字塔

（三）人工智能

人工智能（Artificial Intelligence，AI）即“用机器模拟人的智能”，是研究开发能够模拟、延伸和扩展人类智能的理论、方法、技术及应用系统的一门新的技术科学。人工智能使智能机器会听（语音识别、机器翻译等）、会看（图像识别、文字识别等）、会说（语音合成、人机对话等）、会思考（人机对弈、定理证明等）、会学习（机器学习、知识表示等）、会行动（机器人、自动驾驶汽车等）。

人工智能就是让机器在DIKW金字塔中越来越与人接近，并与人进行沟通和优势互补的过程。随着云计算、大数据的出现，人类开始让计算机模拟人类大脑的运行方式（卷积神经网络）自己学习并发现知识，即机器学习。

机器学习支持用户向计算机算法输送大量数据，然后让计算机分析这些数据，并仅根据输入数据给出数据驱动型建议和决策。如果算法识别出任何更正，它会整合更正信息，改进未来决策。机器学习由三个部分组成：属于决策核心的计算算法；组成决策的变量和特征；支持（训练）系统学习的具有已知答案的相关基础知识。其工作原理为：向模型输送具有已知答案的参数数据；运行算法，进行调整，直到算法的输出（学习结果）与已知答案一致；输入的数据量持续增加，以帮助系统学习和处理更高级的计算决策。

在业务使用的操作层面，人工智能是一组主要基于机器学习和深度学习的技术，用于数据分析、预测、对象分类、自然语言处理、推荐、智能数据检索等。对企业而言，机器学习可以是发掘企业和客户数据价值、作出使企业保持领先竞争力决策的关键所在。

2022年11月，美国人工智能研究实验室（openAI）推出了划时代的人工智能作品：聊天机器人（chatGPT）。ChatGPT是一个人机对话模型，它可以与人用自然语言进行交互对话。这个模型通过对大量文本数据的学习与训练，能够理解人提出的问题，并用适当的方式作出响应。尽管ChatGPT仍存在各种问题，但它就像孩子一样，表现出了强大的通用学习能力。ChatGPT实现了自然语言与人工智能的融合，为每一个人都架起了通向人工智能的桥梁，带来人工智能应用的巨大变化。ChatGPT将改变人类与机器的互动方式，其在各个领域的广泛应用预示着人工智能时代的到来。

无论您是否理解人工智能、大数据与云计算这些技术，它们已经成为当今世界运行的基石。数智时代，人必须了解机器，并学会与机器对话、协作，以共同发展。

二、区块链：信任的基石

（一）区块链的概念

区块链是一种基于网络的、去中心化的多元化账本技术，由一系列被称为“区块”的数据块组成的链式结构。每个区块包含一些交易数据和一个指向前一个区块的哈希值。由于哈希值的唯一性（任何一点区块内数据的变化都会使哈希值不同），各区块就形成了一个不可篡改的链条。区块链的数据存储和验证是由网络中的多个节点共同完成的，而不是依赖于单一的中央机构。不可篡改与去中心化的特点保证了区块链记录信息的真实可靠，并具有高度的安全性，它可以帮助人们解决信任问题。

从科技层面来看，区块链涉及数学、密码学、互联网和计算机编程等许多科技问题。从应用视角来看，区块链技术是一种高级数据库机制，是“利用块链式数据结构来验证与存储数据、利用分布式节点共识算法来生成和更新数据、利用密码学的方式保证数据传输和访问的安全、利用由自动化脚本代码组成的智能合约来编程和操作数据”的一种全新的分布式基础架构与计算方式。区块链技术融合互联网技术非常多的优质算法，并将其按照非常精妙的规则进行组装，以完成一系列复杂处理。

相比于传统的网络，区块链具有以下优点：一是成本较低，交易记录可以自动更新；二是速度更快，交易记录几乎可以做到实时更新；三是数据的不可修改性，区块中的数据没人能够更改。使用区块链技术可以在企业（或部门等）网络中透明地共享信息。

（二）区块链的工作原理

区块链系统一共有六层结构，如图17-2所示，分别是：数据层、网络层、共识层、激励层、合约层和应用层。

其中：（1）数据层：封装了底层数据区块，以及相关的数据加密和时间戳等基础数据和基本算法；（2）网络层：包括分布式组网机制、数据传播机制和数据验证机制等；（3）共识层：封装网络节点的各类共识算法；（4）激励层：将经济因素集成到区块链技术体系中来，主要包括经济激励的发行机制和分配机制等；（5）合约层：主要封装各类脚本、算法和智能合约，是区块链可编程特性的基础；（6）应用层：封装了区块链的各种应用场景和案例。所有的二次开发应用都基于这一层面，就类似于众多的应用程序（APP）基于IOS和安卓底层操作系统一样。

区块链的工作原理为：（1）交易记录：当需要记账的交易发生时，它的相关数据就被添加到一个新的区块中；（2）哈希链接：每个区块都包含前一个区块的哈希值，从而形成一个链结构方式，并使得区块链中的数据具有时序性和连续性；（3）工作量证明（PoW）或权益证明（PoS）：在某些区块链系统中，新的区块需要经过一定的工作量证明或权益证

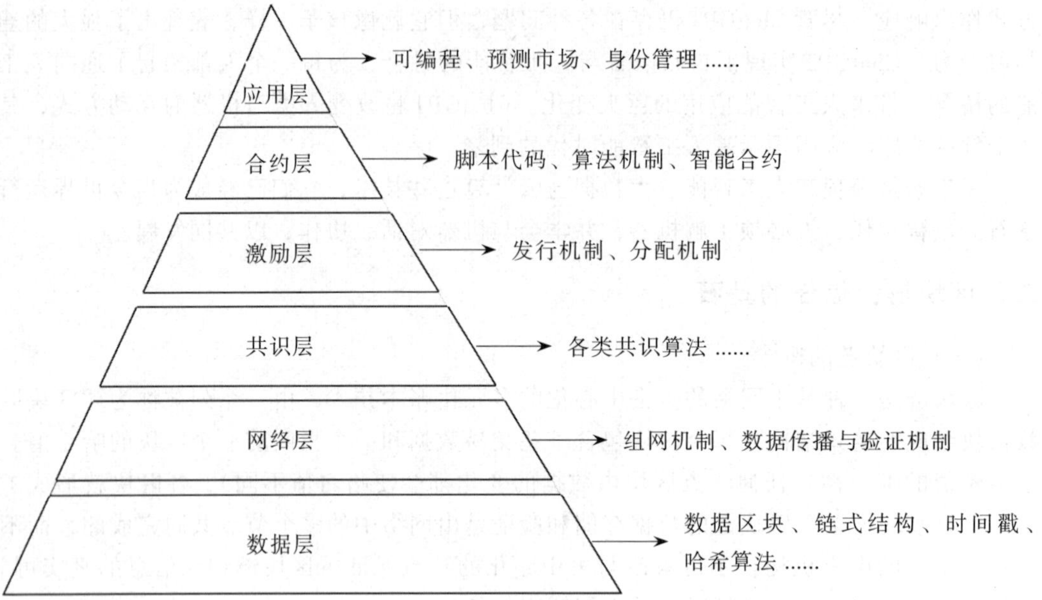

图17-2 区块链系统的层次结构

明来完成这个过程，称为“挖矿”或“权益”、“投票”，它用于保证区块链的安全性和防止恶意行为；（4）去中心化网络：区块链的数据被复制并存储在网络中的多个节点上，且每个节点都有完整的区块链副本，并去参与对新的交易和区块的验证。去中心化的网络结构保证了数据的安全性和可靠性。

区块链技术可构建高度自主的账本生成机制和去中心化的管理信息系统，它对财务与会计活动的影响主要表现在以自主管理理念重构企业财务会计信息系统，并实现自主管理。区块链技术被认为是新一代颠覆性的核心技术。互联网技术成功实现了信息的去中心化，但无法实现价值的去中心化。互联网能去中心化的活动是无须信用背书的活动，需要信用做保证的都是中心化的、有第三方中介机构参与的活动。区块链技术就是为了解决这个全球的信用问题而出现的，它提供了一种无中介、无须信任单节点、全网共识的一种网络方法实现价值的去中心化。

区块链技术将有助于实现信息互联网向价值互联网的转移。未来区块链技术可能会重塑社会的“信任关系”，当社会关系的基础协议依赖于可信任的底层技术时，信息和交易都变得开放透明、不可篡改，社会规则和建立在此基础之上的组织形态也会发生重大变化。

第二节 数智时代会计模型

在互联网经济环境中，人们总结了一些定律，可以使我们更好地理解现实经济运行与未来发展。本节简要介绍互联网经济的三大定律，然后介绍智慧企业、数智时代的会计模型。

一、互联网经济三大定律

（一）摩尔定律

摩尔定律由英特尔创始人之一戈登·摩尔在1965年提出。他认为集成电路（计算机芯片）能容纳的晶体管数量每隔大约18个月到2年的时间就会翻一番。这意味着同样大小的芯片可以放入越来越多的晶体管，使计算机算力成倍增加而成本保持不变，这让更多的人能够用得起高性能的计算机。

摩尔定律的应用范围不仅限于计算机，它也对其他电子设备的发展产生了深远的影响，如智能手机、平板电脑等。当然，随着时间推移，摩尔定律可能会面临挑战，因为到了一定程度，技术的进一步发展可能会遇到物理限制。但在过去几十年中，摩尔定律一直是计算机和电子设备发展的关键驱动力之一。

（二）梅特卡夫定律

梅特卡夫定律认为，一个网络的价值与网络中连接的用户数量的平方成正比。该定律强调了网络效应的重要性。当一个网络不断扩大并吸引更多的用户，它的价值会迅速增加。这也可以解释为什么许多互联网平台，如社交媒体、电子邮件、在线市场等，在发展初期需要吸引尽可能多的用户，以实现网络效应，提高平台价值。

梅特卡夫定律告诉我们，随着用户数量的增加，网络的价值会不断提升。这也是为什么现在的互联网和各种应用平台吸引了数以亿计的用户，成为我们生活中不可或缺的一部分。

（三）颠覆定律

数智时代，技术呈现指数级增长，而社会变革却滞后于技术发展。随着时间的推移，两者之间的差距越来越大，这种差距带来了很多不确定性，并将带来颠覆的风险。这就是颠覆定律的基本含义。

在商业和技术领域中，颠覆定律指新技术和新业务模式的出现颠覆了传统行业和商业模式的现象，即新兴技术或创新的引入对现有产业和市场造成深刻影响，颠覆了旧有规则和格局。互联网的出现和普及是一个“颠覆定律”的典型例子，它改变了传统商业模式，影响了传统零售、传媒、旅游等多个产业，同时推动了电子商务、社交媒体、在线服务等新兴行业的崛起。

在人类社会中，颠覆定律指新技术、新思想、新观念等的出现颠覆了传统社会结构、价值观和生活方式。历史上许多重大社会变革都是由颠覆定律引发的。例如，工业革命带来了机械化生产，人类从农业社会转变为工业社会，彻底改变了人们的生活和工作方式；新兴技术如人工智能、生物技术、区块链等，以及新的社会观念如环保、多元文化等，都在颠覆传统社会结构和思维方式。为了更好地应对颠覆定律，我们需要培养创新思维和适应能力，积极参与社会变革，推动社会进步和发展。

二、智慧企业

（一）智慧企业的概念与关键特征

智慧企业是指利用信息技术和数字化手段，将传统企业转型为更加智能化、高效率和灵活性的企业。智慧企业旨在通过技术和数据驱动实现企业全面优化和持续发展。

智慧企业具有以下关键特征。（1）数字化转型：智慧企业是传统企业向数字化转型的过程，它利用云计算、大数据、人工智能等先进技术，将业务和流程数字化，实现信息的高效共享和数据的智能分析。（2）数据驱动决策：智慧企业依靠数据驱动决策，将数据作为企业经营和管理的重要依据。通过数据分析和洞察，企业可以更准确地了解市场需求、客户喜好和业务表现，从而作出更明智的决策。(3) 自动化和智能化：智慧企业通过自动化和智能化技术，实现业务流程的自动化和智能化。例如，自动化生产线、智能物流管理、自动化客服系统等，都可以提高企业的效率和生产力。(4) 客户体验优先：智慧企业将客户体验置于首位，致力于提供个性化、高质量的服务。通过数据分析和人工智能技术，企业可以更好地了解客户需求，提供定制化的产品和服务，增强客户满意度和忠诚度。(5) 敏捷和灵活性：智慧企业注重敏捷和灵活性，能够快速适应市场变化和业务需求。数字化技术和智能化系统使企业能够更快速地调整战略、推出新产品，并有效应对竞争挑战。(6) 生态系统合作：智慧企业倡导与合作伙伴、供应商和客户之间的紧密合作，形成完整的生态系统。这有助于资源共享、协同创新和优势互补，推动企业持续创新和发展。

智慧企业通过数字化转型和科技创新，实现高效运营、敏捷发展和客户体验优先。它不是单一的技术应用，而是涵盖了全面的战略和管理理念，是企业持续发展和竞争力提升的重要路径之一。在现实世界中，有很多优秀的企业管理软件供应商可以协助企业向智慧企业转型。

(二) 智慧企业中的财务系统

智慧企业的财务系统涵盖了财务管理（资金流）和会计核算（资金的信息流）等领域，帮助企业实现财务数据的高效管理和准确分析。

智慧企业的财务系统有以下特征：(1) 数据集成与数字化处理：智慧企业已经实现了业财一体化。业务一发生，相应的与财务相关的数据就被自动获取并记录，实现了数据的统一和一致性，所有与财务相关的信息都统一集中在一个通用日记账中，实现了数出一门。(2) 自动化会计核算：财务系统会按一个或者多个并行的相应会计准则自动处理财务数据，并能够自动生成会计凭证、账簿和报表等。这减少了手工操作的时间和错误，提高了会计核算的准确性和效率。(3) 财务分析与报告：财务系统可以对财务数据进行分析，生成各种财务报告和财务指标分析，帮助企业了解业务绩效、盈利能力、偿债能力等方面的情况，从而更好地进行战略规划和决策。(4) 实时财务信息：系统能够提供实时财务信息，包括企业的收入、支出、利润、现金流等数据。这使企业管理层和财务团队可以及时了解企业财务状况，及时作出决策。(5) 财务数据可视化：财务会计信息系统通过数据可视化技术，将复杂的财务数据呈现为图表和图形，使得财务报告更加直观和易于理解。这有助于管理层更好地洞察企业财务情况，作出明智决策。(6) 合规与风险管理：财务系统能够辅助企业进行财务合规和风险管理。它可以帮助企业遵守法规和税收政策，规避潜在风险，并确保企业财务数据的安全性和保密性。

总之，智慧企业的财务系统是一个集成了数据处理、自动化核算、财务分析、报告和合规管理等功能的系统。它帮助企业实现财务数据的高效管理和智能化分析，提升财务决策的准确性和效率，推动企业持续发展和提升竞争力。

(三) 人机结合的会计模型

会计既是信息系统也是管理活动。会计信息系统是一个人机系统，它为企业内外各类决策者提供与价值或资金相关的信息。财务会计为企业外部各利益相关者提供信息。信息披露分强制性与自愿性，前者要尽可能地降低信息披露成本，后者需要进行成本效益比较。为满足各方需求，强制性信息披露需要遵循由各方博弈后制订的会计准则，披露的财务会计信息只能是各方博弈后的最小公倍数。管理会计为企业内部各层次管理者提供信息以帮助他们作出日常、例外事项等战术与战略管理决策。决策是管理的核心，作为管理活动，会计就是支持甚至直接做决策。决策面对的问题有结构化性与非结构性之分，如图17-3所示。结构性问题是以前出现并处理过的问题；非结构性问题则是未出现未处理过的问题。计算机在处理结构性问题上占据优势，而人在处理非结构性问题方面更有优势。

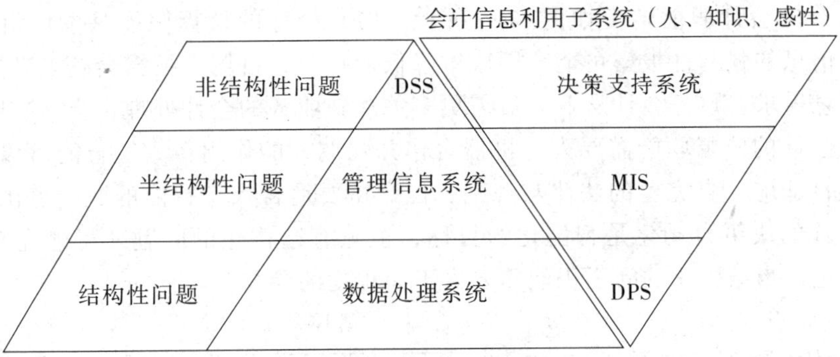

图 17-3　人机结合的会计信息系统

人机结合的会计工作如图 17-4 所示，深色部分为人，浅色部分是机器。从企业内部看，在机器的支持下实现了业务财务一体化，即财务信息伴随业务过程自动生成；而信息过程则利用数据挖掘与数据分析等工具帮助中层管理者开展工作；高层则需要更先进的人工智能工具支持以高效作出决策。从企业外部看，市场、价值链与商业模式也因人工智能技术的推广与深度应用而发生改变。

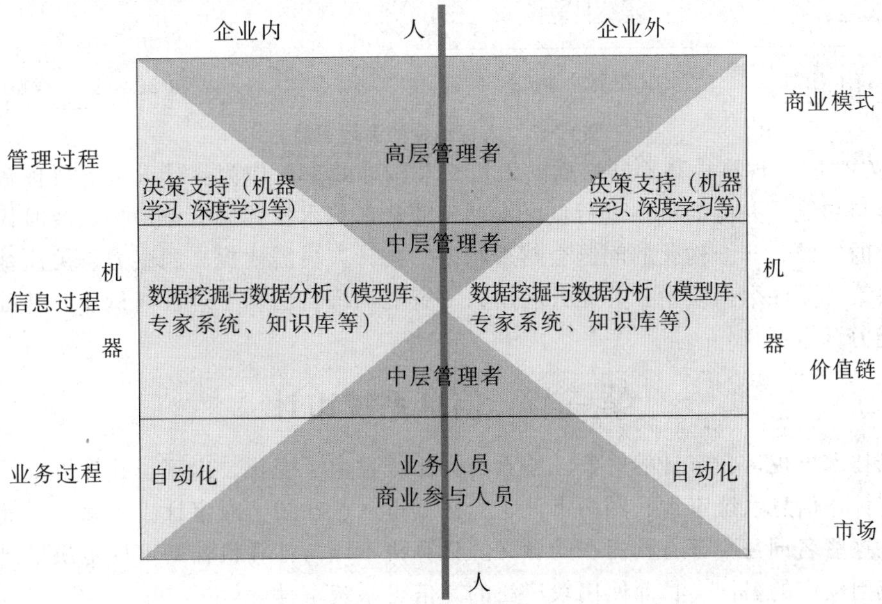

图17-4　人机结合的会计工作

在人工智能的支持下，不同层次会计工作可能会发生以下变化：底层记录、收集信息的会计工作基本由机器完成，一些常规的决策也可由机器作出，但日常业务相关人员需要有一些会计的基本理念与意识；中层对会计数据的挖掘、加工处理与呈现也可多由机器完成，但当例外事项、特殊情况发生时，需要中层管理者提出决策对信息的需求并根据人工智能提供的结果作出决策；高层决策中人的专业知识、基于理性的感性决策能力越来越重要。但人工智能下的会计工作可能出现空心化问题：只有极少数人能够掌握机器程序中包括的专业化知识，并具有战略思考能力。

人机结合的会计职能转变如图17-5所示。(1) 会计的核算职能基本可由机器履行。这样，会计信息的强制性披露可能会因成本降低而扩张，自愿性披露会越来越灵活以满足个性化的信息需求。财务会计从业人员需更多关注新业务的会计处理、会计准则的协调与竞争。(2) 会计的监督职能需要人与机器合作并强调人的作用：人工智能可以驱动监管，更新和创建自适应、自完善的法律与规则，但是需要适合人工智能的职业道德与之配合。(3) 管理会计的决策自动化是智能化的目标，但只有结构化的问题才可能完全自动化决策，非结构化、半结构化的问题仍然需要人不同程度的参与。

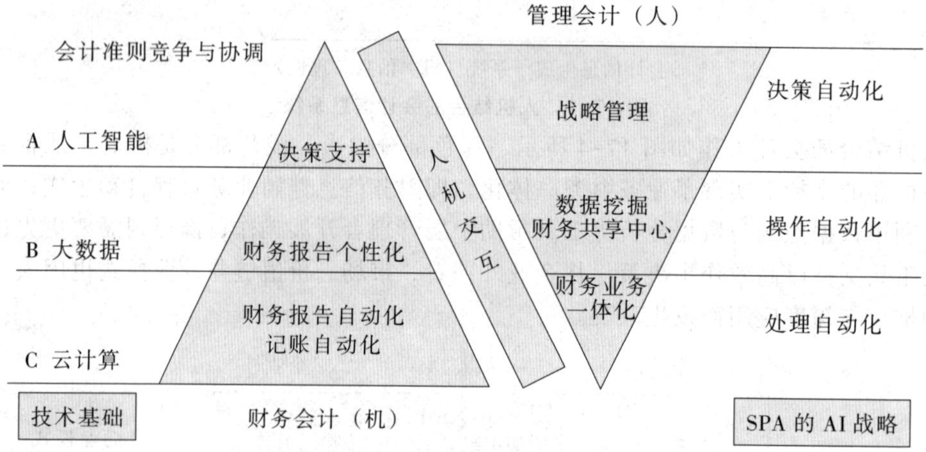

图17-5　人机结合的会计职能

ChatGPT的出现将提高不同层面的人机交互沟通效率，作为会计人员需要理解技术的最新发展与功能，并能与机器进行良好沟通，使最新技术发挥应有作用。数智时代变化是唯一不变的主题，非结构化的问题会越来越多，会计人员需要提高洞察力、关注基于深刻洞察的决策、关注数据质量，并充分利用人工智能训练自己基于理性（机器）基础上的感性决策能力。

第三节　信息系统审计

信息技术出现后，审计的对象、技术与方法等发生了变化，出现了计算机审计、计算机辅助审计、信息系统审计、网络审计、大数据审计、在线实时审计、跟踪审计等很多新的名词。这些名词每个都有其内在的含义。计算机审计与计算机辅助审计是最早出现、曾经使用范围较广的名词。目前使用较广泛的是信息系统审计。

一、信息系统审计概念

业务审计与信息系统审计的关系如图17-6所示。当审计对象为某个具体业务审计

（如财务报表审计）时，因载有会计、管理数据的系统为计算机系统，此时需要对计算机信息系统的运行状况及其可靠性进行审计。信息系统审计是该具体业务审计的基础环境审计，就像财务报表审计中的内部控制测试，它更注重信息系统内部控制审计。

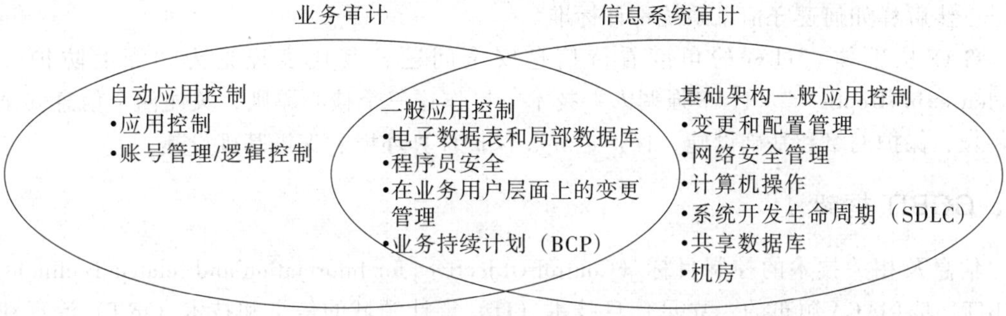

图17-6　业务审计与信息系统审计的关系

当审计对象不是某个具体业务（如财务报表审计）而是信息系统本身时，信息系统审计就是一项技术审计，也称为信息技术审计。其审计目的是保证信息系统的安全、可靠与有效，它不仅关注业务数据处理，还涉及整个信息系统的可靠性、安全性和有效性；它通过审查与评价信息系统的规划、分析、设计、实现、运行和维护等一系列活动，确定信息系统运行是否安全、可靠、有效，进而确定信息系统得出的数据是否可靠、准确，以及数据存储是否有效。

二、信息系统审计的内容

信息系统审计包括的内容比较多。（1）从过程看，包括信息系统管理、信息系统控制、信息系统执行的审计；（2）从信息技术治理看，包括企业信息技术的治理、风险管理、信息技术组织结构与职责、信息技术管理实践的审计；（3）从信息系统的获取、开发与实施看，包括虚拟化与云计算环境、信息系统维护实践、应用控制的审计；（4）从信息系统运行、维护与服务管理看，涉及信息系统的运行、灾难恢复计划的审计；（5）从信息资产保护方面看，包括信息安全管理、逻辑存取、社交媒体的审计等。目前，与信息系统审计相关的规范主要是国际信息系统审计协会（ISACA）制定的信息系统审计准则（ITAF）及信息系统和技术控制目标（COBIT）框架。

三、国际信息系统审计协会

国际信息系统审计协会（Information Systems Audit and Control Association，ISACA）是一个为信息系统的治理、控制、安全和审计等设定规范的全球性组织。ISACA成立于1969年，其目标是集中信息系统审计与控制领域的信息资源和工作指引，为从事信息技术（IT）治理的专业人士提供服务。

ISACA提供四种专业资格认证，即注册信息系统审计师（CISA）、注册信息安全经理（CISM）、企业信息技术治理（CGEIT）和风险及信息系统控制（CRISC）。

四、信息系统审计准则

信息系统审计准则（Information Technology Assurance Framework，ITAF）由ISACA制

定，包括标准、指引、工具和技术三个层面，其中：标准规定了信息系统审计和报告的强制要求，分为一般标准、实施标准和报告标准三个部分；指引是在应用信息系统审计标准时的指南；工具和技术提供信息系统鉴证人员在审计工作中可能遵循的程序案例，通过案例进一步解释如何遵守信息系统审计标准。

ITAF从整体、过程的角度看待信息安全问题，其代表理论为“深度防护战略（Defense-in-Depth）”。ITAF强调人、技术、操作这三个核心原则，关注四个信息安全保障领域：保护网络和基础设施、保护边界、保护计算环境、支撑基础设施。

五、COBIT 框架

信息及相关技术的控制目标（Control Objectives for Information and related Technology，COBIT）是ISACA颁布的，立足信息技术（IT）审计领域的信息和技术（I&T）治理和管理框架。它被公认为面向IT治理的行业权威，目前已更新至2019年版。

（一）COBIT 的含义与内容

COBIT是面向过程的信息系统审计和评价标准，从系统架构、建设过程和最终成果三个方面对信息化建设成果进行评价，提出了一般控制和应用控制两要素审计方法，为企业管理层、信息技术人员与审计人员之间的交流架起了桥梁。

COBIT 是面向整个企业的I&T治理及管理框架。I&T是指企业为实现其目标而在任何领域实施的所有技术和信息处理。COBIT框架对治理和管理进行了明确区分；构建和维持治理系统的组件，包括流程、组织结构、政策和程序、信息流、文化和行为、技能以及基础设施；解决治理问题的方法是将相关治理组件归类为可在所需的能力级别进行管理的治理和管理目标。

（二）COBIT 的优点

COBIT是一个非常有用的工具，也易于理解和实施，在管理层、信息技术与审计之间提供了彼此沟通的共同语言。所有信息系统审计、控制及安全专业人员都可考虑采用COBIT。

COBIT帮助管理层懂得如何控制影响业务功能。COBIT提供的实施工具集包括最佳实践的案例资料（提供模板业务过程，使得优秀范例能够迅速移植），有助于向管理层很好地表述信息技术管理概念，提高管理层作出正确决策的能力。

此外，COBIT使信息技术管理工作简易并量化，并提供一种国际通用的信息技术管理及问题解决方案，有助于提高信息系统审计师的影响力。

（三）COBIT 的意义

COBIT将IT过程、IT资源与企业的策略与目标（准则）联系起来，形成了一个三维体系结构，集中反映了企业战略目标，并主要从质量、成本、时间、资源利用率、系统效率、保密性、完整性、可用性等方面来保证信息的安全性、可靠性、有效性；COBIT包括以人、应用系统、技术、设施及数据在内的信息相关的资源，有利于对信息及相关资源进行规划与处理，实现企业战略与信息技术战略的互动，形成持续改进的良性循环机制。

六、信息系统审计的新发展

在新一代人工智能、大数据、云计算与区块链等信息技术的影响下，信息系统审计的最新发展表现在以下几个方面：

1.数字化审计方法：利用数字化工具和技术，如自动化测试、虚拟审计、远程审计等，提高审计效率和准确性。

2.数字足迹分析：信息系统产生的数字足迹可以提供有关组织活动的丰富信息，审计人员可以通过分析这些数字足迹来了解运营情况、发现异常以及检测潜在的风险。

3.人工智能和机器学习在信息系统审计中的应用：人工智能（AI）和机器学习（ML）的发展使得信息系统审计更加智能化和自动化。人工智能与机器学习可以用于识别异常行为、检测网络攻击、分析大规模的日志数据等，从而帮助审计人员更准确地识别风险和问题。

4.数据隐私和合规性：随着数据隐私法规（如欧洲的GDPR和美国加州的CCPA，我国的数据安全法和个人信息保护法）的实施，信息系统审计需要关注个人数据的保护和合规性，确保组织在数据处理方面遵守相关法规。

5.数据分析和可视化：人类只有借助最先进的信息技术工具，才能对大数据进行分析与处理。使用数据分析工具和可视化技术，审计人员可以更好地理解和传达数据，从而发现模式、趋势和异常情况。

6.云安全和云审计：随着企业广泛采用云计算服务，云安全和云审计变得至关重要。审计人员需要审计云环境中的数据访问、存储和处理，以及确保云服务提供商的安全措施。

7.实时监控和分析：新一代信息系统审计越来越注重实时监控和分析，以及对异常行为的及时响应。实时审计和分析可以帮助组织更快速地发现和应对安全事件和违规行为。

8.智能合约审计：区块链的分布式、不可篡改和透明特性使得其在交易记录和智能合约方面有广泛应用。审计人员需要开发适当的方法，以确保区块链上的交易和智能合约的合规性和正确性。智能合约是区块链中的自动化执行脚本，需要审计人员确保智能合约的安全性、正确性和合规性，以避免潜在的漏洞和问题。

9.跨界整合审计：信息系统审计不再仅仅局限于技术层面，还需要与财务审计、合规审计等其他审计领域进行跨界整合，以全面评估组织的风险和合规性。

综上所述，信息系统审计的前沿在于结合人工智能、区块链、云计算等新技术，以及适应隐私法规和安全挑战，从而使审计更加智能、实时和全面。

第四节　信息技术在审计中的应用

数智时代、元学习的人工智能、区块链使人类的生产生活方式发生了极大改变，智慧企业及其中人机结合的会计模型使审计对象发生重大变化，审计可使用的新信息技术也越来越多，因此出现了大数据审计、敏捷审计等各种新形式，而我国政府审计倡导并建设的“金审工程”是我国政府审计信息化实践的基础。本节介绍这些新形式，通过新形式的分析，了解数智时代审计发展的新趋势。

一、数智时代审计新形式

（一）大数据审计

“大数据审计”用于描述在大数据环境中进行的审计活动，即处理大规模、多种类数据时的审计工作。

大数据审计主要使用数据分析、数据挖掘和统计方法来审查和分析大量的数据，以揭示潜在的问题、趋势和风险。大数据审计中，审计人员除需要具备一定的数据分析和技术能力，如数据挖掘、机器学习和大数据处理技术外，还需要应对如下挑战：（1）数据多样性：数据可能来自各种各样的来源，包括结构化和非结构化数据，需要能够有效地整合、分析和理解这些数据。（2）数据量巨大：数据量通常非常庞大，可能超出了传统审计方法的处理能力，需要使用适当的技术和工具进行有效的数据分析。（3）数据质量：大数据可能存在不一致、错误或缺失，审计人员需要处理这些问题以保证分析的准确性和可靠性。（4）隐私和安全：保护数据隐私和确保数据安全是非常重要的，审计人员需要遵循隐私法规和安全标准。

（二）敏捷审计

敏捷开发是一种软件开发方法，强调在快速变化的环境中，通过迭代、增量的方式来开发和交付软件，以更好地适应需求变化和提高开发效率。“敏捷审计”是一种审计方法，它将这种迭代、增量与灵活的方式应用到审计领域，以更好地满足审计任务的需求。

敏捷审计方法的特点包括：（1）迭代审计：敏捷审计将审计过程分解为多个迭代周期，每个迭代都专注于一个特定的审计领域或目标。每个迭代结束时，审计师会得出可用的结果，这有助于及早发现问题和解决方案。（2）增量交付：与传统的一次性全面审计不同，敏捷审计方法鼓励在每个迭代结束时交付部分审计结果，使利益相关者能够更早地了解审计进展和发现。（3）灵活性和适应性：敏捷审计方法强调对需求的灵活适应和响应，审计师可以在每个迭代中调整审计计划和目标，以更好地应对变化。（4）持续反馈：敏捷审计方法鼓励与利益相关者保持持续的反馈和沟通，以确保审计工作始终与他们的期望和需求保持一致。（5）团队协作：敏捷审计强调团队成员之间的紧密协作，包括审计师、利益相关者以及可能涉及的其他部门。（6）持续改进：敏捷审计方法鼓励持续改进和学习，每个迭代结束后，审计团队会回顾审计过程，从中吸取经验教训，以提高效率和质量。

敏捷审计方法的目标是在快速变化的环境中更好地适应审计任务，提高审计效率，减少审计周期，同时保持审计质量。虽然敏捷审计方法在某些情况下可能更为适用，但它强调的灵活性和反馈机制可以帮助审计师更好地应对复杂的审计项目和快速变化的业务环境。

（三）金审工程

“金审工程”是我国政府审计信息化建设项目的简称，是国家电子政务工程的重要组成部分。金审工程由审计署统一规划，中央和地方审计机关分级建设。目前金审工程进入2021年到2025年的第三期建设阶段。金审工程三期项目是审计署落实习近平总书记关于“坚持科技强审，加强审计信息化建设”重要指示精神，为适应大数据、云计算、人工智能等信息技术的发展趋势，按照“统一规划、两级部署、以用为本”的总原则，在全国审计系统开展实施的信息化建设项目。

从硬件上看，金审工程网络系统由审计内网、审计专网和审计外网组成，纵向连接中央、省、市、县四级审计机关，横向连接财政、税务、银行、海关等部门、重点国有企事业单位以及其他重点被审计单位，因此，金审工程网络系统实际上是一个规模庞大的全国性共享系统。

从软件功能上看，金审工程应用系统主要包括以下四个子系统：(1) 现场审计实施系统（AO），即利用已有的审计软件进行移植整合和二次开发建立起来的一套界面简洁、统一操作规范的审计业务系统。该系统主要包括模块数据采集与转换、审计分析、审计抽样、审计底稿管理、审计项目管理、审计管理系统交付等方面的功能。(2) 审计机关辅助办公系统（OA），即集审计业务管理和行政办公于一体的综合性业务管理系统，用于加强审计业务工作决策，组织、指导、管理并构建用于支撑审计业务的基础资源数据库。该系统包括五个子系统：领导决策系统、审计计划管理系统、审计统计管理系统、审计档案管理系统与包含现场查看、审计公文流转、阅办、传输等功能的子系统。(3) 联网审计系统，即依托金审工程网络系统平台，建立连接财政、税务、银行、海关等部门和重点国有企事业单位以及其他重点被审计单位的网络审计，实现“预算审计+联网检查”的审计模式，通过对被审计单位财政财务收支的真实性、合法性、效益性进行经常性的检查监督，使目前的审计模式向事后审计与事中审计相结合、动态审计与静态审计相结合、远程审计与现场审计相结合的方向发展。(4) 审计支持系统，即一个满足审计业务和审计管理需要的数据库群，为开展审计业务和满足审计管理需要提供信息和技术支持，主要包括各级审计机关自身的统计资料、审计档案、审计专家经验、个性审计功能模块、审计法规资料、宏观经济数据、被审计单位历史数据等信息资料，各级审计机关通过审计信息资源系统实现信息资源共享，为审计项目实施和领导决策提供有效支持。

二、数智时代审计发展新趋势

（一）人机结合会计模型可实现实时审计监控

智慧企业中人机结合的会计模型，使企业可以实时发布财务报告信息并在线披露，通过会计业务处理系统与财务报告系统的连接，从凭证输入、处理到财务报表的输出可以在同一时间完成。公司财务信息实时在网上披露，审计师也就可以实时地了解企业财务信息，从而可以做到实时监控、实时审计。

智慧企业中的财务系统以通用分类账的方式实现“数出一门”，并能实时提供财务相关信息。通用分类账以标准格式保存明细交易信息，支持从报告数据“下钻”至相关明细信息，从而可以满足对审计线索的任何要求。审计师可以从任何格式的会计业务数据库中提取信息，自上而下或者自下而上地考查从报表到数据源最底层的数据，跟踪审计线索。

（二）人工智能提高审计质量与效率

数智时代，人与计算机协同完成审计工作。人工智能对审计的影响聚焦于审计工作中结构化任务的自动化。审计工作主要由结构化任务和半结构化任务组成（约各占四成），而非结构化任务相对较少（约两成）。实质性测试在审计工作量中所占比重较大，绝大部分实质性测试都是结构化的任务，因此，实质性测试阶段适合发展人工智能技术来辅助审计工作的开展。

人工智能技术已经在以下审计工作中得到应用：①运用人工神经网络，辅助实施分析程序和风险评估等审计工作；②运用遗传算法，协助审计人员开展分类任务，如应收账款账龄分析及坏账准备计提；③运用专家系统，开展控制性测试、实质性测试和被审计单位持续经营能力判断等。

审计自动化是多种人工智能技术集成的产物。人工智能在审计工作中的应用见表17-1。当多种人工智能技术集合到一起，则审计数据采集、审计数据分析、审计延伸取证和审计报告撰写等就能实现全面自动化。

表17-1 人工智能在审计工作中的应用

技术名称	应用领域	在审计中的应用
物联网和传感器技术	记录物联网设备使用情况	以审计数据分析为核心，采集与被审计单位相关的底层电子数据，结合内部审计数据和外部审计数据，验证被审计单位数据的真实性、可靠性
扫描和光学字符识别（OCR）	合同评审等	以审计数据分析为核心，采集与被审计单位相关的底层电子数据，该项技术可运用于营业收入审计与预测等业务活动
电子数据和大规模计算能力	全样本测试	以审计数据分析为核心，开展全样本审计
云计算技术	实时获得企业数据	实现企业审计数据的共享
区块链技术	网络货币等领域	同时在不同地点开展实时审计
智能合同、大数据存储与大规模计算能力	对内控薄弱环节进行预警	以审计数据分析为核心，开展合同执行监督和过程偏差自动监控等业务活动
GPS卫星定位技术	GPS卫星定位	以审计数据分析为核心，结合GPS卫星定位坐标数据，防止欺诈与贿赂等行为的出现
天眼等监控技术	监控停车场数据，或跟踪物流、汽车等	以数据分析为核心，估计被审计单位销售收入等
客户面部识别技术	提供包括时间、位置和身份等在内的视频和图片元数据	以审计数据分析为核心，预防欺诈行为的出现
电子邮件等通信技术	对电子邮件按类型和结果进行分类	以审计数据分析为核心，开展坏账估计等相关业务工作

人工智能对审计最重大的影响在于实现审计工作的自动化。随着审计自动化程度越来

越高，审计复核、重新计算等审计程序将十分便捷，审计工作的重点将转移到那些不能被自动化的审计程序上来，并可能导致低级审计任务的消亡。但是，审计是一个需要沟通、交流的工作，审计人员需保持职业怀疑，这些也是人工智能暂时无法做到的。

（三）数字信任改变审计模式

数智时代，人们不可避免地会与各种信息系统和平台进行交互，包括在线购物、使用社交媒体、进行网上银行业务等。数字信任是保障这些数字交互安全和顺利进行的重要因素。数字信任是指在基于数字技术和数据的交互过程中，人们对于数字系统、数字数据、数字平台和数字服务的可靠性和安全性的信任感。数字信任是构建在对数据隐私、数据完整性、网络安全和数据处理过程的透明性上的信任。保障数字信任是企业和组织在数字化时代获得成功的关键因素之一。

审计与数字信任之间有着密切的关系。数字信任是审计过程中的基础和核心，而审计则是确保数字信任的重要手段。审计与数字信任的关系如下：（1）审计需以数字信任为基础：审计是对企业财务报表和业务活动进行独立、客观的评价过程。审计人员在进行审计工作时，需要对企业提供的数字信息和数据有信任才能进行有效的审计。数字信任是审计的前提和基础。（2）数字信任是审计的目标之一：审计的目标之一是验证企业财务信息和业务活动的真实性、合法性和效益性。审计人员通过企业数字系统的审计，可验证其数字信任是否可靠。（3）数字化审计工具与数字信任：现代审计越来越依赖数字化工具和技术。数字化审计工具可以帮助审计人员高效地处理大量数字信息，进行数据分析、数据挖掘和数据比对等，从而提高审计的效率和准确性，增强数字信任。（4）数据隐私与数字信任：数字化时代，审计人员需要处理大量敏感数据和企业机密信息。数字信任涉及保护数据的隐私和安全，审计人员需要确保审计数据不被未授权地访问和泄漏，增强数字信任。（5）审计可视化与数字信任：数字信任要求审计过程具有透明度和可视化，使得企业、投资者和相关利益相关者能够清晰了解审计的过程和结果，增强对审计的信任。（6）数字信任的影响：数字信任的建立和维护可以增强审计结果的可信度和影响力。一个具有高度数字信任的审计结果将更有助于提升企业的声誉、吸引投资者、获得市场信心，并为企业在数字化时代中保持竞争优势提供支持。

综上，数字信任是审计过程中的基础和前提条件，审计人员需要对数字信息的可信度进行评估，并采用数字化工具和方法来提高审计工作的效率和准确性，从而增强审计结果的可信度。数字信任在审计中起着至关重要的作用，有助于维护审计的公正性、独立性和可信度。同时，审计的结果也为企业建立数字信任提供了有力支持。

【延伸阅读】

1. 国际信息系统审计协会网站：https：//www.isaca.org。

2. 中国网络安全审查认证和市场监管大数据中心：https：//www.isccc.gov.cn。

【复习思考题】

1. 简述数智时代的基本特征。

2.简述智慧企业的概念与基本特征，讨论其对审计的影响。

3.从审计专业人员的角度，简述您对人机会计模型的认识。

4.请了解ChatGPT的应用现状，思考审计人员可以在哪些方面应用它？

5.请分析数字信任与经济发展、数字信任与审计的关系，并了解数字信任的发展现状。

6.解析DIKW金字塔模型及其变体，并分析它对您的启发。

7.辨析COBIT框架与信息系统审计之间的关系。

8.辨析信息系统审计与财务报表审计之间的关系。

【案例分析题】

数智时代的优秀审计人员①

云南省审计厅计算机技术中心有一位为数字化审计筑基铺路的“全国巾帼建功标兵”——罗莉，她多次获计算机审计方法案例优秀奖，获得过云南省职工职业技能大赛大数据审计竞赛二等奖，入选云南省大数据审计尖子库，成为中国审计学会计算机审计能手人才。她同时具有高级审计师、高级工程师职称。

在众多审计项目中，罗莉负责数据采集分析和信息化建设审计工作。针对数据分散、复杂、多样的问题，她研发了“数据采集转换工具”，解决了软件数据采集、转换难题；利用SQL、电子表格、数据库技术编写的各种工具，如“全省审计报表数据提取工具”，实现自动汇总提取审计报表数据，实现“一键生成”审计报告及核对表，有效提升了审计工作效率。

2021年9月，云南省审计厅开展涉粮专项审计，要求审计监督全覆盖。被审计的单位或企业185个，时间跨度为9个会计年度，账套数据多达1 350个，部分审计对象20多年未开展过审计工作。厅里组建了由罗莉担任组长、全省120多名数据分析人员组成的云南省涉粮专项审计工作数据分析团队。罗莉带领团队成员搭建了全省B/S模式数据分析共享环境，应用AO自带模板、编写脚本语句、自主研发工具等方式，在审计组进点前完成了全省数据采集转换工作；在审计大数据分析阶段，则运用图数据库、Python和可视化等分析工具和技术，开展了横向总体情况统计分析、纵向“一条线”业务链穿透分析、重点审计事项深入挖掘分析三个阶段的数据分析工作，从海量数据中快速形成数据概貌，提取数据要点，突出审计重点，深挖隐匿关系，锁定了疑点线索。数据分析工作形成23个类别分析模型，向全省下发数据分析动态9期，形成疑点数据共44 335条，并形成5.4万字的《涉粮审计数字化审计指引》，高效地指导了全省涉粮审计。罗莉所在的计算机技术中心也因此被省审计厅表彰为“全省涉粮审计工作先进集体”。

罗莉还乐于总结分享经验。她编写的多个审计数字化案例获省厅案例评选优秀奖并被推广应用；积极承担面向全省开展的审计数字化系统推广应用培训，推进数字化审计工作；致力于课题研究，完成多个审计数字化方面的研究项目，并发表多篇论文。

---

① 本案例改编自“何莉.数字化审计建设的技术尖兵——记“全国巾帼建功标兵”、云南省审计厅罗莉［EB/OL］.［2023-08-10］.http：//www.zgsjbs.com/zgsjb/c/2023-04-20/52453.shtml”。

讨论题：

（1）根据案例，请讨论数智时代，一个优秀的审计专业人员应具备哪些素质？

（2）请结合自身，思考应怎么决策并行动起来，让自己适应数智时代的要求？

（3）结合本章与本案例内容，分析一下数智时代审计的变与不变有哪些？

（4）优秀审计人员罗莉同志有哪些优秀品质值得我们学习？体现了哪些审计职业道德要求？

主要参考文献

相关文献

［1］阿伦斯，埃尔德，比斯利．审计学：一种整合方法［M］．谢盛纹，译．英文14版．北京：中国人民大学出版社，2013.

［2］蔡春．审计理论结构研究［M］．大连：东北财经大学出版社，2001.

［3］李金华．中国审计史［M］．北京：中国时代经济出版社，2004.

［4］刘家义．中国特色社会主义审计制度研究［M］．北京：商务印书馆，中国时代经济出版社，2016.

［5］企业内部控制研究组．企业内部控制手册［M］．大连：东北财经大学出版社，2010.

［6］秦荣生，卢春泉．审计学［M］．11版．北京：中国人民大学出版社，2022.

［7］王光远．管理审计理论［M］．北京：中国人民大学出版社，1996.

［8］韦尔斯．公司舞弊手册：防范与检查［M］．朱锦余，等译，大连：东北财经大学出版社，2010.

［9］文硕．世界审计史［M］．2版．北京：企业管理出版社，1996.

［10］肖清益，谭建之．中国审计史纲要［M］．北京：中国审计出版社，1990.

［11］朱锦余．审计案例分析与实训［M］．北京：高等教育出版社，2021.

［12］朱锦余．审计学［M］．5版．北京：高等教育出版社，2023.

［13］中国注册会计师协会．中国注册会计师执业准则及应用指南（2023）［M］．北京：中国财政经济出版社，2023.

［14］中国注册会计师协会．审计［M］．北京：中国财政经济出版社，2024.

相关网站

［1］中华人民共和国审计署（http：//www.audit.gov.cn/）。

［2］中国内部审计协会（http：//www.ciia.com.cn/）。

［3］中国注册会计师协会（http：//www.cicpa.org.cn/）。

［4］最高审计机关国际组织（http：//www.intosai.org/）。

［5］国际内部审计师协会（http：//www.theiia.org/）。

［6］国际会计师联合会（http：//www.ifac.org/）。

［7］国际审计与保证业务准则委员会（http：//www.iaasb.org/）。

［8］美国审计总署（https：//www.gao.gov/）。

［9］美国注册会计师协会（http：//www.aicpa.org/）。